做一个理想的法律人
To be a Volljurist

法律人进阶译丛【法学拓展】
李 昊／译丛主编

担保物权法

第4版

Security Property Law
4th edition

〔日〕道垣内弘人 /著

宋戈 /译

北京大学出版社
PEKING UNIVERSITY PRESS

著作权合同登记号　图字:01-2022-4205
图书在版编目(CIP)数据

担保物权法（第4版）/（日）道垣内弘人著；宋戈译. —北京：北京大学出版社，2023.12
（法律人进阶译丛. 法学拓展）
ISBN 978-7-301-34724-9

Ⅰ. ①担… Ⅱ. ①道… ②宋… Ⅲ. ①担保物权-担保法-日本 Ⅳ. ①D933.133.2

中国国家版本馆 CIP 数据核字（2023）第 242751 号

Tampobukkenho
Written by Hiroto Dogauchi
Copyright © Hiroto Dogauchi 2017
Simplified Chinese translation copyright © Peking University Press，2022
All rights reserved

Original Japanese language edition published by YUHIKAKU PUBLISHING CO., LTD
Simplified Chinese translation rights arranged with Peking University Press. and YUHIKAKU PUBLISHING CO. LTD through Hanhe Internatinal（HK）Co., Ltd.

书　　名	担保物权法（第4版） DANBAO WUQUANFA（DI-SI BAN）
著作责任者	〔日〕道垣内弘人　著　宋戈　译
丛书策划	陆建华
责任编辑	陆建华　张文桢
标准书号	ISBN 978-7-301-34724-9
出版发行	北京大学出版社
地　　址	北京市海淀区成府路205号　100871
网　　址	http://www.pup.cn　http://www.yandayuanzhao.com
电子邮箱	编辑部 yandayuanzhao@pup.cn　总编室 zpup@pup.cn
新浪微博	@北京大学出版社　@北大出版社燕大元照法律图书
电　　话	邮购部 010-62752015　发行部 010-62750672 编辑部 010-62117788
印　刷　者	大厂回族自治县彩虹印刷有限公司
经　销　者	新华书店
	880毫米×1230毫米　A5　13印张　446千字 2023年12月第1版　2023年12月第1次印刷
定　　价	68.00元

未经许可，不得以任何方式复制或抄袭本书之部分或全部内容。
版权所有，侵权必究
举报电话：010-62752024　电子邮箱：fd@pup.cn
图书如有印装质量问题，请与出版部联系，电话：010-62756370

"法律人进阶译丛"编委会

主 编
李 昊

编委会
（按姓氏音序排列）

班天可	陈大创	季红明	蒋 毅	李 俊
李世刚	刘 颖	陆建华	马强伟	申柳华
孙新宽	唐志威	夏昊晗	徐文海	查云飞
翟远见	张焕然	张 静	张 挺	章 程

做一个理想的法律人(代译丛序)

近代中国的法学启蒙受自日本,而源于欧陆。无论是法律术语的移植、法典编纂的体例,还是法学教科书的撰写,都烙上了西方法学的深刻印记。即使是中华人民共和国成立后兴盛过一段时期的苏俄法学,从概念到体系仍无法脱离西方法学的根基。20世纪70年代末,借助于我国台湾地区法律书籍的影印及后续的引入,以及诸多西方法学著作的大规模译介,我国重启的法制进程进一步受到西方法学的深刻影响。当代中国的法律体系可谓奠基于西方法学的概念和体系之上。

自20世纪90年代开始的大规模的法律译介,无论是江平先生挂帅的"外国法律文库""美国法律文库",抑或许章润、舒国滢先生领衔的"西方法哲学文库",以及北京大学出版社的"世界法学译丛"、上海人民出版社的"世界法学名著译丛",诸多种种,均注重于西方法哲学思想尤其英美法学的引入,自有启蒙之功效。不过,或许囿于当时西欧小语种法律人才的稀缺,这些译丛相对忽略了以法律概念和体系建构见长的欧陆法学。弥补这一缺憾的重要转变,应当说始自米健教授主持的"当代德国法学名著"丛书和吴越教授主持的"德国法学教科书译丛"。以梅迪库斯教授的《德国民法总论》为开篇,德国法学擅长的体系建构之术和鞭辟入里的教义分析方法进入中国法学的视野,辅以崇尚德国法学的我国台湾地区法学教科书和专著的引入,德国法学在中国当前的法学教育和法学研究中日益受到尊崇。然而,"当代德国法学名著"丛书虽然遴选了德国当代法学著述中的上乘之作,但囿于撷取名著的局限及外国专家的视角,丛书采用了学科分类的标准,而未区分注重体系层次的基础教科书与偏重思辨分析的学术专著,与戛然而止的"德国法学教科书译丛"一样,在基础教科书书目的选择上尚未能充分体现当代德国法学教育的整体面貌,是为缺憾。

职是之故，自 2009 年始，我在中国人民大学出版社策划了现今的"外国法学教科书精品译丛"，自 2012 年出版的德国畅销的布洛克斯和瓦尔克的《德国民法总论（第 33 版）》始，相继推出了韦斯特曼的《德国民法基本概念（第 16 版）（增订版）》、罗歇尔德斯的《德国债法总论（第 7 版）》、多伊奇和阿伦斯的《德国侵权法（第 5 版）》、慕斯拉克和豪的《德国民法概论（第 14 版）》，并将继续推出一系列德国主流的教科书，涵盖了德国民商法的大部分领域。该译丛最初计划完整选取德国、法国、意大利、日本诸国的民商法基础教科书，以反映当今世界大陆法系主要国家的民商法教学的全貌，可惜译者人才梯队不足，目前仅纳入"日本侵权行为法"和"日本民法的争点"两个选题。

系统译介民商法之外的体系教科书的愿望在结识季红明、查云飞、蒋毅、陈大创、葛平亮、夏昊晗等诸多留德小友后得以实现，而凝聚之力源自对"法律人共同体"的共同推崇，以及对案例教学的热爱。德国法学教育最值得我国法学教育借鉴之处，当首推其"完全法律人"的培养理念，以及建立在法教义学基础上的以案例研习为主要内容的教学模式。这种法学教育模式将所学用于实践，在民法、公法和刑法三大领域通过模拟的案例分析培养学生体系化的法律思维方式，并体现在德国第一次国家司法考试中，进而借助于第二次国家司法考试之前的法律实训，使学生能够贯通理论和实践，形成稳定的"法律人共同体"。德国国际合作机构（GIZ）和国家法官学院合作的《法律适用方法》（涉及刑法、合同法、物权法、侵权法、劳动合同法、公司法、知识产权法等领域，由中国法制出版社出版）即是德国案例分析方法中国化的一种尝试。

基于共同创业的驱动，我们相继组建了中德法教义学 QQ 群，推出了"中德法教义学苑"微信公众号，并在《北航法律评论》2015 年第 1 辑策划了"法教义学与法学教育"专题，发表了我们共同的行动纲领：《实践指向的法律人教育与案例分析——比较、反思、行动》（季红明、蒋毅、查云飞执笔）。2015 年暑期，在谢立斌院长的积极推动下，中国政法大学中德法学院与德国国际合作机构法律咨询项目合作，邀请民法、公法和刑法三个领域的德国教授授课，成功地举办了第一届"德国法案例分析暑期班"并延续至今。2016 年暑期，季红明和夏昊晗也积极策划并参与了由西南政法大学黄家镇副教授牵头，民商法学院举办的"请求权基础案例分析法暑期研习班"。2017 年暑期,加盟中南财经政法大学法学院的"中德法教义学苑"团队,成功举办了"案例分析暑期培训班",系统地在民法、公法和刑法三个领域以德国的鉴定式模式开展了案例分析教学。

中国法治的昌明端赖高素质法律人才的培养。如中国诸多深耕法学教育的启蒙者所认识的那样,理想的法学教育应当能够实现法科生法律知识的体系化,培养其运用法律技能解决实践问题的能力。基于对德国奠基于法教义学基础上的法学教育模式的赞同,本译丛期望通过德国基础法学教程尤其是案例研习方法的系统引入,能够循序渐进地从大学阶段培养法科学生的法律思维,训练其法律适用的技能,因此取名"法律人进阶译丛"。

本译丛从法律人培养的阶段划分入手,细分为五个子系列:

——法学启蒙。本子系列主要引介关于法律学习方法的工具书,旨在引导学生有效地进行法学入门学习,成为一名合格的法科生,并对未来的法律职场有一个初步的认识。

——法学基础。本子系列对应于德国法学教育的基础阶段,注重民法、刑法、公法三大部门法基础教程的引入,让学生在三大部门法领域中能够建立起系统的知识体系,同时也注重扩大学生在法理学、法律史和法学方法等基础学科上的知识储备。

——法学拓展。本子系列对应于德国法学教育的重点阶段,旨在让学生能够在三大部门法的基础上对法学的交叉领域和前沿领域,诸如诉讼法、公司法、劳动法、医疗法、网络法、工程法、金融法、欧盟法、比较法等有进一步的知识拓展。

——案例研习。本子系列与法学基础和法学拓展子系列相配套,通过引入德国的鉴定式案例分析方法,引导学生运用基础的法学知识,解决模拟案例,由此养成良好的法律思维模式,为步入法律职场奠定基础。

——经典阅读。本子系列着重遴选法学领域的经典著作和大型教科书(Grosse Lehrbücher),旨在培养学生深入思考法学基本问题及辨法析理之能力。

我们希望本译丛能够为中国未来法学教育的转型提供一种可行的思路,期冀更多法律人共同参与,培养具有严谨法律思维和较强法律适用能力的新一代法律人,建构法律人共同体。

虽然本译丛先期以德国法学教程和著述的择取为代表,但是并不以德国法独尊,而是注重以全球化的视角,实现对主要法治国家法律基础教科书和经典著作的系统引入,包括日本法、意大利法、法国法、荷兰法、英美法等,使之能够在同一舞台上进行自我展示和竞争。这也是引介本译丛的另一个初衷:通过不同法系的比较,取法各家,吸其所长。也希望借助于本译丛的出版,展示近二十年来中国留学海外的法学人才梯队的更新,并借助于新生力量,在既有译丛积累的丰富经验基础上,逐步实现对外国法专有术语译法的相对统一。

本译丛的开启和推动离不开诸多青年法律人的共同努力,在这个翻译难以纳入学术评价体系的时代,没有诸多富有热情的年轻译者的加入和投入,译丛自然无法顺利完成。在此,要特别感谢积极参与本译丛策划的诸位年轻学友和才俊,他们是:留德的季红明、查云飞、蒋毅、陈大创、黄河、葛平亮、杜如益、王剑一、申柳华、薛启明、曾见、姜龙、朱军、汤葆青、刘志阳、杜志浩、金健、胡强芝、孙文、唐志威,留日的王冷然、张挺、班天可、章程、徐文海、王融擎,留意的翟远见、李俊、肖俊、张晓勇,留法的李世刚、金伏海、刘骏,留荷的张静,等等。还要特别感谢德国奥格斯堡大学法学院的托马斯·M. J. 默勒斯(Thomas M. J. Möllers)教授慨然应允并资助其著作的出版。

本译丛的出版还要感谢北京大学出版社副总编辑蒋浩先生和策划编辑陆建华先生,没有他们的大力支持和努力,本译丛众多选题的通过和版权的取得将无法达成。同时,本译丛部分图书得到中南财经政法大学法学院徐涤宇院长大力资助。

回顾日本的法治发展路径,在系统引介西方法律的法典化进程之后,将是一个立足于本土化、将理论与实务相结合的新时代。在这个时代中,中国法律人不仅需要怀抱法治理想,还需要具备专业化的法律实践能力,能够直面本土问题,发挥专业素养,推动中国的法治实践。这也是中国未来的"法律人共同体"面临的历史重任。本译丛能预此大流,当幸甚焉。

李 昊
2018 年 12 月

中文版序

原著是1990年由三省堂出版社出版的,名为《担保物权法》。之后对内容进行了修改,2004年在有斐阁刊行了《担保物权法(现代民法Ⅲ)》。之后历经三次修订,形成了现在的第4版。30年间,虽然修改观点的地方很多,但本书的特征和目的始终如一。

这里没有附上1990年版本的序言。我的思绪又回到了当初。

——最优秀的教科书是什么样的呢?

——啊,这有点一言难尽啊,但要看作者写的是不是全都是其自身所想,这样就容易区分了。

(末弘严太郎·法学入门)

我在写作本书时,脑海中时常会回响起这句话。于是,我倾尽全力让本书能够达到末弘先生这句话的标准。虽然可能最后还是写成了一本"重要、根本的部分大体是盲从之前的通说,针对细枝末节大写特写自己的独特见解,完全不像样的书"(末弘·法学入门)。

我的具体的做法是,在制度、条文的说明部分,明示其意义所在,在解释论中,即便是几乎毫无争议的通说,也都附上理由。另外,针对与解释论鲜明对立的情况,也都阐明了对立的原因。虽然以上做法看似理所当然,但之前的教科书甚至体系书,做得并不到位。

以上努力的结果就是,屡次出现与之前学说不同的结论。对此,请大家不吝赐教。

另外,本书多次引用了我的论文集《典型担保法诸相》《非典型担保法课题》(有斐阁出版)。也有将详细说明付诸收录在册的论文之处。幸运的是,这两本论文集也正在被译为中文。论文集刊行后,请读者务必参照。

《典型担保法诸相》收录的论文中,处于最前位置的《担保物权法学的进程与今后》(原题《担保物权—序论》),被收录在加藤雅信等编(牟宪魁等译)《民法学说百年史(日本民法施行100年纪念)》(商务印书馆)中。还有,《非典型担保法课题》开头部分的论文《让与担保判例法的形成》,在商法论丛15卷(段匡、杨永庄译)中也有中文译文。

最后,衷心感谢翻译本书的宋戈女士(山东省淄博市中级人民法院),以及进行策划的申政武教授(山东大学法学院)。另外也要感谢吉林大学东北亚法律研究中心策划出版《东亚法学翻译丛书》,继《信托法》之后又将本书纳入立项,本人荣幸之至。

2018 年 11 月

道垣内弘人

第 4 版序

本书第 3 版的刊行是在 2008 年 1 月,迄今已有九年多。本次修订不是为了提供体系书的最新消息,而是因为出现了一些重要的判例、研究,我本人也重新研究并增加了一些内容,并在进行了全面修改后,才决定发行第 4 版。

另外,民法的债权相关部分也正在修改中,在本书刊行时可能就完成修改了,本书中以"改正案"对相关部分作出了说明。

本次修订承蒙有斐阁法律编集局书籍编集部中野亚树先生的关照。他耐心、高效的工作,对我帮助很大。衷心感谢。

道垣内弘人

2017 年 4 月

初版序

随着规制缓和、构造改革的全面呼吁,各部门法领域都在陆续制定新法、修改法。判例法理中也有很大变化。这在与金融经济命脉密切相关的担保物权法领域中,表现尤为显著。

在此背景之下的担保物权法研究,如稍有不慎,就会仅着眼于现阶段的实际需求,仅考虑金融机关等债权人和因大规模融资而强大的债务人的需要,而沦为浅薄的立法论、解释论。但是,也不能变成永久的学术探讨。因此,既要充分考虑实务的需要和方向性,又不可偏废,还必须顾全在各种局面和个案中妥善对待各方利害关系人。而且,不能只提供权宜之计,而是必须有明确一贯的逻辑。只有这样的理论,才能成为实务稳定的基础。

我是秉承上述理念来写作本书的,但并不是为了别出心裁。我只是注意了以下几个方面:在制度、条文的说明部分,明示其意义所在;在解释论中,即便是几乎毫无争议的通说,也都附上理由;针对与解释论鲜明对立的情况,也都阐明了对立的原因。但令人意外的是,之前的教科书、体系书,在这几个方面做得并不到位。这也成了大家认为担保物权法领域比民法其他领域更具技术性的一大原因。担保物权法也未能以一贯的逻辑为基础来调整各方利害关系人的利益。

在担保物权法领域,我也曾于1990年出版过一本著作——《担保物权法》(三省堂)。迄今已有14年了。这期间各种判例层出不穷,立法、学说的发展也很迅速。我也发表了一些论文、判例评释,作了一些学术报告等。这次写作是在此基础上进行了重新考虑、全面反思。因此修改学说、改变说明方法之处也不少。虽然在此过程中也不断感悟到之前著作的不成熟之处,但本书也不过是不完备的试作罢了,今后仍需继续研究。由于我最初的研究就是以担保法为主,所以本书也算是本人的一座里程碑。正值恩师米仓明先生古稀之年来临之际，我也以本书作为献礼，衷心感谢恩师多年以来对我的教导，祝愿恩师健康长寿。

此外，本书的完成还承蒙多方关照。在与经常实际进行担保交易的实务家们的交流中，我受益良多。另外，我因在平成15年担保、执行法的修改中略尽薄力，得以深入考察、研究。本书的出版还有赖于有斐阁书籍编集第1部的酒井久雄先生、稻塚真人先生的帮助。尤其是稻塚先生细致的校正、适当的建议，对我帮助很大。特此鸣谢。

道垣内弘人

2004年6月

目　录

序章 　　　　　　　　　　　　　　　　　　　　　　　　　　　　1
 1. 为何需要担保物权　　　　　　　　　　　　　　　　　　1
 2. 法定担保物权与约定担保物权　　　　　　　　　　　　　3
 3. 典型担保与非典型担保　　　　　　　　　　　　　　　　5
 4. 担保手段的种类、担保物权的共通性质　　　　　　　　　7
 5. 叙述顺序　　　　　　　　　　　　　　　　　　　　　　10

第 1 章　留置权　　　　　　　　　　　　　　　　　　　　　　11
 第 1 节　序说　　　　　　　　　　　　　　　　　　　　　11
 第 2 节　成立要件　　　　　　　　　　　　　　　　　　　14
  1. 概述　　　　　　　　　　　　　　　　　　　　　　14
  2. 关于留置标的物的要件　　　　　　　　　　　　　　17
  3. 关于被担保债权的要件　　　　　　　　　　　　　　20
  4. 留置标的物与被担保债权的牵连关系要件　　　　　　20
  5. 关于占有状态的要件　　　　　　　　　　　　　　　24
 第 3 节　效力　　　　　　　　　　　　　　　　　　　　　27
  1. 概述　　　　　　　　　　　　　　　　　　　　　　27
  2. 留置性效力　　　　　　　　　　　　　　　　　　　28
  3. 对侵害的效力　　　　　　　　　　　　　　　　　　34
  4. 作为例外的优先受偿效力　　　　　　　　　　　　　34
 第 4 节　消灭　　　　　　　　　　　　　　　　　　　　　37
  1. 物权或担保物权共通的消灭原因　　　　　　　　　　37
  2. 留置权特有的消灭原因　　　　　　　　　　　　　　38

第2章　优先权　42

第1节　序说　42
第2节　各种优先权的趣旨与成立　43
1. 一般优先权　44
2. 动产优先权　50
3. 不动产优先权　56

第3节　效力　58
1. 效力所及范围　58
2. 实现前的效力　63
3. 实现时的效力　65

第4节　消灭　72

第3章　质权　74

第1节　序说　74
第2节　动产、不动产质权　76
1. 设定　76
2. 效力所及范围　81
3. 实现前的效力　83
4. 实现　92
5. 消灭　95

第3节　权利质权　95
1. 意义　95
2. 设定　98
3. 效力所及范围　102
4. 实现前的效力　104
5. 实现　107
6. 消灭　108

第 4 章　抵押权　109

第 1 节　序说　109
1. 作为非占有转移型担保的抵押权　109
2. 抵押制度的扩大　110
3. 叙述顺序　112

第 2 节　意义、设定　112
1. 意义　112
2. 设定契约　113
3. 标的物　113
4. 被担保债权　116
5. 对抗要件　119

第 3 节　效力所及范围　126
1. 概述　126
2. 标的物的范围　126
3. 优先受偿的范围　146

第 4 节　实现前的效力　149
1. 概述　149
2. 抵押不动产所有人的使用、收益和处分权限　149
3. 抵押权人对侵害的权限　165
4. 抵押权的处分　173

第 5 节　优先受偿权的实现　180
1. 概述　180
2. 通过拍卖程序实现优先受偿权　180
3. 抵押不动产为复数的情况——共同抵押权　185
4. 法定地上权　194
5. 通过担保不动产收益执行程序实现优先受偿权　205
6. 在破产程序中的效力　209

第 6 节　消灭　210
1. 物权共通的消灭原因　210

2. 担保物权共通的消灭原因　　211

　3. 抵押权特有的消灭原因　　213

　4. 被担保债权的转让　　214

第7节　最高额抵押权　　215

　1. 概述　　215

　2. 意义、设定　　216

　3. 本金确定前的效力　　221

　4. 本金的确定　　229

　5. 优先受偿权的实现　　233

　6. 消灭　　235

第8节　特别法上的抵押权　　235

　1. 概述　　235

　2. 林木抵押权　　236

　3. 动产抵押权　　237

　4. 企业财产抵押权　　239

　5. 企业担保权　　242

第5章　权利转移预约型担保＝假登记担保　　244

第1节　序说　　244

　1. 何为权利转移预约型担保　　244

　2. 判例法理的展开　　245

第2节　假登记担保　　248

　1. 意义　　248

　2. 实现前的效力　　251

　3. 假登记担保的私力实现——总论　　252

　4. 私力实现中后顺位担保权人的地位　　260

　5. 拍卖程序中优先受偿的实现　　264

　6. 与用益权的关系　　268

　7. 破产程序中的效力　　269

8. 消灭 269

第6章 权利转移型担保＝让与担保 271
第1节 序说 271
1. 何为权利转移型担保 271
2. 从所有权性构成到担保性构成 274
3. 标的物的多样化 278
第2节 不动产、个别动产的让与担保 278
1. 概述 278
2. 设定 279
3. 效力所及范围 282
4. 设定当事人的关系 285
5. 与第三人的关系 286
6. 实现——被担保债权的清偿期到来后的法律关系 291
7. 在破产程序中的效力 299
8. 消灭 300
第3节 流动动产的让与担保 301
1. 概述 301
2. 设定 301
3. 效力所及范围 308
4. 设定当事人的关系 310
5. 与第三人的关系——集合物固定化以前 311
6. 实现 313
7. 在破产程序中的效力 314
8. 消灭 315
第4节 债权及其他权利的让与担保 315
1. 概述 315
2. 金钱债权的让与担保 315
3. 集合金钱债权的让与担保 319

4. 其他权利的让与担保 … 326

第7章 所有权保留 … 329

第1节 序说 … 329
1. 何为所有权保留 … 329
2. 法律性质——与让与担保的关系 … 331

第2节 成立、效力 … 331
1. 所有权保留的成立 … 331
2. 实现前的效力 … 333
3. 保留所有权的处分 … 335
4. 实现 … 335
5. 在破产程序中的效力 … 336

文献略语表 … 338
条文索引 … 346
判例索引 … 364
事项索引 … 374
日本年号与公历年对照表 … 385
译后记 … 391

序　章

1. 为何需要担保物权

（1）债权人平等原则

G 对 S 享有 5000 万日元的借款债权，但还款期限届至 S 却无意还款。此时，G 为了强制性地收回债权，一般会以 S 为被告提起借款返还诉讼，以诉讼中的胜诉判决为债务名义，通过强制执行程序取得 S 的财产（民 414 条 1 项[译者注1]）。S 的财产会被查封，并通过拍卖程序变价，G 可以从变价款中收回债权（民执[译者注2] 43 条以下）。还有强制管理方法（民执 93 条以下）。

这种方法在 S 拥有足够财产时是奏效的。*但是，不按期偿还借款的债务人通常都处于债务超额的状态。此时，G 利用上述方法就不足以充分收回自己的债权。例如，S 拥有相当于 6000 万日元的可供执行财产，G 将其全部查封，但 S 除了 G 以外还有其他债权人 A（债权额 3000 万日元）和 B（债权额 4000 万日元），A、B 也要求分配变价款。此时，6000 万日元的变价款就须按 G、A、B 各自享有的债权额比例进行分配。即分给 G 2500 万日元、A 1500 万日元、B 2000 万日元。原因在于各债权人享有平等的权利（**债权人平等原则**），G 并不因为掌握了查封主动权而取得比其他债权人更有利的地位。结果是，当 S 所负债务总额超过 S 所有的财产价值时，G 就无法完全收回债权。

[译者注1] 即"《日本民法典》第 414 条第 1 项"。本书该类缩写规则相同。另，未经特别明示，本书的规模性法律文件均指日本的规范性法律文件。

[译者注2] 即《民事执行法》，以下简称"民执"。

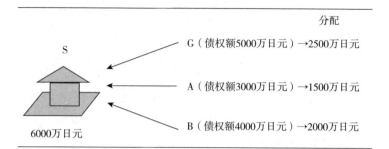

＊财产开示制度与妨害执行对策　不过，如果 S 有隐匿财产或以其他方法妨害执行的情况，那么即使 S 实际拥有足够的财产，强制执行也难以顺利进行。平成 15 年[译者注3]大规模修改民事执行法，也涉及这方面的对策[1]。现在大家正在研讨，至少有必要再针对财产开示制度进行修改。

(2) 保全债务人的一般财产并扩大其责任财产

基于这种法律制度，G 怎样才能全额收回债权呢？我们首先想到的是增加可供执行的财产。以上述为例，假如可供执行的财产为 1 亿 2000 万日元以上，就算 A、B 也要求分配款项，G 也可以全额收回债权。

因此，第一是要让 S 准备尽量多的财产。为此民法为债权人确立了两项权利，分别是**债权人代位权**（民 423 条）和**诈害行为撤销权**（民 424 条）。前者是 G 通过代替 S 行使其享有却不行使的权利来保全 S 的财产，后者则是 G 有权撤销 S 减少自己财产的行为（详见债权总论）。

但上述方法并不能增加债务人的财产，假如 S 没有可供保全的财产，G 还是无法实现其债权。

第二是将强制执行之手延伸至 S 以外其他人的财产，这种制度称为**保证**（民 446 条以下）。债务人之外的 C，就 S 的债务与 G 缔结保证契约，当

[译者注3] 关于日本年号与公历年之间的对照，请参见本书所附"日本年号与公历年对照表"。

[1] 参见古贺政治执笔・道垣内ほか95 页以下，124 页以下，山本和彦执笔・道垣内ほか140 页以下。

S不履行债务时，G可以请求C返还借款（严格地说是承担保证责任），C不能支付时，G也可以执行C的财产。

但这种方法是否奏效最终也依赖于C的财产数额。假如C也没有足够的财产，G还是无法实现债权。

2. 法定担保物权与约定担保物权

接下来我们又会想，为了让G能收回债权，是否可以事先从S或第三人的财产中拿出一定的物来以备还债之用。例如，将S财产中特定土地的变价款用于G的优先受偿。G的这种得以在一定财产范围内优先收回债权的权利就是**担保物权**。

那么，何种债权人能享有担保物权呢？

（1）首先，是法律规定赋予法律上需要保护的债权人以担保物权。虽然各债权人原则上享有平等的权利，但在众多债权人中还有一些在法律上需要予以特别保护的债权人。例如，某家公司破产时，一般情况下，因未付工资而享有债权的职工比因交易活动而享有债权的债权人更需要受保护，因为工资债权是这些职工生活的基础。因此，民法以公司的全部财产为权利对象，赋予工资债权人以优先权，以使其能优先实现债权。

这种赋予法律上需要保护的债权人的担保物权称为**法定担保物权**。有为各种债权人分别设置的优先权，还有同为法定担保物权的留置权制度。

（2）其次，是各债权人根据与特定财产所有人的合意，就该财产取得优先性权利。例如，S在向G借钱时，为了能实际履行债务，可以根据与G的合意在自己所有的特定土地上为G设定抵押权。那么，当该土地被拍卖时，G可以从土地变价款中优先于他人收回自己的借款债权（也可从该土地的收益中收回债权）。

这种根据债权人与财产所有人的合意产生的担保物权称为**约定担保权**。除抵押权外，民法还设置了质权制度。此外，民法中将为其他目的设定的制度转为担保的非典型性担保，和企业担保法中的企业担保权，也相当于约定担保物权。

这样的债权人虽不属于法律上需要特别保护的债权人，但为使财产不足的债务人能得到授信,还是需要这种制度。否则,中小企业根本无法融资。因此,在确立担保物权的同时,为不损害其他债权人等的利益,还须公示权利并对权利效力进行一定限制。*

* **对担保机能等的疑问**[2]　以上是传统观点,担保物权是为了能在关键时刻得到优先受偿,或者说,若无此制度,债务人将难以获得授信。但是,针对这两方面,现在又提出各种问题。

(i) 关于第二点,现在提出的问题是因为担保物权制度的存在,债务人获得的授信变少了。

直觉上感觉传统的观点是正确的,但是单纯从理论上考虑,会出现以下情况:一定财产变成被特定担保权人独占、优先的担保财产,其他债权人的担保财产却被剥夺了,这样只是减少了担保权人不能收回债权的风险,却增加了其他债权人不能收回债权的风险。这样一来,其他人借贷时就会犹豫,借贷的利率也会更高。这样两项相抵,债务人的借入能力根本没有被扩大。岂止如此,如果考虑到设定担保的成本,借入能力反倒相应减弱了。这不是只在其他债权人取得、设定担保权后才会出现的问题,只要存在担保物权这项制度,其他债权人就必须将担保财产被剥夺的风险计算在内。

这样一来,就需要其他说明。

在美国,围绕此点有很多讨论,但也没有十分有说服力、能成为一般理论的见解(受担保财产、债务人企业、金融实态、企业规模等左右)。其中影响最广、最成功的学说应是改善监控的效率性这一机能。也就是,一般债权人原则上必须对债务人的全部资产进行日常监控,但只要被担保债权额不高于担保财产价额,担保权人就没有必要进行全体监控,而是只要对该担保财产进行审查和管理即可。另外,由于是就债务人的全部资产或事业过程中产生的全部价值设定担保,有的见解将重点放在对债务人事业的全体监控,对于个别担保的机能,也有见解将重点放在以此来监

---

[2] 还包括其他文献,参见道垣内弘人「担保物権総論」同編『新注釈民法(6)』(有斐閣,近刊)。

控债务人全体。

但是，能否进行监控、监控是否有效或者能否仅通过担保物权实现，还有待进一步研究。

而且，这个问题还关系到担保物权前进方向的研究。

(ii) 关于第一点，也就是将担保的机能定义为优先受偿效力是否妥当的问题，除上述监控机能以外，现在还越来越强调维持债务人事业的一面。

如果以债务人事业所必需的财产为某个债权人设定担保物权，其他债权人就很难再将此抵押变价。如果标的物价额小于被担保债权额，扣押债权人就不可能得到分配，以取消扣押此物为原则（民执63条），就算标的物价额大于被担保债权额，扣押债权人得到的分配也是担保权人优先受偿后剩下的部分，利益也减少了。再者，在让与担保等情形下，能不能扣押还是问题（→320页〔译者注4〕）。

(iii) 但是，如果将担保的机能作上述修正，又会产生如下疑问：担保的机能是不是只剩下设定作为物权的担保权呢？

例如，为提高监控的效率性，也有通过设立法人等方式，将债务人的财产中的优良资产和融资对象项目从债务人处分离的做法。

按照以前的学说，将土地、建筑物、动产、知识产权、技术知识等组合存在的企业体概括性地设定担保，以充分利用这些财产的价值来进行担保，这是近代法发展中的前进方向。虽然这种做法仍有适用空间，但现在更强调从企业中分离出一部分来作为担保的重要性。

另外，由于担保不仅是为了在不履行债务时优先收回债权，还有让事前的信用审查和事后的监控变得容易等，现在也越来越重视根据担保的各种机能采取合适的方法。

3. 典型担保与非典型担保

(1) 如前所述，民法及其他法律赋予法律上需要保护的债权人以法定

〔译者注4〕即"参见原书第320页（本书边码320）"之意。后文同。

担保物权，而且还规定了抵押权等多种约定担保物权。这些权利是法律所创设的，旨在完成最基本的担保功能，称为**典型担保**。

典型担保原则上赋予担保权人以下权利：当债务人不履行债务时，通过法院举行的拍卖将担保标的物变价，从变价款中获得优先受偿的权利。有的担保权也可通过简易程序取得收益价值（详见各处所述。→38—39页，103—105页，118—120页，227—231页），但主要的实现方法仍是通过拍卖将标的物变价。

（2）由于拍卖程序耗时耗财，所以债权人都想通过简易程序实现担保物权，即当债务人不履行债务时，标的物所有权等特定权利就直接归于债权人，可以通过收益（标的物归于自己的价值，或者通过处分给第三人所得的金钱）收回被担保的债权。

具体而言，有预先约定债务不履行时进行权利转移的（"权利转移预约型担保"），有先将权利转移至债权人待债务履行完毕后再转移回去的（"权利转移型担保"），还有当债务履行完毕后才将买卖标的物的权利转移至卖方的（"所有权保留"）这多用于担保买卖价款债权。因为这些并不是民法典及其他法律中规定的担保方法，而是不甚规范的担保方法，所以称为**非典型担保**（或变则担保）[4]。

7

（3）非典型担保，除所有权保留外，历史上都曾被债权人当作牟取暴利的手段。[5] 以权利转移预约型担保为例，债权人在融资时就价值显著高于被担保债权额的债务人权利约定，不履行债务时此权利即转移给债权人，从而牟取差额利益。例如，当 1000 万日元的债务陷入债务不履行时，如果约定把相当于 1 亿日元的不动产所有权转移给债权人，那么债权人就能获得 9000 万日元的利润。

当然，这种结论是不被认可的。当权利转移预约只是以担保债权为目的时，债权人理应满足于收回被担保债权，差额则必须返还给标的物所有人。但是，在经常用到权利转移预约型担保的代物清偿契约中，原则上是

---

〔4〕 一般情况，参见道垣内弘人「非典型担保総論」森田修编『新注釈民法（7）』（有斐閣，近刊）。

〔5〕 强调此点的著作，近江幸治『担保制度の研究』（成文堂，1989）。

不论为代替债务履行而给付的物价值如何，只认为它能导致债务的消灭。为此，就必须承认，作为权利转移预约型担保的代物清偿契约与原来的代物清偿契约不同，是担保契约。因此，学说和判例就此展开深入研究是很有必要的。

上述确认差额清算义务只是一个例子，还有很多情况需要作为担保来处理。因此，不同于法律规定为担保的典型担保，作为担保来处理的非典型担保究竟该如何实现、达到何种程度，就成了问题。

4. 担保手段的种类、担保物权的共通性质

（1）担保物权和其他担保

原则上，本书所涉及的是由物权构成的担保手段，可将其称之为担保物权[6]。

不过，以担保债权为目的所采取的方法在现实社会中也有非物权的。例如，银行等金融机构进行融资时，很多情况下会特别约定，当借款人不返还借款时，作为出借人的银行可将该借款债权与借款人对银行享有的存款债权相抵销（民505条）。这种情况下，"抵销预约"这种契约上的权利（=债权）自然就具有担保作用。此外，1（2）中提到的"保证"作为债权性的权利也具有担保功能。

这种非物权的担保手段主要在债权总论中阐述。但本书也涉及假登记担保。这是因为在假登记担保契约中，假登记担保权利人所享有的权利虽然应是由债权构成（→277页＊），但也可以与作为物权的担保权进行比较研究。而且，也可以用相同的理由解释作为债权的代理受领和存入指定的权利（→350页＊＊）。

---

[6] 以前就有这样的理解，认为担保物权与其说是物权，不如说是为了确定债权效力的权利（详细介绍该议论，参见岛山泰志「抵当本質論の再考序説（2）」千葉24卷1号［2009］138页以下。关于影响我国的德国法的议论，参见古積健三郎『換価権としての抵当権』［弘文堂，2013］52—57页，鳥山・前揭論文（4）千葉24卷3＝4号［2010］442页以下。最近，也有强调这方面的简介（加賀山茂「債権に付与された優先弁済権」的担保物権」国井和郎還暦『民法学の軌跡と展望』［日本評論社，2002］291—324页，加賀山・9—13页）。在这个背景下，撇开民法典的编别和各规定不说，有观点认为有物权・债权的本质，但物权・债权的性质应该是由实体法规范归纳确定的。

《日本民法典》大致区分物权与债权两种权利。一方面，必须从这种区别的角度看问题；另一方面，不管是物权、债权，还是具有债权担保功能的各制度、方法，都必须综合起来进行考量。虽然本书的论述不足以彻底阐释上述两个方面，但仍是综合考虑到一般的讲义体系和当前理解的便利来确定本书的论述范围。

（2）担保物权的种类

本书所涉及的担保物权（以下将假登记担保也包括在内，称为担保物权）种类众多，可依多个标准进行分类。为便于后续章节的论述和解释一些专业术语，先简单地分为以下几类。

（A）法定担保物权与约定担保物权。已介绍过此分类。留置权、优先权属于前者；除了质权、抵押权等典型担保，假登记担保、让与担保、所有权保留等非典型担保和企业担保权也属于后者。

（B）典型担保与非典型担保。已介绍过此分类。民法、商法、其他特别法规定的留置权、优先权、质权、抵押权和企业担保法中规定的企业担保权属于前者；假登记担保（"权利转移预约型担保"）、让与担保（"权利转移型担保"）、所有权保留属于后者。抵销预约、代理受领、存入指定，还有资金租借等有时也属于后者（此外，非典型担保一律为约定担保）。

（C）动产担保、不动产担保、权利担保。这是依担保标的进行的分类。不过一个担保物权可能有多种标的，因此这种分类并不具有排他性。

（3）担保物权的共通性质

一般认为，担保物权的共通性质包括不可分性、物上代位性、附从性、伴随性。但严格来讲未必能称为共通性质，只是进行大致的梳理而已。

（A）不可分性[7]。担保权人可就标的物的全部行使权利直至被担保债权全额清偿。民法中关于留置权的规定（民296条）可准用于优先权、质权和抵押权（民305条、350条和372条）。非典型担保也可作同样

---

[7] 针对不可分性的机能，参见山本和彦「担保権消滅請求制度について」同『倒産法制・代的課題』（有斐閣，2014）105頁。

理解。

但留置权由于可通过提供代担保来被消灭,所以并不一直具备不可分性(→43页)。

(B)物上代位性。担保权人行使优先受偿权的效力及于标的物所有人因担保标的物的出卖、出租、灭失或毁损所获得的金钱、其他物及在标的物上设定物权的对价。关于优先权的规定(民304条)准用于质权和抵押权(民350条,372条)。

但留置权不具有此性质,非典型担保是否具有此性质也存在争论(→314—316页,370页*)。另外,在优先权、质权、抵押权中也不认可出卖等上述情形下的物上代位。究竟哪些具体情形下才能肯定物上代位,是在各担保物权的性质中不得不思考的问题(→66—69页,91—92页,147—160页),所以这种性质在严格意义上并不能被称为共通性质。

(C)从属性。担保物权的发生必须存在被担保债权,该被担保债权消灭的,担保物权也随之消灭。由于担保物权是用以担保债权的权利,所以不存在债权时也就不存在担保物权。法定担保物权中的留置权和优先权也完全符合该性质。

不过,确定之前的最高额抵押权并不具备这种从属性(→240页*)。另外,在抵押权中,如果作为被担保债权发生原因的契约无效导致未产生债权,抵押权也并不必然无效(或者说,可通过诚实信用原则对主张抵押权无效进行制约),这一点将在后文予以详述(→130页)。也可以这样理解质权与非典型担保。

(D)伴随性。如果被担保债权被转让,担保物权也随之转移,因为担保物权的目的是担保该债权。但是,确定之前的最高额抵押权不具备此种伴随性(→245—246页),留置权和一部分优先权也不具有此种伴随性(→42页,81—82页)。因此,必须根据担保物权的性质来考虑它是否具有此性质。*

*抵押信托(→129页***) 可以从上述附从性和伴随性中推出以下原则,即不能将担保权归于被担保债权的债权人之外的人。例如,民法369条规定,"抵押权人……有权接受自己债权的清偿",前

提就是抵押权人是被担保债权的债权人。

然而，在数个债权人共同进行融资时，由代表人或第三人为总债权人保有担保权有时更为便利。附担保的公司债券信托法（明治38年）规定，在发行附担保公司债券时，信托公司可以替总公司债权人保有物的担保，但经过平成18年信托法的修改，最终确立了更为普遍的利用信托结构的抵押信托（将担保权与被担保债权相分离作为信托财产）（参见信托3条1号，2号）。[8]

5. 叙述顺序

下面依照民法典的顺序进行叙述，首先是作为法定担保物权的留置权（第1章）和优先权（第2章），其次是约定担保物权中的典型担保，分别是质权（第3章）和抵押权（第4章），最后是约定担保物权中的非典型担保，分别是假登记担保（"权利转移预约型担保"）（第5章）、让与担保（"权利转移型担保"）（第6章）和所有权保留（第7章）。[9]

---

[8] 有关解释论上的问题点也包含其他文献，参见山田誠一「セキュリティ・トラスト」金法1811号（2007）16頁。

[9] 本书以现行法的解释论为中心。关于将来的立法方向等，目前请参见道垣内・諸相8頁以下。另外，关于担保物权法学的应然状态，参见道垣内・諸相2頁以下。

第 1 章

留置权

第 1 节　序说

（1）A 的电脑坏了，拿到 B 的电器店维修。一周以后 A 收到维修完毕的通知，A 来到 B 处拿电脑，但没带修理费 1 万日元。这时我们通常会想，A 不支付 1 万日元，B 就有权不给他电脑。留置权就是 B 的这种权利，规定于民 295 条中。根据第 295 条 1 项，**留置权**是指，占有他人之物的人，在享有与此物相关的债权时，有将此物留置在自己之处直至债权清偿为止的权利。*

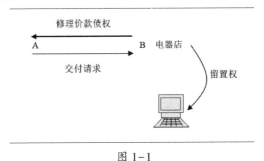

图 1-1

（2）留置权是法定担保物权。换句话说，留置权是满足一定条件即当然发生的物权，而非依当事人合意设定的物权。

那么，为什么要赋予债权人以留置权这种担保物权来保护他们呢？一般认为是为了实现公平理念。在开始举的例子中，如果 A 不支付修理费就能拿走电脑，反过来说就是 B 不收修理费就得把电脑交付给 A，这是违反公平的。正是为了避免这种情况，才确认了 B 以该电脑为标的物的留置权，不支付修理费就不把电脑给 A，通过向 A 强加这种不便来间接强制 A

14　清偿债务。

　　而且，有了留置权，B 就不必再逐一查对 A 的信用状态，而是只要安心修理电脑就可以了。因为当 A 不支付修理费时，B 就可以留置该电脑。这样，确认留置权也促进了交易的迅速与活跃。这也可以看作留置权的趣旨之一。**

　　　* **与留置权类似的制度**　民法 475 条规定，清偿人交付了他人之物后，必须再进行有效清偿才能取回标的物。这是为了"赋予清偿受领人一种应被称为留置权的担保"[1]。清偿无效或被撤销时，由于原本作为清偿对象的债权不是关于清偿所交付之物产生的债权，所以无法基于民 295 条而发生留置权，因此还需特殊规定（但民 475 条的趣旨并不明确，详见债权总论）。（另外，民法 476 条规定，无转让能力的所有人，交付某物作为清偿，之后该清偿被取消时，也赋予清偿受领人以同样的权利，但这条在 2017 年修改债权法时被废除。）

　　　** **与商事留置权趣旨的关系**　"促进交易的迅速、活跃"的趣旨过去只存在于商事留置权中。也就是说，民法典规定的留置权是有罗马法中"恶意抗辩权"（债权人不履行对该人所负债务就要求对方履行债务，是违反诚实信用原则的，债务人得以抗辩，可以拒绝履行）渊源的，其以公平理念为根本。与此相对，商法典中的留置权（→17 页）源自中世纪意大利的商事习惯法，出于确保商人之间交易安全的目的。[2] 历史沿革的确如是，但如果从现在的视角来评价民法上留置权的功能，还是如本文所述。[3]

15　（3）如后文所述，参照留置权的成立要件，在一开始所举的例子中，B 以修理价款债权为被担保债权、以该电脑为标的物，享有留置权。但由于修理契约是双务契约，B 也可以基于同时履行抗辩权（民 533 条）拒绝

---

〔1〕広中俊雄編著『民法修正案（前三編）の理由書』457 頁（有斐閣，1987）。

〔2〕薬師寺志光『留置権論』3—5 頁，40—42 頁（三省堂，1935）。此外，关于日本的立法沿革，参见鈴木正裕「留置権小史」河合伸一退官・古稀記念『会社法・金融取引法の理論と実務』191 頁以下（商事法務，2002）。

〔3〕参见石田（文）・567 頁。另见，山川・26 頁，平野裕之執筆・アルマ310 頁。

履行交付电脑的义务。两者成立竞合，B 享有两种权利（通说）。*

  ＊与同时履行抗辩权的关系 学说上除了有本文中承认 B 有两种权利的学说（竞合说）之外，非竞合说也颇为有力。

  在非竞合说中，同时履行抗辩权的成立范围是问题所在。关于这一点，只有在双务契约中存在对价关系的债务之间才能成立同时履行抗辩权，除此以外的情况则成立留置权。[4] 例如，在委托保管契约中，与委托保管费支付义务存在对价关系的是保管义务，而不是契约终结时返还委托保管物的义务。因此，委托人以未收到委托保管费为由拒绝返还委托保管物的依据是留置权。与此相对，买卖契约的卖方以未收到价款为由拒绝交付标的物则是以同时履行抗辩权为依据。

  但是，现在的判例和通说把同时履行抗辩权扩大到双务契约的各种债务之间，甚至不是严格意义上的双务契约的两债务之间，还包括因债务内容不是物而不能适用留置权制度的交易。因此，判例和通说关于同时履行抗辩权的这种倾向是应该被认可的（详见契约法）。因此，同时履行抗辩权的成立范围不能采用严格说。

  于是，随着判例和通说还出现以下见解：肯定在因契约关系发生的两债务之间广泛地成立同时履行抗辩权（或与此相同的履行拒绝权），只在不成立这种抗辩权的情况下才成立留置权[5]，或者说，在成立这种抗辩权时虽然在观念上也成立留置权，但基于二者是特别法与一般法的关系而排除留置权。[6]

  但是，严格区分留置权与同时履行抗辩权成立领域的学说纷繁复

---

  [4] 川村泰啓『商品交換法の体系（上）』226 頁（勁草書房，1967），白羽祐三「留置権・同時履行の抗弁権と不当利得」谷口知平還暦『不当利得・事務管理の研究（1）』97 頁以下（有斐閣，1970）。

  [5] 清水元『留置権概念の再構成』155—160 頁（一粒社，1998），関武司『留置権の研究』665—692 頁（信山社，2001）。简单地逐一列举，清水元執筆・篠塚昭次＝川井健編『講義物権法・担保物権法』181—182 頁（青林書院，1982），関武司執筆・川井健＝鎌田薫編『物権法・担保物権法』185—186 頁，196 頁（青林書院，2000）。

  [6] 三藤邦彦執筆・判コン6 頁以下，鈴木・432—434 頁。槇・36 頁等。

杂,并没有实际划清界限。[7] 关于此点,主张契约当事人之间优先适用同时履行抗辩权或与此相同的履行拒绝权的学说比较明确,但如果相对方(例如委托保管人或买方)不是基于契约而是基于所有权行使返还或交付请求权,可能就不得不以留置权进行对抗了。作为请求权竞合论的一般问题,只要不采用在契约当事人之间排除物权请求权的法条竞合说,通说就能成立。[8]

第2节 成立要件

1. 概述

(1) 根据民295条,留置权的成立必须满足以下四个要件:*,**

①留置标的物为"他人之物"(关于留置标的物的要件)。

②享有债权,且该债权在清偿期内(关于被担保债权的要件)。

③被担保债权是因留置标的物所产生的(留置标的物与被担保债权之间存在**牵连关系**的要件)。

④债权人"占有"留置标的物,且该占有不是基于"不法行为"而开始的(关于占有状态的要件)。

(2) 是否成立留置权,总是专注于特定标的物,在债权人与债务人之间作出判断。[9] 所以,必须将这个问题与留置权成立后效力所及的物的范围问题和可对抗留置权的第三人的范围(人的范围)问题区分开。以建筑物的室内装修设施为标的物成立留置权是一个问题,可否留置整个建筑物是另一个问题,或者说,以不履行买卖契约债务导致的损害赔偿债权为被担保债权成立留置权是一个问题,因取得标的物所有权与债权人存在对抗关系的第三人可否对抗该留置权则是另一个问题。***

---

[7] 内田·502—503页。

[8] 高木·21—22页,内田·502页,河上·29页等。

[9] 三藤邦彦执笔·判コン3页注(3)。

＊商事留置权的成立要件与比较　根据商[译者注1]521条关于留置权（商人间的留置权）的规定，此种留置权的标的物限于通过身为商人的债权人与债务人的商行为而由债权人占有的"债务人的所有物或有价证券"，但不要求该物或有价证券与被担保债权之间必须存在牵连关系，只要求被担保债权是基于债权人-债务人间的交易等商行为而产生。这是为了保护处于交易关系的商人之间的期待（如果对方的所有物在自己之处，一旦有事就能以此作为担保），并促进商业交易的顺利进行。

虽然是债务人所有的物，但却是要被运往他处的物，所以在债权人接受该运输的过程中，不应过分强调"不予交付"的权利。特别是当受领人为第三人时，也应该保护该第三人。所以，承运人可以留置运输的货物，仅限于以运费等作为被担保债权的情况（商562条、589条、753条2项）。但此处不要求"债务人所有"的要件。

关于代理商（交易的代理人、中介人）和批发商，由于代理商基于其业务性质很多情况下是从第三人处取得非债务人所有之物，然后交给债务人占有，所以不要求"债务人所有"这一要件。被担保债权限于为债务人的交易做代理和中介时所产生的债权（商31条、公司20条[译者注2]，商557、558条），但并不直接要求标的物和被担保债权之间存在牵连关系。因此，可以为其他物的交易做代理、中介产生的报酬债权为被担保债权，而留置已经取得的报酬（为标的物的交易做代理、中介取得的报酬）。[10]

较之民法规定的留置权，一方面要件要求缓和，另一方面还应注意到增加了其他要件相互协调。

此外，信托法75条9项、铁道营业法13条之3第4项等也规定

〔译者注1〕商法，以下简称"商"。
〔译者注2〕公司法，以下简称"公司"。
[10] 关于商事留置权，参见铃木禄弥「商人留置権の流動担保性をめぐる若干の考察」同『物的担保制度の分化』572頁以下（創文社，1992），松本恒雄「商法上の留置権と民法上の留置権」民商93巻臨時増刊号（2）180頁以下（1986），江頭憲治郎『商取引法〔第7版〕』252—254頁（弘文堂，2013）。

了留置权。

**关于留置权的特别约定　　约定不发生留置权的特别约定有效（通说。商人间的留置权中，法律对代理商、批发商、准批发商的留置权作出了明文规定。见商521条但书、31条但书，公司20条但书，商557条、558条）。债权人可以允许债务人延期清偿，此时不发生留置权。那么，当然有可能存在仅约定不发生留置权的合意。但是，根据各国的约款规制法，排除或限制消费者应当享有的留置权的特别约定无效（德国民法309条2号（b），韩国约款规制相关法律11条1项），有的情况也可适用日本消费者契约法第10条中"单方面侵害消费者利益"的条项。

相反，也有旨在成立留置权的合意，多见于运输业者的约款等处。但是，法典中的留置权是法定担保物权，不能依当事人合意随便变更成立要件。若不变更要件等，则仅属确认性合意。如果变更的话，就可以解释为对物品交付期间的特别约定。

***与上述内容相对，至今学说都没有区分留置权的成立问题与人、物层面的效力范围问题，特别是要件③起到的作用过大导致了很多问题。下面举几个例子，以明确本书的立场。

（i）确定物的效力范围的必要性。建筑物租赁契约结束，出租人A要求承租人B交付建筑物时，B能否以购买设施请求权（借地借家[译者注3]法33条）为被担保债权，就该建筑物向A行使留置权呢？判例不承认购买设施请求权与建筑物之间有牵连关系，并据此不承认B享有留置权。与判例不同，多数说则认为得以建筑物为标的物成立留置权。但是，即使多数说实质上是妥当的，也很难承认购买设施请求权与建筑物之间存在牵连关系（室内装修设施在性质上可与建筑物相分离），以装修为标的物所生留置权的效力是否及于建筑物，是留

〔译者注3〕借地借家法，以下简称"借地借家"。

置权物的效力范围的问题,这明确了问题之所在。[11]

(ⅱ)确定人的效力范围的必要性。假设B从A处购得甲不动产并已完成现实交付,C也从A处购得甲不动产并已完成转移登记,当C请求交付时,B能否以损害赔偿债权(基于A未履行买卖契约)为被担保债权,以甲不动产为标的物,向A主张留置权?承认B的主张即意味着无视民177条的对抗要件主义,是不妥当的。因此,通说认为B的损害赔偿债权不是与甲不动产有关的债权(即不满足要件③),不成立留置权。

但是,在B从A处购得甲不动产并接受交付,因未进行转移登记而解除买卖契约时(不存在具备对抗要件的二重买受人C),对于A交付甲不动产的请求,毫无疑问,B得以损害赔偿债权为被担保债权,以甲不动产为标的物,向A主张留置权。与第一个例子相反,此时就肯定了B因A不履行债务而生的损害赔偿债权与甲不动产之间存在牵连关系。这不得不说在理论上是不一致的。[12]

因此,不论是第一个例子还是第二个例子,只要A(债务人)与B(债权人)之间能满足要件①—④,就可以成立留置权,但认为第一个例子中B不能以此留置权对抗C比较妥当(另见,→33页*)。[13]

2. 关于留置标的物的要件

(1)毫无疑问,动产和不动产均可作为留置标的物(参见民85条)*。

(2)民295条1项将留置标的物限定为"他人之物"。鉴于留置权是通过对物进行留置来间接地强制清偿,那么很显然标的物不能为债权人本人之物,但可不可以是非债务人所有的他人之物呢?

---

[11] 高島·119页中讲到"判定效力范围基于实质上的公平考虑即可",关于有无牵连关系,认为"如果判例可以根据实理由左右自己的判断,那么好不容易制定的标准就失去意义了"。本人对此表示赞同。

[12] 関·上文注释5,8—9页。

[13] 基本赞同上述思考构架,松岡·246—247页。

通说认为，也可为债务人以外第三人所有之物（比较民295条1项与商521条）。与此相对，少数说则认为，为催促债务人清偿，仅有必要留置债务人所有之物，且通过牺牲第三人来保护债权人也并不妥当，少数说以此为由将标的物限定于债务人所有之物。[14] 的确，假设 C 修理了 A 所有的手表，未收取修理费就将手表返还于 A，之后，从 A 处购得该手表的 B 恰巧又委托 C 修理该手表。此时，承认 C 直至从 A 处得到修理费的清偿为止都有权不将手表返还于 B 并不妥当。[15] 这样来看的话，可能限于债务人所有之物就比较好。但是，这样一来，若 A 把从 B 处借来的手表拿到 C 处修理，那么不承认 C 能以对 A 的修理价款债权为被担保债权留置 B 所有的手表也有失妥当（即使将标的物限定于债务人所有之物，由于根据民196条及703条，C 对 A 享有的不是费用偿还，而是不当得利返还请求权，似乎可以以此为被担保债权行使留置权。但修理价款债权往往大于上面的不当得利返还请求权，对 C 是很不利的）。

于是，遵循通说，债务人以外的第三人所有之物也可以作为留置权的标的物，在第一个例子中，考虑到 C 不能向 B 主张在 C 与 A 之间成立的留置权，应该也可以得出妥当的结果（→32页）。

* 商事留置权与不动产 · 无纸化有价证券　（i）已设定抵押权之土地的所有人要在该土地上建造建筑物，承包人开始施工。但在建设途中，由于土地所有人无法支付建筑承包款，建筑建设承包契约被解除。一方面，若抵押权的被担保债权履行不能，抵押权人当然会行使抵押权；但另一方面，承包人依据商521条对该土地主张留置权。假如认可承包人的主张，那么即使土地所有人还没破产，抵押权得以实现，承包人也事实上得到最先顺位的优先受偿，得到了保护，抵押权人却遭受了损失。

这种情况下，让抵押权人受损是不妥当的，且实际上不可能对抵押不动产的价值作出评价，这也给金融造成了障碍，针对这些问题存

---

[14] 梅·304页，薬師寺·上文注释2，60页以下，高島·112页。平野·257—258页，在结论上也是一样。

[15] 石田（文）·588页。

在很多争论，从下级法院的判决中就可见一斑。[16]于是，在平成14年3月汇总的"关于重新研究担保·执行法制的纲要中间试案"中，就有观点提出不动产不能作为商521条规定的商事留置权的标的物。但是，在这种改正背景下，同时又有学说认为这样较现状更不利于保护承包人，针对如何保护最终也未能形成一致意见，结果在改正案中也未被采纳，仅被作为一种解释。

作为解释论，由于用词上采用的是"债务人所有之物"，这当然可以理解为包含不动产。最近，最高法院的判决也明确了其中包含不动产。但至少在债务人破产程序中，可以类推适用建筑机械抵押法15条[译者注4]，解释为抵押权优先。当然，从商事留置权的沿革（→14页＊＊）来看，不动产不能作为商事留置权的标的物的学说也十分有力。[17]

（ii）关于标的物，现在对无纸化有价证券和电子记录债权的研究尤为盛行。例如，投资信托受益权，以前至少有称为"大券"的书面证券存在，能够占有，但是现在都在账目管理机关的账目中进行电子化管理。这时，金融机关等账目管理机关，能否以投资信托受益权所有人享有的债权作为被担保债权，针对已被无纸化、无法进行物理占有的投资信托受益权行使商事留置权呢？另外，也有观点认为，电子记录债权也是如此，窗口金融机关事实上能够支配债权人所有的电子债权，那么应认可窗口金融机关对电子债权成立准占有，应认可能成立商事留置权。

仅根据账目管理机关和窗口金融机关的管理人资格就肯定商事留

---

[16] 松岡久和「留置権に関する立法論」『倒産実体法（別冊NBL69号）』88頁以下（商事法務，2002），坂本武憲「不動産費用債権の担保（留置権・先取特権）」ジュリ1223号44頁以下（2002）。

[译者注4] 航空器抵押法，以下简称"航抵"，航抵11条，机动车抵押法，以下简称"机抵"，机抵11条。

[17] 特別参浅生重機「判批」金法1452号16頁以下（1996）。另见，高木·20頁，近江·20頁。另外，田高貴寛「個別執行と留置権」伊藤進古稀『担保制度の現代的展開』88頁（日本評論社，2006）认为，承包价款债权等"增加物的价值的债权"作为被担保债权时，留置权应当优先于抵押权，有必要进行类型化考察。

置权的成立,是不是有些过分,已开始成为争论的焦点。[18]

3. 关于被担保债权的要件

(1) 首先,要有债权。虽然为了小额的被担保债权而留置高价的物有失公平,但作为成立要件,被担保债权额的大小并不重要(→43页)。

(2) 其次,债权清偿期要到来。因为如果在清偿期前就发生留置权,那么就成了间接地强制债务人在期限日之前清偿,这是不妥当的。

A将物交付给B是先履行义务,不履行期间正值A对B所享有债权的履行期到来时,应根据先履行约定的趣旨进行判断,即B履行债务是否以A已履行债务为前提,是否只能恰巧在履行期前后。就前者而言,即使A享有的债权清偿期已到来,也不发生留置权。[19]

4. 留置标的物与被担保债权的牵连关系要件

(1) 例如,B对A享有贷款债权时,正巧B租了A所有的汽车。租赁结束,A请求B返还该汽车时,B能以贷款债权为被担保债权,对该汽车行使留置权吗?如果可以的话,反而违反了公平,是不妥当的。于是,民法以该债权是"与该物相关所产生"的债权作为留置权的成立要件。也就是说,仅当债权和债权人占有的物之间存在牵连关系时,才承认留置权。

应当明确存在牵连关系的情形,通说认为可以分为如下两种情况:债权是由物自身所产生的,以及债权与物的交付请求权是基于同一生活关系而非法律关系所产生的。但牵连关系存在与否并非仅依此标准进行判断,实际上是对各情况下承认留置权是否公平进行实质性判断。如果能实现公平,就承认存在牵连关系。换句话说,判断标准根本不起作用。

---

〔18〕 例如,参见高山崇彦「振替証券に対する商事留置権の成否」「倒産と担保・保証」実務研究会編『倒産と担保・保証』410頁以下(商事法務,2014),基于电子记录的权利相关法律问题研究会「振替証券/電子記録債権の導入踏まえた法解釈論の再検討」金融研究34巻3号1頁以下(2015)。

〔19〕 我妻荣『債権各論上(民法講義 V_1)』92頁(岩波書店,1954)。

这种混乱的原因之一是，以前的学说设法将债权人与第三人之间的公平也纳入牵连关系要件的判断中。于是，在判断有无牵连关系时，首先应只着眼于债权人与债务人之间的公平，其次则应通过研究留置权在人、物层面的效力范围来谋求与第三人之间的公平（→18 页 ***）。

那么在只着眼于债权人与债务人之间的公平时，什么情况下才应认可具有牵连关系呢？应是"留置标的物价值（或反价值）的部分或全部的转化物是被担保债权时"。* 具体情况可作如下整理。

（2）物的全部积极价值转化为被担保债权时

①依买卖契约产生的价款债权与买卖标的物之间存在牵连关系（判例[20]）。应是标的物价值的整体转化为债权。但在从买受人处取得权利的继受人请求卖方交付标的物时，卖方（债权人）与买方（债务人）之间所成立留置权的人的效力范围就出现了问题（→33—34 页）。

②行使借地借家 13 条、14 条的购买建筑物请求权和 33 条的购买设施请求权时，由于成立了买卖契约，所以和①一样，前者中的价款债权和建筑物之间，后者中的价款债权和设施之间，都存在牵连关系（判例[21]）。但不承认价款债权与建设用地（前者）或租用建筑物（后者）之间存在牵连关系，虽然这些不能直接成为留置权的标的物（判例[22]）。但学说多对后者持反对意见[23]），不过以所购建筑物（前者）和设施（后者）为标的物产生的留置权的效力及于建设用地和租用建筑物，可以留置（物的效力范围问题。→30 页）。

③同样地，一旦支付了价款或交付了标的物，当因买卖契约无效、被撤销或解除而产生返还义务时，返还价款请求权与买卖标的物之间存在牵连关系。仅部分支付价款时，属于下文（3）将要讲到的内容，可承认存在牵连关系。

---

[20] 最判昭和 47・11・16 民集 26 卷 9 号 1619 页。
[21] 前者见大判昭和 14・8・24 民集 18 卷 877 页，大判昭和 18・2・18 民集 22 卷 91 页。后者见大判昭和 6・1・17 民集 10 卷 6 页，最判昭和 29・1・14 民集 8 卷 1 号 16 页等。
[22] 前注判例。后者虽然明确否定了牵连关系，但前者认为，作为就建筑物所生留置权的反射效果，可以利用建设用地。
[23] 薬師寺・上文注释 2，86 页，我妻・30 页等。

④即使未达到③中解除的地步，但受领了标的物的买方B也不能取得所有权时，B基于债务不履行对卖方A享有损害赔偿债权，此债权与标的物之间存在牵连关系。因为此债权是由标的物全部价值转化而来。因此，在不动产一物二卖的情形中，受让人C先取得了登记，取得占有的受让人B不能取得所有权，这时B就能以该不动产为标的物取得留置权。判例[24]和通说认为，在此种情况下，B拒绝C的交付请求是不当的，因而不承认有牵连关系［→18页（ⅱ）］，但是B与A之间虽然成立留置权，B也不能向C主张该权利（人的效力范围问题，→31—32页）。

⑤卖方不是标的物的所有权人，而买方受领了该标的物。此时，即使买方接受了真正所有权人的返还请求，判例[25]中也不承认买方对卖方享有的损害赔偿债权与买卖标的物之间存在牵连关系。但出于与④相同的考虑，虽然在买方和卖方之间成立留置权，但买方不能向真正的所有权人主张该留置权。

（3）物的部分积极价值转化为被担保债权时

①判例[26]和学说均认为，承租人享有的有益费用或必要费用偿还请求权（民608条）与租赁标的物之间存在牵连关系，因为这是有益费用或必要费用投入所产生增值部分转变而来的债权。当然，在租赁标的物是建筑物的情况下，该请求权和建设用地之间没有牵连关系，就建设用地不直接发生留置权。但是，应认为就建筑物所成立的留置权在效力上及于建设用地，可以留置（物的效力范围问题。→30页）。并非租赁人的占有人享有的有益费用或必要费用偿还请求权（民196条）与占有标的物之间的关系也是如此。

②毫无疑问，物的修理价款债权、保管费债权、运输费债权与该物之间存在牵连关系。[27]因为这些是由修理、保管、运输等行为带来的物的增值部分转化而成的债权。

---

［24］　最判昭和43·11·21民集22卷12号2765页。
［25］　最判昭和51·6·17民集30卷6号616页。
［26］　关于租地，见大判昭和13·3·12判决全集5辑7号3页；关于租房，见大判昭和14·4·28民集18卷484页。
［27］　关于保管费债权，见大判昭和9·6·27民集22卷1186页。

③出租人将租赁标的物转让给第三人，而使承租人的占有权失去根源（出租人的债务不履行）时，应承认承租人由此取得的损害赔偿债权与租赁标的物之间存在牵连关系。虽然判例由于推定承租人不能拒绝新所有人的交付请求，而[28]否定了牵连关系的存在，但承租人和出租人之间所成立留置权的人的效力范围问题与（2）④是一样的。

④同样地，设定人因让与担保权人不当处分标的物而享有的损害赔偿债权（317页）与标的物之间存在牵连关系，因为这是标的物价值的一部分转变而来的债权。虽然判例[29]基于设定人不能拒绝来自处分对方的交付请求而否定了牵连关系，但是下文将要讲到的关于清算金债权的判例已改变了这一观点。

⑤由预约担保的私力实行所生的清算金债权与标的物之间存在牵连关系（判例[30]），因为清算金债权是由标的物价值的一部分转化而来的。同理，因让与担保所生的清算金债权与标的物之间也存在牵连关系（判例[31]。但不妨将其作为设定人保留权的消灭时效问题来看待，→328—329页）。

（4）物的反价值转化为被担保债权时

物的瑕疵使占有人受到损害时产生的损害赔偿债权与该物存在牵连关系。

*最近关于牵连关系标准的争论

一直以来就有许多人试图为牵连关系确立一个明确标准，下面介绍一下近期的一些见解。

首先，根据通说，承认牵连关系范围的标准正趋向明确。除本文所表达的观点外，还有三种见解：①债务人应为的给付与物的交付之间具有对价或准对价关系，以及物的交付实质上完成了与债务人给付具有对价关系的债权人给付时。②债权基于与债权人损失相关的物的

---

[28] 大判大正 9·10·16 民录 26 辑 1530 页。
[29] 最判昭和 34·9·3 民集 13 卷 11 号 2257 页。
[30] 最判昭和 58·3·31 民集 37 卷 2 号 152 页。
[31] 最判平成 9·4·11 裁判集民 183 号 241 页，最判平成 11·2·26 判时 1671 号 67 页。

价值维持或增加而发生时。③债权人以因物的占有而生的损害赔偿请求为内容时。[32]

与此相对，从严格区分留置权与同时履行抗辩权适用范围的观点（→15页*）出发，有学说原则上将牵连关系的存在限定于物与债权直接结合或物本身担负着义务的情况。具体而言，只在涉及物的附加费用偿还请求权及由物引发的损害赔偿请求权时，承认它们与物存在牵连关系，而排除了买卖价款债权与承包价款债权等基于契约关系连结的物与债权的情况。[33] 不过，关于动产也有例外的见解。如果以连结物与债权的是契约关系为由对不动产也承认留置权，那么将难以与整个不动产公示制度相协调，会对第三人造成不可预测的损害，如果是动产的话就不会有这种担心了。

5. 关于占有状态的要件

（1）留置权是"占有人"享有的权利，债权人需要占有此物（此外，民180条中的"为了自己的意思"要求有所缓和。这将在物权法中处理）。原因在于，留置权是以不将标的物交付给对方作为本体的权利。鉴于这一趣旨，债权人只要能使债务人无法取得现实占有就可以了，所以不需要由债权人本人现实占有，有代理占有就足够了（形式上依照民181条）。但占有代理人（直接占有人）不能是债务人（例如在买卖契约中依占有改定交付的情况）。

（2）（A）但是，在小偷对盗窃所得赃物进行修缮时，因为他获得了必要费用或有益费用的偿还请求权（民196条）而承认他享有留置权是不妥当的。作为留置权趣旨的公平的实现在此反而成为阻碍。所以，民295条2项规定，若债权人的占有是"因不法行为而开始"，不成立留置权。因此，通过欺诈、胁迫缔结买卖契约，并取得标的物占有的买方，在卖方

---

[32] 高島・118頁。

[33] 清水・上文注释5，155—166頁（简而言之，清水元執筆・篠塚=川井編・上文注释5，181—183頁）。还有，清水・191—193頁，198—199頁，関・上文注释5，187—231頁。受此学说影响的判决，见东京高决平成14・6・6金判1149号28頁。

撤销该买卖契约后,不能以价款返还请求权为被担保债权就买卖标的物行使留置权(判例[34]承认了同时履行关系,但这并不妥当[35])。

此外,也有学说认为,民 295 条 2 项中的"不法行为"指的并非民 709 条中的"不法行为",而是指没有权利根源地取得占有的情形。[36] 虽然事务管理(恶意且无权利根源地占有)和无权利根源但善意且无过失的情况(比如,善意且无过失地受让赃物,参见民 193 条)有差别,但在这种情况下肯定留置权的成立才能实现公平。[37] 因此,不必考虑将其作为不同于民 709 条的"不法行为"。[38]*

(B)最初基于不法行为取得占有,但之后又取得合法的占有权利根源时,就不适用民 295 条 2 项了。例如,买方虽然原本就知道缔结买卖契约的相对方是无权代理人,但即使从无权代理人处受领了标的物的交付(一般情况下是不法行为),以后也有可能会得到本人的追认。因此,如果此时或以后追认过的买卖契约又被解除了,即使承认买方得以价款返还请求权为被担保债权留置该标的物,也不违背公平。

(C)反过来,如果是合法取得占有但后来失去了占有的权利根源的人又取得债权,该怎么处理呢?例如,房屋承租人在租赁契约终了后,取得有益费用或必要费用偿还请求权(民 196 条)的情况。

这种情况虽然不是完全符合民 295 条 2 项的规定,但承认留置权的成立有失公平。这是因为,承租人本应即时退出的,若允许其凭借在迟延交付期间取得的债权合法地拒绝交付,显然是不合理的。因此,对于失去占有权利根源的债权人,只要其在取得债权时不是善意且无过失的,判

---

[34] 最判昭和 47·9·7 民集 26 卷 7 号 1327 頁。
[35] 问题点参见椿寿夫「詐欺による取消と同時履行の抗弁権・留置権」奥田昌道ほか編『民法学(3)』1 頁以下(有斐閣,1976)。
[36] 高木・28 頁。还有限定故意不法行为的学说,三藤邦彦執筆・判コン 49 頁,柚木=高木・28 頁,石田(穣)・28 頁。
[37] 末弘巌太郎「判坳」『判例民法大正 10 年度』646 頁(有斐阁,1923)。
[38] 相同的观点,前田陽一「判批」椿寿夫編代『担保法の判例Ⅱ』140 頁(有斐阁,1994),高橋・21 頁,平野・担保物権 265 頁注(93)。

例[39]就类推适用民 295 条 2 项。判例的做法是合理的，恶意或有过失的情况可以说是跟故意或过失侵害权利的情况一样，取得债权时继续占有是不法行为的，就类推适用民 295 条 2 项。[40] **

（3）占有的取得原因不限于上述范围。对比商 521 条的条文便可得知，民 295 条并未对占有取得的原因作出限定。例如，卖方一直未受领价款，标的物交付给买方之后，买方又托卖方维修该标的物，此时卖方取得了占有，就可以以买卖价款债权为被担保债权，取得留置权（与此相对的是，从买方处受让标的物所有权的第三人要求卖方维修的情况，→32—33 页）。取得占有并不要求与买卖契约有关联，只要物与债权之间有牵连关系就承认留置权，这是出于法律所彰显的公平理念。下文再叙述占有与留置权放弃的关系。（→45 页*）。

* **不法行为的对象** 占有取得行为即使是因债务人以外其他人的关系而成为不法行为的，也可适用民 295 条 2 项。例如，以妨碍拍卖为目的就抵押不动产缔结租赁契约，接受交付的人的占有取得行为，虽不因所有人（债务人）的关系而被认定为不法行为，但因抵押权人的关系而成为不法行为（→186 页），其不能以租赁期间所支出必要费用的偿还请求权（民 608 条 1 项）为被担保债权行使留置权。因此，实行抵押权之前抵押权人基于抵押权的排除妨害请求权请求交付该不动产或实行抵押权之后买受人请求交付的，占有人都必须予以回应。在下级法院的判例中，同样的案件里也有民 295 条 2 项的类推

---

〔39〕最判昭和 41・3・3 民集 20 卷 3 号 386 页（恶意的例子），最判昭和 51・6・17，上文注释 24（善意、有过失的例子）。

〔40〕尤其是对合法开始占有之后又丧失权利根源的案件而言，类推适用民 295 条 2 项有诸多限制。有限定于占有人存在不诚信行为的学说（我妻・36 页，近江・31 页，生熊・240 页），有限定于占有人取得债权是交易一般观念所不允许的状态的学说（松冈・248 页），还有排除了继续占有符合社会一般观念的学说（平野裕之執筆・アルマ 325 页。另见，同・323 页）〔高桥・23 页，平野・369 页，吉田・193 页，石田（穣）・31—32 页，观点相同〕。但是，如果肯定留置权的成立，当初的不法占有在取得被担保债权后就会基于权利根源转化为合法占有。我们认为这样是不合适的。

适用或准用[41],但也可以直接适用。

另外,如果像前面提到的一样,所有人(债务人)对于占有人来说是出租人,占有人不得对出租人的交付请求权主张留置权。鉴于留置权的趣旨,如果基于与抵押权人等的关系使占有取得成为不法行为,那么占有人就没有必要维护其与出租人的关系,占有人不能主张留置权也是合理的。

** **与民 196 条 2 项的关系** 学说中有一种见解颇为有力,该学说认为,民 196 条 2 项规定由法院为恶意占有人的有益费用偿还请求权规定期限,是以一般承认恶意占有人也有留置权为前提的,根据情况不同导致丧失了"被担保债权的清偿期到来"的要件,不承认留置权的成立,所以应该适用民 196 条 2 项。[42]

然而,有益费用与必要费用的区别十分模糊,以必要费用偿还请求权为担保债权时,也并非完全没有否定留置权的余地(不允许规定期限)。此外,从起草过程来看,295 条 2 项与 196 条 2 项被解释为独立的制度,后者只规定偿还义务期限的延长。留置权成立与否主要还是应该根据 295 条 2 项决定。[43]

第 3 节 效力

1. 概述

民 295 条 1 项规定的是"可以留置标的物,直至债权受偿为止",与此相对,优先权(民 303 条)、质权(民 342 条)以及抵押权(民 369 条

---

[41] 类推适用的判例,东京高决昭和 62·10·5 判 T660 号 231 页,大阪高决平成元·3·10 判 T709 号 265 页,仙台高决平成 3·12·2 判时 1408 号 85 页。准用的判例,东京地判平成 5·11·15 金法 1395 号 61 页。与此相对,直接"适用"的判例,东京地判昭和 63·8·29 判时 1308 号 128 页,山口地裁下关支判平成元·12·27 判时 1347 号 109 页。

[42] 四宫和夫「判批」法协 90 卷 6 号 941 页以下等(1973)。

[43] 小川保弘『物权法研究』149 页以下(法律文化社,1985)。另见,前田·上文注释 37,140 页,批判了前一注释中四宫教授对起草过程的理解。

1项）规定的是"享有先于其他债权人，得到债权清偿的权利"。从这一点可以得出，留置权只有留置效力，没有优先受偿效力。但是应该承认，留置权人基于现实理由，可以就标的物所生孳息优先受偿。同时，当标的物被拍卖时，留置权人事实上可以优先收回债权。

2. 留置性效力

（1）效力范围

上文已经反复阐述过讨论效力范围的必要性。

（A）物的范围。留置性效力及于标的物的从物（民 87 条）、附和物（民 242 条，243 条）以及"对标的物的留置必不可少或被担保债权发生以该物与标的物相结合为前提的其他物"。但前提是，债务人对该物享有所有权或使用权。

"对标的物的留置必不可少的其他物"典型如就建筑物成立留置权时的建设用地 ［→23 页（2）②，24 页（3）①］。此时，若不承认对建设用地的留置性效力，那么对建筑物的留置权就成了空中楼阁。但能够留置的建设用地亦应限于留置建筑物所必须的合理范围内。例如，若留置的建筑物有一个很大的庭院，那么不能留置该庭院，但可以在留置建筑物必要的限度内留置建筑物周围的土地，前提是该建筑物的所有人对建筑物周围的土地也享有所有权或其他使用权（判例[44]）。不能通过留置权创设原本不存在的权利。

"被担保债权发生以该物与标的物相结合为前提的其他物"典型如就室内装修设施成立留置权时的建筑物。附加在建筑物上且客观上使建筑物的使用更加便利的物，被称为装修设施，购买设施请求权的发生以该物附加于建筑物之上为前提 ［→23 页（2）②］。此时，仅承认对装修（严格地说，是用于装修之物）的留置对催促债务清偿毫无意义（作为出租人的债务人并不是积极地想购买装修，而是因法律强制而购买）[45]。

---

　　[44] 最判昭和 44・11・6 判时 579 号 52 页。大判昭和 9・6・30 民集 13 卷 1247 页也是同一意思。

　　[45] 同一意思，关・上文注释 5，734 页。

（B）人的范围[46]（a）首先，在留置权成立债务人对债权人不享有该物交付请求权的情况下，即使承认债权人与债务人间成立留置权，也不能向拥有交付该物请求权的第三人主张该留置权。因此，留置权不得不对第三人的交付请求作出回应。留置权通过不把标的物交付给债务人，来促使其履行债务，前提是债务人必须对该物享有交付请求权*。另外，可要求损毁标的物的第三人也不能对抗留置权。

这种将债权人与债务人之间留置权的成立与向其他交付请求人的主张分开考虑的处理方式，会得出实质上妥当的结果。

例如，[a] A 卖给 B 一块土地，虽已交付，但 A 又将土地卖给 C，且 C 完成了所有权转移登记。这种情况下，C 取得了该土地的所有权，A 与 B 之间的买卖契约陷入履行不能，B 对 A 享有损害赔偿请求权（民 415 条后半段）。该债权是由该土地价值的全

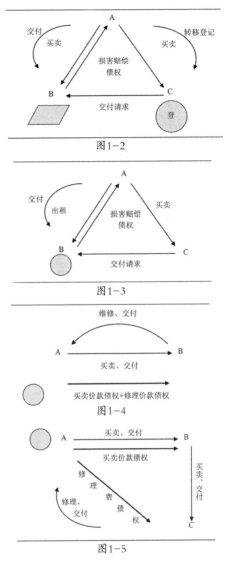

图1-2

图1-3

图1-4

图1-5

---

[46] 田高・上文注释 17，71 页以下，同「請負代金債権を担保する留置権の第三者効」内池慶四郎追悼『私権の創・と展開』427 有以下（慶應義塾大学出版会，2013），在考察人的范围时，立志将留置权类型化。

部或部分转化而来，所以可在 B 和 A 之间成立留置权。但留置权成立时，A 对 B 没有交付该土地的请求权（相反，A 还有交付义务），这种情况下，C 基于所有权请求 B 交付土地，B 不能对 C 主张该留置权，亦不能拒绝 C 的交付请求（→23 页（2）④）。

|b| A 将某物出租并交付给 B，B 还没准备好租赁权的对抗要件，A 就将该物转让给 C，C 请求 B 交付。该情形和上述一样，虽然在 B 和 A 之间成立了以 B 对 A 的损害赔偿请求权为被担保债权的留置权，但因为此时 A 对 B 没有返还请求权（A 有出租义务），B 不能向基于所有权请求交付的 C 主张该留置权［→25 页（3）③］。

|c| 卖方 A 还未受领买卖价款，将某物交付给买方 B 以后，B 又让 A 维修该标的物，A 再次取得对该物的占有，如前所述，A 不仅得以修理价款债权，还得以买卖价款债权为被担保债权，取得留置权。但当 B 将该物转让给 C，C 又找 A 维修并交付该物时，由于此时 B 对 A 不享有返还请求权，所以 A 不能向 C 主张在 A 与 B 间成立的留置权。

  *考虑牵连关系存在与否的判决观点 以前的判例[47]和学说[48]中也有指出这一点的。但是，在债务人从一开始对债权人就没有交付物的请求权时，这些判例和学说都是通过否定物与被担保债权存在牵连关系，而阻止留置权的成立。不过，过多考虑牵连关系要件会模糊问题的所在。[49]

（b）就债务人所有之物成立留置权后，即使该物被转让给第三人，债权人也可以该留置权对抗第三人。留置权在民法物权编中规定的物权范围

---

［47］　最判昭和 51・6・17，上文注释 24。
［48］　曾田厚执笔・大学双书 20—21 页，高木・24 页，27 页，内田・505 页。三藤邦彦执笔・判コン25—26 页也是相同的意思，但也有以对抗力为问题的论述（24 页）。
［49］　高木・27 页指出，在没有标的物交付请求权的债务人的关系中，因为留置权的成立根本不是问题，所以将其作为成立留置权的人的效力范围问题并不合适（相同观点，大村敦志『基本民法Ⅲ〔第 2 版〕』〔有斐阁，2005〕195—196 页，角・136 页）。但是，作为牵连关系的问题来处理，应该说 "由于所谓制度与原理间的冲突与调节的实质性判断很难理解，所以并不妥当"（松冈・252 页）。

内，这是理所当然的（最近也有一些学说反对[50]）。然而，关于不动产，民法原则上把登记作为对抗要件，第三人确认了登记之后，就认为该物是没有任何物权约束的不动产，可以受让。这时，如果承认留置权有对抗力，就会产生是否妨害以登记为基准的交易安全的疑问。但因为留置权人至少得占有该物，为了谋求一定程度的公示和赋予法律需要特别保护的债权人以留置权人的待遇，这种结果是不可避免的。[51]

(2) 留置

(A) 留置权人可以留置标的物，直至被担保债权清偿为止（民295条1项）。这间接地促使债务人清偿。

留置权人有作为物权的占有权利根源，如果更加重视民法295条1项"到清偿为止"这个条件的话，债务人或所有人就算提起标的物返还请求诉讼，也很可能败诉。不过，判例[52]和通说都认为下达交换给付判决（需返还换成债务清偿的判决）是正确的。事实上这样足矣，而且，让债务人提前履行清偿义务反而违反公平也不符合留置权的趣旨，因此应构成没有这种效力的物权。"到受偿为止"这一条文其实应换成"到对方履行该债务为止"（参照民533条）。[53]

(B) 行使留置权也不妨碍被担保债权消灭时效的进行（民300条）。虽然具有担保物权的一般共通性质，与其他担保物权不同且没有实行手续的留置权对债权人来说是很残酷的。至少，对于债务人提出的交付标的物的请求，应当能够提出被担保债权已过消灭时效的抗辩[54]（"抗辩权的永久性"）。

---

[50] 清水・上文注释5，166—193页，関・上文注释5，179—231页。简而言之，清水元执笔・筱塚＝川井编・上文注释5，181—182页，関武司执笔・川井健＝鎌田编・上文注释5，185—186页，196页。费用偿还请求权为被担保债权时，认为所有人是债务人，除此之外，承认对第三人的对抗力的情形有诸多限制。

[51] 铃木禄弥「留置権の内容とその効力」同『物的担保制度の分化』（創文社，1992）563—564页指出，不动产可以类推适用民94条2项，但只限于留置权人占有的情况，多数情况下存在过失。但由于留置权未经登记公示，没有归责于留置权人的理由，原本就不该类推适用该条款。

[52] 最判昭和33・3・13民集12卷3号524页等。

[53] 山野目・238页。

[54] 槙悌次「判批」民商54卷3号380页以下（1966），四宫和夫『民法総則〔第4版〕』298页（弘文堂，1986）。

另外，民 300 条的规定仅限于以留置权留置标的物，不发生中断或终止被担保债权消灭时效的效力。主张拒绝债务人交付标的物请求的被担保债权存在时，最好承认存在作为民 147 条 1 号时效中断事由的"请求"。[55]［债权法修改之后，改正案 147 条 1 项 1 号的"裁判上的请求"和 150 条的"催告"产生中断时效的效力。］

（3）留置的样态

（A）善良管理的注意义务、费用偿还请求权。(a) 民 298 条 1 项规定，留置标的物期间，留置权人有善良管理的注意义务。这是因为，留置权人有义务最终返还该物，为履行这一义务就必须好好管理留置标的物。

因此，留置权人为保管标的物所必须的行为，即使相当于"使用"的行为［原则上禁止使用。参见后述（B）］，也可不经债务人同意而为之（民 298 条 2 项但书）。

(b) 因此，留置权人为标的物投入必要费用后，可请求所有人予以偿还（民 299 条 1 项）。因为必要费用是即使标的物在所有人处，所有人也不得不支出的费用。与之相对，留置权人投入了有益费用后，可以根据所有人的选择，要求所有人偿还支出的费用或物的价值增加额（以现存的增加额为限）（民 299 条 2 项）。由于有益费用的投入不是必须的，要求所有人偿还超出现存价值增加额的费用对所有人来说未免过于苛刻（反过来说，如果不令其偿还，又构成了所有人的不当得利），另外，留置权人应该满足于收回支出额，因此可以请求所有人偿还支出的费用或物的价值增加额（实际上是偿还费用较少的一种）。

这些债权是与留置标的物相关的债权，是留置权所担保的债权，因此除了之前的被担保债权，债权人在这些费用被偿还之前都可以留置该物。关于有益费用偿还请求权，法院可以依所有人的请求延长一定期限（民 299 条 2 项但书），延期意味着如果被担保债权没有到期，那么以该偿还请求权为被担保债权的留置权也就不能成立了。因为允许留置权人因投入有益费用使被担保债权额增加而拒绝交付有诸多不合理之处。

---

［55］ 最大判昭和 38·10·30 民集 17 卷 9 号 1252 页。

（B）禁止使用、租赁、提供担保。（a）民298条2项规定，未经"债务人"允许，禁止使用、租赁留置标的物或以留置物为他人提供担保。留置权旨在通过将标的物留置在债权人处，间接地强制债务人履行债务，不必给予留置权人更多利益。

然而，根据这种一般理论，租赁契约终了时对房屋行使留置权的人就不得不管理这间空房，这显然非常不合理。另外，民297条承认留置权人可以从孳息中优先受偿，这也是以允许一定程度的使用等为前提的。因此应将这一条理解为，如果留置权人可在被担保债权消灭之前将留置标的物恢复到能立即交付的状态，就可继续标的物以前的使用状态。[56] 民298条2项禁止的是到时不能立即交付的使用行为或行使留置权期间变更使用状态的行为。

例如，船舶的留置权人驾船从和歌山航行至山口（难以立即交付。判例[57]）或租地人将地上建筑物租给第三人（使用状态的变更）是不被允许的，但第三人在租赁契约终了后可以继续居住（之前使用状态的继续。判例[58]）。

（b）通说认为，法条将作出允许使用等承诺的人称为"债务人"以留置标的物的所有人是债务人为前提，准确地说应改称为"所有人"。但是，如果债务人虽非所有人却具有使用等的权源，那么由债务人作出允许的承诺也是可以的。所有人的允许则存在损害债务人使用权限的可能。但非所有人的债务人只能在自己的使用权限范围内作出承诺。不管怎样，仅具有权源的人才可作出承诺，例如留置权成立之后，债务人（所有人）将标的物转让与第三人时，需要该第三人作出承诺。

此外，一旦留置权人接受了"债务人的承诺"，当留置物因所有权转让等转移给第三人时，留置权人可依该承诺对抗新的所有人（判例[59]）。如果不这样理解的话，留置权人不知标的物所有权已转让给第三人而继续

---

[56] 我妻·39页，吉田·188页。
[57] 最判昭和30·3·4民集9卷3号229页，但是以航海危险为理由。
[58] 大判昭和10·5·13民集14卷876页，但是作为"保存行为"。
[59] 最判平成9·7·3民集51卷6号2500页。

使用标的物就构成违反义务,然后根据民298条3项留置权就消灭了。这样一来留置权对第三人的对抗效力就毫无意义了,这显然是不合适的。

3. 对侵害的效力

(1) 毫无疑问,当标的物的占有受到侵害时,留置权人享有占有诉权。问题是是否存在基于留置权自身的物权请求权呢?首先,留置权人丧失占有时,留置权也随之消灭(民302条。→44页),他只能要求收回占有。所以为了均衡起见,一般只承认有占有诉权。[60]

(2) 侵害占有的人不是所有人时,所有人得基于所有权享有交付请求权。所有人行使此权利优先恢复占有时,留置权归于消灭。

标的物因不法行为被损坏时,留置权人可向不法行为人请求损害赔偿。但是,如果不法行为人是债务人,请求清偿被担保债权足矣,再请求损害赔偿就没什么意思了。另外,如果不法行为人不是所有人,只有所有人才对不法行为人享有损害赔偿请求权,因为一般认为留置权人只在标的物存在且占有该物时才享有权利。

作为例外,只有当不法行为人是并非债务人的所有人时,留置权人才可以请求该不法行为人支付标的物减值额与被担保债权额中数额较小的一方。此时,不法行为人是所有人,留置权人只能就赔偿额对债务人享有债权(类推适用民422条)。[61]

占有侵害导致的损害赔偿也可作相同理解。

4. 作为例外的优先受偿效力

(1) 从孳息中优先受偿

如已在2(3)(→35页)中提到的一样,留置权人可以继续之前的使用状态,而且只要得到债务人允许即可使用、租赁、提供担保。但是,留

---

[60] 川島武宜『所有権法理論』124—125頁(岩波書店,1949)〔『川島武宜著作集第7卷』(岩波書店,1981)113—114頁〕,高木・15頁。反对意见,星野・195頁,山野目・239頁,生熊・242頁。

[61] 以上未给出结论。详见道垣内・諸相43—48頁。

置权人继续占有该物是为了间接强制债务人清偿债务,因此使用等的收益、孳息不应归于留置权人。这些利益作为不当得利(民703条)必须返还于所有人。

不过,留置权人可以用上述利益清偿被担保债权(民297条1项)。虽然所有人与债务人不一定是同一人,但鉴于孳息通常金额不大,可作简易处理。另外,判例[62]和有力说[63]将留置权人自身的使用利益(严格地讲不能称之为"孳息")作为与本条不同的不当得利(民703条)处理,但并没有否认简易处理的必要性与可能性,因此同样可以适用民297条1项。[64]

上述并非仅指留置的标的物本身,而是还包括属于留置权物的效力范围所及之物的孳息或使用利益。例如,行使购买建筑请求权而就该建筑物成立留置权时,属于留置权物的效力范围内的建设用地也可留置(→30页),利用建设用地所得的利益就是这种使用利益(判例[65])。

金钱之外的孳息,可依民执195条的拍卖程序变价。但因多为小额之物,留置权人可依自身评价充抵债权,债务人如对债权余额有异议,可以对评价的正当性提出质疑。[66]

充抵的顺序是先利息后本金(民297条2项)。从本金中充抵会损害债权人的利益,因此本条与民491条[修正489条1项]是同一趣旨。

(2)在民事执行程序中的效力

(A)标的物所有人(不限于债务人)的其他债权人扣押标的物时,需要分别考虑标的物是动产和不动产的情况。

标的物是动产时,只要留置权人拒绝向执行人员提交标的物,所有人的其他债权人就不能扣押标的物(民执124条,190条)。物的占有人得以扣押标的物对抗所有人享有的标的物交付请求权(参见民执163条1项),但留置权人直至被担保债权清偿完毕都可拒绝交付。因此,如果没

---

[62] 最判昭和35・9・20民集14卷11号2227页。
[63] 三藤邦彦执笔・判コン57—58页,我妻・40—42页。
[64] 石田(文)・601页,高木・32页,近江・34页,高桥・27页。
[65] 大判昭和18・2・18民集22卷91页。
[66] 槇・50页。

有偿还完被担保债权，其他债权人事实上无法进行扣押。

标的物是不动产时，即使留置权人占有标的物，也可以进行扣押、拍卖程序，但该程序中的拍得人要负责偿还留置权的被担保债权（民执59条4项、188条）。只要以留置权无优先受偿效力为前提，就不能在拍卖价款分配过程中使留置权人得到优先受偿，因此不能依拍卖消灭留置权，留置权人事实上能得到最先顺位的优先清偿。

（B）留置权人的形式拍卖*。如果强调留置权没有优先受偿效力，就不能允许留置权人采取拍卖程序等自行实现担保权，被担保债权长时间得不到实现，留置权人就只能一直留置标的物。但这会给留置权人造成负担，为能使留置权人摆脱留置的负担，应允许其拍卖标的物（民执195条。称为**形式拍卖**）。一旦标的物被变价，就将变价款交予留置权人。

因此，留置权人不再负有交付标的物的义务，而对所有人负有返还变价款的义务。而且，在所有人与债务人为同一人的案例中，判例[67]认为，形式拍卖不能否定留置权的本质效力，留置权人可以留置变价款。

当所有人与债务人一致时，留置权人通过以被担保债权和变价款返还义务相抵销，当然能事实上获得优先受偿；而当所有人和债务人不一致时，能否留置才成为重要问题。此时，为了认可留置权，须对变价款进行分别管理，并将其特定下来作为物权的客体。而且，留置权人要以留置的金钱为责任财产对所有人负有限定物上的有限责任［也就是，（通过债务人）清偿了被担保债权的相关债务，留置权人对所有人负有返还变价款的义务，所有人无权从变价款以外获得等额清偿］。如若不然，变价款留置权的成立就成了伪命题。另外，上述判例认为，如果就从留置物中受偿的方法有特别约定（例如，特别约定不通过法定程序，可通过变价或变价款受偿），那么留置权人可通过此方法获得优先受偿，但是因为这样的特别约定不能对抗第三人，所以在以第三人所有之物作为留置标的物时并不妥当。关于这些内容的研究还不充分，不论一般理论如何，判例都应理解为限于所有人即为债务人的情况。**

---

〔67〕 最判平成23·12·15民集65卷9号3511页。

*　**形式拍卖的问题点**　其他债权人可否要求分配款项，特别是质权人、优先权人等享有优先受偿权的债权人应该怎样处理，存在诸多问题。详见民事执行法。[68]

**　**关于优先受偿权的立法争论**　如本文之前所述，留置权人虽然在守势上处于强势地位（A），但在攻势上处于弱势地位（B）。特别是在标的物所有人破产的程序中，留置权的效力归于消灭。为了解决这一不平衡问题，立法争论中有观点认为应承认留置权的优先受偿权性质，特别是针对商事留置权。[69] 此外，平成 14 年 3 月的《关于担保、执行法制的再考要纲中间试案》对赋予留置权优先受偿权性质表示了"进一步探讨"的立场，但未涉及修改。

(3) 在破产程序中的效力

参见第 4 节 2（4）。

第 4 节　消灭

1. 物权或担保物权共通的消灭原因

（1）物权共通的消灭原因包括标的物灭失、混同、留置权的放弃。不过，关于留置权放弃的认定存在些许问题［后述 2（3）］。

（2）被担保债权的消灭，留置权因失去目的也随之消灭（留置权对被担保债权的从属性）。

但是，被担保债权的一部分得到清偿，债权人并未就标的物的全部丧失留置权（不可分性）（民 296 条）。不可分性是由历史上的继承发展而来（被担保债权在继承人之间被分割不能损害债权人的利益），具有保护担保权人利益的性质。

相反，向债务人为交付等仅使留置权就标的物一部分消灭，就剩余部

---

[68] 参见近藤崇晴执笔・铃木忠一＝三ヶ月章编『注解民事执行法（5）』383 页以下（第一法规，1985），中野＝下村・785 页以下。

[69] 参见神崎克郎「商事留置権と競売権・優先弁済権」奥田昌道ほか編『民法学（3）』14 頁以下（有斐閣，1976）。

分则并未消灭，即以剩余部分担保全部债权（判例[70]）。*

与此相对，即使因债权转让等变更了被担保债权的归属主体，被担保债权也不当然消灭，留置权也因此未消灭，一般情况下是新债权人成为留置权人（担保权的随伴性）。当然，标的物的占有也须同时转移。但是，依照留置权实现公平理念的趣旨，否定随伴性的同时，还应判断在新债权人与债务人之间是否重新成立留置权。[71]

* **不可分性与牵连关系**　当然，上述问题可以被看作有无牵连关系的问题。部分清偿事例的问题之所在，是剩余债务与标的物全部之间是否存在牵连关系，存在的话当然就可以承认就标的物全部成立留置权。部分交付的事例也是一样，问题之所在是剩余部分与全部债权之间是否存在牵连关系。

2. 留置权特有的消灭原因

（1）消灭请求

留置权人对标的物负有善良管理的注意义务，且未经债务人（所有人）允许，不得"使用、租赁、提供担保"（→36页）。如果留置权人违反这些规定，债务人可请求消灭留置权（民298条3项）。债务人与所有人分离时，债务人和所有人均与标的物的管理存在利害关系，双方均得为消灭请求（判例[72]）。

留置权依该请求当然消灭，消灭请求权是形成权。

消灭请求权的发生是留置权人违反义务的后果，不论现在是否继续违反义务，也不论是否给债务人或所有人造成实际损害，都不影响消灭请求的成立（判例[73]）。

---

[70] 最判平成3·7·16民集45卷6号1101页。
[71] 三藤邦彦执笔·判コン36页。
[72] 最判昭和40·7·15民集19卷5号1275页。
[73] 最判昭和38·5·31民集17卷4号570页。与之相对，三藤邦彦执笔·判コン65页、高木·35页，以对债务人、所有人危险的现实性为要件。

（2）提供代担保

债务人提供相应的担保（**代担保**）就可以请求消灭留置权（民 301 条）。原因主要有两点：一方面，仅仅为了未付债务就留置对债务人而言非常有用或贵重之物，对债务人过于苛刻；另一方面，债权人得到相当的担保就没有损害了。因此，债务人以外的所有人也可请求提供代担保。另外应该指出的是，需要标的物但又对被担保债权数额存在争议时，被担保债权的清偿和接受标的物的交付均存在困难，就有必要更换[74]留置标的物。

一般只要是相当的担保就行，不问种类如何，属于人的担保的保证（民 446 条以下）亦可。

这种请求权不是形成权，需要得到留置权人的同意[75]，否则债权人在满足要件接受请求后就成了不法占有。为了避免这种情况，债权人必须自行承担判断新提供的担保是否具有相当的风险。当然，也可以不依留置权人同意，而依裁判［民 414 条 2 项但书（改正案 414 条 1 项→民执 174 条）］取得该请求权。

（3）丧失占有

若留置权人丧失对标的物的占有，留置权即消灭（民 302 条）。留置权以占有为本体要素，欠缺该要素当然消灭。＊但如前所述，占有也可以是代理占有，因此留置权人将标的物出租或质押的，留置权也未消灭。这层意思在民 302 条的但书中有规定，但不应解释为未经债务人允许出租或质押留置权就归于消灭[76]（这是民 298 条 3 项的问题）。

另外，占有受到侵害时，如果能基于收回占有之诉恢复占有，视为自始未丧失占有（民 203 条但书），此点应引起注意。不过，这种情况下恢复占有不得不理解为留置权已消灭。因此，所有人侵害占有时，留置权人可向所有人提起收回占有之诉。与之相对，所有人似乎也可提起所有物返

---

[74] 田中清「代担保の提供による留置権の消滅について」論叢（秋田経済法科大）33 巻 2 号 81 頁以下（1980）。

[75] 富井・341 頁，柚木＝高木・38 頁，高木・35—36 頁，近江・38 頁，川井・250 頁，高橋・30 頁，松井・152 頁，生熊・247 頁。反对意见，我妻・46—47 頁，曽田厚執筆・大学双書 31 頁，鈴木・429 頁，松岡・255 頁，河上・42 頁。

[76] 我妻・46 頁。

还请求之反诉或另行起诉。但结论是承认自力救济并不合适,该反诉的提起或另行起诉应作为权利的滥用(民1条3项)。[77]

(4) 标的物所有人破产**

45 在标的物所有人的破产程序中,留置权的效力不被承认[译者注5]。破产是破产债务人的财产清算程序,因此不能承认没有优先受偿效力的留置权的效力。

与之相对,在公司更生程序和民事再生程序中,因未进行清算,留置权得以存续。[78]但是,由于被担保债权不是必须优先受偿的债权,其不能成为更生担保权。

 放弃留置权的意思 留置权人自动放弃标的物的占有时,是否有确定的放弃留置权的意思呢?如果有确定的放弃留置权的意思,那么债权人再次取得标的物的占有时,就不存在留置权了。但是,物与被担保债权之间还存在牵连关系,承认留置权是实现公平的法律之判断,所以一般情况下要慎重地认定留置权人有无确定的放弃留置权的意思。[79]

 ****商事留置权的效力*** 在标的物所有人的破产程序中,商法上的留置权(→17页*)被视为特别优先权(但较之其他优先权靠后)(破66条1项、2项),留置权人作为别除权人可以行使该优先权(参见破186条以下,及192条)。问题是债权人是否因转化为特别优先权而丧失留置权能。判例中表示,留置标的物是本票、留置权人是银行时,"即使宣告破产后,也有权留置上述票据,可以拒绝破产财产管理人返还票据的请求"。[80]但原则上,应只在为行使该特别优先权所必要的范围内承认留置权的存续。此外,上文已经对该优先权与

---

[77] 相同趣旨,河上·42页,生熊·247页。

[译者注5]破产法,以下简称"破",破66条3项。

[78] 关于公司更生程序,参见兼子一监修『条解会社更生法(中)』872页(弘文堂,1973)。关于民事再生程序,参见田头章一「民事留置权」山本和彦ほか编『Q&A民事再生法〔第2版〕』259—261页(有斐阁,2006)。

[79] 关于此问题参见今西康人「判批」法时68卷13号(1996)234页以下。

[80] 最判平成10·7·14民集52卷5号1261页。

抵押权的优劣关系作出了说明（→20 页＊）。

在公司更生程序中，以标的物的价值为限，变被担保债权为更生担保权[译者注6]，与此同时，留置权以原来的状态存续下去（另见公更29 条）。但是，如果该财产是更生公司进行事业再生所必须的，经财产管理人申请，法院可以许可财产管理人向法院缴纳相当于标的物价额的金钱，以消灭该商事留置权（公更 104 条 1 项）。如何对商事留置权人进行清偿是由更生计划决定的，但在更生计划未得到认可等情况下，原则上要将标的物的价额部分预留出来，以防止侵害商事留置权人的利益。

在民事再生程序中，应赋予商事留置权人别除权[译者注7]。但当标的物为再生债务人继续事业所必不可少之物时，再生债务人等（参见民再 2 条 2 号）可以向法院缴纳相当于该财产价额的金钱，以请求法院消灭标的物之上的担保权（民再 148 条）。缴纳的金钱可以分配给标的物之上的担保权人，但商事留置权人居于最先顺位。[81]

如上所述，商事留置权被作为担保权对待，在这一点上，商事留置权与民法上的留置权有明显差别，这也成了立法政策上的问题点。[82] 但平成 16 年的破产法修改最终还是搁置了对留置权处理的修改。

〔译者注 6〕公司更生法，以下简称"公更"，公更 2 条 10 项。
〔译者注 7〕民事再生法，以下简称"民再"，民再 53 条。
[81] 深山卓也ほか『一問一答民事再生法』205 頁（商事法務，2000）。
[82] 特别参见铃木・上文注释 2，与松冈・上文注释 16，103 頁以下。还要参见注 69，和与之对应的正文。

第 2 章

优先权

第 1 节　序说

（1）例如，某动产买卖价款的债权人（卖方）在债务人（买方）未支付买卖价款时，享有将该动产付诸拍卖，并从拍卖变价款中优先收回买卖价款债权的权利（民 311 条 5 号，321 条）。像这样，法律确定一定的债权人，赋予他们即使没有与债务人达成合意，也能从债务人的一定财产中优先于其他债权人收回债权的权利。这种权利称为**优先权**（民 303 条）。

（2）优先权与留置权一样，亦为法定担保物权，是一定的债权人当然取得的权利，不依当事人的合意而设定。

那么，民法赋予一定债权人以优先权来保护他们的理由何在？一般认为是为了实现下列目标中的一个或数个：①为了确保债权人之间的实质公平；②基于社会政策性考虑对社会弱势群体的债权予以保护；③对债权人通常期待的保护；④对特定产业的保护。[1] 在上文提到例子中，由于先交物后付款，动产的卖方已将动产交付给买方，该动产现已成为买方的财产。因此，就该动产的变价款赋予卖方优先权，是为了确保债权人之间的实质公平（①的趣旨）。另外，享有未支付工资等基于雇佣关系所产生债权的"雇员"（劳动者），享有从雇主（债务人）的全部财产中优先收回债权的优先权（民 306 条 2 号，308 条），则是基于②的趣旨。＊

＊**优先权制度的问题点**　优先权是"近代物的担保权制度极度厌恶"的不经公示的担保权，近代诸法对优先权的采用十分慎重，但日本民法效仿法国民法规定了十分广泛的优先权，也有人认为"不能否

---

〔1〕　星野・197 頁。

认近代法中物的担保制度的发展进程有所减缓"[2]。但现实中，在民法典制定以后，优先权的数量不断增加，昭和39年的某项调查[3]显示已多达约130种，且近年来又有所增加。[4]

的确，不经公示的担保权的存在，使第三人有遭受不可预测的损害的风险。但还是存在很多不享有经过公示的担保权，但需要保护的债权人（不仅是旨在弱势的债权人，以保护国家债权和关乎经济政策的债权为目的的优先权也正在增加）。此外，随着社会日益复杂，优先权的种类也势必会增加。但问题在于，在现行法中被赋予优先权的债权人究竟是不是现代社会中真正需要保护的债权人，或者反过来说，赋予应受保护的债权人的优先权能否充分发挥作用。从该观点出发重新研究各种优先权并进行整理，是我们今后需要研究的课题。

(3) 此外，由于保护债权人的理由各不相同，优先权的标的物也各不相同。既有以债务人全部财产为标的物的（称为"一般优先权"），也有以债务人特定动产为标的物的（"动产优先权"），还有以债务人特定不动产为标的物的（"不动产优先权"）。

例如，动产卖方的优先权承认动产的卖方就作为买卖标的物的动产享有优先权，是为了维护债权人之间的实质公平，因此仅就该动产成立优先权。与之相对，雇佣关系的优先权是为了保护"雇员"这一社会弱势群体，该债权不与作为雇主的债务人的特定财产相关，因此就债务人的全部财产成立优先权。

49

第2节 各种优先权的趣旨与成立

优先权基于不同目的可分为一般优先权、动产优先权和不动产优先权，下面我们分类进行说明。*

---

[2] 我妻·50—52頁等。
[3] 甲斐道太郎執筆·注民（8）167頁以下。
[4] 参见松岡久和執筆·遠藤浩ほか編『民法注解·財産法（2）物権』61頁以下（青林書院，1997）。

＊**民法以外的法律所规定的优先权** 民法以外也有一些法律规定了优先权，其中有几项与民法上优先权渊源颇深。除此之外在实务上比较重要的是，以租税优先权为首的、以国家及地方自治体的债权为被担保债权的优先权。例如，与国税[译者注1]、地方税[译者注2]、社会保险金[译者注3]等债权相关的优先权。

还有，以促进公益事业的投资为目的，赋予电力事业公司债券[译者注4]、道路债券等[译者注5]、NHK放送债券[译者注6]、国立大学法人债券[译者注7]等权利人，以各法人总财产为标的物的优先权。这种优先权称为一般担保权（general mortgage）。

此外，还为与船舶相关的特定债权设定数项船舶优先权。除了商824条以下，还有限制船舶所有人等责任的法律95条、船舶油污损害赔偿保障法40条、国际海上货物运输法19条，皆规定了船舶优先权。与民法上优先权渊源颇深者甚多，此处不作阐述。[5]

1. 一般优先权

以债务人总财产为担保标的物的优先权称为**一般优先权**（民306条）（以"总财产"为担保标的物的具体意思，参见→72页）。一般优先权有四种。优先权不需要特别的对抗要件，可以登记债务人各不动产的优先权（税征20条1项4号，地税14条1项4号的法条中均使用了"经过登记的一般优先权"的字眼）。在与第三受让人、其他担保权人竞合时，经过登

〔译者注1〕国税征收法，以下简称"税征"，税征8条。
〔译者注2〕地方税法，以下简称"地税"，地税14条。
〔译者注3〕健康保险法，以下简称"健保"，健保182条；国民健康保险法，以下简称"国健保"，国健保80条4项；厚生年金保险法，以下简称"厚年"，厚年88条；劳动保险征收法，以下简称"劳保征"，劳保征29条等。
〔译者注4〕电气事业法，以下简称"电气"，电气37条。
〔译者注5〕日本道路公团等民营化关系法施行法，以下简称"道公"，道公16条2项。
〔译者注6〕放送法，以下简称"放送"，放送80条6项。
〔译者注7〕国立大学法人法，以下简称"国大法人"，国大法人33条3项。
〔5〕 例如，参见中田明『船舶先取特権の諸問題』前田庸喜寿『企業法の変遷』287页以下（有斐閣，2009）。

记就会处于有利地位（→76页，72页），但由于被担保债权额较小，实际登记者甚少。

＊但基于雇佣关系的优先权等，由于被担保债权的数额随时扩大，登记时还存在问题。[6]

（1）共益费用的优先权（民306条1号，307条）

（A）某一债权人因支出"共益费用"使其他债权人也受益，要让他优先收回共益费用才能实现公平，这是共益费用优先权的趣旨所在。因此，当这项费用只使总债权人中的一部分人受益时，只能向受益的债权人主张该优先权（民307条2项）。例如，如果债务人将自己所有的附抵押权的不动产赠与第三人，债务人一般财产的减少会使一般债权人受损害，但不会使该不动产的抵押权人受到损害（可依自己的权利对抗受赠人。→166页）。这时，将该赠与行为当作诈害行为撤销（民424条）的债权人，以撤销费用为被担保权享有共益费用优先权，但不能优先于上述抵押权人。该支出只要客观上是为了共同利益即可，结果意义上的共同利益是这种优先权的基础。

（B）"共益费用"是为了各债权人的共同利益所支出的、"与保存、清算或分配债务人财产相关的费用"（民307条1项）。

清算或分配的费用，比如为法人进行清算的费用（公司475条以下等），以及为强制执行、实现担保权所进行的拍卖、破产程序而支出的费用（民执42条2项、194条，破148条1项1号，民再119条1号，公更127条1号等）都属于此类。显然这些都是为各债权人共同利益而支出的费用。

保存费用，比如债权人行使代位权（民423条）导致债权消灭时效中断［因修改债权法而更新］、为撤销诈害行为（民424条）而支出的费用都属于此类。保存行为作为对债务人进行强制执行或申请破产程序的前置阶段时，应是为了防止一般财产的减少。在不以后续程序为前提的情况

---

[6] 参见山野目章夫「賃金担保権の公示のありかたをめぐる諸問題」民研527号17頁以下（2001）。

下,仅就该动产或不动产成立优先权（民311条4号、320条,325条1号、326条）就足够了。

（C）另外,建筑物区分所有等相关法律7条规定,区分所有人对其他区分所有人就区分所有建筑物的共同管理费用享有债权,以及管理人或管理组织法人就履行职务或业务对区分所有人享有债权时,债权人享有以债务人的区分所有权、附于建筑物上的动产为标的物的优先权。标的物有限制,但基于共益费用优先权的共同趣旨,效力相同[译者注8]。

（2）基于雇佣关系的优先权（民306条2号,308条）*

（A）"雇员"（劳动者）以雇佣关系所生债权为生活基础,优先收回该债权是为了保障雇员的生活（社会政策性考虑）。而且,鉴于雇员的劳动使雇主的财产得以维持和增长,也应赋予雇员一定的优先权。[8]

> *平成15年修改前的民306条2号规定了雇员工资的优先权,只能以雇员应受的最后六个月工资为被担保债权（修改前的民法308条）。与之相对,商295条未就股份公司雇员的优先权设置此类期间限制,另外,有限公司（有限公司法46条2项）、相互保险公司（保险业法59条1项）、中间法人（中间法人法71条2项）的雇员均准用商295条的规定,以至于这些雇员与其他不在此列的雇员（家政雇员等）产生很大不平等。另外,雇员工资优先权的被担保债权仅限于"雇员应受……工资",而商295条及上述准用该条的优先权则是"基于公司和雇员间的雇佣关系所产生的债权",扩大了被担保债权的范围,也存在不均衡之处。
>
> 早就有人指出了以上不均衡之处,但关于如何消除这些不平等,既有意见认为应扩大民法上优先权的被担保债权范围,也有意见认为应限制股份公司雇员优先权的被担保债权范围。
>
> 法律修改最终采用了第一种建议。

〔译者注8〕建筑物区分所有等相关法律,以下简称"建筑物区分",建筑物区分7条2项。

〔8〕 大山和寿「アメリカ連邦破産法における賃金優先権」法研論集（早稲田大学研究生院）95号—101号,特别是101号455页以下（2000—2002）。

此外，修改后的民 308 条取消了对优先权所担保债权的期间限制，雇员基于雇佣关系取得的债权全部可以受到优先权的保护，商 295 条及准用该条的诸法条均被废止。也就是说，以后通过一般优先权保护股份公司从业人员的未付工资的债权，不是基于商法而是基于民 308 条。

而且，在公司更生程序中，未付工资债权等被作为程序开始前六个月的共益债权予以保护（公更 130 条）。在民事再生程序中，被作为一般优先权，但享有与共益债权相同的待遇。在破产程序中，根据平成 16 年修改后的破产法，破产程序开始前三个月的工资债权等被作为财团债权予以保护（破 149 条）。

（B）"雇员"是基于广义雇佣关系提供劳务的人，不仅是劳动法上的劳动者和持续的劳务提供者（关于修改前的雇员工资优先权中"雇员"含义的判例[9]），*也包括家政雇员和兼职者。另外，基于承包契约和委托契约享有债权者，只要构成持续的关系，就可以作为"雇员"。[10]

"基于雇佣关系所生债权"的代表性例子是工资和退休金。然而，破产过程中公司支付不当高额的工资和退休金的情况下，作为支付发生根据的雇佣契约违背公序良俗，所以应当无效（例如，不道德经营的公司支付给从业人员的工资）。工伤事故中的损害赔偿请求权也属于此类。

存在若干问题的是公司内存款及其他存款。公司内存款（包括住房公积金和从业人员的持股公积金）的返还请求权，如果仅具有任意性，就仅仅是储蓄，而不能成为被担保债权（反之，为了保护雇员权益，如果该返还请求权是强制性的，即使只是事实上的强制，也可以成为被担保债权）。[11]

还有，即使是类似于退休后的年金债权这种失去雇员身份后才取得的

---

[9] 最判昭和 47·9·7 民集 26 卷 7 号 1314 页。
[10] 详见道垣内·诸相 72 页以下。
[11] 森本滋执笔·上柳克郎ほか编代『新版注释会社法（9）』261 页等（有斐阁，1988）。

债权，也是基于雇佣关系发生的债权，可以成为被担保债权。[12] 此外，也有见解认为，在第三人提供身份保证和第三人基于债务人与雇员之间的雇用关系取得债权的情况下，也成立优先权[13]，但本法条的目的是保护作为"雇员"生活基础的债权，所以当债权人是第三人时不应该承认优先权。

* **民308条的解释与平成15年修改前商295条的解释之间的关系**

如前所述，平成15年对民306条2号及308条做了修改，几乎原封不动地采用了原商295条的条文。既然如此，对修改后的民308条的解释，想必与原来商295条的解释如出一辙。但事实并非如此。

例如，原来商295条的解释中对"雇员"作狭义解释，即使不承认某人有该条规定的优先权，也认为此人是民308条中的"雇员"，有在一定范围内承认优先权的可能性。这种状况下，无法抵抗对"雇员"作狭义解释。但在修改之后，有必要将所有需要保护的债权人都作为"雇员"。而且，在原来商295条的解释中，还须注意避免扩大与只承认民法上优先权者之法律规定间的不平等。修改后就没有这种顾忌了。

修改后的民法308条的解释认为，该条广泛地适用于广大劳动者，而且需要意识到该条是唯一赋予他们优先权的规定。

（C）另外，根据保险业法117条之2，人寿保险的契约当事人，可以保险金请求权等为被担保债权，针对人寿保险公司总财产享有优先权。鉴于保险金在保险契约当事人的生活中多具有重大意义，该优先权与基于雇佣关系的优先权具有共通性。

（3）丧葬费用的优先权（民306条3号，309条）[14]

（A）即使是财产匮乏者也要适当地进行丧葬，这是对人性的尊重、

---

[12] 森本滋执笔・上柳ほか編代・上文注释10, 260頁。
[13] 森本滋执笔・上柳ほか編代・上文注释10, 260頁，安永・475頁，生熊・206頁。
[14] 大山和寿「判批」青法53卷1号217頁以下（2011），石堂典秀「先取特権と葬式・用」CHUKYO LAWYER 16号1頁以下（2012）。

对公民道德的维持,而且从卫生角度考虑也是十分必要的。因此,为了让丧葬组织等无后顾之忧地完成丧葬活动,民法特地设置丧葬费用的优先权。[15] 如果丧葬太过奢华,就没有必要赋予该费用的债权人优先权,因此仅限于丧葬费用中"相当的数额"(民 309 条 1 项、2 项)。

民 309 条 1 项中的"债务人"是死者,债权人就全部遗产享有优先权。但是,当死者几乎没有财产时有优先权也毫无意义,难以实现本条的规范目的。于是在 2 项中又规定,债务人在进行"应该扶养"的死者的丧葬时,债权人就债务人的全部财产享有优先权。此处的"债务人"指的是进行丧葬的扶养义务人。"应该扶养"不仅指在法律上有扶养义务(参见民 752 条、877 条),还应考虑到因死者没有财产不得不代为负担丧葬费用债务的情况。

(B)另外,生活保护法规定,在①死者的遗属和扶养义务人因贫困而无力进行丧葬(同法 18 条 1 项),②死者没有可为其进行丧葬的扶养义务人,死者遗留的财产不足以支付进行丧葬所必需的费用,且由第三人进行丧葬(同法 18 条 2 项),③生活保护法的被保护人死亡,无进行丧葬的扶养义务人,且由第三人进行丧葬(同法 18 条 2 项 1 号)这三种情况中,由都道府县、市町村对进行丧葬的人给予扶助[16],此时,进行丧葬的人,对都道府县、市町村关于扶助的保护费用,在死者的遗物之上成立优先权。老人福祉法 27 条也有类似规定。

(4)日用品供给的优先权(民 306 条 4 号,310 条)

为使生活必需品的供给人能安心地向贫困者供给生活必需品,民法赋予供给人优先权,以保障债务人当前的生活。

被担保债权是债务人、债务人应扶养的共同居住亲属(包括同居的妻子 [判例][17])、债务人的家政雇员生活所必需的食品、燃料及电力费用债权中"最后六个月"的债权部分(民 310 条)。由于不必保障奢侈的

---

[15] 梅·335 页,星野·199 页。

[16] 参见小山进次郎『生活保護法の解釈と運用〔改訂増補〕』282—283 页(中央福祉協議会,1951)。

[17] 大判大正 11·6·3 民集 1 卷 280 页。

生活，所以债权数额超过生活必要限度的，只对限度内的债权赋予优先权。另外，之所以限制在"最后六个月"，是因为对很大数额的债权承认优先权会使其他债权人受到不可预测的损害。而且，鉴于保障债务人当前生活的趣旨，"最后六个月"应从行使优先权时起算。

"家政雇员"仅限于与债务人共同居住生活者，保护在一起的家庭生活正是该项优先权的目的所在。

此外，判例[18]认定债务人是法人时不能适用此条。从保障生活的目的来看这是很好的，但应考虑到个人企业这样的法人有时实质上就是自然人。[19] 通过使用信用卡或签订信用契约购买必要的食品或支付电费等时，也应赋予该信用债权的债权人以优先权。[20]

2. 动产优先权

存在于债务人特定动产上的优先权称为**动产优先权**（民311条），具体包括八种。虽然不必有对抗要件，但对标的物的所在有限制。

（1）不动产租赁的优先权（民311条1号，312条—316条）

（A）不动产的出租人，以租金及其他基于租赁关系所生的对承租人的债权为被担保债权，就租赁土地上的承租人动产享有优先权（民312条以下）。出租人期待用这些动产作为自己债权的担保，优先权正是为了保护这种期待。

（B）被担保债权中除了不动产的租金债权，还包括承租人损坏租赁标的物时的损害赔偿债权等，因租赁关系所生债权通常均包括在内（民312条）。但有两种情况除外。

① "承租人的财产全部在进行清算时"，损害赔偿债权是"前期及当期"发生的，其余的租金等债权只能是"前期、当期及下期"发生的（民315条）。因为在总清算时（例如，承租人接受破产宣告，承认了关于承租人继承的限定［民922条以下］等），与其他债权人有很大的利益冲

---

［18］ 最判昭和46·10·21民集25卷7号969页。
［19］ 参见伊藤真执笔·大学双书44页。
［20］ 相同趣旨，松冈·267页，河上·52页。

突,只承认因租赁关系所生债权优先欠妥。还因为存在出租人与承租人通谋假装有高额租金未付的风险。[21] 不过,这里的"期"是指租金支付单位的期间,可能是一个月也可能是一年。

②出租人收取押金时,限于用该押金不足以收回的债权额部分(民316条)。这是出于与其他债权人保持平衡的考虑。而且,从押金中收回债权适用法定充抵的规定(判例[22]),从总清算时存在优先权的部分充抵(民489条2号)。

(C)关于标的物有详细规定。

(a)租赁土地时,动产分为四种(民313条1项)。

①添附于租地的动产,典型如排水用的管道等。②的建筑物是指租地外的建筑物,①指的就是添附于租地上建筑物的动产。[23] "添附"是指与土地使用(及使用土地上的建筑物)有关且常置于土地之上,与下文的(b)相同。

②添附于为使用租地的建筑物的动产。"为使用……该土地的建筑物"从语义来看,是指租地外为使用租地而建的建筑物。[24] 比如说邻地中的纳屋。"添附"的含义参见(b)。

③供使用租地的动产。比如置于①②以外的农具等。

④承租人占有的租地孳息,比如个别仓库(也可以是租地之外的仓库)中的米等。因出租人的出租行为才产生的孳息,亦应作为优先权的标的物。[25] 此外,法定孳息是民314条的问题,此处所谓孳息指天然孳息(参见民88条)。

(b)租赁建筑物时,添附于建筑物的动产(民313条2项)。问题是"添附的动产"具体指什么。判例[26]认为是为了在建筑物内持续存放一段

---

[21] 梅·355页,星野·200页。
[22] 大判昭和7·11·15民集11卷2105页。
[23] 梅·346页。
[24] 梅·246页,甲斐道太郎执笔·注民(8)124页。与此相对,松冈·270页指出,不应扩大到将与土地租赁有关的建筑物中的动产也作为标的物,"租地上的建筑物"应限定于"为使用而建的建筑物"。
[25] 梅·348页,星野·201页。
[26] 大判大正3·7·4民录20辑587页,大判昭和18·3·6民集22卷147页。

时间而放入的动产，金钱、有价证券、宝石等都在此列。最近也有不少学说持相同意见。[27] 但这种见解没有保护出租人的通常期待。妥当的观点应是仅限于与使用建筑物相关的常存之物。[28] 具体情况应按照租赁契约的趣旨与租赁标的物的性质判断。例如，将建筑物租给珠宝店时，宝石可以作为"添附的动产"，但如果是偶尔将宝石作为商品带入一般民宅，宝石就不是"添附的动产"。[29]

（c）标的物范围的扩大。上述两种情形均是以承租人所有的动产为前提，但在下面两种情形中，标的物的范围有所扩大。

①租赁权转让或次租的情况下，受让人或次租人的动产中满足（a）（b）要件者，还包括原承租人（转让人或转租人）从受让人或次承租人处应得的金钱（确切地说是该金钱的支付请求权）（民 314 条）。*

以"受让人或次承租人的动产"为标的物是在租赁权转让或转租的情况下，因为这时原承租人多已将自己的动产搬出或卖给受让人和次承租人，如果还以原承租人的动产为标的物，优先权的标的物就没有了，这对出租人而言并不公平。[30] 至于"转让人或转租人应得金钱"（的支付请求权），原承租人能得到这笔钱是因为出租人出租给他的行为，将其作为优先权的标的物也不失妥当。[31] 以对次承租人的债权为被担保债权的优先权，以次承租人所有之物为标的物是理所当然。

②根据民法 319 条，可准用即时取得的规定（民 192 条，193 条，195 条。194 条因其性质而除外），例如，建筑物承租人将他人之物添附于租赁建筑物时，出租人认为这是债务人的所有物，以其为优先权标的物，如果出租人无过失，该动产即可成为优先权的标的物。这样处理的原因在于，本条中的优先权归根结底是为了保护债权人的期待。

---

[27] 星野·201 页，内田·512 页，船越·47 页，丸山·317 页，石田（穰）·92 页，平野·担保物権 289 页。

[28] 我妻·80—81 页，柚木＝高木·61 页，横·65 页，近江·45—46 页，川井·259 页，安永·478 页注（6），生熊·208 页等。

[29] 荒川重勝「判批」椿寿夫編代『担保法の判例 II』169 頁（有斐閣，1994），松岡·269 页。

[30] 星野·201—202 页。

[31] 星野·202 页。

为了保护债权人的期待，善意、无过失的判定时点应为债权人得知第三人所有之物也加入（a）（b）两种情形标的物范围的时点。**

* **立法论的批判**　民314条也常被批判过于保护出租人，对受让人和次承租人则过于苛刻。但是，如果不承认本条，出租人就很难允许租赁权转让、转租，且擅自转让、转租破坏契约当事人间的信赖关系，原租赁契约的解除事由范围也势必会扩大。本条是有利于原承租人、受让人和次承租人的。

** 有学说主张，被担保债权不包括判定善意、无过失之前已发生的债权，也不包括判定完毕债权人转为恶意后发生的债权[32]，但笔者认为都不合理。前者是在得知之前已发生的债权，债权人的期待已形成；后者是用债务人清偿的租金充抵原来租金债务的结果（民489条3号），剩余的近期债务不能成为被担保债权。虽然也有学说认为应在优先权实现时判定是否善意、无过失[33]，但债权人是在得知添附的事实时形成期待，所以该说不合理。不过，实际上直到优先权实现时也不知道添附事实的也大有人在。

（D）另外，借地借家规定，租地权设定人，以租地权人最后两年的租金债权为被担保债权，以租地权人或转租地权人所有的租地上之建筑物为标的物，享有优先权（借地借家12条）。然而地上权或土地租赁权以登记为生效要件，利用率低。另外，关于租赁山林还有关于林木优先权的法律。

（2）旅馆住宿的优先权（民311条2号，317条）

被担保债权是旅客应负担的住宿费和饮食费，标的物是旅客寄存在旅馆的行李（民317条）。大概是因为旅馆主人看着客人的行李就有担保自己债权的期待，为了保护这种期待就设定了此优先权。"旅客应负担的住宿费和饮食费"也包含配偶及子女的住宿费。此外，汽车停车费等也算在"住宿费"里。这是因为应以旅馆主人的期待为标准进行解释。

民319条中准用即时取得规定的与不动产租赁的优先权相同。

---

[32]　前者见我妻·82頁，后者见横·65頁。
[33]　船越·49頁，平野·387頁，松冈·270頁。

(3) 运输的优先权（民 311 条 3 号，318 条）

被担保债权是运送乘客或行李的运输费及附随费用（运送人垫付的关税、保险金等），标的物是运送人手头的行李（民 318 条）。这是为了保护运送人的期待。此时，运送人大多还享有留置权。

民 319 条中准用即时取得规定的与（1）（2）相同。*

＊**准用即时取得规定的意思**　民法 319 条中准用即时取得规定的与（1）（2）（3）三种优先权有关，这些优先权是为了保护债权人的期待。[34] 因为要保护期待，一般都是以期待作为担保的物为优先权的标的物。相反，下文介绍的优先权不以保护债权人的期待为目的，就不再准用即时取得的规定。

(4) 动产保存的优先权（民 311 条 4 号，320 条）

被担保债权是"保存动产的必要费用"及"保存、承认或实现与动产相关的权利的必要费用"（民 320 条）。前者如修缮费用，后者如提起诉讼中断第三人针对债务人所有物的取得时效的费用（所有权的"保存"）。还可以举出很多例子，比如让第三人（占有人）"承认"占有之物是债务人的所有物以中断取得时效的费用、就某动产代位行使债务人享有的交付请求权的费用（所有权的"实现"）。

标的物曾是"保存"等的对象，因债权人支出了费用，该动产在当前状态下（例如完好无损的状态下）构成债务人的财产，其他债权人也可从中得到清偿，所以赋予该债权人优先权是为了实现公平。

依此趣旨，因动产添附所生的偿金请求权（民 248 条）也该承认优先权。[35]

(5) 动产买卖的优先权（民 311 条 5 号，321 条）

被担保债权是动产买卖＊时的价款及利息，标的物是该动产（民 321 条）。动产卖方一旦卖出去，该动产即成为债务人的一般财产，所以赋予

---

〔34〕 反对意见，深川裕佳「第一順位の先取特権について」洋法 52 卷 1 号 83 頁（2008），加賀山・284 頁。

〔35〕 道垣内弘人『信託法理と私法体系』206 頁（有斐閣，1996）。

动产卖方以优先权是为了实现公平。在买卖标的物交付给买方之前，都有同时履行抗辩权（民533条）和留置权（民295条）保护着动产卖方。因此，仅当卖方未收价款就将标的物交付给买方时，才需要使用该优先权。现实中，动产卖方未取得特别担保就先履行交付义务的情况很多，此优先权是所有动产优先权中最有实务价值的。

* 与所谓制作物供给契约等相关联的是否能算作此处的"买卖"，还是个问题。原本，制作物供给契约中，承揽契约与买卖契约合为一体不能分割，与后面将要谈到的对代偿物的物上代位（→66页＊）不同，因其通过债权人的工作增加了标的物的价值后又交予债务人，原则上应就债权全额承认动产买卖优先权。[36]

（6）种苗肥料供给的优先权（民311条6号，322条）

被担保债权是种苗、肥料或蚕种（蚕的卵）、供饲养蚕用的桑叶的价款及利息，前者的标的物是种植种苗或施肥一年内从该土地中收获的孳息，后者的标的物则是蚕和桑叶所生之物（茧和生丝）（民322条）。有这些东西的供给才能收获生产物，就生产物赋予供给人优先权是为了实现公平。进一步说，通过使供给人便于收回债权，零散农业者接受供给更为便利，有利于农业的振兴。[37]

另外，农业动产信用法[译者注10]4条以下规定，农业协同组合等贷款给农业经营者进行农业用动产的保存与购入等活动时，农业协同组合等对该动产及通过该动产生产出来的动产，以贷款债权为被担保债权，享有优先权。

（7）农业劳务者工资的优先权（民311条7号，323条）

被担保债权是农业劳务者最后一年的租金，标的物是通过劳务生产的孳息（民323条）。既有保护从事劳作收获孳息的公平意义，又有保障劳务者生活的社会政策性意义。[38]与下文工业劳务者的优先权不同，作为

---

[36] 例如参见今尾真「請負契約・制作物供給契約と動産売買先取特権」内山尚三追悼『現代民事法学の構想』115頁以下（信山社，2004）。

[37] 参见関武志「桑葉供給の先取特権に関する一考察」青法58卷3号103頁以下（2016）。

[译者注10] 以下简称"农动产"。

[38] 星野·205—206页。

被担保债权的租金的期限之所以是一年,是考虑到农业收获大多是一年一次。债权人大多还同时享有基于雇佣关系的优先权(民306条2号,308条,→51页)。

(8)工业劳务者工资的优先权(民311条8号,324条)

被担保债权是工业劳务者最后三个月的租金,标的物是通过劳动所生产的制造品(民325条)。其趣旨与(7)相同。

3. **不动产优先权**

存在于债务人特定不动产上的优先权称为不动产优先权(民325条),有三种,还有关于登记的特别规定。

(1)不动产保存的优先权(民325条1号,326条)

(A)被担保债权是不动产"保存所必需的费用",及"保存、承认或实现不动产相关权利所必需的费用"(民326条)。虽然具体例子与动产保存的优先权相同(→60页),但问题是与下文(2)中"施工"概念之间的界限问题,是否要分为使不动产价值积极增加的行为("施工")和使不动产价值维持或恢复的行为("保存")。优先权的标的物是该不动产。立法趣旨与动产保存的优先权相同。

依此趣旨,对因动产添附于不动产所生的偿金请求权(民248条),也应承认不动产优先权。[39]

(B)为了"保存"该优先权的"效力",保存行为完成后,必须"直接"(合理期间内毫不拖延地)进行登记(民337条)。"保存效力"按照文义应理解为效力要件。* 由于根据民339条,此优先权优先于当时已登记的抵押权(→80页),所以有若干限制(但限制是否合理也还是问题)[40]。即使后来又登记了,优先权也已无效。

> *根据物权法的一般理论,登记只不过是对抗要件。所以通说认为,不动产保存的优先权和不动产施工的优先权的"登记"也不过是

---

[39] 道垣内・上文注释34,206页。
[40] 参见西原道雄执笔・注民(8)217—218页。

对抗要件。但是，第一，经过登记的上述两项优先权有优先于已登记抵押权的效力，是对抗要件主义之例外；第二，关于"保存效力"的词句，特别是下文提到的不动产施工的优先权，当施工费用超过登记预算额时，"就该超过额不存在优先权"（民 338 条 1 项后段），登记也是效力要件。不过这对实际结论几乎没有影响。

(2) 不动产施工的优先权（民 325 条 2 号，327 条）

(A) 被担保债权是包括设计人和总承包人在内的广义上参与不动产工程的人（"工程的设计人、施工人及监理人"）对债务人不动产"施工"而支出费用的现存增值额（参见民 327 条 1 项、2 项。另见民 338 条 2 项）。标的物是该不动产。"施工"的含义在上文 (1)（A）中已有阐述。

由于不动产的完成或价值增加是通过施工达到的，就增值部分赋予参与施工者以优先权，是为了实现公平。

(B) 于施工开始前登记费用预算额是效力要件*（民 338 条 1 项前段）。优先权仅存在于登记过的预算额范围内（同项后段）。此趣旨与 (1)（A）相同。同样，在施工开始后再次登记的，优先权也无效（判例[41]、通说[42]）。新建建筑物时，要在建筑物存在之前登记（程序上依照[译者注11] 不登 86 条、87 条[译者注12]，不登规 161 条、162 条）。

　　*由于以此为要件，不动产施工的优先权几乎没有什么作用。建筑业者登记优先权无异于预想顾客会不履行债务，会造成顾客的反感。[43] 立法争论上有观点认为应该承认在工程开始或完成后一定期间内的登记有效。[44]

---

〔41〕 大判大正 6・2・9 民录 23 辑 244 页，大判大正 9・5・21 新闻 3703 号 10 页。
〔42〕 最近，认为与不动产保存的优先权一样，登记作为对抗要件的学说也很多（安永，484 页，生熊，212 页，铃木，321 页，石田（穰）、131 页）。
〔译者注 11〕不动产登记法，以下简称"不登"。
〔译者注 12〕不动产登记规则，以下简称"不登规"。
〔43〕 加藤木精一「不動産工事・保存の先取特権」星野英一ほか編『担保法の・代の諸問題（別冊 NBL10 号）』28 頁注 (2), (3)（商事法務研究会, 1983）。
〔44〕 西原道雄執筆・注民（8）219—221 頁。其他立法争议式的研究有，執行秀幸「不動産工事の先取特権」伊藤進古稀『担保制度の・代の展開』138 頁以下（日本評論社, 2006），及其引用的诸论文。

（3）不动产买卖的优先权（民325条3号，328条）

（A）被担保债权是不动产的买卖价款及其利息，标的物是买卖的不动产（民328条）。此趣旨与动产买卖优先权相同（→61页）。但不同于动产，不动产的买卖中通常是不全额支付价款就不转移登记给买方，因此优先权不太能发挥作用。

（B）在买卖契约的同时登记未清偿价款或利息的数额是效力要件（民340条）。无此要件，即使登记，优先权也无效。但与（1）（2）的优先权不同，该优先权没有优先于已登记抵押权的效力（→63页），因此就没有明确的原因要求严格登记。[45]

第3节　效力

1. 效力所及范围

（1）上文已对各个优先权所担保债权的范围、标的物的范围进行了详细说明。但准用民341条抵押权规定的结果就是，被担保债权中的利息和迟延损害赔偿金仅限于"最后两年的部分"（民375条）（其趣旨，→162页）。

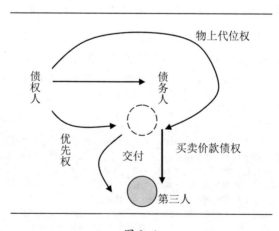

图 2-1

[45] 柚木＝高木・79页。

另外，以不动产为标的的优先权准用民370条，效力及于附加为一体之物（修改了旧说）。针对孳息的话，不履行被担保债权后，效力也及于孳息（民371条）。

（2）物上代位[46]

（A）民304条1项规定，如果债务人（标的物所有人）因优先权标的物的出卖、出租、灭失或毁损而收取金钱及其他物（代偿物），那么债权人可以对这一请求权行使优先权。此外，同条2项还承认，债权人对设定于优先权标的物之物权的对价请求权也享有优先权。这称为**物上代位**，优先权人享有的权利则被称为**物上代位权**。

代偿物 有时，债权是否作为标的物代偿物的债权也会成为问题。例如，在动产买卖优先权中，作为标的物的木材和货车能否作为建筑人，即债务人建设时的承包价款债权，还存有争议。承包价款中的原材料费用部分明确时，可以承认物上代位。判例[47]也认为，"占承包价款全部份额的该动产价额部分和与承包契约中承包人的债务等相对的承包价款债权的全部或部分，因上述动产的转卖被视为价款债权的特殊情况下，可以对上述承包价款债权行使物上代位权"。另外，标的物的损害保险金请求权中也有许多问题，对此详见抵押权部分。

（B）虽然从条文文本上看，在上述所有情况下，所有种类的优先权似乎都承认物上代位权，但仍有必要逐个探讨。

（a）一般优先权以债务人的总财产为标的，也及于债务人对第三人享有的金钱债权、物的交付请求权，所以物上代位不成问题。例外的问题是，经一般优先权登记的不动产卖予第三人后，在该第三人处发生了出

---

[46] 制度沿革等全部参见以下文献：谷口安平「物上代位と差押」奥田昌道ほか编『民法学（3）』104页以下（有斐阁，1976），吉野衞「物上代位に関する基礎的考察（上）（中）（下）」金法968、971、972号（1981），新田宗吉「物上代位」星野英一编代『民法讲座（3）』105页以下（有斐阁，1984）。清原泰司『物上代位の法理』12—106页（民事法研究会，1997），高橋智也「抵当権の物上代位に関する一考察（1）」都法38卷2号441页以下（1997），生熊長幸『物上代位と収益管理』3—20页（有斐阁，2003）。

[47] 最决平成10・12・18民集52卷9号2024页。

卖、租赁、灭失、毁损时，该第三人能否对得到的代偿物进行物上代位。抵押不动产的情况也可作同样思考（→148页以下）。

（b）动产优先权中，不动产租赁的优先权、旅馆住宿的优先权以及运输的优先权在标的物出卖、灭失、毁损时可以物上代位。因为在出卖、灭失时，无法再对该物行使优先权（民333条。→70页），损毁时，虽然只是担保价值有所减少，但任何情况下都承认债权人对该代偿物的优先权能与保护债权人的通常期待的制度趣旨相一致。

与之相对，在标的物被出租时，则不能承认租金债权可以物上代位。这些优先权对标的物存在的场所有限制，被出租的动产一旦脱离特定场所，就会失去作为优先权标的物的性质。此时如果肯定了物上代位，则无异于承认优先权人对已不再是优先权标的物之物所生的租金享有优先权。但这已经超出了债权人的通常期待。

另外，"就优先权标的物设定的物权对价"（民304条2项）是指，设定地上权、永佃权、地役权的对价，并非设定质权、抵押权的"对价"，这对于动产优先权来说不成问题。

（c）除此之外的动产优先权，在设定不动产用益物权以外的任何情况下，都承认物上代位权。作为出卖等代偿，债务人所取得的请求权也是因债权人的行为（信用买卖等）而生，或者因数额增大，赋予其优先权才能实现公平。租赁时，尚无法禁止对物本身行使优先权，产生了租金债权或数额增大皆是债权人的行为所致，也可以承认对租金债权行使物上代位权。

（d）不动产优先权因同样的理由发生标的物灭失、毁损时，可承认对其代偿物进行物上代位。出卖、租赁、设定地上权等时，能否对标的物本身行使优先权还存有若干疑问，但买卖价格等增加的部分完全是债权人的行为所致，理应肯定物上代位。

（C）为了行使物上代位权，"必须在支付或交付之前先行扣押代偿物"（民304条1项但书）。关于该条文中的"支付或交付"具体是何意思、由谁"扣押"、怎么"扣押"、"扣押"到何时等存有诸多争论，这与如何理解当初承认物上代位的理由有关。

之前的争论将质权、抵押权的物上代位与优先权的物上代位混为一谈。但是，正如对作为物上代位标的的代偿物的研究中所明确的那样，之所以在优先权中承认物上代位权，是因为依照各优先权的趣旨，对各个代偿物都承认债权人的优先权是妥当的（对债权人通常期待的保护、债权人之间的公平）。在约定担保物权中，物上代位权的存在理由（→148—149页）则大相径庭。约定担保物权通过对第三人的对抗力来公示，而优先权是天生就欠缺公示的物权（不动产优先权的登记也不纯粹是为了公示目的。→49页，63页）。前者即使在物上代位时也必须考虑公示的存在，而后者无须此虑。优先权物上代位中"支付或交付"的意义是由优先权的趣旨所决定的。

出于此种考虑，在行使优先权的物上代位权时，应当承认代偿物可能因混入其他财产而完全失去特定性，第三人也可能对代偿物享有排他性权利。换句话说，所谓"支付或交付"有很多情况：①因实际清偿等使代偿物混入债务人一般财产的情况；②第三人取得标的债权的转付命令的情况；③接受转让的情况；④若任一债权人扣押且分配要求到期，则该债权仅归属于扣押或要求分配的债权人，此时也应视为"支付或交付"。

判例也表示了这样的立场，关于动产买卖优先权的物上代位，于债务人宣告破产后[48]，或转卖价款债权被扣押、暂时扣押后[49]，权利人都可以行使物上代位权，但标的债权转让给第三人[50]或第三人取得转付命令时[51]，不承认物上代位权的行使。本人认为所言极是。

*判例的法理还是区别二者的。虽然有判决[52]在判断基于抵押权标的债权被转让后能否行使物上代位权时，认为"抵押权的效力也及于物上代位的标的债权，可以视为已通过抵押权设定登记进行公示"，但其理由显然不适合基于优先权的物上代位权。但近来的判例[53]认为，民304条1项但书应该是"针对没有与抵押权不同公示

---

[48] 最判昭和59·2·2民集38卷3号431页。
[49] 最判昭和60·7·19民集39卷5号1326页。
[50] 最判平成17·2·22民集59卷2号314页。
[51] 最判昭和59·2·2、上文注释42的旁论。
[52] 最判平成10·1·30民集52卷1号1页。
[53] 最判平成17·2·22、上文注释49。

方法的动产买卖的优先权,为保护物上代位标的债权的受让人等第三人利益而设的规定",判例已明确承认两者的区别。

** 以前的议论　以前通说[54]的前提是,包括优先权在内的担保权都是支配标的物交换价值的权利,因出卖等所生的请求权则旨在实现标的物的现实价值,所以担保权人的权利理应及于该请求权,物上代位是理所当然的制度。而一旦代偿物混入债务人的一般财产,就分不清担保权的效力究竟及于哪一部分,为维持其特定性要求"扣押"。所以,行使物上代位权以不丧失代偿物的特定性为限。具体来说,其他债权人扣押代偿物、接到了转付命令或出现了受让人,都不影响物上代位权的行使。换句话说,所谓的"支付或交付"应为实际清偿之意。

与之相对,物上代位制度虽是通过出卖标的物等消灭了原来的担保权,但也是旨在保护担保权人的制度。因此,物上代位权不是当然性权利,需要通过"扣押"所为的公示来保全与第三人的关系。如果在"扣押"前就出现了第三人,就无法行使物上代位权。也有判例[55]支持此说。

(D) 优先权人自己向执行裁判所提交"证明担保权存在的文件"(民执193条1项后段),执行裁判所依此发布扣押命令,对尚未扣押的其他债权人的标的债权开始进行物上代位(同条2项→143条)。这是民304条1项但书中的"扣押",优先权人依后续程序接受优先受偿。

由于这种扣押只是基于优先权接受优先受偿的程序,所以以被担保债权的清偿期到来为要件。

优先权人未通过实现担保权的程序,而是以一般债权人身份进行扣押时,如果优先权人不能在要求分配的最后期限前通过提交"证明担保权存在的文件"转为行使物上代位权的程序,就不能得到优先受偿(判

---

[54] 我妻·290—291页,柚木=高木·270—275页等。
[55] 尤其是大判大正12·4·7民集2卷209页。

例[56]）。判例[57]认为其他债权人已经扣押标的债权时，必须在要求分配的最后期限前通过扣押来自行行使物上代位权。此时，优先权人依原来的优先权顺位获得优先受偿。

2. 实现前的效力

（1）与第三取得人的关系

因出卖等导致标的物所有权转移至第三人时，优先权会怎样呢？

（A）属于动产的标的物*。债务人将标的物交付"第三取得人"后，不得行使优先权（民333条）。由于动产没有公示优先权的方法，所以通说认为该规定的目的在于保证交易安全。然而，由于并不要求第三取得人对存在优先权这件事是善意，仅为了交易安全不能说明问题。另外，还有学说[58]从优先权人与第三取得人的对抗关系考虑，标的物交付于第三取得人使之优先具备了对抗要件，优先权人因而无法对抗该权利。但由于优先权不用公示即可对抗第三人，所以此学说并不妥当。

在一般优先权中，债权人在实现优先权时，仅可从满足标的物要件的动产中获得优先受偿，不得制约债务人的处分权。在动产优先权中亦是如此，由于标的物多为债务人维持营业、生活所必需之物，一方面为了保证优先权人通过物上代位权取得利益；另一方面也应以承认债务人的处分权为原则。

从债务人处分权限的观点出发，第三取得人的主观要件就不成为问题了（通说），不局限于现实的交付，占有改定等当然也可作为"交付"（判例[59]、通说）。而且，根据"关于转让动产及债权的对抗要件的民法特例等相关法律"进行过转让登记时，该动产也同样视为民178条的已交付（同法3条1项）。但对适用民319条的优先权而言，如果标的物在债

---

[56] 最判昭和62・4・2判时1248号61页。
[57] 最判平成13・10・25民集55卷6号975页（虽然是抵押权的案例，但可作为一般理论裁判）。
[58] 平野裕之执笔・アルマ299页。
[59] 大判大正6・7・26民录23辑1203页。

务人对第三人为处分后还由债务人现实占有，且债权人对该物已非债务人之物是善意、无过失的，该物还可再成为优先权的标的物。[60]

另外，所谓"第三取得人"是指已取得所有权之人，不包括承租人等（判例[61]、通说）。

*关于它与流动动产的让与担保间关系的议论颇多，将在下文进行论述（→342页）。

（B）属于债权的标的物。这只在一般优先权中有问题，因为如前所述，优先权并不制约债务人的处分权限，所以一旦有第三人出现，就不能对该债权行使优先权。

（C）属于不动产的标的物。对由登记先后决定的事项毫无争议。一般优先权虽然原则上不制约债务人的处分权限，但在优先权人对特定不动产进行登记时却有所不同。[62]

（2）物理性侵害[63]

（A）一般优先权。一般优先权以担保实现时的债务人财产为标的，对于在担保实现前强行占有或损害债务人总财产一部分的行为，债权人不享有任何权利。

因第三人的不法行为发生损害时，债务人可以对该第三人以损害赔偿请求权为一般优先权的标的，得出上述结论不成问题。因债务人自己的不法行为导致损害时，则可能就感觉到若干问题的存在。问题点在于，一般优先权没有限制债务人行动的效力。作为所有人的债务人原则上可任意处置自己所有的物，一般优先权不发生限制效力。

但在一般优先权对不动产进行了登记时，应与后述（C）一样。

---

[60] 石田（文）·676—677页，星野·209页，近江·69页。还有旁论，大判大正6·7·26，上文注释58。

[61] 大判昭和16·6·18新闻4711号256页（承租人），大判昭和18·3·6，上文注释23（仅为保管人）。

[62] 铃木禄弥「登记された一般先取特権」同『物的担保制度の分化』606—612页（創文社，1992）。

[63] 道垣内·诸相48—50页。

(B) 动产优先权

(a) 就不动产租赁的优先权、旅馆住宿的优先权和运输的优先权等限制标的物所在地的优先权而言，通过债务人、所有人之手将标的物搬离该所在地不构成对该优先权的侵害。因为民333条表明，这些优先权没有限制标的物的处分的效力。

(b) 动产优先权均无限制标的物处分的效力。那么，债务人或所有人对标的物的损害一般就不能算作对优先权的侵害。*因第三人的不法行为损害标的物时，也不应直接发生损害赔偿请求权（然而，可以就债务人对不法行为人享有的损害赔偿请求权行使物上代位权。→65页）。应该说，优先权人不过是作为特定债权人对债务人财产中的一定财产享有优先权而已。

(C) 不动产优先权

与上述相对，不动产优先权以登记为生效要件，据此得以公示。标的不动产的出卖、添附一体物的处分、损害等均与抵押权的侵害一样处理（→184页以下）。

* 然而，民137条2号规定了债务人的担保灭失、损害、减少行为是丧失期限利益的事由，一般优先权之外的优先权可作为此处所讲的"担保"，那么是否应该作为优先权的侵害行为，或者至少发生期限利益的丧失？是否应该继续探讨一下对该条的解释呢？比如，所有人损坏了未付价款的动产，也没有特殊约定，那么所谓的价款债务清偿期限到来，就有悖常理。同条中所提到的"担保"应理解为不包括法定担保。

3. 实现时的效力

（1）优先权人享有"先于其他债权人得到债权清偿的权利"（民303条）是优先受偿权。具体来说，就是可以通过自己主动拍卖标的物或从其他债权人开始的拍卖中，优先地收回债权。而且，标的物是不动产时，还可运用担保不动产收益执行程序。

各个种类的优先权都有自己固有的问题点。

(2) 一般优先权

(A) 一般优先权是以债务人的"总财产"作为担保标的物的优先权,"总财产"是一体的,当然不能直接从中得到优先受偿。实现时,还是要对个别财产行使权利。

(a) 关于债权,是先提交"证明担保权存在的文件"*,然后进入实现程序(民执193条1项)。其他债权人已扣押标的债权时,依上述程序进行二次扣押,并在一定期限内要求分配(民执154条、167条之9)。

(b) 关于动产,参见(3)(A)。

(c) 关于不动产,登记过的优先权一般要提交登记簿的誊本(民执181条1项3号),未登记时如果能提交证明优先权存在的文件,也可开始实现程序(同项4号)。

实现程序分为两种:担保不动产的拍卖与担保不动产收益的执行(民执180条)。简而言之,前者是出卖标的不动产,并从该变价款中优先受偿的程序;后者是由裁判所选任的管理人管理标的不动产,并从取得的收益中优先受偿的程序。二者均会在抵押权中出现问题,具体内容于后论述(→200页以下)。

其他债权人已开始标的物拍卖程序时,若已通过扣押登记预先登记了一般优先权,那么一般优先权人可自动获得分配(民执87条1项4号)。未登记时,可进行二次扣押(民执188条→47条)并要求分配(民执51条)。

其他担保权人已开始担保不动产收益执行程序或其他一般债权人已开始强制管理程序(民执93条以下)时,一般优先权人提交登记优先权的登记簿誊本或证明一般优先权存在的文件等由民执181条1项各号规定的文件,可以通过要求分配(民执105条1项、107条4项3号)或通过在执行裁判所规定的期间内自行申请实现一般优先权的担保不动产收益执行(民执107条4项1号Ro),获得分配。即使有一般优先权的登记,也不能当然地获得分配。在担保不动产收益执行或强制管理中,由于并非出卖不动产,该不动产之上的一般优先权仍然存在。因此,不必进行分配。

优先权人主动开始实现程序时,必须按不动产以外的财产、未作为

"特别担保"（不动产优先权、质权、抵押权）标的的不动产、作为"特别担保"标的的不动产这样的顺序进行，只有当无法从先顺序的财产中收回被担保债权时，才能进入到后顺序的财产（民335条1项，2项）。与此相反的实现会成为执行异议（民执11条，182条）的对象。另外，在其他债权人开始的拍卖程序中，也是从先顺序财产的变价款开始依顺序收回被担保债权（民335条1项，2项）。如果不按上述程序进行，那么在后顺序财产变价款的分配中，优先权在本应从先顺序财产的变价款中收回的数额范围内不得对抗有登记的"第三人"（劣于一般优先权的抵押权人、质权人、第三取得人）（同条3项）。由于不动产是债务人的重要财产，有必要防止为了很小的债权额而拍卖不动产。而且，即使是不得不拍卖不动产时，也有必要保护仅对特定不动产享有可优先受偿之"特别担保"的担保权人[64]（与此相对，一般优先权对其他财产也享有优先权）。当然，后顺序财产的变价款被先分配时，不受上述限制，优先权人可获得分配（同条4项），因为他最终可能无法从其他财产中得到完全清偿。

（B）在已开始的拍卖程序中，优先权人获得优先受偿（民执165条，140条，87条1项，107条4项。还有民执88条），相比于其他担保权的顺位如下：

（a）同一标的物上存在数个同种优先权时，按债权额比例优先受偿（民332条）。

（b）同一债务人的总财产上存在数个不同种类的优先权时，各优先权成立的理由不同，应受保护的程度也各有不同，因此特别规定了法定顺位。具体而言，从先到后分别是共益费用的优先权、基于雇佣关系的优先权、丧葬费用的优先权以及日用品供给的优先权的顺位（民329条1项）。由于共益费用是为被担保债权而支出的，其他三种优先权人也从中获得了利益，因此共益费用的优先权是第一顺位。虽然丧葬费用的优先权在民法制定时是第二顺位，但在昭和24年为保护劳动者已变更了顺位。

（c）就动产或不动产优先权的标的物而言，动产或不动产优先权优先

---

[64] 将其作为立法论疑问的，角·148—149页。

于一般优先权（民 329 条 2 项），因为一般优先权还有其他标的物。特定动产成为质权标的物时，质权与第一顺位的动产优先权是同一顺位（民 334 条），质权也成为优先的权利。另外，因权利质权准用动产质权的相关规定（民 362 条 2 项），所以与权利质权的顺位也和动产质权相同。[65] 但是，共益费用的优先权优先于取得该利益的总债权人的权利（民 329 条 2 项但书），这是理所当然的。

（d）就特定不动产而言，质权、抵押权、经登记的一般优先权的顺位由登记先后决定，这是民 177 条的一般原则。质权、抵押权和优先权均未登记时，优先权优先。这是因为，在未经登记时，质权人、抵押权人只是处于与一般债权人同等的地位，但一般优先权即使未经登记也优先于一般债权人（民 336 条）。

（e）在与留置权的关系中，可以看出留置权事实上处于优先地位（→39 页）（但留置权的效力在破产程序中被否定了→44 页）。

*"证明担保权存在的文件"　　很多时候提交该文件是存在困难的。例如，实现基于雇佣关系的一般优先权时，必须证明基于雇佣关系所生的债权未被支付。租金账簿[译者注13]、劳动者名簿（劳基 107 条）虽是典型性的文件，但这些文件都是由作为债务人的雇主所有，雇员不易获得。所以有人指出有必要设置公共证明制度。[66]

(3) 动产优先权

（A）"债权人向执行官提交该动产时"，"债权人向执行官提交证明该动产的占有人承诺扣押的文件时"，以及根据执行裁判所依债权人申请所作的许可，开始拍卖（民执 190 条 1 项，2 项）。*

根据执行裁判所的许可时，债权人必须提交证明担保权存在的文件，并向裁判所申请。标的物不在债务人占有的场所或容器（金库等）内时，裁判所不得作出许可，但债权人不必积极证明标的物的所在（同条 2

---

[65]　西原道雄執筆・注民（8）212 页。反对意见，柚木＝高木・74 页。
〔译者注 13〕劳动基准法，以下简称"劳基"，劳基 108 条。
[66]　参见道垣内・诸相 77—79 页。

项但书)。在获得该许可决定后,债权人可据此向执行官提出扣押申请。执行官可以进入债务人的住宅或债务人占有的其他场所,在这些场所或债务人占有的金库或其他容器内搜寻标的物(民执 192 条→123 条 2 项)。

与之相对,其他债权人已就该动产开始拍卖程序时,优先权人可以重复上述程序再次申请执行(民执 192 条→125 条 2 项、3 项),或者提交优先权存在的"证明文件",要求分配(民执 133 条)。

(B)拍卖开始后,优先权人在此程序中获得优先受偿(民执 140 条。还有民执 88 条)。与其他担保权的顺位关系如下:

(a)同一标的物之上存在数个同种优先权时,原则是按债权额的比例优先受偿(民 332 条)。但动产保存的优先权竞合时,在后的保存人优先(民 330 条 1 项后段),因为正是在后的保存行为维持了标的物现在的价值。

(b)存在不同种类的优先权时,分为三类决定优先顺位(民 330 条 1 项)[决定顺位的必要性,参见(2)(B)(b)]。

处于第一顺位的是不动产租赁、旅馆住宿及运输的优先权。这些优先权是为了保护债权人通常的期待,即使存在其他优先权,只要债权人不明知,就不能破坏债权人既已形成的期待。因此,如果第一顺位的优先权人在取得债权时明知存在后顺位的优先权人,就因为这层关系而无法行使优先权(同条 2 项前段)[后果相当于放弃抵押权的顺位(→199 页)]。处于第二顺位的是动产保存的优先权,处于第三顺位的则是动产买卖、种苗肥料供给、农业劳务和工业劳务的优先权。将动产保存的优先权作为第二顺位是因为它维持了优先权标的物的价值,其他债权人也由此受益。因此,即使是第一顺位的优先权人,在因动产保存行为而受益时,也例外地劣后于动产保存的优先权(同项后段)。

另外,优先权关于孳息发生竞合时,优先顺位依次是农业劳务的优先权、种苗肥料供给的优先权、不动产租赁的优先权(民 330 条 3 项)。这一顺位安排除了考虑与产生孳息原因的关系大小外,还考虑到对劳动者的保护。[67] 不动产租赁的优先权之所以顺位最靠后，是因为它还有其他担保标的物。

（c）动产优先权与质权竞合时，质权与第一顺位的优先权同顺位（民334条）。质权是对从标的物中得到优先受偿具有现实期待的担保权，对这种期待的保护与第一顺位的优先权是一样的（也同样适用民330条2项[68]）。

（d）在与留置权的关系中，可以看出留置权事实上处于优先地位（→39页）（但留置权的效力在破产程序中被否定了→44页）。

（e）与流动动产的让与担保的关系将在下文论述（→342页）。

* 平成15年民事执行法修改以前，仅在"债权人向执行法官提交该动产时"和"提交动产占有人承诺扣押的证明文件时"，可以实现动产优先权。但是，一般情况下，标的物不由动产优先权人占有（运输的优先权人除外），而且也不能期待债务人自发协助。虽然学术界和执行实务已想出各种强制方法来实现优先权，但仍然困难重重。于是，平成15年的民事执行法修改确认了执行法官搜寻标的物的方法。[69]

然而，在实现动产优先权时，仍存在困难。例如，动产买卖优先权发生于未支付特定动产的价款时，但在持续性地买卖同种动产时，这些同种动产都在债务人手上，很多时候难以分清哪些是未付款的、哪些是已付款的。

（4）不动产优先权

（A）由于以登记为生效要件（民337条，338条，340条），所以要先向执行裁判所提交"担保权（假登记除外）相关登记事项证明书"，才能开始实现优先权（民执181条1项3号）。

实现程序有担保不动产拍卖和担保不动产收益执行两种（民执180

---

[67] 梅·398页，星野·215页。
[68] 我妻·91—92页，船越·61页。
[69] 参见山本和彦执笔·道垣内ほか130页以下。

条）。

其他债权人已开始标的物的拍卖程序时，如果不动产优先权的登记先于扣押的登记，不动产优先权人自动获得分配（民执87条1项4号）。

其他担保权人已开始担保不动产收益执行程序，以及其他一般债权人已开始强制管理程序（民执93条以下）时，不动产优先权人可以在执行裁判所规定的期间内通过自行申请实现一般优先权的担保不动产收益执行来获得分配（民执107条4项1号）。即使有不动产优先权的登记，也不能当然地获得分配（趣旨与一般优先权相同。→74页）。

（B）在这些程序中，优先权得到优先受偿（民执88条）。就与其他担保权的顺位关系而言，原则上依登记先后，但要注意以下情况：

（a）同一不动产上存在数个同种优先权时怎么办呢？不动产买卖的优先权是按照买卖的顺序，即在前的卖方优先（民331条2项）。正因为有之前的买卖，才可能有后面的买卖，[70] 后面的卖方通过登记也应该知道之前的卖方有优先权。[71] 与之相对，不动产保存或施工的优先权没有特别规定，适用民332条按债权额比例接受清偿即可。但是，不动产保存的优先权应类推适用民330条1项后段。[72] 原因在于，和动产保存的优先权一样，正因为有了后面的保存才得以维持现在的价值。

（b）同一不动产上存在不同种的优先权竞合时，按保存、施工和买卖的顺序排列（民331条1项），一方面，在标的物的保存和施工中，不动产的卖方是受益最小的；另一方面，保存的优先权之所以优于施工的优先权，是因为在施工之后进行保存时，施工费用的债权人也因保存而受益。但保存之后又施工的，保存的优先权人没有优先的理由，这个问题被作为立法争论提出来了。[73]

（c）保存或施工的优先权优先于同一不动产上此前已存在的抵押权（民339条）。原因在于，抵押权人也因保存和施工而受益。就抵押权与买

---

[70] 梅·400页，星野·215页。
[71] 西原道雄执笔·注民（8）205—206页。
[72] 我妻·91页，柚木＝高木·72页等。但这些学说对工程的优先权的理解也相同。
[73] 西原道雄执笔·注民（8）205页。

卖优先权的顺位关系而言，一般原则是按登记先后，但因买卖优先权以在买卖同时进行登记为其生效要件，所以事实上很难发生这种问题。关于质权，不动产质权准用抵押权的规定（民361条），与抵押权的情况相同。

(d) 在与留置权的关系中，可以看出留置权事实上处于优先地位（→39页）（但是，留置权的效力在破产程序中被否定了→44页）。

(5) 在标的物所有人破产程序中的效力

一般优先权的被担保债权在破产程序中是优先性债权（破98条1项），在公司更生程序中是优先性更生债权（公更168条1项2号，3号），但在民事再生程序中是一般优先债权，不可依再生程序随时受偿（民再122条1项，2项）。

动产、不动产优先权人在破产程序及民事再生程序中享有别除权（破2条9项，民再53条），可以自由地实现担保权。但在民事再生程序中，如果担保标的物是再生债务人继续事业所必不可少之物，再生债务人等可以提出担保权消灭许可请求。在公司更生程序中，被担保债权成为更生担保权（公更2条10项）。但如果该财产是更生公司进行事业再生所必需之物，基于财产管理人的申请，并由财产管理人向裁判所缴纳与标的物价值相当的金钱，裁判所可以作出担保权消灭的许可决定（公更104条1项）（→45页**）。

第4节 消灭

(1) 优先权当然会因物权的一般消灭原因（标的物的灭失、混同、放弃权利）而消灭。特别是动产优先权中，标的物上的物权经常会因其他动产、不动产的添附而消灭。而且，此时还能对标的物所有人享有的偿金请求权（民248条）进行物上代位（→63页以下）。

此外，优先权也当然会因被担保债权的消灭而消灭（从属性，这是担保物权共通的消灭原因）。但在被担保债权完全消灭之前，优先权人仍可对标的物全部行使权利（民305条→296条）（不可分性）。

(2) 另外，由于准用抵押权的相关规定（民341条），以不动产为标的的优先权也会因价款清偿（民 378 条）而消灭，有时还会因第三取得人的消灭请求而消灭（详见→168 页以下）。

82

（3）与此相对，一般情况下，即使被担保债权被转让，优先权也不消灭，而是转移至新的债权人（伴随性）。因为优先权并非保护特定债权人的，而是旨在保护特定债权。但是，基于雇佣关系的优先权确是以保护雇员为目的，所以它应该不具备伴随性。另外，以保护债权人的期待为目的的优先权，即不动产租赁、旅馆住宿、运输的优先权（民 311 条 1 号—3 号，312 条—318 条），由于债权受让人不具备对标的物行使优先权的合理期待，所以应该也没有伴随性。

第3章

质　权

第1节　序说

（1）**质权**是债权人占有债务人或第三人之物作为债权的担保，就该物优先于其他债权人得到清偿的权利（民342条）。例如，A 对 B 有 10 万日元的债权，为了担保该债权，B 将宝石作为质权标的物交给 A，A 可以留置该宝石直至债权清偿。同时 B 不履行债务时，A 可以通过拍卖程序将宝石变价，从变价款中优先收回债权。也可以把这个例子中的"宝石"换成"土地"或"房屋"。换句话说，不动产也能成为质权的标的物。

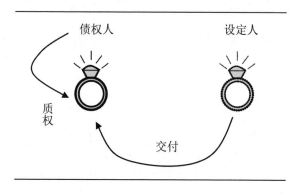

图 3-1

另外，债权和其他财产权也可以成为质权的客体。民342条规定了客体是"物"（有体物，民85条）的情况，民362条承认"财产权"可以成为质权的客体，这一情况原则上可准用有体物质权的相关规定。

（2）与作为法定担保物权的留置权和优先权不同，质权是依当事人合意设定的约定担保物权,在此点上与抵押权性质相同。

但是,质权的客体除了动产、不动产,还可以是债权及其他财产权,而抵押权的客体只能是不动产(所有权)、地上权、永佃权。这与质权由质权人占有标的物(民342条)有关(占有型担保)。换句话说,质权中占有标的物的人是质权人,这在一定程度公示了质权的存在,因此不必限定担保标的物的种类。与此相对,抵押权中占有标的物的是设定人(非占有型担保)。因此,为公示抵押权的设定,须采用登记制度,为了保持制度上的统一,原则上只以不动产为客体(当然,债权及其他财产权大多不会产生占有的问题,此时质权与抵押权没有什么本质差别。从这层意义上看,权利质权也有"非占有型担保"的性质)。

但是,以质权人占有标的物作为质权的本质要素会产生以下缺点:不能将债务人(物上保证人)作为生产手段的财产作为标的物(如果将工厂建筑物转移给债权人占有,工厂就无法继续生产了),而且也给质权人本身造成不便(银行如果接受田地的交付,事实上也无法耕种)。再者,质权通过占有标的物究竟能达到何种程度的公示,还存在很多疑问(参见→86页**)因此,在现代社会中,不动产质权的作用显著下降,*而且,像开头的例子那样"将宝石作为质物交付"的古典动产质权的作用也大不如前。**但是,(金钱)债权质权由于不会产生不方便转移占有的问题而被广泛运用,股票、公司债券等质权在金融实践中也发挥着重要作用。而且,动产所有权证券化,用证券质押动产的制度也很发达,在实践中被广泛运用。

> *平成27年,以土地和建筑物为客体的不动产质权的登记件数合计只有569件。与之相对,抵押权、最高额抵押权的登记件数则达到了1348657件。[1]
>
> **以前,民间金融的承担者是营业当铺,沿街行走就能看到很多当铺。然而,现在消费者、金融业者通过信用卡公司、信用公司发展贷款,大大减少了营业当铺的数量。根据当铺营业法2条1项许可的

---

[1] http://www.e-stat.go.jp/SG1/ESTAT/List.do?lid=000001153178.

件数从昭和 33 年的 21539 件一直减少到平成 27 年的 3034 件。[2]

(3) 下文将首先介绍动产和不动产质权（第 2 节），其次介绍权利质权（第 3 节）。

第 2 节 动产、不动产质权

1. 设定

(1) 设定契约

依债权人与债务人或第三人的合意而设定。债务人或第三人以自己所有的动产、不动产设定质权这一物权，因此被称为质权设定人；债权人取得设定的质权，因此被称为质权人。另外，代债务人以自己所有的标的物设定质权的第三人，被称为物上保证人。*

> *物上保证人　例如，为朋友的债务作担保，在自己所有的财产上设定质权，这个设定人就是物上保证人。虽然物上保证人多与债务人有委托契约，但并不以此为要件。物上保证人不对质权人负债务清偿义务，但债务人不履行债务时，实现质权就可导致其失去标的物的所有权。为了避免丧失所有权，物上保证人清偿了债务人债务时，根据保证债务的规定对债务人享有求偿权（民 351 条）。实现质权时亦如此。具体根据民 459 条—464 条（但不承认事前求偿权［判例[3]］)，还是 500 条—504 条，因有无委托而致求偿权的范围有所不同（详见债权总论）。

(2) 物的交付——物权的生效要件

将标的物交付于债权人是质权的生效要件（民 344 条）。因此，通说认为质权设定契约是要物契约，但标的物的交付不是契约的成立要件（或

---

〔2〕 警察庁生活安全局生活安全企画課『平成 27 年中における古物営業・質屋営業の概況』（2016）4 頁（http://www.npa.go.jp/safetylife/seianki/statistics/H27_kobutsu.pdf）。
〔3〕 最判平成 2・12・18 民集 44 巻 9 号 1686 頁。

设定契约本身的生效要件），只要有合意，质权设定契约就成立，因此质权人对质权设定人享有标的物交付请求权。[4] 而由于质权人的权利义务多与占有标的物密不可分，因此质权本身的生效与标的物的交付紧密相关。

此"交付"不得为占有改定（民183条），这是因为民345条规定设定人不得为占有代理人。可以通过简易交付（民182条2项）、指示交付转移占有（民184条）（关于后者，判例[5]），*但设定人不得继续使用标的物。**,*** 另外，根据"关于动产及债权转让对抗要件的民法特例等相关法律"的登记，只承认所有权的转移，不承认动产质权的设定。

* 关于不动产质权的立法争论　如前所述，必须将标的不动产转移给质权人占有的要件使不动产质权难以使用。但有人认为，租赁房屋等以收益为目的的不动产，在承租人的占有之下，建筑物所有人可以依指示转移占有，设定不动产质权，质权人可从房屋收益中优先受偿，考虑到这种使用形态，我们应该重新研究不动产质权的规律。[6] 我认为我们应该倾听这一意见。

** 严格以"交付"为效力要件的理由　学说上存在很大争议。以前的争议是围绕第三人如何得知质权的存在，即公示的问题。但由于不动产质权通过登记公示（→90页），没有必要为了公示而为交付，动产质权的确没有登记制度，但比质权更为强大的所有权都承认对抗第三人的"交付"要件（民178条）可以是占有改定（见物权法），再纠结于质权的公示问题也没有意义。因此，现在一般认为要贯彻质权的留置效力。

留置效力是为质权人利益而设，但矛盾的是，为此严格以"交付"为生效要件却给质权人造成不利。以本文前段的阐述为准。

---

〔4〕 参见铃木・325页，广中俊雄『物権法〔第2版〕』66页（青林書院，1982）。相同趣旨，山野目・262页，平野・担保物権160页，松岡・214页。
〔5〕 大判昭和9・6・2，上文注释5。
〔6〕 鈴木禄弥「不動産質制度再活用の立法論」同『物的担保制度の分化』534页以下（創文社，1992）。

*** **质权的顺位**　也存在设定二重质权的情况。例如，设定人就第三人持有的动产、不动产设定了二重质权，依次通过指示进行转移占有的情况。还包括以下情况，所有人 A 就已被质权人 B 现实占有的标的物为 C 设定质权，B 允许该物以后也可由 C 占有，即 B 与 C 共同占有的情况。

　　此时，在动产质权中，接受质权设定并先接受交付的质权人为先顺位质权人（民 355 条。条文上是"根据设定先后"，但由于交付后才生效，所以是以交付为时间点）。与此相对，在不动产质权中，依登记先后决定顺位（民 361 条→373 条）。与抵押权的顺位关系也依登记先后决定。但是，为使质权的登记有效，需要有效地设定质权。因此，在①B 未接受交付但登记，②C 接受了交付并登记，③之后 C 同意与 B 共同占有、B 接受交付的情况下，B 的登记是在③的时间点生效的，因此是 C 先取得有效的登记。虽然 B 的登记是在质权生效之前进行的，但是在③的时间点才生效（通说）。

(3) 效力存续要件

(A) 如果质权有效成立后还允许将标的物返还给设定人的话，就有违民 345 条的趣旨。所以通说将质权人继续占有标的物作为质权的存续要件。换句话说，如果将标的物返还给设定人，质权就此消灭。与之相对，判例[7]认为，在动产质权中对抗要件因返还而消灭（→90 页），而在不动产质权中返还对质权的效力没有任何影响，很多学说也赞成这一观点。[8] 从交付标的物是质权的生效要件来看，质权人因丧失占有而丧失质权人的权利和义务，但可依质权设定契约要求设定人返还。[9]

(B) 另外，不动产质权的存续期间不得超过 10 年，超过者缩短为 10 年（民 360 条 1 项）。由于质权人最终要将不动产返还给设定人，所以对

---

　　[7]　大判大正 5・12・25 民录 22 辑 2509 页。
　　[8]　林良平「質権設定と代理占有」同『金融法論集』137 頁（有信堂，1989），石田喜久夫執筆・注民(8) 259 頁，川井・282，294 頁，槙・88 頁，山野目・263 頁，安永・375 頁。但如果这样的话，质权人基于质权理应可以对侵夺动产质权标的物占有的人行使物权返还请求权，但这与民 353 条相矛盾（北川・243 页）。
　　[9]　参见内田・492 页，大村・27 页。

不动产常疏于管理，允许质权长期存在不利于社会经济（与民278条1项，580条1项趣旨相同[10]）。但这主要是考虑到农业用地问题，现在不宜作立法争论。[11]

未确定期间时，通说认为存续期间为10年。存续期间完结，质权消灭，原来的被担保债权成为无担保债权（判例[12]）。期间可以更新（民360条2项），但其顺位以更新之时为基点重新确定。

（4）标的物

原则上，设定人所有的全部动产及不动产均可成为质权的标的物，*但不包括以下几类：

第一，无法转让的物不能成为质权的标的物（民343条）。因为在质权的实现中会发生标的物所有权的转移。毒品等违禁物品即属于此类。民执131条中的禁止扣押财产不是无法转让的物，因此不在此列。

第二，特别法中禁止设定质权的物。动产中包括登记船舶（商850条）、制造中的船舶（商851条）、登记过的机动车（自抵20条）、航空器（航抵23条）和建设机械（建抵25条）。因存在抵押制度，应尽量使这些动产物尽其用，再者，如果允许在抵押权上再设定质权，将导致担保权优先顺位的错乱。[13] 另外，一定的林木[译者注1]、工场财团[译者注2]等在各法中被视为不动产的物也不能成为不动产质权的客体。特别法中也未作规定（例如，林木法14条4项）。还有既不能成为抵押权客体，又禁止设定质权的例子（小型船舶登记等相关法律26条）。[14]

此外，所有人以外的人冒充所有人设定质权时，可以通过适用民192条，或适用、类推适用民94条2项，使债权人取得质权。

---

[10] 梅·477—478页。
[11] 铃木·上文注释6，535页。相同趣旨，山野目·269页，松冈·216页。
[12] 大判大正6·9·19民录23辑1483页（旁论），大决大正7·1·18民录24辑1页。反对说，铃木·330页。
[13] 槇·89页。
[译者注1] 林木相关法律，以下简称"林木法"，林木法2条1项。
[译者注2] 工场抵押法，以下简称"工抵"，工抵14条1项。
[14] 山野目·266页。

* **以证券质押动产（商品）**[15]　随着动产所有权的证券化，通过交付证券进行动产质押的制度日趋发达。

仓储提单是仓库营业者受领货物的事实凭证，是向委托人或指定人交付委托保管物的有价证券（商 627 条），发出仓储提单之后，仅凭此提单的交付就能对委托保管物进行处分（商 627 条→604 条→573 条）。依质权设定契约向质权人交付此提单，就相当于交付了委托保管物，对委托保管物的质权设定随即生效（商 627 条→604 条→575 条）。

同样，船运货物提单是海上运输人接受运输物品或装船的事实凭证，是在指定港交付运输物品的有价证券，与仓储提单一样，交付此提单就相当于交付船运货物（商 573 条，575 条，584 条）。质权也可通过交付证券生效。

另外，在买卖契约（尤其是国际买卖契约）中，存在这种情况：即用船只运送买卖标的物的卖方，开出以买方（或其指定银行）为付款人，相当于买卖价款金额的汇票，在装船时将该汇票附于从海上运输人处取得的船运货物提单，在银行中取得贴现（称为押汇）。根据出示汇票而支付，卖方就能取得船运货物提单，并通过向海上运输人出示提单而取得买卖标的物。此时，船运货物提单所记载的货物就充当了汇票金额的担保。以前的判例[16]认为这种担保是动产质权，现在则认为是让与担保。

（5）被担保债权

将来债权和金钱债权以外的债权都可作为被担保债权，详情将在抵押权中进行说明（→128—131 页）。

担保不特定债权的最高额质权也是有效的。在不动产质权中准用最高额抵押权规定（民 361 条）的结果就是禁止总括最高额质权，需要设定极

---

[15] 参见江頭憲治郎『商取引法〔第 7 版〕』365—381 頁（弘文堂，2013），久保田隆執筆・平出慶道＝山本忠弘編『企業法概論Ⅱ』343—361 頁（青林書院，2003）。

[16] 大判明治 41・6・4 民录 14 辑 658 页，大判大正 9・3・29 民录 26 辑 411 页，大判昭和 7・10・10 法学 2 卷 613 页。

度额[17]（民 398 条之 2）。但在动产质权中，由于不必保护后顺位担保权人和设定人的利益，所以允许总括最高额质权，无须设定极度额。

（6）对抗要件

动产质权中，要求持续性占有标的物（民 352 条）。不允许设定人作占有代理人（民 345 条）。如前所述，持续性占有是质权的效力存续要件（→87 页），无须其他特定的对抗要件。

在不动产质权中，登记是对抗要件，无特殊规定均按一般原则处理。

2. 效力所及范围

（1）标的物的范围

（A）除了作为主标的物的动产和不动产，还包括附合于该动产、不动产的物，以及设定人一同交付的从物（民 242 条，243 条，87 条 2 项）。不动产质权准用民 361 条抵押权的规定，通说认为根据民 370 条（关于该条的趣旨、解释，见→140 页以下）确定范围。但该条以抵押的不动产未转移给抵押权人占有为前提（→139 页），就性质而言不应准用。

（B）民 350 条中准用民 304 条的结果是，质权人可以就"债务人因该标的物的出卖、租赁、灭失或损坏所应得到的金钱及其他物"和"就标的物设定物权的对价"行使物上代位权，准用的话必须改变质权的性质。物上代位制度的趣旨、"扣押"的意义等，详见抵押权的相应章节（→147 页以下），此处仅就下列若干问题作出阐述。

首先，应将"债务人"换为"所有人"，这与优先权的情况相同（→65 页）。

其次，有必要对允许物上代位的情形进行研究。

出卖标的物时，有对抗要件的质权能对抗第三人，可对标的物自身行使质权。因此，原则上不允许对买卖价款债权进行物上代位（→149 页）。在动产质权中，若质权人缺乏对第三人提起占有收回之诉的要件（→94 页），则允许其物上代位，但这只是极为特殊的情况。

---

[17] 参见铃木禄弥『根抵当法的の問題点』17—22 頁（有斐閣，1973）。

租赁时，对租金债权进行物上代位本不应成为问题。[18] 所有人不可能出租由质权人占有的标的物，但在所有人就正在出租的物设定质权，并依指示交付转移占有，从而满足质权生效要件时，则可能存在问题。此时，应认为质权人处于出租人的地位。于是，质权人对标的物出租于第三人时产生的租金等，在动产质权中会产生质权人从孳息中优先受偿的问题（→102 页），在不动产质权中则是使用收益权的问题（→95 页）。

对于"设定物权的对价"，由于地上权、永佃权和地役权均为不动产物权，所以不会在动产质权中出现问题。在不动产质权中，设定的物权也无法对抗拥有使用收益权的质权人（民 356 条），依特别约定（民 359 条）排除质权人使用收益权时，也不能对抗质权实现时的拍得人。质权人可无视该物权对标的物行使质权，因此应否定物上代位权（→150 页）。

因此，仅允许对"债务人因标的物的……灭失或损坏所应取得的金钱及其他物"进行物上代位。

(2) 优先受偿权的范围

（A）动产质权中，根据民 346 条，①以"本金、利息、违约金、实现质权的费用"、债务不履行所致损害赔偿，以及②保存质物的费用、"质物的隐蔽瑕疵所致损害赔偿"为被担保债权的，有优先受偿权。①中各费用是本来的被担保债权及其收回费用，②中的各费用则是从公平的角度考虑（这些费用也可成为留置权和动产保存优先权的被担保债权即说明了此点）。总之，较之抵押权（民 374 条），动产质权的优先受偿范围甚广。这是因为，动产质权中很少存在后顺位担保权人，其他债权人也不太会期待质权标的物是债务人的财产。

解释上应注意以下几点。

"实现质权的费用"是指进行简易清偿（民 354 条。→103 页）时的费用，拍卖时的拍卖费用应从拍卖价款中扣除（民执 194 条，42 条）。

"质物的隐蔽瑕疵所致损害"是指在质物交付时已尽到通常的注意义务但仍未发现的瑕疵所导致的损害。这并非因标的物自身价值低于预想价

---

[18] 参见柚木＝高木・107 页。

值所造成的损害，而是标的物给人或其他物造成的损害（例如，因作为质物的衣服掉色将其他物品染色所造成的损害）〔请注意，这与瑕疵担保责任（民570条）的损害是有区别的〕。

以上范围可通过特别约定加以变更（民346条但书）。虽然有很多学说认为不能比民346条规定的范围更大[19]，但无极度额的总括最高额质权都得到了承认（→90页），因此也不必有这种限制。

（B）不动产质权原则上也适用民346条。由于实现不动产质权只能依赖拍卖，所以"实现质权的费用"不会出现什么问题。另外，还要求登记利息、违约金、债务不履行所致损害赔偿的金额（不登95条1项2号，3号），但即使经过登记也仅限于最后两年的部分（民361条→374条）。对被担保债权的本金，优先受偿的范围也仅限于登记的金额。由于可能出现后顺位担保权人和第三人，因此需要作与抵押权相同的限制（→161—165页）。

然而，质物的保存费用和"质物的隐蔽瑕疵所致损害赔偿"也可能成为被担保债权。与利息等一样，后顺位担保权人等很难预想到这些费用，因此这可能会给他们带来不可预测的损害。但不管怎样这些费用能成为留置权和不动产保存优先权的被担保债权，从公平的角度出发可以使之优先受偿。

3. 实现前的效力

（1）标的物所有人的处分

拥有对抗要件的质权人可用质权对抗第三取得人，质权一旦实现，第三取得人就会丧失所有权。但在不动产质权中，准用抵押权的规定（民361条），赋予了第三取得人请求清偿价款和消灭担保权（民378条以下）的权利。此趣旨详见抵押权的相关章节（→167页以下）。

（2）质权人的处分

质权人占有标的物，因此在动产质权中，质权人可能将标的物冒充自

---

[19] 参见石田喜久夫执笔·注民（8）262页。

己所有之物向第三人为处分。保护第三人是即时取得（民378条以下）的问题。处分的内容包括转移所有权和设定质权。

质权人冒充所有人为第三人设定质权时，善意、无过失的第三人可以取得质权（请注意，这与后述的转质不同。→98页）。与之相对，当处分为转移所有权时，对处分人不是所有人这一情况是恶意或有过失的第三人，对于该动产，不能取得质权范围内的权利。因为一般认为不能脱离被担保债权而单独取得质权。

(3) 对侵害的效力

（A）债务人、所有人、第三人剥夺或妨害质权人对作为质权标的物的不动产的占有，质权人可根据质权行使物权请求权（民353条的反对解释）。

毫无疑问，动产质权人享有妨害排除请求权和妨害预防请求权。但民353条规定，动产质权人被剥夺质物占有时只能提起收回占有之诉（民200条）。与登记公示的不动产质权不同，动产质权一旦丧失占有就无法向第三人公示，也就丧失了强有力的效力。因此，标的物被骗取、遗失或落入对侵夺事实毫不知情的第三人手中时，无法请求返还[20]（参见物权法）。但是，质权人得以基于质权设定契约对设定人享有的交付请求权为被保全债权，代位行使设定人对第三人享有的返还请求权（民423条）。而且，提起收回占有之诉时，占有是继续性的（民203条但书）。

（B）债务人在标的物灭失、损坏时，可请求清偿被担保债权（参见民137条2号）。另外，非债务人亦非所有人的第三人灭失或损坏标的物时，质权人并不对不法行为人直接享有损害赔偿请求权，而是可对所有人享有的损害赔偿请求权进行物上代位（详见抵押权。→188页）。

作为例外，仅在不法行为人是并非债务人的所有人时，质权人才可以请求不法行为人支付标的物减少的价值额与该标的物实际担保的债权额两者中较小的一方。此时，对于已支付的赔偿额不法行为人可以就质权人对

---

[20] 反对，石川美明「動産質権の対抗力与と継続占有」中央学院9卷2号105—106页（1996）。

债务人享有的债权部分进行代位（类推适用民422条）。[21]

侵夺占有造成损害赔偿的，亦是如此。

另外，丧失期限利益和增加担保请求与抵押权相同（→191—192页）。

（4）留置性效力

（A）质权人可以留置全部质物直至被担保债权被全部清偿（民347条。民350条→296条）。*

质权人因留置标的物而享有与留置权人相同的费用偿还请求权（民350条→299条）（→35—36页），与留置权人负有相同的义务（民350条→298条）。换句话说，质权人对标的物的占有负有妥善管理的注意义务。未经设定人许可，质权人不得以保存以外的事项为目的使用标的物，如出租标的物、作为担保等。违反时，设定人可以请求消灭质权（详见→36—37页，42—43页）。上述内容完全适用于动产质权。

然而在不动产质权中，没有特别约定时（民359条），质权人享有标的物的使用和收益权（民356条）（担保不动产收益执行开始时，→97页）。换句话说，不动产质权人除了自己利用，还可以出租、设定限制物权（但是，这些权利随不动产质权的消灭而消灭）。另外，设定人将租赁中的标的物经指示交付转移占有出质时，出租人的地位转移给质权人（判例）[22]。但仅限于没有反对的情形[23]）。该规定的趣旨在于，与动产不同，利用不动产不太会产生损坏，不使用反而不利于国民经济发展。[24]

相应地，不动产质权人负担不动产的管理费用及其他费用（支付固定资产税及民286条的义务等）（民357条）。此外，原则上不得请求利息（民358条）。因为已将使用利益等同于管理费用等及利息之和（与民575条的趣旨相同）[25]，但允许设定特别约定（民359条）。

---

[21] 以上只讲了结论。详见道垣内・諸相50—55頁，60—62頁。
[22] 大判昭和9・6・2（上文注释5）。
[23] 参见中井美雄『担保物権法』80—81頁（青林書院，2000）。
[24] 梅・473—474頁。
[25] 也含有问题点，参见伊藤進『物の担保論』287頁以下（信山社，1994）。

*从这里可以看出，质权除了具有通过实现而强制性收回债权的功能之外，还具有通过债权人的占有留置标的物而间接地强制债务人清偿债务的效力（与留置权相同。→34页）。然而，过分强调心理上的清偿强制作用并不合适，因为不该在被担保债权清偿期到来之前就间接地强制履行，而清偿期到来之后债务人承受的心理压力，最终将归为对实现质权就会确定地剥夺标的物所有权的担心，这与抵押权的情况没有根本区别。

（B）被担保债权尚未消灭，所有人提起标的物返还诉讼时，作出驳回请求的判决（判例[26]、通说）。也有学说认为应该和留置权一样作出交换给付的判决[27]，但本人认为该问题应该从与旨在谋求公平的法定担保物权不同的角度进行考虑。

（C）质权标的物所有人的其他债权人扣押了标的物时会怎样呢？

动产质的情况下，作为直接占有人的质权人如果拒绝向执行法官提交标的动产，其他债权人不得扣押该标的动产（民执124条）。另外，质权人和设定人以外的人之间有代理占有关系，且后者为直接占有人时，即使在后者处扣押了标的物，作为间接占有人的质权人也可以向第三人提起异议之诉（民执38条），并由此排除扣押。然而，作为直接占有人的第三人自行向执行法官提交标的物，为先顺位的质权人（民355条。→87页***）、一定的优先权人（民334条，330条2项，329条2项但书。→76页，77—78页）等"享有"比该质权"优先的权利的债权人"进行扣押时，此时质权人不能依留置权能对抗这些扣押债权人（民347条但书），也不能提起第三人异议之诉。留置权是从公平出发的法定担保物权，因此事实上处于最优先顺位，作为约定担保物权的质权则要遵从实体法上的优先顺位。[28]

由于不动产是以所有权登记名义为基准实现扣押程序的，质权标的物所有人的其他债权人，能够为拍卖不动产质权的标的不动产而实现扣押。

---

[26] 大判大正9·3·29，上文注释16，（旁论）。
[27] 三藤邦彦执笔·判コン132页等。
[28] 梅·441—442页。

但是，处于最优先顺位且未规定不得进行使用收益的质权，并不因拍卖而灭失，如果拍卖中的买受人不清偿被担保债权，质权人可不交付标的物（民347条。民执59条2项、4项）。对标的不动产享有比该质权人更优先权利的人进行扣押时，不动产质权在拍卖程序中因标的物出卖而灭失，质权人在该程序内获得优先受偿（→104页）。

对不动产还存在以强制管理和担保不动产收益执行为目的的扣押。首先，即使标的不动产所有人的一般债权人开始强制管理，依据民347条质权人也享有留置权能，且可依该权能对抗不优于自己的债权人（同条但书的反对解释），强制管理程序中管理人不得请求质权人交付该不动产。这意味着管理人无法获得使用收益，此时应根据民执106条2项取消强制管理程序。因此，申请强制管理即被驳回。劣后于该质权人的优先权人、后顺位质权人和后顺位抵押权人申请担保不动产收益执行的情况亦如此。

与之相对，在第一顺位是抵押权，第二顺位是质权时，由于质权人的留置权能无法对抗第一顺位的抵押权人（民347条但书），一旦抵押权人开始担保不动产收益的执行，处于第二顺位的质权人就会丧失留置权能（民359条）。[29]

（D）留置质物也不妨碍被担保债权消灭时效的进行（民350→300条）。因为留置并不意味着行使债权的意思，质权人虽能够实现质权但没有实现（请与34—35页相比较）。

（5）转质

（A）质权人"在权利存续期间内，可自负责任对质物进行转质"（民348条）这被称为**转质**（设定转质权）。转质是质权人将其拥有的"质物"（限于质权权限范围内之物）这一财产权担保化的方法（质物出质）。但是，如果单纯地以质物出质，转质的效果不能及于原质权的被担保债权的话，原质权被担保债权的债务人清偿债务后，原质权就会消灭。于是，依存于原质权的转质权也随之消灭。因此转质权的效力十分不安定，而通过使转质权的效力也及于原质权的被担保债权（质物出质的附随效

---

[29] 以上，道垣内·諸相356—357页。

果[30]），原质权被担保债权的债务人也会受到一定的约束。*

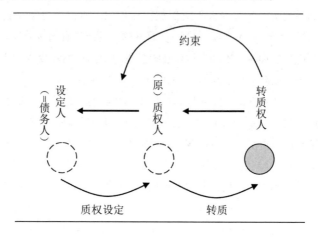

图 3-2

（B）转质基于原质权人与转质权人的合意进行，无须经过标的物所有人的同意。民 348 条中"质权人……自负责任"体现的就是这一趣旨。** "质物"再度出质以原质权人将标的物交付转质权人为生效要件。***

原质权为动产质权时，转质权人和就原质权取得与转质权人不相容的权利的人（同为转质权人）之间的顺位，依交付的先后确定。与此相对，不动产质权中，其他转质权人和承受不动产质权及其顺位的转让、放弃或变更的人之间的顺位，依备注登记的先后确定（民 361 条→376 条 2 项）（还有民 301 条→374 条 2 项）。但是，转质的备注登记仅在标的不动产交付转质权人时有效。设定登记的情形也一样（→87 页 ***）。

（C）原质权人不得消灭原质权，因为原质权是自行进行转质之基础。因此，不得放弃原质权，也不得代收、抵销、免除被担保债权。但原质权为不动产质权时，可以实现。转质权人在此程序中获得优先受偿（与转抵押的情形相同。→195—197 页）。原质权为动产质权时，仅在转质权人允

---

[30] 山野目・264 頁。

许扣押时，原质权才有可能实现（民执190条1项2号）。转质权人在该程序中"提交权利证明文书的，可以要求分配"（民执133条），并获得优先受偿。

（D）如前所述，转质对原质权被担保债权的债务人等也产生一定约束。这种效力的发生是为了对抗包括原质权被担保债权的债务人（第三债务人）在内的第三人，根据民467条的规定，设定转质权需要通知第三债务人或得到其允许。因对转质缺乏明文规定，应认为可类推适用民377条。[31]因此第三债务人不得自由消灭被担保债权，以使转质的安定性有所保障，详见转抵押权的说明（→194—195页）（另外，在原质权为最高额质权时，也可类推适用民398条之11第2项，不禁止第三债务人的清偿[32]）。

此外，第三债务人通过提存清偿时，转质权人必须将转质的标的物（原质权的标的物）返还所有人。此时，转质权只能存续于提存金返还请求权之上。仅剩有附随效果的部分。

（E）设定转质权无须经标的物所有人的同意。****但这样就使标的物所有人的意思与标的物占有的转移没有关系了，这样也违反了在民350条中准用298条2项的规定。标的物所有人的利益保护即成为问题。

例如，发生了地震，原质权人的住房安然无恙，转质权人的住房坍塌导致质物灭失、损坏，由于是原质权人将标的物转移给转质权人占有才导致损害的发生，因此即使起因是不可抗力，原质权人也有责任。这正与无须标的物所有人允许，即可将标的物转移给转质权人的规定相对应。民348条后段的规定体现了此意。但是，当原质权人、转质权人的住房在大地震中均损坏时，即使不将质物转移给转质权人占有，其也会因不可抗力而灭失、损坏，因此遵循一般原则，原质权人不负责任。

（F）实现转质权，不仅需要转质权被担保债权的清偿期到来，还需要原质权被担保债权的清偿期到来。因为转质权人就标的物取得的权利限于

---

[31] 松岡·233頁。
[32] 参见菅原胞治「有価証券の転担保·再担保取得上の問題点」金法1185号8頁（1988）。

原质权人的权利范围。

基于与原质权被担保债权内债务人的关系，实现转质权所得的价金用于清偿原质权的被担保债权。但由于原质权人是为担保其他债务才使转质权人取得自己的优先权利，实际上是在转质权被担保债权范围内分配给转质权人的，原质权人可从剩余部分中获得优先受偿。

＊**关于"转质"法律性质的讨论** 本文中阐述的观点是通说，认为民348条规定的转质是指将脱离被担保债权的质物再度出质，与质权附债权的出质是不同的制度（质物出质说）。这种观点的不足是，原质权的被担保债权自身无法成为转质权的客体，这对第三债务人很难产生本文所讲的那种约束。因此，有力说认为，转质是质权与被担保债权共同出质（共同出质说[33]）。但其不足在于与"就质物转质"这一表述不符。再者，如果将动产或不动产质权的被担保债权出质（债权质权），债权质权人在实现债权质权时即可行使动产或不动产质权（债权的从属性），共同出质的效果可依债权质权实现，民348条就丧失了独立意义。

因此，本人曾以共同出质说为基调，提出过如下想法：民348条是在质权附债权上设定质权时，关于原质权标的物的规定，不要将"转质"视为一种特别的担保形态。[34] 但现在要作出修改了：第一，不希望对转质的说明与后述的转抵押权（→192页）全然不同。第二，对质物出质说、共同出质说的批判并不是决定性的，正是这两种学说能够成立才让我认为民348条的条文应采用质物出质说。但在质权附债权上设定质权的情况，也应类推适用民348条。这就意味着，该条也是"在质权附债权上设定质权时，关于原质权标的物的规定"。

另外，认为对两学说的批判不具有决定性的理由如下：首先，在质物出质说中，也可如本文所述，将对原质权被担保债权的约束作为

---

[33] 柚木＝高木・114页，近江・97页，船越・88—89页等。
[34] 道垣内（旧）・77页。河上・91页，赞成此见解。

转质权设定的附随性效果。其次，共同出质说认为，依质物的转移设定质权使得债权质权的效力也及于被担保债权，于是质权因债权质权设定的附随性而服从于债权质权，转质是与之不同的制度。[35] 这样一来，在债权质权以外存在转质制度就变得有意义了。

** **"在其权利存续期间内"** 民348条规定，设定转质权时，需要满足"在其权利存续期间内"的要件。

以前，转质权的有效要件除此之外还有两个，分别是转质权的被担保债权额部超过原质权的被担保债权额，以及转质权被担保债权的清偿期比原质权被担保债权的清偿期提前到来。这两个要件的意义在于，如果债务人在原质权被担保债权的清偿期到来时，清偿了原质权的被担保债权，虽然质权应被消灭，但在较迟到来的转质权被担保债权清偿期到来时，如果不清偿较大的转质权被担保债权，就无法消灭质权，这是不恰当的。

然而，转质权人的权利理所当然要限于原质权范围内，因此即使转质权被担保债权超过原质权的被担保债权，转质权人优先受偿权的范围也限于原质权被担保债权以内，而且，即使转质权被担保债权的清偿期未到来，原质权的债务人、设定人也可在原质权被担保债权的清偿期到来时，通过提存原质权被担保债权来消灭质权。以上是转质的性质使然，所以现在一般都不再要求上述两个要件。

与之相对，大多认为"在其权利存续期间内"这一要件对于规定了存续期间的不动产质权有意义。但即使设定了超过原质权存续期间（民360条）的转质权，转质权也确如上述，会随着原质权的消灭而消灭。

*** **转质的合意** 转质是原质权人就其作为质物占有之物为转质权人设定质权的合意，一定要有以此为目的的合意。与此相对，动产质权人以质物冒充自己的所有物，并与债权人缔结质权设定契约时，涉及的是质权即时取得的问题（→89页），不成立转质权。

---

[35] 近江·97頁。

**** 这被称为**责任转质**，有标的物所有人许可时则被称为**承诺转质**。承诺转质的效力由契约约定，但标的物所有人大多成为物上保证人。

4. 实现

（1）质权人对质物享有先于其他债权人获得清偿的权利（民342条），应区分动产质权和不动产质权分别进行说明。

（2）动产质权

（A）准用留置权规定的结果是（民350条），质权人可用质物的孳息充抵被担保债权（民297条），以此为限优先受偿。这样规定的用意等请参见关于留置权的论述（→36页）。但由于产出孳息的时间不定，此时不要求被担保债权的清偿期到来。[36]

（B）质权人通过"向执行法官提交该动产"可以主动开始该动产的拍卖（民执190条1项1号）。另外，质权人自行向执行法官提交标的物或允许扣押时，标的物所有人的其他债权人也可扣押质物。在以此扣押开始的拍卖程序中，质权人提交质权存在的"证明文书"的，也可要求分配（民执133条）。

质权人在此拍卖程序中可优先受偿。质权人与标的物优先权人之间的顺位，以及设定二重质权时两质权之间的顺位，前面已作阐述（分别见，→76页，87页***）。另外，应在申请拍卖之时确定最高额动产质权的被担保债权。

（C）"有正当理由时"可以向裁判所请求根据鉴定人的评估直接以质物充抵清偿（**简易的清偿充抵**。民354条前段）。质物价格低于使用拍卖程序的费用等情形即在此列。被担保债权的清偿期到来后，以质物进行代位清偿（民482条）虽不妨碍当事人之间的合意（民349条的反对解释），但一般情况下动产标的物的价值较低，很有必要节约拍卖手续成本，所以即使没有合意，也可经裁判所许可采用简易的实现方法。

---

[36] 我妻·141页。反对意见，曾田厚执笔·大学双书67—68页。

但是，以这种方法实现优先受偿很可能损害债务人的利益，因此质权人必须将这一情况事先通知"债务人"（民354条后段）。条文中提到的虽是"债务人"，但也应通知质物的所有人。实际的程序遵照非讼事件程序法（83条之2→81条1项、2项）。该法还规定裁判所可在作出许可前讯问当事人。

(3) 不动产质权

（A）在不动产质权中，从条文形式上看，也是根据民350条准用297条，似乎可以从孳息中优先受偿。但是，不动产质权人原则上享有标的物的使用收益权（民356条），且该利益就有利息（民358条），因此不应认为是准用民297条。民297条以留置权人本来没有孳息收取权为前提（→38页）。不过，经特别约定排除使用收益权时（民359条），可以准用民297条。

（B）质权人可以向执行裁判所提交"与担保权登记（假登记除外）相关的登记事项证明书"，并自行开始标的物的拍卖（民执181条1项3号）。实现程序有担保不动产拍卖和担保不动产收益执行两种（民执180条）。简单地说，前者是出卖标的物，并从变价款中优先受偿；后者是裁判所选任管理人管理标的不动产，并从所得收益中优先受偿。两者在抵押权中都存在很多问题，各程序的具体内容将在下文详述（→196页以下，221页以下）。

其他担保权人开始担保不动产收益执行程序，或其他一般债权人开始强制管理程序（民执93条以下）时（与质权人留置权能的关系，→97页），不动产质权人可以在执行裁判所规定的期间内申请担保不动产收益执行以实现自己的不动产质权，获得分配（民执107条4项1号HA）。并不是有不动产质权的登记，就一定能获得分配。相反，其他债权人拍卖该不动产时，享有经过登记的质权的债权人可自动获得分配（民执87条1项4号）。但是，处于最优先顺位且无规定不许进行使用收益的质权，不会因其他债权人的拍卖而消灭，买受人不清偿完被担保债权就无法从质权人处获得标的物（民执59条2项，4项）。

在这些程序中，质权人得到优先受偿，其与标的物优先权人之间的顺位已在上文阐述过（→79—80页）。

另外，准用抵押权规定的结果（民361条）是，从不动产以外的质物中受偿会受到若干限制（民394条），此趣旨详见抵押权的章节（→204页）。此外，最高额不动产质权可准用民398条之2以下的规定。

（4）禁止流质

债务人陷入债务不履行时，质权人如果能一直占有标的物，标的物所有权就归属于自己，质权人就能简易地获得优先受偿。但民349条规定，如果依据质权设定时或设定后清偿期到来前缔结的契约，质权人可以取得质物的所有权作清偿（代物清偿，民482条）或不按法律规定的方法处分质物等，那么该约定无效。这被称为**流质契约禁止**。

由于设定人方面尤其是债务人，在获得融资方面处于弱势地位，所以很可能签订对己不利的契约，同意在债务不履行时将价值显著高于债务额的物品所有权直接转移给质权人。于是为了保护设定人一方，设置了禁止流质的条文。[37] 而等到融资完成，被担保债权清偿期到来后，设定人方面就没有什么压力了，设定这种契约也无妨。另外，在不以商人间那样的实力差别为前提，以及质权人是营业当铺或由行政监督保护设定人时，特别规定允许流质（商515条，[译者注3] 当铺1条，19条）。

（5）在破产程序中的效力

即使标的物所有人开始破产程序或民事再生程序，质权人也享有别除权（破2条9项，民再53条），得以在程序之外独立实现质权（参见破186条以下）。但在民事再生程序中，担保标的物是再生债务人继续事业所必不可少的物品时，再生债务人等可以请求许可消灭担保权（→45页**）。公司更生程序中，被担保债权成为更生担保权（公更2条10项）。但该财产为更生公司事业的再生所必需的物品时，依财产管理人申请，裁判所可以令财产管理人向裁判所缴纳相当于标的物价额的金钱，并决定许可消灭质权（公更104条1项）（→45页**）。

---

〔37〕高木·68页，平野·233页注（314）认为如果有关于清算的特别约定，流质契约也有效。

〔译者注3〕当铺营业法，以下简称"当铺"。

5. 消灭

（1）除了标的物的灭失、混同、质权的放弃等物权共通的消灭原因，质权也会因担保物权共通的原因消灭，典型如被担保债权的消灭（从属性）。但在后一情形中，因不可分性（民350条→296条），质权人可以对标的物的全部行使质权，直至被担保债权全部受偿为止。质权消灭，质权人负有将标的物返还设定人的义务。

（2）另外，还可因准用关于留置权的民298条3项（民350条）而消灭（→39页）。不动产质权中，存续期间是法定的（民360条），期间经过即消灭。准用抵押权的规定（民361条），也可因价款清偿（民377条）或担保权消灭请求（民378条以下）而消灭（→168页以下）。

（3）与此相对，即使转让被担保债权，质权也不会消灭，而是转移至新的债权人（伴随性）。当然，新债权人不取得质物的占有，质权就不会生效。[38] 此时，涉及不动产质权的话进行质权转移的备注登记（不登规3条5号）。

第3节 权利质权

1. 意义

质权不仅以有体物为标的，也可以"财产权"为标的（民362条）。但该财产权不包括动产、不动产的所有权，这实际就是动产质权、不动产质权本身。具体说来，金钱债权、租赁权、地上权、股权和知识产权等都能成为质权的客体。

民362条以下对债权质权作了几项特别规定，其余各种权利质权根据各自性质，准用质权总则及动产质权或不动产质权的规定。[39] 例如，在

---

[38] 石田（穣）·157页认为向新债权人交付质物违反旧债权人的质物保管义务（民350条→298条）。此观点虽然值得听取，但我认为这是质权设定契约解释的问题。

[39] 河上·100页提醒我们注意，是"准用"而不是"适用"。

以地上权为质权客体时，与不动产质权一样，存续期间为10年（民360条），作为地上权客体的不动产必须交予质权人（民344条），地上权人的使用收益权转给质权人（民356条）。另外，登记作为对抗要件（地上权登记的备注登记。不登规3条5号）。

还有以有价证券*、知识产权**、电话加入权为客体的质权，分别由商法和其他特别法予以规定（电话加入权由电话加入权质权相关临时特例法规定）。

下面，以民法规定的债权质权为中心进行说明。

  * **对有价证券设定质权** 此种质权因有价证券种类的不同而方法各异。下面介绍几种。

  首先，就股份公司股权设定的质权而言，股票交付质权人时质权成立（公司146条2项），以股票的持续性占有为第三人对抗要件（公司147条2项）。也可将质权人记录于股东名册中，以强化效力，但实务上几乎都不记载，通常都采用不记名的简易方式。与之相对，仅依当事人意思表示就非股份公司的股权设定质权时，在股东名册上记录是对抗包括股份公司在内的第三人的对抗要件（公司147条1项）。另外，基于公司债券、股权等过户相关的法律，通过转账至质权人账户的质权栏，即可对使用转账制度的股权发生设定质权的效力。[译者注4]

  票据方面，是通过在票据上背书"用于担保""用于质押"并将票据交付予质权人的方式，来设定质权，且能够对抗第三人[译者注5]。但现实中几乎不会这样背书（出质背书），而是采用不明示担保客体的一般背书转让方式。此时为让与担保（因此，也将作为让与担保在下文进行说明。→362—363页）。

  关于国债，国债债权人的权利是由账户管理机关、转账机关账户中记载的数值决定的，现实的国债债券已逐渐不复存在。无纸化国债

〔译者注4〕关于公司债券、股份等转账的法律，以下简称"公债股权转账"，公债股权转账141条。

〔译者注5〕票据法19条。

出质时与股票的保管转账一样，依加入者（国债债权人）的转账申请，账户管理机关、转账机关在质权人账户的质权栏中进行增额的记载，质权生效，且能够对抗第三人（公债股权转账99条）。

由于无记名公司债券被视为动产（民86条3项），所以与动产质权相同。[虽然债权法修改删除了民86条3项，但遵从有价证券的法理，证券的交付是设定质权的生效要件（改正案520条之20→520条之17→520条之13），具体没有变化。] 记名公司债券的出质以意思表示与债权的公布为生效要件（公司692条），为了对抗公司和其他第三人，还需要将质权人的姓名、住所记载于公司债券原簿，并将姓名记载于债券之中（公司693条1项）。公司债券也日趋无纸化，作为转账制度基础的转账公司债券，也和上述国债的规律相同（公债股权转账74条）。

** 对知识产权设定质权 [40]　专利法的前提是，能以专利权、专用实施权、通常实施权为客体设定质权。以专利权、专用实施权为客体的质权设定，必须经过专利厅的专利原簿登记才能生效[译者注6]。与之相对，以通常实施权为客体的质权中，登记为对抗要件（专利99条3项）。这是因为，专利权、专用实施权在性质上是可以向第三人主张的权利，因此对抗要件与效力要件难以分开，而通常实施权属于并不当然地对第三人发生效力的债权。具有标志性的是，除非通过契约特别约定，否则质权人不得实施该专利发明（专利95条）。原因是，一方面，专利权人自己比质权人更了解怎样适当开发该专利发明的经济价值；另一方面，对质权人来说，通过由专利权人转让这些权利或允许他人使用，质权人获得了在请求权上进行物上代位的权利，该权利就能得到保护（专利96条）。

但是，尚未接受专利权设定登记的"接受专利的权利"，不得成

---

[40] 参见小林久起「担保法制の視点からみた知的財産担保の検討課題」鎌田薫編『知的財産担保の理論実務』31—44頁（知的財産研究所，1997），田村善之『知的財産法〔第5版〕』345—346頁（有斐閣，2010）。

[译者注6] 专利法，以下简称"专利"，专利98条1项3号。

为质权的客体（专利33条1项、2项）。但由于并不禁止其转让，故而可以使用让与担保的方式。

以上规律与外观设计法、实用新型法、商标法、种苗法、半导体集成电路布图设计相关法律大致相同，与著作权、著作人邻接权也大多相通。

2. 设定

（1）设定契约、被担保债权

与动产质权、不动产质权相同（→85页以下）。[41]

（2）生效要件

债权不是有体物，所以无法实现债权本身的交付。即使有债权证书，交付证书一般也不是转移权利的必要条件。因此，不同于动产质权、不动产质权，物的交付并不是质权的生效要件＊。但是，有的债权在转让时也需要交付证书。在债权上设定权利通常需要交付证书。因此，就这种债权设定质权时，证书的交付就成为质权的生效要件（民363条＊＊）＊＊＊。

＊**以不动产租赁权（或相当于承租人的地位）为客体的质权**　判例认为，由于租赁不动产不是标的物，所以不需要将其占有转移给质权人。[42] 然而在以地上权为客体时，就很有必要转移不动产的占有。[43] 此时，向质权人转移占有相当于民612条中的转租，原则上需要得到出租人的允许。

＊＊＊**指名债权的质押**　指名债权是应向证券上记载的特定债权人或其指定人为清偿的证券性债权。有力说认为，在指名债权质押时，因其性质，对证券背书并交付证券是质权的生效要件。[另外，债权法修改删除了民363条，指名债权一词变为"指名证券"，明文规定必须背书、交付（改正案520条之7→520条之2）]。

---

[41] 在实务中经常用到最高额债权质权。是否确定极度额、总括最高额质权的有效性，参见田原睦夫『実務から見た担保法の諸問題』84頁以下（弘文堂，2014）。

[42] 大判昭和9・3・31新闻3685号7页。

[43] 我妻・184页，山野目・275页，松冈・218页。

*** 对电子记录债权设定质权[44] 电子记录债权是只有在电子债权记录机关制作的记录原簿中有记录才发生效力的债权。它独立于原因债权，由平成 19 年的电子记录债权法创设（虽然现在未施行，但一直施行到平成 20 年末）。该质权是通过在电子债权记录机关的记录原簿上进行质权设定记录[译者注7]的方式设定，推定被记录为质权人的人合法享有质权（同法 9 条 2 项，2 条 6 项）。因为记录本身是生效要件，所以没有对抗要件。另外，为明确效力内容，排除了民 362 条 2 项对动产质权、不动产质权规定的概括性准用，准用的民法规定另行列举（电子记录债权 36 条 2 项，3 项）。但是，电子记录债权在担保化过程中可能采用让与担保方式，电子债权记录机关遵照业务规程可以不进行质权设定记录，也可对该记录设置一定限制（同法 7 条 2 项）。

(3) 标的债权

债权一般都具有可转让性（民 466 条 1 项），因此能够成为质权的客体。*但是，法律上禁止提供担保的债权[译者注8]、性质上不具有可转让性的债权（例如，民 881 条）、附有禁止转让特别约定的债权（民 466 条 2 项）均不能成为质权的客体（民 343 条）。因为在实现质权时，该债权会从设定人处转移至第三人。但在依特别约定禁止转让的债权中，对特别约定不知情的善意质权人可依民 466 条 2 项但书的规定有效取得质权（判例[45]）。

将来的债权也具有可转让性，可以成为质权的客体［改正案 364 条中"以债权为客体设定质权（包含以尚未发生的债权为客体）"，明确了其有效性］。这一内容将在集合金钱债权的让与担保中进行详细说明（→ 355—356 页）。

---

[44] 参见青木则幸「質権」池田真朗ほか編『電子記録債権法の理論と実務（別冊金融・商事判例）』94 頁以下（2008）。
[译者注7] 电子记录债权法，以下简称"电子记录债权"，电子记录债权 36 条 1 项。
[译者注8] 恩给法 11 条 1 项。另参见该条但书。
[45] 大判大正 13・6・12 民集 3 卷 272 頁。

质权人也能以债务人的债权出质。银行对自家的存款人进行融资时，可以以该存款债权出质。[46] **

* **以债权额变动的债权为客体的质权** 就债权让与而言，只要债权的同一性能够特定，就可成为让与的对象，债权内容可以增减、变动。质权设定方面也同样如此，问题在于能否明确规定在何种债权上设定质权。例如，可以在以特定账户号码确定的普通存款债权上设定债权质权[47]（此时，从性质上看，质权设定契约是就设定人能否代收标的债权所达成的不同于原则的合意。→117页）。

** 但是，银行不是实现质权，而是计划以存款债权与贷款债权相抵销来收回债权，大多不具备设定质权的对抗要件。

(4) 对抗要件

(A) 具备对抗要件的方法因债权的种类而有所不同。

①指名债权　　（i）根据民364条，设定质权未通知第三债务人（作为质权标的的债权的债务人）或未经第三债务人同意的，该质权不得对抗第三债务人及其他第三人。首先，由于设定质权会对第三债务人产生约束（→117—118页以下），为使设定质权能对抗第三债务人，必须使第三债务人明确知道设定的事实。而且，因该债权的转让等加入利害关系的第三人，通常会确认债务人是否有债权和债权的归属，因而得以设定质权已通知第三债务人为由对抗这些第三人（与债权让与的对抗要件相同的理由）。

根据民467条的规定，必须有这一通知或同意。即设定人必须进行通知（同条1项）。必须由质权设定人发出通知，以确保通知的真实性（其他人有可能尚未取得权利，但发出虚假通知声称已经取得）。另外，必须有附确定日期的证书，才能对抗第三债务人以外的第三人（同条2项）。

第三债务人和质权人、质权设定人通谋，将质权设定或具备对抗要件的日

---

[46] 最判昭和40·10·7民集19卷7号1705页就是例子。
[47] 道垣内·诸相118页以下。另参见森田宏樹「普通預金の担保化・再論」道垣内弘人ほか編『信托取引と民法法理』299頁以下（有斐閣，2003），中田裕康「『口座』の担保化」金融法務研究会編『担保法制をめぐる諸問題』20頁以下（金融法務研究会事務局，2006）。

期提前的，即可能损害其他第三人的权利。*而且判例[48]认为，为对抗第三债务人以外的第三人，通知和同意中的质权人必须特定。从利害冲突上考虑，这样是很正确的。

另外，现在根据"关于动产及债权让与对抗要件的民法特例等相关法律"，在债权让与登记文件上登记也可具备对第三人的对抗要件[译者注9]。这点也可按债权让与担保处理，将在下文予以说明（→357页以下）。

与上述不同，有价证券化的指名债权，遵照特别的法理和规定（→107页*）。

（ii）关于上述通知和同意，通说认为也可类推适用民468条。[49]根据这一观点，在通知的情况下，第三债务人得以通知之前的抗辩事由对抗质权设定人，但不能主张通知之后产生的抗辩事由（民468条2项）（判例[50]）。在同意的情况下，同意是在异议未终止时作出的，作为不具有抗辩权的债权，需要服从质权的约束（同条1项）（判例[51]）。[52]

但是，第三债务人的异议未终止却作出同意时，由于质权人大多知道作为质权客体的债权的发生原因，因此其可以向质权人主张作为发生原因的契约通常产生的抗辩事由。[53]

此外，债权法的修正已经决定废止民468条2项。虽然第三债务人可能会对质权人作出放弃该抗辩事由的意思表示，但不应承认事前放弃和概括性放弃。

②指示债权　对证书进行质押背书为对抗要件（民365条），指示债

---

[48]　最判昭和58・6・30民集37卷5号835页。

[译者注9]　关于动产及债权让与对抗要件的民法特例等相关法律，以下简称"动产债权让与特"，动产债权让与14条。

[49]　我妻・185页，三藤邦彦执笔・判コン183页，川井・302页，平野・担保物权173页。

[50]　大判大正5・9・5民录22辑1670页。

[51]　大判昭和18・3・31新闻4844号4页。

[52]　反对意见，卷之内茂「保险契约と债权保全をめぐる諸問題（中）」金法1416号30页（1995）。没有明文规定要准用，而且，在设定质权时，第三债务人的债权人在通知、同意之后也还是前债权人（质权设定人），因此可对质权设定人主张的抗辩事由，当然可以继续主张，并不是类推适用。此意见值得听取。

[53]　关于此点参见道垣内・诸相100—105页。

第3章　质权　101

权的性质决定了可以从证书上判断出权利人是谁。

③无记名债权　根据民 86 条 3 项,无记名债权被视为动产,因此,证书的持续性占有为对抗要件。记名式持有人付债权(民 471 条)也是应由证书持有人清偿的债权,所以可与无记名债权作同样考虑(判例[54]),但这种事例并不多见。

[债权法修改时作了新规定,将指示债权、无记名债权、记名式持有人付债权,划分为作为指示证券的证券债权、记名式持有人付证券、其他记名证券和无记名证券。其中,对指示证券、记名式持有人付证券和无记名证券设定质权的,以证券的交付(指名证券还需要背书)为成立要件,也是对抗要件(改正案 520 条之 7→520 条之 2,520 条之 17→520 条之 13,520 条之 20→520 条之 17→520 条之 13)。另外,禁止背书票据等虽归为"其他记名证券",但也要求采取与一般债权(修改前的指名债权)相同的方法具备对抗要件。]

(B)指名债权质权的顺位按具备对抗要件时间的先后来确定。无记名债权质权作与动产质权相同的考虑即可(→87 页 ***)。

　　*另外,质权人对债务人的债权设定质权时,不会产生通知和同意的问题,但同样存在将具备对抗要件日期提前的风险,因此如果不将质权设定合意确定的日期记载于证书上,就不能对抗第三人(民 467 条 2 项的类推适用)。

3. 效力所及范围

(1)标的债权的范围

(A)首先,质押债权附有利息时,质权的效力及于利息债权(民 87 条 2 项的类推适用)(通说)。质权设定之后,实际产生的利息债权(作为支付权的利息债权)作为孳息处理(→102 页)。

标的债权在保证债务中被担保时,质权的效力及于标的债权,且不必对此具备独立的对抗要件。这归结于保证债务的伴随性。在质权、抵押权

---

[54] 大判大正 9·4·12 民录 26 辑 527 页。

中被担保时，债权质权的效力也及于标的债权。但是，关于动产、不动产质权，标的物必须转移给债权质权人占有（→106页）。关于不动产质权、抵押权，仅当质权、抵押权登记中有被担保债权质押的备注登记时（不登规3条5号），才能对抗接受不动产质权、抵押权处分的第三人。[55] 该第三人的权利内容依靠被担保债权而存在（→192页以下），在以被担保债权为客体的质权具备对抗要件的范围内，对接受不动产质权、抵押权处分的第三人而言，即使没有备注登记，债权质权的效力也能对抗该不动产质权、抵押权所涉及的内容。但是债权质权人为了实现该不动产质权、抵押权，有必要进行备注登记。相反，在留置权、优先权中被担保时，质权人并不当然取得这种权利（→42页，81—82页）。

即使标的债权在形式上转化为其他债权，只要未丧失实质的同一性，质权的效力就能及于新债权。标的债权因不履行而转化为损害赔偿债权时自不用说，就算更换为定期存款证书，也可视为延长当初存款契约的期限，质权的效力及于新债权（判例[56]）。对保险金请求权设定质权时，设定之后保险期间经过，又缔结同一内容的保险契约时，实质上不过是保险契约的继续，亦可作相同理解。

（B）还允许物上代位。但实际上，有价证券化的债权作为质权客体时，似乎仅限于第三人侵害标的债权时的损害赔偿债权，具体事例也不多。[57]

（2）优先受偿权的范围

与动产质权的相关阐述基本一致（→92页），但不会产生"质物的隐蔽瑕疵所致损害赔偿"（民346条）的问题。另外，"实现质权的费用"（同条）是从后述孳息中优先受偿以及直接代收标的债权（→118页）所需要的费用。

---

[55] 参见幾代通（德本伸一補訂）『不動産登記法〔第4版〕』296頁（有斐閣，1994）。
[56] 最判昭和40・10・7，上文注释46。
[57] 参见道垣内・諸相52—55頁。

4. 实现前的效力

（1）与第三受让人的关系

设定人在质权设定后仍可将标的债权转让给第三人。但质权人具备对抗要件时，会对受让人产生与设定人相同的约束。另外，虽然与设定人相对的债权人可以扣押标的债权取得转付命令，但质权仍继续存续（判例[58]）。

（2）对侵害的效力

就对标的债权的侵害而言，有的学说承认基于质权自身的妨害排除和妨害预防请求权。[59]但债权本身没有物权请求权，承认取得债权质权的人享有这种权利是不合逻辑的。与所谓债权侵害的问题（详见债权总论）一块考虑[60]，质权人不过是可以对一般由设定人享有的损害赔偿请求权进行物上代位（详见抵押权。→188页）。但以不动产出租权为标的债权时，质权人至少可以依据不动产的占有权行使妨害排除请求权。[61]［因债权法修改，已明文规定了不动产承租人的妨害排除请求权等（改正案605条之4）］。

（3）关于行使标的债权等的制约

在债权质权中，质权人对标的债权本身没有留置效力。但为了不给质权人造成不利，设定人和第三债务人在行使标的债权时要受到一些制约。也可以说这是对留置动产质权和不动产质权标的物的应对措施。

但是，在以不动产出租权为质权客体时，由于出租不动产转移给质权人占有（→109页**），是可以留置的，因此也不一定要留置质权客体本身，适用民356条至359条即可。

（A）设定人受到的制约　设定人负有为质权人维护标的债权的义务（判例[62]）。因此，不允许设定人放弃债权、免除债务或与其他债务相抵

---

[58] 最判平成12・4・7民集54卷4号1355页。
[59] 我妻・196页。
[60] 高木・88页。
[61] 道垣内・諸相53—55页。
[62] 最判平成18・12・21民集60卷10号3964页。

销，设定人实施的上述行为无法对抗质权人（判例[63]中有认为抵销无效的，理解为在设定人—第三债务人之间有效即可）。条文上的根据是类推适用民执 145 条 1 项。而且设定人不能代收债权，但为了消灭时效中断可以进行催告（参见民 153 条［改正案 150 条，147 条］），还可以提起债权存在确认之诉（判例[64]）。与其如此，还不如对质权人履行义务。判例[65]还认为，破产程序的开始会对质权人代收权的行使产生重大影响，因此质权设定人无权申请第三债务人破产。***

另外，关于债权让与在前面已经阐述过（→115 页）。

可以在质权设定契约中就设定人的代收权等单独达成合意。实际上，对普通存款债权（→110 页＊）和集合金钱债权设定债权质权时，很有必要采取这种措施。

　　＊债权质权的标的债权额为 1 亿日元，被担保债权本金额为 5000 万日元时，设定人能不能对差额的 5000 万日元进行代收、抵销呢？从不可分性（民 350 条→296 条）来看，应该不能。

　　＊＊作为标的债权发生原因的契约的解除[66]　　质权客体是已发生的债权，作为发生原因的契约不会受到制约，因此可以自由解除。事实上，在以继续性契约所生债权作为质权客体时，限制对作为债权发生原因之契约的解除，对质权设定人过于严酷（双务契约时，质权设定人也对该契约的另一方继续负有债务）。另外，比如受托人对委托契约所生报酬债权设定质权时，限制受托人解除契约的自由违反民 651 条 1 项的趣旨。而且，法定解除、约定解除和合意解除也存在区别（允许前者，不允许后者）。事实上，即使存在法定解除或约定解除的事由，也可通过合意解除来处理，法定解除或约定解除很难成为决定性的方法。包括合意解除在内的解除都有效，但该解除如果实质

---

［63］　大判大正 15・3・18 民集 5 卷 185 页。
［64］　大判昭和 5・6・27 民集 9 卷 619 页。
［65］　最判平成 11・4・16 民集 53 卷 4 号 740 页。
［66］　参见山本哲生「保険契約の合意解除」塩崎勤＝山下丈編『保険関係訴訟法』67 页以下（青林書院，2005）。

上相当于放弃债权或免除债务的话，该解除也一样不能对抗质权人。

另外，质权设定人因解除而对另一方当事人产生恢复原状请求权时，质权人可以对这些请求权进行物上代位权。

（B）第三债务人受到的制约　第三债务人即使向质权设定人、标的债权受让人进行了清偿，也不能对抗质权人（民481条的类推适用）。一方面的原因是，由于第三债务人已接到设定质权的通知或同意设定，承担这样的义务也不为过；另一方面的原因则是，如果同意第三债务人自由消灭标的债权，质权人将处于极不稳定的地位。

但是，不能让第三债务人承受在质权实现之前均无法免除债务的不利益，第三债务人可以通过提存清偿的标的物来免除债务。应该与民494条前段的"债权人无法受领……清偿时"一样［改正案494条1项2号］。

这种情形下，依照民366条3项，质权存在于该提存物（还付请求权）之上。民366条3项是关于以金钱债权为质权客体、质权人请求提存时的法条，但很难区分到底是第三债务人自行提存还是质权人请求提存，所以金钱债权以外的情况下利益状况也一样，一般都可适用该项。

第三债务人所为的抵销应以质权设定且具备对抗要件时为基准，与该债权被扣押的情况一样。因此，第三债务人在质权设定且具备对抗要件之后取得的对设定人的债权不能与标的债权相抵销（判例[67]）（民511条的类推适用）。如果之前所取得债权的清偿期在质权设定且具备对抗要件之前到来的话，当然可以抵销。对于清偿期未到的债权，则存在颇多争议（详见债权总论）。

（4）转质

转质的意义、效果等与动产质权、不动产质权相同（→98页以下）。但是，除了以转让时必须交付证书的债权为标的情况，转移占有都不成问题。

有价证券承诺转质的运用在实务中十分广泛。[68]

---

〔67〕 大判大正5·9·5民录22辑1670页。
〔68〕 参见谷啓輔「転質の本質と効力」金法1262号13页以下（1990）。

5. 实现[69]

（1）从孳息中优先受偿

根据民350条准用民297条的结果是，质权人得以标的债权的孳息充抵被担保债权。因此，标的债权为附利息债权，各期发生的利息债权与本金不同支付期限到来时，质权人可代收该利息债权充抵本金。被担保债权的清偿期未到来时，亦是如此（→102页）。

另外，以不动产出租权为标的债权时，与不动产质权的情况一样，并不准用民297条，而是依照民356条当然地享有该不动产的使用收益权（→103页）。

（2）标的债权的直接代收

（A）标的债权为金钱债权时，质权人得以被担保债权额相应部分为限，直接代收以充抵被担保债权（民366条1项，2项）。这一方面是因为，直接代收节省了时间和费用，对质权人很有利；另一方面是因为，代收的对象并非不动产等而是金钱债权时，金额很明确，不会对设定人造成不利。

但第三债务人很难得知被担保债权额究竟是多少，所以有时很难判断应该代收多少，因此应广泛允许第三债务人以债权人不明确知道［民494条后段（改正案494条2项）］为由进行清偿提存。

被担保债权的清偿期尚未到来、标的债权清偿期已到来时，质权人可以请求第三债务人提存清偿，此时质权继续存在于提存金（还付请求权）之上（民366条3项）。[70] 虽然没有必要使质权人提早收回债权，但提前确保第三债务人能够支付也是合理的。

标的债权不是金钱债权时，即使被担保债权清偿期未到来，质权人也可以代收债权，此时质权继续存在于第三债务人交付之物上（民366条4项）。这种情形下，是作为动产、不动产质权存续，质权人并不是要提早

---

[69] 关于实现最高额债权质权的问题点，参见田原·上文注释41。
[70] 直井義典「権利質の物上代位性について」香川32卷3=4号368页以下（2013）。

收回被担保债权，所以可不用提存。

（B）该代收权在标的债权被其他债权人扣押时也不受影响，而且即使第三债务人向扣押债权人进行了清偿，也不能对抗质权人。[71] 另外，扣押债权人接受标的债权的转付时，标的债权附带着质权一同转移至扣押债权人。[72] 所以，民执154条1项及167条之9第1项在债权扣押中未将质权人作为可以要求分配的债权人。这与受让人即使清偿了标的债权也不能对抗质权人（→117页）构成一种平衡，可以说是妥当的解决方式。

（C）保证债务、担保权对代收权有伴随性，包括债权质权效力所及的保证债务的履行、担保权的实现。例如，某抵押权被担保债权的质权人，根据本条，可以以与原抵押权人相同的地位来实现该抵押权。

（3）根据民事执行法实现

质权人也可根据民事执行法对标的债权采取担保权的实现程序（民执193条）。标的债权因附条件等导致代收困难时，虽然有直接代收权，但获得出卖命令（民执161条）等才有现实意义。[73]

（4）禁止流质

债权质权也准用民349条（根据民362条），禁止流质。与动产质权等相同，债务人也可能会以显著超过债务额的高价债权出质。

（5）在破产程序中的效力

与动产质权以及不动产质权相同（→105页）。

6. 消灭

当然，权利质权会因标的债权或被担保债权的消灭而消灭。其不可分性、伴随性与动产质权或不动产质权是一样的（→105—106页）。

以不动产出租权为标的债权时，债权质权还会因准用民298条（民350条）而消灭。

---

[71] 我妻·194页，柚木=高木·158页。

[72] 大判大正14·7·3民集4卷613页，最决平成12·4·7民集54卷4号1355页。

[73] 田中康久执笔·铃木忠一=三ヶ月章编『注解民事执行法（5）』172页（第一法规，1985）。

第 4 章

抵押权

第 1 节　序说

1. 作为非占有转移型担保的抵押权

抵押权与质权并列，是民法规定的约定担保物权之一。它与质权的本质不同在于标的物的占有无须从设定人转移至抵押权人。

如前章所述（→84 页），标的物的占有必须转移至质权人这一性质使质权在现代社会中成为一种不方便的担保方式。与之相对，抵押权可以让设定人继续使用标的物。因此，作为设定人生产工具的财产（工场、居住房屋）也可成为抵押权的客体。而且，抵押权人在抵押权实现之前也没有管理标的物的负担，一旦出现问题也可以确保优先受偿权。* 可以说，抵押权是现代社会中最为重要的担保制度（→84 页 *）。

但是，不转移担保标的物的占有这一性质引发了抵押权如何公示的问题。质权中标的物占有的转移可以起到一定程度的公示作用（但是，→86 页 **），但抵押权必须有一个转移占有之外且能完全公示的方法。能做到这些的就是登记制度，其实登记制度在历史上也是以公示抵押权为目的发展起来的并由此形成抵押权只能对某一财产设定登记制度的性质。民法典规定，抵押权的客体只能是不动产所有权、地上权或永佃权（民 369 条），动产、其他权利均不得设定抵押权。**

> *抵押权没有留置标的物的效力，与质权相比，这也许会让人产生抵押权的担保效力较弱的感觉。但是，前面章节已指出，本就不应强调质权的留置效力，质权中留置标的物反而会给债权人带来负担（→84 页，96 页 *）。

＊＊地役权也是可以登记的不动产物权，但由于其具有跟随所有权转移的性质（民281条），不能成为独立的担保客体。

2. 抵押制度的扩大

（1）民法典之所以将能够作为抵押权客体的财产限定为不动产所有权和地上权和永佃权，是因为它们能够依登记公示权利关系。那么，只要技术上依登记能公示权利关系，其他财产权也可成为抵押权的标的。而且，经济活动的发展也使其他财产权担保化成为必然，故而要通过调整登记制度扩大抵押权客体的范围。因此，在民法典之后又制定了多部特别法，分为下列三种类型：

第一，调整登记或登录制度，使部分动产也成为抵押权的客体。日本通过特别法允许在机动车、航空器、建设机械上设定抵押权，还允许在农业用动产上设定抵押权。

第二，针对本来与不动产成为一体但具有独立经济价值的财产设有单独的登记制度，可以单独设定抵押权。具体来说，根据《林木相关法律》允许将林木独立于土地作为抵押权的客体。

第三，动产、不动产以及其他权利形成一个财产集合体时，将其总体作为抵押权的客体。具体来说，有将属于工场的土地、建筑物的抵押权效力扩大到记载于特别目录上的机械、器具等的工场抵押法，以及以不动产、动产和出租权、知识产权等为抵押权客体的各种财团抵押法（工场财团、铁道财团、观光设施财团等）。鉴于企业的财产是通过持续性营业不断更新，且金钱债权等财产也具有重要价值，昭和33年创设了通过在股份公司登记簿上登记，将股份公司的全部资产综合起来作为担保权（企业担保权）客体的制度。

（2）经济的发展也促进了抵押制度所担保债权的发展。换句话说，民法典原本规定的抵押权是担保某特定债权的，其前提是金融交易为一次性的。但是，在现实交易中，比如在原料供给业者和加工品制造业者之间，连续性的业务非常多，债权债务关系也多是连续性地重复发生或消灭。此时，用一般抵押权来担保该债权恐怕就得反复地设定抵押权、登记、注销登记。于是需要一种制度，能够把将来要连续发生并消灭的债权综合为一个被担保债权，这就是最高额抵押权制度，在明治时代即通过判例法理确定下来，并于昭和46年在民法典中单独制定了条文。*

> *近代抵押权论* 现行制度中的抵押权只是担保债权的方法（保全抵押），有必要将其升至有独立价值的财产权（掌握标的物价值、成为金融媒介的权利），为此还存在一些制度改革的讨论。这就是所谓的近代抵押权论，也就是说：
>
> 抵押权是掌握不动产交换价值的，近代经济组织要求将交换价值独立于使用价值作为投资对象，亦即试图将与使用价值无关、仅掌握交换价值的抵押权独立于被担保债权而流通。因此，要像德国抵押制度那样，使抵押权的效力不受被担保债权不成立或抗辩权的影响（承认抵押权登记的公信力）。而且，必须建立这一制度：即便第一顺位抵押权的被担保债权被清偿，后顺位抵押权的顺位也不会上升，不动产所有人取得第一顺位的无被担保债权抵押权。所有人通过从融资人手中取得第一顺位抵押权，可以在将来以相同条件接受融资，也可以将抵押权转让给其他需要资金的人。与这一理想图景相比，日本的抵押权制度还完全附从于被担保债权，十分落后。[1]
>
> 但是，这种主张首先受到理论上的批判。上述投资抵押制度在德国的发展是由普鲁士资本主义发展过程的特殊性所决定的，而在现在资本主义发达的英国、法国并未出现由保全抵押向投资抵押发展的迹象。[2] 另外，在日本的经济情况下，实际上是否真的需要将抵押权独立于被担保债权进行流通，还有许多疑问。现阶段对（附抵押权的）债权还是有很大流通需求的，即所谓金融证券化的发展。
>
> 作为尝试，昭和6年制定了抵押证券法。该法旨在救济在当时的金融危机中背负很多不良债权的地方银行，但该法未达到目的，后来几乎被弃置。近年来，抵押证券法对其中几处不完备条款进行了修

---

[1] 我妻荣『近代法における債権の優越的地位』83—114頁（有斐閣，1953）。一般关于近代抵押论，参见松井宏興『抵当制度の基礎理論』（法律文化社，1997）。

[2] 鈴木禄弥『抵当制度の研究』3頁以下（一粒社，1968）。

改,将住宅贷款等附抵押权债权分为几种,分别予以抵押证券化,这种证券的买卖在众多投资者中很是兴盛。[3] 之后,随着不动产市场的低迷和金融商品的多样化,抵押证券的买卖额也急速下降(抵押证券业者的数目也由平成3年的175家下降到平成19年3月的6家,之后为0家)。最近,不通过抵押证券,而是将附担保债权证券化,并分售给广大投资人,已成为企业重要的资金筹措方法。[4]

3. 叙述顺序

从前面的阐述可以看出,抵押权原本是以特定债权为被担保债权,并以特定的不动产所有权、地上权以及永佃权为客体,这是一般抵押权,或称为单纯抵押权。从第2节开始讲一般抵押权,第7节讲被担保债权具有特殊性的最高额抵押权,第8节讲客体扩大的特别法上的抵押权。

第2节 意义、设定

1. 意义

抵押权(一般抵押权)是债务人或第三人(物上保证人)提供一定的不动产以担保债务,但不向债权人转移占有,债权人得就该不动产优先收回自己债权的权利(民369条1项)。不仅是不动产(即不动产所有权),地上权和永佃权也可以成为抵押权的客体,法律关系相同*(同条2项)。

> *以地上权或永佃权为客体的情况很少,下文原则上只讲以不动产(所有权)为客体的抵押权。

---

〔3〕 参见上原由起夫「抵当証券の理論と現状」星野英一ほか編『担保法の・代的諸問題(別冊NBL10号)』37頁以下(商事法務研究会,1983)。

〔4〕 例如,参见大垣尚司『ストラクチャード・ファイナンス入門』(日本経済新聞社,1997)。

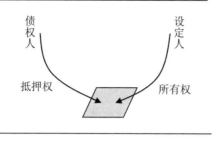

图 4-1

2. 设定契约

（1）抵押权是依债权人（**抵押权人**）与债务人或第三人（**抵押权设定人**）之间的契约而设定的。该契约为诺成、不要式契约，与质权不同，不以交付为生效要件。

第三人以自己所有的财产设定抵押权时，被称为物上保证人，其地位与设定质权时相同（→85 页）。

（2）当然，设定人必须对标的物有处分权限，抵押权才能成立（表见代理，民 94 条 2 项的适用等是其他问题）。有力说更进一步，认为抵押权设定契约是物权契约，甚至质疑契约本身应设定人无处分权限时的有效性。[5] 但承担着设定抵押权任务的契约是有效的，设定人承担不履行设定契约债务的责任，这样理解比较合理。当然也可以对将来应取得的标的物缔结附停止条件的抵押权设定契约（判例[6]、通说），但不论是否明确设定停止条件，契约都有效，应理解为抵押权因设定人取得处分权限而当然成立。[7]

3. 标的物

可以成为抵押权标的物的是不动产（所有权）、地上权和永佃权（参

---

[5] 柚木＝高木・223 页。
[6] 大决大正 4・10・23 民录 21 辑 1755 页（理由不明）。
[7] 详见道垣内・诸相 145—152 页。相同趣旨，石田（穰）・278 页，松冈・19 页。

见民369条），但关于登记可能性、设定契约性质的争议和标的财产权的特殊性这三点，有时会产生一些问题。*

还可能出现在已设定抵押权的标的物上重复设定抵押权的情况。多个抵押权之间的顺位原则上以登记的先后顺序决定（→133页）。另外，还存在为担保同一债权而在多个不动产上设定抵押权的情况，称为共同抵押权。** 这尤其在抵押权实现时会产生特殊问题（→205页以下）。

*（i）登记可能性引发问题的情况

即使现在无法进行抵押权设定登记，如果通过在不动产表示变更登记上变更该不动产相关的登记情况，就有登记的可能，可以认为抵押权现在就成立。因为这与民法将抵押权客体限定于具有登记可能性财产的趣旨并不冲突。

①一块土地空间的一部分。可以设定抵押权，进行分割登记（不登39条）后，再进行抵押权设定登记。

②一座建筑物空间的一部分。例如，将主要建筑物作为"一座建筑物"登记的仓库，其他独立的建筑物也可作登记，此时只能以该仓库为客体设定抵押权。实际登记时必须采用分割登记手续的方法（不登54条1项1号）。另外，登记为一栋的建筑物，可以对能够区分所有权的对象（如出租公寓中的一户）设定抵押权，先进行建筑物区分登记，再进行抵押权设定登记（同项2号）。相反，不能进行分割或区分登记的，则不能设定抵押权。

③土地或建筑物量的一部分。例如，能否以某土地所有权的三分之一为客体设定抵押权呢？现行法上没有这种登记手续，现在的登记实务也不允许[8]，但认为可以的学说也十分有力[9]。该有力说认为，设定人在共有份额上设定抵押权后又取得其他共有人份额的，没有问题，但根据民179条1项但书的规定，这种情况下并不发生共有

---

[8] 昭和35·6·1民事甲1340号民事局長通達·先例集追Ⅲ187頁。
[9] 高木多喜男「先例解説」幾代通こか編『不動産登記先例百選〔第2版〕』85頁（有斐閣，1982）。相同趣旨，柚木＝高木·225頁，川井·314頁，槇·138頁等。

份额的融合[10]，因此不能相提并论。应该说，没有登记可能性就不能设定抵押权。

(ii) 设定契约的性质引发问题的情况

如果对未完成的建筑物缔结抵押权设定契约又会怎样呢？登记实务[11]否认在建筑物未完成时所缔结设定契约的效力，要求在建筑物完成时重新缔结（要求提交建筑物完成之后日期的契约书）。如果认为设定契约为物权契约，则可以支持实务的做法，但不必这样理解的原因在 2（2）中已经阐述过。建筑物完成后，抵押权设定的效力当然发生。为了在该建筑物的建筑资金融资时取得担保，该效力在实务上很有必要。

设定人对尚未取得的特定不动产缔结抵押权设定契约时，也可作同样理解。

(iii) 标的财产权的性质引发问题的情况

可以在一般共有中对各共有人的份额设定抵押权。但是，由于共同所有的形态不同，有的也不允许对份额设定抵押权。首先，就区分所有建筑物中共用部分的份额、建设用地所有权的份额而言，因其不能与专有部分分开处分（建筑物区分15条2项，22条1项），不能仅对这些份额设定抵押权。这是为了防止法律关系过于复杂化。

其次，由于有必要维持组合财产，即便有其他成员的同意，对构成组合财产的各个不动产的份额的处分也被视为无效[12]（民676条1项）。如果以此为前提，抵押权设定最终也是通过处分标的物来实现，所以也不应允许设定（通说）。判例[13]就是根据矿业法43条5项，以共同矿业者之间在法律上当然地形成组合关系为由，作出了不能对共同矿业权设定抵押权的判决。可谓趣旨相同。

---

[10] 幾代通「判批」判コン282号70頁（1972）。
[11] 昭和37・12・28民事甲3727号民事局長回答・先例集追Ⅲ1128頁。
[12] 大判大正2・6・28民録19輯573頁。另外，参见我妻荣『債権各論中卷2（民法講義 V₂）』805頁（岩波書店，1962），星野英一『民法概論Ⅳ〔合本新訂〕』306頁等（良書普及会，1986）。
[13] 最判昭和37・6・22民集16卷7号1389頁。

共同抵押权的目的　整理为以下四个目的[14]：第一，在一个标的物不足以担保价值时，将多个标的物的价值叠加共同担保（加法机能）。第二，防止标的物的价值因灭失等下降（危险分散机能）。第三，可在多个担保中选择容易实现的（例如没有承租人）实现（实现容易化机能）。第四，土地和建筑物或相邻两块土地中的一块单独变价遇到困难时，可以作为一体实现抵押权（一体性确保机能）。可出于上述一个或多个目的而设定抵押权。

4. 被担保债权

（1）抵押权最终要从标的物的处分价款或收益中获得优先受偿，基本以金钱债权为被担保债权。金钱债权以外的债权在债务人不履行时也可转化为损害赔偿债权，成为金钱债权，因此也可成为被担保债权（参见不登83条1项1号括号内部分）。

（2）一个债权的一部分，比如债权额为1亿日元的金钱债权中的5000万日元，也可以成为被担保债权（部分抵押*），相反，如果债权人为一人，也可以将对一个或数个债务人的数个债权作为被担保债权，设定一个抵押权（一人的例子是判例[15]，数人的例子是登记实务[16]）。** 因为这两种情况都不会在登记可能性和实现方面发生问题。与之相对，不能对多个债权人独立享有的数个债权设定一个抵押权（登记实务[17]），理由是不能就他人的债权作抵押权人[18]***，但各债权人取得的是担保自己债权的准共有（民264条）的抵押权，在理论上允许这种做法也无妨（通说）。虽然会在数家银行依协定对一个债务人融资时（协调融资）成为问题，但实务上会采用为各银行设定同一顺位抵押权的方式。

---

[14]　清水誠「共同抵当序説」加藤一郎＝林良平編代『担保法大系（1）』600—602頁（金融財政事情研究会，1984）。
[15]　最判昭和33・5・9民集12巻7号989頁。
[16]　昭和37・7・6民事三発646号民事局第三課長回答・先例集追Ⅲ914頁。
[17]　昭和35・12・27民事甲3280号民事局長通達・先例集追Ⅲ419頁。
[18]　香川・42—43頁。

*另外，必须区分这里所说的部分抵押和下列情况：虽是以债权额 1 亿日元的金钱债权为被担保债权设定抵押权，但却将被担保债权额登记为 5000 万日元。前者中，债务人支付 5000 万日元就能消灭抵押（→234 页）；而后者中，债务人必须支付 1 亿日元才能消灭抵押权。

有数个被担保债权时的法律关系 例如，以一个债权人对一个债务人享有的数个债权为抵押权的被担保债权时，其中一个债权的保证人清偿了全部债务时，判例[19]的观点是，该保证人可对该抵押权中已清偿的被担保债权进行代位，也就是在抵押权实现程序中与抵押权人按债权额比例获得清偿。这与第三人清偿了整个被担保债权一部分时（→235 页）的处理不同，这与被担保债权为数个时不是将其合为一体作为抵押权的被担保债权，而是分别作为被担保债权设定数个同顺位的抵押权，形成的法律关系相同。

***与抵押信托的关系（→10 页）** 一般情况下，不能为他人的债权作抵押权人。民 369 条中"抵押权人……有权接受自己债权的清偿"的规定也是以此为前提。但是，只要抵押权人实现抵押权收回的金额能够用于被担保债权的清偿，就算抵押权归于债权人以外的人也无所谓。这一计划可以通过信托来实现（参见信托 3 条 1 号，2 号），应该说这并不违背民法的原则。另外，即使可承认抵押信托的有效性，也不能承认无被担保债权的抵押权。

(3)（一般）抵押权是担保特定债权人的，不具有独立于被担保债权的经济价值。从民 369 条 1 项的用词（"提供债务担保"）也可以看出这一点。

(A) 因此，没有被担保债权的抵押权设定无效，作为被担保债权发生基础的契约无效导致债权不发生时，抵押权也无效。而且，有效成立的债权因基础契约被撤销而溯及性地消灭时，抵押权也溯及性地消灭。

---

[19] 最判平成 17・1・27 民集 59 卷 1 号 200 页。

但是，判例[20]在对劳动金库标的之外的编外贷款债权设定抵押权的案件中，认为虽然贷款本身无效（民34条），但贷款取得人主张抵押权或其实现程序无效违反诚实信用原则，故不予准许。相反，学说上还有一种有力观点认为，因设定契约中作为被担保债权的债权无效或溯及性地消灭而产生新债权（此处为不当得利请求权）时，抵押权作为新债权的担保而存续。[21] 一方面，不这样理解将严重损害抵押权人的期待；另一方面，这样理解也不会损害债务人和其他债权人的利益。[22] 但是，基于债权人欺诈行为而缔结金钱消费借贷契约时，保护债权人的必要性降低，设定人如果是物上保证人，还必须考虑他的期待。不能一味地承认抵押权的有效性，而是要区分具体情况，笔者认为，判例中认定主张抵押权无效违反诚实信用原则的做法是合理的（修改了旧说）。[23]

（B）另外，由于存在作为债权发生基础的具体法律关系，抵押权不具有独立于被担保债权的经济价值，因此可以就将来的债权和附条件的债权设定抵押权。不登88条1项3号规定（"债权附条件时"）的前提也是以附条件债权为被担保债权的抵押权有效，判例[24]也承认保证人可为担保将来取得的求偿权成立抵押权（实务中非常多）。

尚未支付金钱时，以消费借贷契约所生贷款债权为被担保债权，缔结抵押权设定契约的情况中，存在若干问题。民587条规定，消费借贷契约

---

[20] 最判昭和44・7・4民集23卷8号1347頁。另外，在抵押权设定登记未完成时，即使债权人请求设定人以"基于金钱消费借贷契约的贷款债权"为被担保债权进行抵押权设定登记，由于该消费借贷契约无效，请求也会被驳回。最判昭和41・4・26民集20卷4号849頁是这样作出的判决，船越・137頁的评价欠妥。

[21] 星野英一『民事判例研究第2卷1総則・物権』37—39頁（有斐閣，1971），高木・112頁，道垣内（旧）・101—102頁，内田・392頁，松井・25頁，高橋・98頁，平野・担保物権28頁等。

[22] 星野・上文注释21。

[23] 相同趣旨，安永・250頁注（7），平野・36頁注（60），松岡・25頁。还有认为不考虑诚实信用原则是不是哪个当事人存在无效、撤销的原因，参见長谷川隆「被担保債権無効・取消の場合における人的・物的担保の効力に関する一考察（4・完）」金沢56卷1号25頁以下（2013）。另外，关于抵押权设定契约的部分撤销，参见道垣内弘人「一部の追認・一部の取消」星野英一古稀『日本民法学の形成と課題（上）』322頁（有斐閣，1996）。

[24] 大判昭和14・5・5新聞4437号9頁，最判昭和33・5・9，上文注释15。

是要物契约（"受领金钱或其他物才发生效力"），但设定抵押权时，债权甚至连作为基础的契约都尚不存在。不过，现在至少几乎都承认对附利息的消费借贷契约可依当事人合意成立诺成性消费借贷契约。[25] 因此，债权至少已经附条件发生，抵押权也有效成立。虽然判例[26]中的理论结构不太清晰，但也认为抵押权有效成立［另，因债权法修改，已规定书面的消费借贷契约为诺成契约（改正案587条之2第1项）］。

5. 对抗要件

（1）趣旨

抵押权的设定不经登记不得对抗第三人。这是民177条的一般原则。未经登记的抵押权无法对抗其他债权人，所以抵押权人无法获得优先受偿权，也劣后于第三人之后取得的其他抵押权和用益权。＊虽然可基于未登记抵押权开始抵押权实现程序（参见民执181条1项1号，2号），但由于没有优先受偿权，意义不大。

表4-1　［权利部（乙区）］（所有权以外的权利相关事项）

顺位号码	登记目的	受理年月日、受理号码	原因	权利人其他事项	
1	抵押权设定	平成20年2月1日受理第2002号	平成20年1月31日金钱消费贷款同日设定	债权额 利息 损害金 债务人 抵押权人	金3000万日元 年5.2% 年14.5% 丙山市富町一丁目13番24号S川S子 丙山市富町六丁目7番 股份公司A银行 （经办店西口支店）

---

［25］参见広中俊雄執筆・幾代通＝広中俊雄编『新版注释民法（15）』12页以下（有斐阁，1989）。

［26］大判昭和5・11・19大审院判例4卷民法111页，大判昭和6・2・27新闻3246号13页等。

（续表）

顺位号码	登记目的	受理年月日、受理号码	原因	权利人其他事项
2	抵押权设定	平成22年6月14日受理第6074号	平成22年6月11日金钱消费贷款同日设定	债权额　金2000万日元 利息　　年9.0% 损害金　年15.0% 债务人　丙山市富町一丁目13番24号S川S子 抵押权人　甲川市港中町三丁目9番B野B夫
3	抵押权设定	平成23年10月31日受理第11952号	平成23年10月24日金钱消费贷款同日设定	债权额　金2000万日元 利息　　年8.0% 损害金　年14.0% 债务人　乙岛市光町七丁目9番T山T夫 抵押权人乙岛市站元町一丁目7番C河C助

***要求登记的趣旨**　首先，正如民177条对一般情况的规定，是为了促进交易安全和以惩罚登记的欠缺来促进登记。但是，在权利尤其是抵押权中，从保护设定人利益的角度考虑问题变得尤为重要，即通过登记来公示抵押权的存在和内容，例如重新进行信用供给的第三人能得知存在优先于自己的抵押权人及其优先受偿的额度。然后，如果标的物价值还有剩余，就得以其为担保进行信用供给。然而，假如没有公示，第三人就不能安心地取得担保，因此也就无法接受新的信用供给。买卖附抵押权的不动产时也是一样，正因为公示了抵押权的存在和内容，受让人才得以预测该不动产的价值。

(2) 抵押权的顺位

(A) 之前已经讲过可以对同一标的物设定数个抵押权（→126页），这些抵押权之间的顺位也是由登记先后决定（民373条）。此时，最先登记的为第一顺位抵押权人，其次为第二顺位抵押权人，之后依次为第三顺位、第四顺位抵押权人。在实现抵押权进行拍卖时，该变价款应首先分配给第一顺位抵押权人充抵被担保债权，有剩余的话再分配给第二顺位抵押权人，再有剩余再分配给第三、第四顺位抵押权人。相反，在实现抵押权执行担保不动产收益时，先顺位的抵押权人并不当然获得分配，这将在下文予以详细阐述（→230页）。

另外，在多家金融机关共同进行融资时，也会出现存在数个同顺位抵押权的情况（不登19条3项后段）（→129页）。

（B）先顺位抵押权消灭后，后顺位抵押权的顺位当然上升（→123页＊）。

（C）但是，根据各抵押权人的合意以及利害关系人的同意，可以通过顺位变更的登记来变更由登记先后确定的抵押权顺位（民374条）。例如，甲不动产之上存在第一顺位A、第二顺位B、第三顺位C、第四顺位D的各抵押权人时，可变为C、B、A、D的顺位。按下列程序进行（假设对A的抵押权还存在转抵押权人E）。

①首先，要有因顺位变更所生及受影响的各抵押权之权利人全体合意（同条1项原文）。上例中需要有A、B、C三人的合意。由于D的地位在变更前后均劣后于其他三人，因此不需要D的合意。＊

②其次，要有利害关系人对顺位变更的同意（同项但书）。所谓利害关系人是指享有因顺位变更所生及受到影响的抵押权的权利人，上例中的E即属于此类。＊＊E在A的优先受偿权范围内享有获得优先受偿的权利（→197页），如果不经E同意，则E可能遭受由A的权利变更带来的不可预测的损害。

③在顺位变更中，变更登记为效力要件（同条2项），这是为了避免法律关系的复杂化。

　　＊不难想象，如果A、C的被担保债权额相同或C的较少，B不会遭受损失，但因为A、C各自有无其他担保等情况不同，所以不一定会这样，通常还需要处于中间位置的B的合意。

　　＊＊**其他同意权人**[27]　A、B、C抵押权被担保债权的质权人、被

---

〔27〕　详见铃木禄弥『根抵当法概说〔第3版〕』252—262页（新日本法规，1998）。

担保债权的扣押权人即属于此类。另外，例如 A 对乙不动产也享有共同抵押权，乙不动产之上还存在后顺位抵押权人 F，此时 A 从甲不动产上获得多少清偿，关系到 F 的利益（→205 页以下），故也需要 F 的同意［但是，由于没有共同抵押权登记、代位备注登记（民 393 条）的假登记，F 不知 A 的抵押权为共同抵押权时，不在此限］。相反，上例中 E 对 C 的抵押权享有转抵押权时，由于 E 只受益，所以无须 E 的同意。另外，由于设定人必须承受全部抵押权，债务人必须支付全部债务，因此其不在利害关系人中。再者，顺位变更的效力不及于甲不动产上的用益权人、扣押债权人等，也无须这些人作出同意的表示。

（3）登记事项，登记与实际不一致

（A）具体登记事项中必须记载的事项：

①抵押权人（不登 59 条 4 号）

②登记原因（同条 3 号）

③被担保债权额（同法 83 条 1 项 1 号）

④债务人的表示（同项 2 号）

存在各种合意时还需要记载的事项：

⑤关于利息的合意内容（存在合意时几乎都有此项）

⑥关于债务不履行时损害赔偿的合意内容

⑦债权附随条件的内容

⑧民 370 条但书相关合意内容（关于抵押权效力所及物的范围的特别约定）（以上，不登 88 条 1 项 1 号—4 号）

要求记载各事项的理由及其具体记载方法须根据将登记作为抵押权对抗要件的趣旨来理解。

（a）首先，如果不清楚抵押权担保哪个债权，第三人就无法确定剩余债权额，甚至都无法判断登记是否为担保其他债权的抵押权而继续沿用。因此，为确定被担保债权，需要记载①、②、④。关于②的记载内容，登记实务要求采用"关于平成某年某月某日金钱消费借贷的同年某月某日抵押权设定契约"的记载方式,以将被担保债权完全加以特定。[28] 另外,⑦对第三人确认条件成就也有意义,可以记载于此。③的主要功能为(b),但也兼具此功能。

(b) 其次,如果在实现抵押权时不清楚向抵押权人优先清偿的数额,第三人就无法判断标的物的剩余价值,于是③、⑤、⑥成为登记事项。关于⑤、⑥,由于无法从登记中得知清偿期(清偿期届满后发生利息,债务不履行的话发生损害赔偿金),所以被认为信息不足。*但是,由于根据民375条,利息、损害赔偿金总计以最后两年部分为限,所以第三人可以得知最高限度额(损害赔偿金的利率较高,所以为损害赔偿金的两年部分)(→164页)。另外,因为迟延损害赔偿金是根据法定利率在法律上必然产生的(民419条1项,404条)。所以,即使没有登记,也能就损害赔偿金与利息总计最后两年部分获得优先受偿。[29]

* 很多情况下,清偿期会因丧失期限利益的特别约定等而提前,因此就算公示了最初约定的日期也没有意义,清偿期自昭和39年修改不动产登记法以来已不再作为登记事项了。

(c) 最后,⑧是用来明确抵押权效力所及物的范围。若不明确此问题,则交易安全将会受到危害。

(d) 另外,设定共同抵押权(→206页)时,也可作登记(不登83条1项4号,2项)。共同抵押权中对拍卖变价款分配的特别处理(→205页以下)最好能在登记簿上显示出来。但即使没有对此进行登记,也不影响实体上共同抵押权效果的发生(→206页)。

(B) 登记与实际不一致时,登记的效力也需要根据上述各登记事项的趣旨进行判断。

(a) 的标准是能够根据登记簿上载明的信息确定唯一的被担保债权。如果能够明确这一点,即使有再多的不一致,登记也是有效的。

---

[28] 昭和30・12・23民事甲2724号民事局長通達・先例集追 I 511页。
[29] 松岡・40页。

例如，有判例[30]判定，物上保证人误登记为债务人时，登记也有效。另外，把将来债权当作已发生债权登记为被担保债权的，登记也有效（判例[31]）。

只要能够判断被担保债权的同一性，债权额与实际有些不一致也无所谓。有判例[32]认为，本金额登记为 8407 日元时，在利息登记中本金额变为 28407 日元，第三人能够看出本金额登记错误，所以认为被担保债权额为 28407 日元的抵押权登记有效。还有判例[33]认为，被担保债权被部分清偿后，抵押权人也可就原来的全部债权额请求进行抵押权设定登记。因为这样反而有利于判断债权的同一性。

与之相对，关于（b）、（c），即使抵押权人实体上拥有比登记的债权额等更大的权利，也只能在登记范围内对抗第三人。但像上面的例子，如果登记错误显而易见，以至于不会使第三人遭受不可预测的损害，那就应另当别论了。

(4) 无效登记的沿用

(A) 有效登记的抵押权因被担保债权被清偿等消灭，但依然留存着登记时，可以依合意沿用该登记，以作为担保其他债权的抵押权登记。沿用既存登记可以节约登记费用，而且旧抵押权的优先顺位还可以及于新抵押权（重新更改登记，劣后于已出现的后顺位抵押权人等的权利）。新抵押权人有时和旧抵押权的权利人相同，有时也可沿用以第三人为权利人的抵押权登记。

当然，不用缴纳本来应缴的登录免许税，也不允许损害后顺位抵押权人与第三取得人业已取得的利益。＊但即使沿用登记在私法上有效，也可以通过其他途径请求登录免许税，而且以存在先顺位抵押权为前提出现的第三人也不值得保护。因此多数学说认为，对沿用登记后出现的第三人可以认为登记有效。

---

[30] 最判昭和 56・2・24 判时 996 号 58 页。另见最判昭和 47・4・7 金法 649 号 23 页。
[31] 大判昭和 14・5・5，上文注释 24，最判昭和 33・5・9，上文注释 15。
[32] 大判大正 14・12・21 民集 4 卷 723 页。
[33] 最判昭和 39・12・25 民集 18 卷 10 号 2260 页。

相反，很多判例认为沿用登记完全无效。[34] 但是，达成沿用合意的当事人本人（设定人）不得主张无效[35]，而且，达成抵押权存在的前提契约并依此确定价金时，沿用后出现的第三取得人没有正当权利主张新抵押权欠缺登记[36]。

* 但对后者存在异议。旧抵押权消灭前出现的后顺位抵押权人和第三取得人，对该不动产有利害关系是以先顺位抵押权的存在为前提的，所以沿用也不会使其遭受不可预测的损害[37]，而且，旧抵押权消灭后，沿用前出现的第三人如果不知道旧抵押权已消灭，也是一样不值得保护。然而，在前者中，不得损害第三人顺位上升或负担消灭的利益；在后者中，由于第三人实际取得了没有旧抵押权负担的权利，所以也应予保护。

（B）那么究竟应该怎么办？

首先，与（3）中探讨过的一样，因登记与实际不一致而无法判断被担保债权的同一性时，应理解为登记无效。但在此出现问题的登记也不一定能达到识别新抵押权被担保债权同一性的程度。因为它曾正确地表示过原来存在的另一个债权。因此，必须经过更正登记（不登 67 条）重新表示被担保债权，该登记才有效。但是，更正登记是在登记有"错误或遗漏"时才进行的，不能用于此种情况。因此，不得不说登记的沿用完全无效。[38]

但是，登记虽然无效，也并非所有人都有权主张无效。沿用合意的当事人不能主张自不待言，明知沿用的事实且以沿用为前提加入利害关系的第三人也不能主张新抵押权欠缺登记，否则将违反诚实信用原则[39]。这样考虑的话，可以说判例的结论极为正确。*

* 另外，在假登记担保的案件中，由于登记表面上不显示被担保

---

[34] 大判昭和 6・8・7 民集 10 卷 875 页等。
[35] 最判昭和 37・3・15 裁判集民 59 号 243 页。
[36] 大判昭和 11・1・14 民集 15 卷 89 页。
[37] 参见我妻・232 页。
[38] 香川・156 页。相同趣旨，角・22 页。
[39] 相同趣旨，高桥・102 页，安永・254 页。

139 债权（→278 页），故另当别论。判例[40]也与抵押权的案件不同，虽然在所有权转移请求权转让的备注登记（将自己的无效登记沿用给其他债权人）之后出现的第三人，无特殊情况也不得主张该备注登记无效，但这应理解为是根据假登记担保所作的判断。[41]

第 3 节　效力所及范围

1. 概述

在探讨抵押权的效力之前，我们先看一下效力所及的范围。其一是用于担保债权之标的物的范围；其二是抵押权所担保债权的范围。

2. 标的物的范围

（1）概述

由于在抵押权设定时并不交付作为抵押物的不动产，所以很多时候设定效力所及标的物的范围是不明确的。而且，在抵押权设定后，设定人在使用、收益抵押不动产的过程中可能会在该不动产上添附其他物，或者从该不动产上取下一些物。因此，抵押权效力所及标的物的范围常会出现问题。*

思考该问题时，必须注意以下三点。

①首先，必须将当事人的意思作为一个问题。与优先权等法定担保物权不同，抵押权是约定担保物权，原则上是依设定当事人的约定来确定标的物的范围。[42]

140 ②不过也要考虑对第三人的信赖保护。信赖保护的前提是第三人认为某物不在抵押权效力范围内，结果刚刚购得该物就接到抵押权人的返还请

---

[40] 最判昭和 49・12・24 民集 28 卷 10 号 2117 页。

[41] 反对意见，生熊・28 页。

[42] 强调这一视角的是，林良平『金融法論集』174 页以下，199 页以下（有信堂，1989）。

求，不对其信赖加以保护则会危害交易安全。

③更进一步说，需要与民法的其他条文综合考虑、整体解释，并且必须防止由不整合性导致的对国民经济利益的损害。

下面，我们将谨记以上三点，把标的物分为附加一体物、孳息、代偿物三个部分进行研究[43]，最后讲解一并拍卖权。

* **"效力所及"的意思** "效力所及"需要从两方面分别理解：a. 抵押权实现时成为拍卖的对象；b. 抵押权人对其损害可以作出一定的请求。[44] 这里用的是 a 的意思，b 的意思中的效力将在下文进行探讨（→184—185 页）。

这两种区别，特别是在处理从抵押不动产上分离并移至他处的动产时，会出现问题。以前的学说往往模糊 a、b 的区别，大谈效力是否及于分离物。但在 a 的意思下，无法通过拍卖移至他处的动产的方法实现抵押权。[45] 不过，可以在后述 b 的意思下理解为，效力及于分离物，抵押权人能够向侵害人请求恢复原状。

（2）附加一体物

（A）概述。民 370 条规定，抵押权的效力及于"附加于"抵押不动产"并成为一体的物"（称为附加一体物），但在土地上设定抵押权时，效力不及于其上的建筑物。由于规定基本上是推定当事人的意思，因此允许存在后述那样的特别约定。另外，后半段将土地与建筑物作为不同的不动产是由日本民法的原则所决定的。[46]

（B）附加一体物究竟为何物——与从物、附合物的关系。问题就是附加一体物的含义，还有与从物（民 87 条）、附合物（民 242 条）的关系。

（a）首先，毫无疑问，不论附合时间的长短，抵押权效力都及于附合

---

[43] 竹下守夫『不動産執行法の研究』8 頁以下（有斐閣，1977）采纳德国法，对我启发很大。

[44] 高木・131 頁。

[45] 应该认为原本不能基于抵押权对抵押不动产上的分离物独立申请动产拍卖。清水誠執筆・判コン280 頁。反对意见，我妻・268 頁，平野・担保物権 52 注（23）。

[46] 但该原则未经法条正面规定，沿革等也不明确（参见三好登『土地・建物間の法の構成』〔成文堂，2002〕）。

物（原则上不独立存在）和设定时已存在的从物。与之相对，以前的判例认为效力不及于设定后出现的从物。[47] 但现在均认为，不论从物何时出现，抵押权的效力都应及于从物。比如更换了抵押房屋中的榻榻米，抵押权的效力不及于新置榻榻米显然是不合适的。

(b) 像这样具体的效力范围几乎都一致，但效力及于从物是通过民370条还是民87条2项进行说明则存在争议。

这是由一方面在民87条中规定了德国法系的"从物"概念；另一方面又未经充分整理就继受了不采用从物概念的法国法系的思考方式，所产生的对立。[48] 也就是说，多数说认为即使有其他方式规定"从物"，由于"附加一体物"是从其他文化中传来的概念，也可以构成一个包含从物的概念[49]，相反，有力说认为，日本民法上的从物概念是单独存在的，附加一体物仅指附合物，其他概念的从物只能适用民87条2项（因此，同项中"处分"的含义包括从抵押权设定到实现的一个整体，所以抵押权的效力也及于设定后的从物）。[50]

(c) 应该怎样考虑呢？

142 作为对日本民法的解释，抵押权效力所及标的物的范围问题应主要归为对民370条"附加一体物"的解释问题。[51] 而且在解释中，不应只着眼于与从物、附合物的概念关系，而更应从抵押权效力及于何处才合适的观点看待问题。具体有以下三个问题。[52]

①正如（3）中所说过的，由于效力及于附加一体物不需要独立的对抗要件，所以要求它必须是存在于抵押不动产之上的物。如果抵押权的效

---

[47] 关于初期判例，参见濑川信久「抵当权と从物（1）」北法31卷3=4号Ⅰ（1981）1319页以下。

[48] 关于立法过程，参见角纪代惠「民370条・371条」广中俊雄=星野英一编『民法典の百年Ⅱ』594页以下（有斐阁，1998）。

[49] 以我妻荣『民法研究Ⅳ』27页以下（有斐阁，1967）为代表。

[50] 柚木=高木・247—248页，255—256页。

[51] 星野・246页。相同趣旨，矶村保「判批」椿寿夫编代『担保法の判例Ⅰ』34页（有斐阁，1994）。另外，镰尾邦树「『抵当权と从』论」早法64卷3号129页（1989）贯彻了这一观点。

[52] 濑川信久「判批」リマークス3号（1991）25页也与之类似。

力在没有对抗要件时就能及于移至别处的物，则会危害交易安全。对建筑物设定抵押权时，虽然附属建筑物是脱离主要建筑物的，但其利用上的一体性会产生公示的作用。[53]

②民370条基本上是对当事人意思的推定，所以该物必须是当事人意图使抵押权效力及于的物，并且是未经登记公示就能使第三人预想到当事人有此意图的物。也就是附合物、从物（社会通常观念上持续地帮助主物实现经济效能的物）及抵押不动产的分离物（参见民313条1项）。例如不包括存在于抵押住宅内的金钱。

③一般债权人扣押抵押不动产时，效力所及范围与抵押权优先受偿的标的物范围一致。而且，原则上同一标的物上各抵押权人能够优先受偿的标的物范围一样，所以只要求是附加一体物，不论附加时间长短。如若不然，分配变价款时就会变得异常错综复杂。

综上所述，所谓附加一体物应是"不论附加时间长短，除附属建筑物外，存在于抵押不动产之上的附合物、从物及分离物*"[54]。**

因此，分离物移至别处时即丧失作为附加一体物的性质（从前的学说对分离物的态度不明确）。[55]但是，可以请求恢复原状，这一点将在下文阐述（→184页以下）。

> *抵押不动产上的附合物、从物、分离物不是主要标的物所有人的所有物时 若抵押权设定时设定人对标的物无处分权限，则抵押权不成立（→125页）。对附加一体物也是同样的道理，民370条无法解决主要标的物所有人欠缺处分权限的问题（参见民87条1项）。若某动产具备附加一体物的要件时却不归主要标的物所有人所有，那么抵押权的效力不及于该动产。判例[56]也认为适用民242条但书的情

---

[53] 修改了旧版关于附属建筑物的叙述。但需要探讨的问题很多。参见鎌田薫ほか「不動産とは何か（4）（不動産法セミナー24）」ジュリ1336号82頁以下（2007）。

[54] 河上·138頁进行了同样的研究，定义为"从交易社会中经济性效用的观点出发，构成作为抵押不动产经济性统一体的物"。

[55] 参见道垣内弘人「抵当権の効力の及ぶ範囲」安永正昭＝道垣内弘人『民法解釈ゼナール（2）物権』108—109頁（有斐閣，1995）。

[56] 大判大正6·4·12民録23辑695頁。

况下抵押权的效力不及于该动产。另外，学理上还有人主张，根据民242条但书不能发生抵押权效力，该但书中所提到的"权源"必须能对抗抵押人。然而，不构成附合的不产生物权变动，不产生对抗问题。但仅在抵押权人能取得抵押权时类推适用民94条2项。[57]

与此相对，抵押权的效力一旦及于抵押不动产的一部分或附加一体物，（当前者成为分离物之后）可以对其进行处分，即使所有权已转移至第三人，只要该物仍存在于抵押不动产上，抵押权的效力就能对抗第三人。[58]

** **对效力所及范围的限制性理解**　近来，批判轻易扩大抵押权效力所及范围的学说日渐增多。首先，在住房贷款等消费者信用型抵押交易中，考虑到抵押权实现后的居住生活情况，有观点认为空调等不应算作附加一体物。[59] 但由于债权人还可以通过其他途径扣押空调等，因此并没对身为消费者的债务人起到什么保护作用。因此，有观点主张，为保护不承担被担保债务清偿义务的人，即物上保证人及第三取得人，抵押权的效力不应及于新添置的从物。[60] 的确，此时物上保证人无法通过其他途径扣押这些从物。但民391条仅规定了通过受偿必要费用、有益费用的方法为第三取得人提供保护（换言之，该条未给与设定人保护）（→175页），也许新的从物一并服从于抵押权效力，且该条仅保护第三取得人，才是符合法条的理解。[61]

（C）关于附加一体物的对抗要件。如果抵押不动产具备抵押权的对抗要件，那么即使附加一体物没有单独的对抗要件，抵押权的效力及于附加一体物也能够对抗第三人（通说）。如果附加一体物为动产，自然没有具备

---

[57]　広中俊雄『物権法〔第2版〕』409—410頁（青林書院，1982）。相同趣旨，内田貴『民法Ⅰ〔第3版〕』386頁（東京大学出版会，2005）。

[58]　参见道垣内・上文注释55，108—109页，道垣内・諸相58頁。

[59]　鎌野・上文注释51，130页。

[60]　瀬川信久「抵当権と従物」谷口知平＝加藤一郎編『新版判例演習民法（2）』233—235頁（有斐閣，1982）。

[61]　另外，信濃孝一「宅地上の従物と抵当権の効力」野田宏＝後藤邦春編『裁判実務大系（14）担保関係訴訟法』119頁（青林書院，1991）依照民391条，承认从物设置人通常享有偿还请求权。

对抗要件的方法，因为民法典本身就是以不需要对抗要件为前提，而且从上文所述附加一体物的性质来看，附加一体物也不欠缺公示。判例[62]也认为，根据民 370 条，抵押权设定时已存在的从物不需要对抗要件。*

  *但作为附加一体物的附属建筑物（贮藏室、另一栋房子的茶室等）被登记为独立的不动产时，需要对该附属建筑物进行抵押权登记。[63] 结论还算合理，但不能因为经过了独立登记，就丧失了附加一体物的性质，尤其需要说明对抗要件的必要性。或许应该这样说明：被登记为独立建筑物时，并未对其进行抵押权设定登记，可以视为这是对该独立建筑物不在抵押权效力所及范围内的公示（参见民 370 条但书，不登 88 条 1 项 4 号）。[64]

（D）从权利。例如，对建筑物设定抵押权的效力是否及于该建设用地使用权（地上权，租赁权）？这样的从权利可与从物作相同处理，抵押权的效力及于从权利，不需要特别的对抗要件。判例[65]（适用条文不详）和学说上都没有异议。*下文将要阐述的法定地上权的条文（民 388 条）也是以此为前提（→218 页）。

  *但是，使用权为租赁权时，由于转让租赁权需要得到出租人的许可（民 612 条 1 项），所以抵押权实现时的买受人也必须得到这一许可。

（E）例外——效力不及于附加一体物。①设定行为中有约定时（民 370 条但书），当事人当然可以约定排除，但排除附合于作为抵押权标的物的土地和建筑物并成为其本质构成部分的物（所谓强附合）的约定无效。[66] 也就是说，抵押权的效力不及于能成为独立所有权对象的物，否则就可以对不动产空间的一部分设定抵押权了（→126 页*）。

---

[62]　最判昭和 44・3・28 民集 23 卷 3 号 699 页。
[63]　星野・249 页，高木・126 页。
[64]　根据山崎寬執筆＝柚木馨＝高木多喜男编『新版注釈民法（9）』74 页（有斐閣，1998）指出的不足，修改了说明。
[65]　最判昭和 40・5・4 民集 19 卷 4 号 811 页。
[66]　山田晟「建物の合棟・隔壁の除去とその登記方法（2・完）」法協 84 卷 11 号（1967）1454—1455 页。另外，关于附合，参见最判昭和 44・7・25 民集 23 卷 8 号 1627 页。

为使该约定能对抗第三人，需要登记（不登88条1项4号）。另外，当建筑物中有价值很高的物品（舞台照明设备、音响设备等）并成为附加一体物时，还应该认定当事人之间有默示的排除特别约定。[67]

②根据民424条［债权法修改后，同条3项］的规定，债权人能够撤销附着行为的情况（民370条但书）。例如，设定人明知会损害自己的其他债权人，仍对抵押不动产附着其他财产，抵押权人和其他债权人得知损害的情况。民424条虽然规定债权人在满足一定要件后就可以撤销债务人的欺诈行为，但由于可撤销的对象仅限于法律行为，所以上述附着行为（事实行为）不能被撤销。因此，即使不行使撤销权，只要能满足该条的其他要件（除去欺诈行为为法律行为这一要件），就能将其排除在抵押权客体之外*（虽然民424条1项中撤销的对象在债权法修改过程中变为单纯的"行为"，而不限于"法律行为"，但不必说向裁判所请求撤销，在抵押权的效力当然所不能及这点上还是有点特别规定的意味）。

*"效力不及于"的意思　这是关于抵押权实现时能否成为拍卖或管理对象的问题，必须与抵押权人能从哪些物中获得优先受偿的问题区分开来。[68]

该程序内其他抵押权人（②的情况中，仅限于存在善意的后顺位抵押权人时）和一般债权人也有分配份额时，①或②的限制只是关于某一特定抵押权的，所以不影响进行拍卖和担保不动产收益执行的物的范围。例如，即使约定了抵押权效力不及于建筑物抵押权设定后的从物，一般债权人扣押了该建筑物进行拍卖时，从物也成为拍卖的对象。相反，只有该抵押权人获得分配时，才会受①或②的限制。但无视该限制进行拍卖，买受人交付价款之后，买受人就不受①或②的限制，取得包括附加一体物在内的物的所有权（民执184条）。

其他抵押权人及一般债权人也有分配份额，附加一体物也包含在进行拍卖、担保不动产收益执行的物的范围内时，那个存在①或②的

---

［67］林・上文注释42，183—184頁，近江幸治「判批」判夕411号49頁（1980）。
［68］山崎寬執筆・上文注释64，59—60頁。

限制的抵押权人,不能从①或②所排除的物的变价款中优先受偿。也就是说,能获得优先受偿的物的范围受到限制。

这样考虑的话,约定①的对抗要件不会与买受人发生问题。本来其他债权人也获得分配时,附加一体物也包含在进行拍卖、担保不动产收益执行的物的范围内;只有该抵押权人获得分配,并无视①的限制进行拍卖时,应作为民执184条的问题来处理。第三人中会出现问题的是转抵押权人、该抵押权处分的承受人和被担保债权的扣押权人,他们必须有登记才能对抗①的约定。

(3) 孳息

有的抵押权标的物会产生孳息,民371条规定,抵押权的效力及于被担保债权未获不履行后产生的孳息。该规定有三层含义:

第一层含义,反过来说,如果被担保债权已获履行,那么效力就不及于孳息。抵押权终究是为了让所有人能够继续使用标的物、获得收益,理应承认所有人享有孳息收取权。

第二层含义,抵押权效力在债务不履行之后才及于孳息,民事执行法将担保不动产收益执行,也就是管理抵押不动产从其收益中收回被担保债权规定为抵押权实现的方法,这为实体法打下了基础(→227页)。*

第三层含义,效力仅在被担保债权未获履行之后及于孳息,后文所述对租金债权的物上代位,就仅在被担保债权未获履行之后才能进行(→150页)。

* 平成15年修改前的民371条明确规定,孳息不适用民370条的规定,被扣押后(或第三取得人收到涤除通知后)抵押权的效力才及于孳息。担保不动产收益执行程序的开始不需要扣押,因此这一条文也可理解为担保不动产收益执行的实体法基础。但根据判例的法理,修改前的民371条中的"孳息"不包括法定孳息,因此该条无法成为担保不动产收益执行的实体法基础。正是由于修改前的民371条存在这些解释上的疑义,所以应该使用"债务不履行后效力才及于孳息"这样更加明确和积极的用语。于是,经历了上述过程,修改后的民371条中的"孳息"当然地包括天然孳息和法定孳息。

(4) 代偿物——物上代位

(A) 制度趣旨。优先权（→65页以下）和质权（→91页以下，114—115页）中的物上代位权也存在于抵押权。根据民372条准用民304条的规定，因标的物出卖、出租、灭失、损坏，或作为对标的物设定物权的对价，"债务人"获得金钱或其他物时，可以对该请求权行使物上代位权。但由于该条文是对优先权、质权、抵押权中的物上代位权的综合规定，所以还需经过必要的修正才能在抵押权中加以适用。

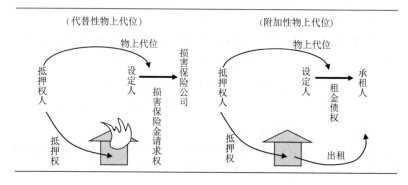

图 4-2

应该注意，在抵押权中的物上代位有以下两种。对抵押权效力所及之物的代替物的物上代位（**代替性物上代位**），以及作为对抵押权效力所及之物的抵押权实现程序的物上代位（**附加性物上代位**）。[69]

方便起见，我们先从附加性物上代位开始。首先，如前所述（→147页），民371条规定，被担保债权未获履行之后，抵押权的效力及于孳息。因此，必须做好通过孳息实现抵押权的准备。实现程序包括担保不动产收

---

[69] 几种学说中都进行了同样的分类，但存在微妙差别。铃木·上文注释2，134页以下，新田宗吉「物上代位に関する一考察（5）」明学31号163页以下（1984），斉藤和夫「『抵当権の物上代位』の法構造」『慶應義塾大学法学部法律学科開設百年記念論文集·法律学科編』291页以下（1990），松岡久和「物上代位権の成否と限界（1）」金法1504号12页（1998）等。本书的用语从松岡久和。

益执行程序，即管理抵押不动产收取孳息的程序。另外，对抵押不动产的租金债权这样的法定孳息，还有更为简便的程序，即扣押该债权并从中获得优先受偿的程序。这是对租金债权进行物上代位的程序。

其次，对于代替性物上代位，要理解为抵押权人可以对抵押不动产的代偿物行使优先受偿权。

①例如，标的物因第三人的不法行为而灭失时，如果抵押权随标的物的灭失而消灭，抵押权人就会遭受损失。但如果该不法行为人出资赔偿了标的物所有人实际损害，弥补了标的物所有人的损失，所有人就享受了从抵押权的负担中解脱出来的利益。这显然与设定抵押权约定的趣旨相悖。设定人应肯定抵押权人对该损害赔偿金的权利。

②而且，由于抵押权人最终会对该不动产行使优先受偿权，因此即使抵押权人对其代偿物行使优先受偿权，也不会损害其他债权人的利益。

基于上述判断，法律承认抵押权人可以对特定代偿物行使优先受偿权。

（B）具体的代偿物。正如上文所提到的，在准用民304条时，还有必要鉴于在抵押权中承认物上代位权的趣旨对其进行修正。

（a）首先，该条中的"债务人"要修改为抵押不动产所有人，因为债务人不只包括抵押不动产所有人，判例、学说均对此无异议。

（b）其次，各个代偿物也存在一些问题，下面分别进行说明。

①出卖抵押不动产所生价款债权　以前的通说按照法条认为它可以成为物上代位的客体。但抵押权能对抗第三人，即使出卖了抵押不动产，也照样可以行使抵押权，所以就算不承认代替性物上代位，抵押权人也不会遭受损失。而且，抵押权的效力不及于出卖价款债权，因此也无法进行附加性物上代位。现在的多数说认为，民304条规定的对标的物出卖价款的物上代位指向对标的物无追及权的优先权（参见民333条）而不是抵押权。多数说的论据还有，代价清偿制度（民378条）考虑到承认对出卖价款债权进行物上代位会使情况恶化，特别是存在数个抵押权人时更将如此，应将该制度视为否定对出卖价款进行物上代位的规定（→169页**）。因此民378条应以该条文为根据否定物上代位。*

②抵押不动产被出租时的租金债权、对抵押不动产设定物权的对价。抵押权经过登记以后，具备对抗要件的租赁权、地上权等不得对抗抵押权人（→166页），所以如果抵押权人实现抵押权拍卖抵押不动产，承租人、地上权人就不得不交付该不动产（但是，承租人有交付犹豫期间。→177—179页）。总之，对抵押不动产实现抵押权毫无障碍，因此，不必承认代替性物上代位。

但根据民371条，抵押权的效力在被担保债权未获履行之后及于所产生的孳息。民事执行法规定了担保不动产收益执行程序作为通过孳息实现抵押权的方法，也可以对作为法定孳息的抵押不动产租金债权进行物上代位（附加性物上代位）。**

③因抵押不动产灭失、损坏应得的金钱。判例、学说对此时可以进行物上代位（代替性物上代位）均无异议。*** 其理论依据在上文已经阐述过（→149页）。另外，在抵押不动产损坏的情况下，被担保债权不能从抵押不动产的残值中获得清偿并不是允许物上代位的要件。抵押权人密切掌握着抵押不动产（民372条→296条），即使部分损坏导致的损害赔偿请求权也是抵押不动产价值的代替物。

151　④其他。判例[70]认为，抵押权人将被担保债权作为被保全权利对抵押不动产进行假扣押，假扣押债务人提存假扣押解除金（民保22条）以取消假扣押时，基于物上代位规定的趣旨，抵押权人可以就假扣押解除金的取回请求权优先受偿。判例的理由是假扣押解除金是标的物价值的代偿物，但学说上围绕假扣押解除金的性质对该理由有诸多批判。[71]

另外，因法律规定而丧失抵押不动产上的权利时，可以对土地征收等情况下获得的补偿金、清算金进行物上代位。各特别法对此均有规定（征收104条，土地改良123条等）。

*抵押权的溯及性消灭与物上代位　抵押权的溯及性消灭时，即使标的物所有人随即对第三人享有一定的金钱债权，原则上也不能对

---

[70] 最判昭和45・7・16民集24卷7号965页。
[71] 参见生熊長幸『物上代位と収益管理』79—85页（有斐閣，2003）。

该金钱债权进行物上代位。因为抵押权的溯及性消灭就相当于从未设定过抵押权。例如，作为设定人取得抵押不动产原因的契约，因意思表示无效、可撤销而溯及性消灭，导致抵押权设定无效时，不能对已付价款的设定人对卖方享有的不当得利返还请求权进行物上代位。[72] 相反，抵押权设定登记以前进行了买回特别约定登记、买回权人行使买回权时的买回价款债权，判例[73]认为属于"标的不动产的价值变形物，……是债务人因标的物灭失或损坏应获得的金钱"。与买回相关的民579条规定"可以解除买卖"，此时抵押权也因解除的溯及效力而溯及性消灭，但买回权具有从现在的所有人处取得所有权的性质（物权取得权），应该另当别论。[74] 其应当属于③，承认代替性物上代位。

**对租金债权物上代位的问题补充四点：

（i）平成15年修改之前，对抵押权人能否对租金债权进行物上代位权，判例[75]采肯定说，而学说中则是认为否定说更为有力。根据民372条对抵押权准用民304条的规定，可以对"因出租……债务人所应获得的金钱"进行物上代位。因此，仅从这一点看，当然可以对租金债权进行物上代位，但否定说以抵押权只掌握抵押不动产交换价值的性质和修改前的民371条［（不动产）被扣押之前，抵押权效力不及于孳息］为依据，否定对租金债权进行物上代位。

然而，随着平成15年民371条的修改，实体法上已承认抵押权的效力及于孳息。该修改的直接目的是给后文的担保不动产收益执行提供实体法依据，而非对肯定或否定物上代位产生影响。但以抵押权的性质为依据否定对租金债权进行物上代位的学说已经站不住脚了。

但是，必须通过担保不动产收益执行或物上代位来行使对孳息的优先受偿权，只要不采用以上方法，所有人就依然享有抵押不动产的

152

---

[72] 道垣内・诸相312页，山野目章夫「判批」民商123卷3号438—439页（2000）。
[73] 最判平成11・11・30民集53卷8号1965页。
[74] 道垣内・诸相312—313页。
[75] 最判平成元・10・27民集43卷9号1070页。

使用收益权。因此，就算不履行被担保债权的债务，抵押不动产的所有人收取租金也并非不当得利。[76]

（ii）能否对转租租金债权行使物上代位权呢？由于转租租金债权是转租人（原先的承租人）享有的债权，不属于"债务人"取得的"金钱及其他物"（民 304 条 1 项），所以大家认为当然应当否定转租租金债权进行物上代位。但是，如果转租人以妨碍对租金债权进行物上代位为目的，做出解除既存租赁契约、以低廉价格出租给第三人或以与原承租人相同的条件出租给第三人等妨害行为，就不能那么简单地否定了。[77] 判例[78]原则上否定对转租租金债权进行物上代位，但是"以减少所有人应得租金或妨碍抵押权的行使为目的，滥用法人格或假装租赁，然后制造转租赁关系等，相当于将抵押不动产的承租人视为所有人的情况"则另当别论。本人认为这样并无不当。

（iii）判例[79]认为，通过扣押租金债权进行物上代位之后，如果租赁契约终止需要交还标的物，由于租金债权在押金范围内消灭，那么扣押对该部分不产生效果。不论从对押金性质的一般理解（见债权各论[80]），还是从保护承租人的目的考虑，判例这样处理均无不当。[81] 扣押之后，承租人还可以基于不安抗辩权在押金限额内停止支付租金。（→178 页＊）

（iv）民 371 条规定，抵押权的效力及于被担保债权未获履行后产生的孳息，因此，就算不履行之前产生的租金债权一直未被支付，依照条文的字面意思也不能对其进行物上代位。另外，如按上述解释，担保不动产收益执行中抵押权人所能掌握的收益范围（根据民

---

[76] 道垣内・诸相 347 页。相同趣旨，角・35 页。另见，山野目章夫「新しい担保法制の概要」判夕1127 号注（4）16 页（2003）。
[77] 参见道垣内・诸相 279—285 页。
[78] 最决平成 12414 民集 54 卷 4 号 1552 页。
[79] 最判平成 14・3・28 民集 56 卷 3 号 689 页。
[80] 参见道垣内・诸相 306—308 页。
[81] 还有关于破产时的处理方式，可以参见片山诚之「抵当権に基づく物上代位と倒产手续」「倒产と担保・保证」实务研究会编『倒产と担保・保证』292 页以下（商事法务，2014）。

371条的规定）就会与成为强制管理对象的收益范围产生交叉。因为民执93条2项将强制管理程序开始之前产生的孳息也作为管理收益的对象。虽然实务中不会产生大问题，但在立法上存在争论。[82]

*** **对火灾保险金请求权的物上代位**。作为抵押权客体的住房投保了火灾保险时，能否对因灭失、损坏所产生的保险金请求权进行物上代位呢？存在一些争论。[83] 抵押权仅掌握标的物的价值，代偿物是该价值实现后的表现，所以抵押权的效力当然及于代偿物。如果将上述内容作为物上代位的根据（→69页**），那么保险金请求权是支付保险费的对价，不能算作标的物价值实现后的表现。但是，上文已经讲过，将其作为物上代位的理论根据是不合适的（→148—149页），应该从抵押权设定契约的趣旨出发承认物上代位（判例[84]也是这一结论）。不过，实务中，由于抵押权人一般能对将来的损害保险金请求权取得质权，所以问题不大。

（C）行使物上代位权的程序。

（a）根据民372条准用民304条1项，行使物上代位权"必须在支付或交付前扣押"代偿物。

判例[85]最近主要从以下方面理解此要件的意义："由于抵押权的效力也及于成为物上代位客体的债权，该债权的债务人（以下称为"第三债务人"）有可能向债权人为清偿（抵押不动产所有人）（以下称为"抵押权设定人"）并消灭了标的债权，但也无法以此对抗抵押权人。因此将扣押作为行使物上代位权的要件，使得第三债务人在扣押命令送达之前清偿抵押权设定时，能够以标的债权的消灭来对抗抵押权人。这有助于防止二

---

[82] 参见阿部耕一ほか「座談会・担保・執行法制の改正をめぐる諸問題」銀法624号79—83頁（2003），池田光宏ほか「特・座談会・担保・執行法制の改正と理論上の問題点」ジュリ1261号34頁以下（2004）。还有解释论的修改试案，山野目章夫＝小粥太郎「平成15年による改正担保物権法・逐条研究（3）」NBL780号46頁以下（2004）。

[83] 参见田村諄之輔「保険金請求権に対する物上代位」北沢正啓＝浜田道代編『商法の争点Ⅱ』280—281頁（有斐閣，1993）。

[84] 大判大正12・4・7民集2巻209頁。

[85] 最判平成10・1・30民集52巻1号1頁。

次清偿,并保护第三债务人"。*

下面作详细说明。

由于物上代位权的存在,抵押权的效力当然地及于作为代偿物的债权,第三债务人与债权质权情形下,标的债权的债务人处于同一地位(→117—118页),清偿等也会受到制约。

第一,在债权质权的情况下,受该质权对抗的第三债务人直接接收设定质权的通知或作出同意表示,明知质权设定的事实。相反,在抵押权物上代位的情况下,虽然抵押不动产上存在抵押权设定登记,但第三债务人没有义务自行获知抵押权人享有物上代位权。

第二,特别是在附加性物上代位出现问题时,由于抵押权人仍可对抵押不动产行使权利,因此不一定进行物上代位。另外,在代替性物上代位出现问题时也是如此,如果是基于最高额抵押权的物上代位,进行物上代位会导致被担保债权的本金确定下来(民398条之20第1项1号。→255页),所以有时也不进行物上代位。

综上所述,第三债务人并不当然地受到清偿制约。在抵押权人通知第三债务人存在并明确表示要进行物上代位之前,第三债务人清偿物上代位的标的债权就消灭了物上代位的客体,就不能再进行物上代位了。总之,在支付或交付物上代位标的债权之前通过扣押来进行上述通知或意思表示,理应作为进行物上代位的要件。

然而,虽然在支付或交付之前扣押"主要"是为了保护第三债务人,但这并不是唯一用意。

假如仅仅是为了保护第三债务人,那么在第三债务人清偿了债权受让人等第三人时,就可以认定受领清偿的第三人对抵押权人负有不当得利返还义务。也就是说,为保护第三债务人认定清偿有效就可以了。然而,考虑到抵押权人对第三债务人以外的其他第三人享有实体上的优先受偿权,第三人受领清偿与物上代位权人之间的关系在法律上就是欠缺依据的。但该结论是不正确的。原因在于,抵押权人虽然不一定行使物上代位权,但如果承认受领清偿后发生不当得利返还义务,该第三人就将处于不稳定的地位,并不妥当。同样,物上保证人和抵押不动产的第三取得人作为债权人受领作为代偿物的债权之后,也不会产生不当得利的问题。[86]

为得出上述结论应当认为,物上代位权在物上代位人对标的债权进行扣押之前,仍是一种具有浮动性的权利,通过扣押行为可以保全其效力。这也是在支付或交付之前进行扣押的意义所在,站在标的债权的债权人(除该债权人为被担保债权的债务人时)立场之上,一旦到达支付或交付阶段,就享受到后续物上代位权所保护的利益,不会被推翻。[87]

* 判例的这种观点与学说中明确的该法条历史沿革[88]相一致。但是,旧民法中波瓦索纳德对民 304 条立法趣旨的说明就与现行法起草者(梅谦次郎)的说明不同,历史上就不是同一个意思。[89]

(b) 以上述内容为前提,下面我们具体研究几种情形。

(i) 第三债务人进行清偿、抵销。首先,在第三债务人消灭标的债权之前,抵押权人不扣押标的债权就不能进行物上代位。也就是说,第三债务人清偿标的债权或以标的债权为被动债权进行抵销时(判例[90]),相当于根据民 372 条准用民 304 条 1 项但书中的"支付或交付",物上代位权就不能再行使了。第三人为清偿的情况也是一样。

相反,如果抵押权人在此之前扣押了标的债权,第三债务人就不能以扣押之后的清偿对抗抵押权人(民 481 条)。

但是,如果扣押前已形成抵销的期待,是否应允许为保护第三债务人而在扣押之后作出抵销的意思表示呢?判例[91]根据用于抵销的主动债权是在抵押权设定登记之前取得还是之后取得作了区分。即,抵押权的效力

---

[86] 松岡・63 頁,角・43 頁等。反对意见,平野・117 頁。

[87] 占部洋之『ドイツ法における抵当不動産賃料の事前処分(3・完)』阪学 25 巻 1 号 193 頁(1998)针对此点提出了应允许抵押不动产所有人对代偿物作出何种处分的观点。这是重大发现。

[88] 谷口安平「物上代位と差押」奥田昌道ほか編『民法学(3)』104 頁以下(有斐閣,1976),吉野衛「物上代位に関するの基礎の考察(上)(中)(下)」金法 968 号 6 頁以下、971 号 6 頁以下、972 号 6 頁以下(1981),清原泰司『物上代位の法理』特别是 11—85 頁(民事法研究会,1997)。

[89] 生熊・上文注释 7116—7118 頁。

[90] 最判平成 13・3 民集 55 巻 2 号 363 頁(旁论)。

[91] 最判平成 13・3,上文注释 90。

之所以能及于作为代偿物的债权,是因为抵押权设定登记起到了公示作用,抵押权设定登记后,第三债务人即使取得反对债权(抵销的主动债权),对抵销也不具有合理期待。因此,扣押之后的抵销不能对抗抵押权人,而抵押权设定登记之前取得反对债权的,第三债务人对抵销有需要保护的期待,所以可以抵销。

虽然结论合理,但正如前所述,在与第三债务人的关系中,认为可通过抵押权设定登记公示物上代位权是不合理的。实体上,原则是第三债务人由于扣押的原因不能进行抵销,但第三债务人在抵押权设定登记之前取得反对债权、之后又承担债务的,其已经取得了可以进行抵销的地位,不因后来设定抵押权而丧失该地位。因此,应该说例外情况下可以进行抵销。[92]

(ii)抵押不动产所有人进行抵销、债务免除。其次,作为标的债权的债权人的抵押不动产所有人进行抵销和债务免除消灭标的债权之后,抵押权人也不能进行物上代位。即,抵押不动产所有人进行抵销和债务免除也属于"支付或交付"。

大家可能会认为该结论不合理,抵押不动产所有人侵害了抵押权人物上代位权。但是,首先,抵销要求两当事人之间存在对立债权,哪一方作出抵销的意思表示并不影响抵销的效果。交涉过程中,有时可能不知道到底是哪一方作出的意思表示,不能期待接受了抵押不动产所有人作出抵销意思表示的第三债务人再次作出抵销的意思表示(玄机在于,再次作出抵销的意思表示,就不能进行物上代位了)。接受债务免除的第三债务人,也是以债务免除的有效性为前提来采取下一步行动,应该保护他的利益。

不论何种情况,标的债权消灭后,抵押权人均无法进行物上代位了。

(iii)标的债权的转让、设定质权、扣押及抵押不动产所有人破产。标的债权被转让给第三人、被设定质权、被扣押,以及标的债权的债权人(抵押不动产所有人)开始破产程序后,抵押权人扣押标的债权进行物上

---

[92] 白石大執筆・田高寛貴『担保物権法』57頁(日本評論社,2015)指出,第三债务人与抵押权人之间是从成为物上代位对象的债权上收回债权的相争关系。

代位并不受妨碍。*同一不动产的其他债权人扣押并进行物上代位时也是一样。总之，债权转让、设定质权、扣押、开始破产程序等都不属于"支付或交付"（修改了旧说）。

判例[93]认为，标的债权转让给第三人，即使具备对抗要件，抵押权人也能进行物上代位，要求支付或交付之前扣押主要是为了保护第三债务人，还指出通过抵押权设定登记可以将抵押权效力及于物上代位标的债权公示出来，因此没有必要保护受让人。

但问题在于，发生债权转让、质权设定、扣押、开始破产程序，且标的债权尚未消灭时，会发生抵押权人和其他债权人争夺未付标的债权的情况。在代替性物上代位中，作为代偿物的标的债权是抵押权人优先权利所及不动产的代偿物，即使承认抵押权人的优先权利也不会恶化其他债权人的情况。在附加性物上代位中，明文规定被担保债权发生债务不履行后，抵押权的效力及于租金债权，而且通过抵押权设定登记就能方便地予以公示（但不知道被担保债权是否发生债务不履行，不能过于纠结于此）。此时，仍依原来抵押权的优先顺位处理其他债权人的物上代位权即可。

因此，无论如何，只要承认抵押权人可以进行物上代位即可。

如果这样考虑的话，相争关系消灭时，就不能进行物上代位了。如果由受让人和质权人代收标的债权，标的债权就消灭了，就不能进行物上代位了。还有扣押的情形，第三债务人提存，在扣押债权人代收诉讼的起诉状尚未送达第三债权人之前，担保权人不采取扣押以进行物上代位时，也就是自围绕标的债权的利益归属之争已经结束之时起（这个时间点产生切断加入分配的效力。民执165条1号、2号），就不能再进行物上代位了。自发出标的债权的转付命令并送达至第三债务人时起，围绕标的债权的民事执行程序就终结了，也就不能再进行物上代位了。[94] **

另外，抵押权设定登记以前，对债权进行转让、设定质权，以及第三债务人收到扣押命令之后，都不能再进行物上代位了。这是因为抵押权已经不能再对抗受让人等，当然也就不能再进行物上代位权。

---

[93] 最判平成10·1·30、上文注释85。
[94] 最判平成14·3·12民集56卷3号555页。

*抵押权人在扣押标的债权之前对抵押不动产所有人开始公司更生程序时，进行物上代位的方式成了申报更生担保权，其中存在若干问题。[95]

　　**关于转付命令的效力，与判例法理（→155页）的关系还有问题。判例认为扣押作为质权客体的债权并发出转付命令通知后，附有质权负担的标的债权就转移至扣押债权人。但是，质权是不需要扣押就能优先主张的权利，而与之相对，物上代位权是通过扣押才得以保全效力的权利（→155页），这样考虑就不存在矛盾了。[96]

　　（c）实际行使程序与在优先权中阐述的基本相同（→70页），下面只讲应当注意的几点。

　　行使物上代位权不过是基于抵押权来行使优先受偿权，所以似乎要以被担保债权清偿期到来为要件。在附加性物上代位中，由于抵押权的效力只及于被担保债权在债务不履行后产生的孳息，所以当然要以其为要件。但是，代替性物上代位是因抵押不动产的全部或部分灭失而产生的，所以是以基于抵押权侵害请求抵押不动产所有人等进行损害赔偿时为准（→190—191页），不需要被担保债权清偿期到来。[97] 但是，多数情况下，抵押不动产灭失、损坏时，被担保债权的清偿期依约定已到，所以这只是理论上的问题罢了。

　　其他债权人扣押标的债权时，抵押权人不能要求分配，不能主张优先受偿权，必须自行扣押才能进行物上代位（判例[98]）。根据民执193条2项准用民154条1项，抵押权人不能预先要求分配，所以要将上述情况和基于优先权进行物上代位的情况区分开（→70页）。

---

　　[95]　参见山本克己「債権執行・倒産・会社更生における物上代位権者の地位（3）（4・完）」金法1457号32頁以下、1458号105頁以下（1996）。
　　[96]　三村晶子「判批」判解民平成14年度（上）293頁注（15）（2005）。
　　[97]　另外，关于保全物上代位权的扣押程序，法律无明确规定，参见山本克己「物上代位権の『保全』のための差押と物上代位権を被保全権利とする保全処分」米田實古稀『現代金融取引法の諸問題』103頁以下（民事法研究会，1996）。
　　[98]　最判平成13・10・25民集55卷6号975頁。

（5）一并拍卖权[99]

如前所述，对土地设定抵押权的效力不及于土地上的建筑物（民370条）。但在设定抵押权后又建造了建筑物时，建筑物所有人无法基于抵押土地的占有权源对抗抵押权人，抵押权人为实现抵押权进行拍卖时，可以将该建筑物和土地一并拍卖（一并拍卖权）（民389条）。但是，抵押权的优先受偿效力并不及于该建筑物，抵押权人只能对土地的变价款主张优先受偿（同条1项但书）。

一方面，一并拍卖不会损害建筑物所有人的利益，建筑物所有人本来就会因土地被实现抵押权而丧失建设用地使用权（→166页，215页），因不得不拆除建筑物而遭受损失，现在反而能获得建筑物的价款，情况变得更为有利了；另一方面，如果不允许一并拍卖，抵押权人则会遭受重大损失。原因在于，如果在抵押权人实现抵押权之前，或拍卖买受人购得土地之后，要求抵押权人必须拆除该建筑物，势必会给实现程序造成负担，建造建筑物也会妨碍抵押权的实现。反之，如果允许一并拍卖，买受人就可以连同该建筑物一并买下，如果不需要该建筑物了，也可以作为自己所有的建筑物进行处置。*

一并拍卖权只是抵押权人的权利（"可以拍卖"），而非义务（判例[100]）。抵押权人最好只在一并拍卖建筑物会使土地增值时行使该项权利（也有反对说。→216页*）。另外，优先受偿的范围仅是将该土地当作空地（未建造建筑物的用地）来拍卖所得的价款部分。该建筑物也是被作为无占有权源的建筑物。

> *不过，由于拍卖的建筑物并非抵押权的标的物，抵押权人与一般债权人处于同等地位。因此，在执行实务中，如果该建筑物上存在先于拍卖（扣押登记）已具备对抗力的租赁权，那么买受人要继受该

---

[99] 小林明彦执笔·道垣内ほか76—79页。
[100] 大判大正15·2·5民集5卷82页。

租赁权。[101] 这样一来，相比单纯拍卖土地，也有一并拍卖价格更低的情况。也是基于这个原因，一并拍卖并不是抵押权人的义务。

3. 优先受偿的范围

（1）概述

被担保债权的范围也由设定契约确定。但由于要确保后顺位抵押权人和其他债权人的期待，抵押权实现时能够优先受偿的范围就必须另作考虑。

（2）原则

首先，要确保设定契约中的被担保债权能够获得优先受偿。在质权中，基于质权人占有标的物这一特殊性，质物的保存费用债权、质物的隐蔽瑕疵所致损害赔偿债权也能成为被担保债权（→92页）。但在抵押权中，这些债权不能优先受偿。因此，只存在约定的被担保债权本金、利息和迟延损害赔偿金的问题。

其次，不论设定契约中的被担保债权是多少，只在登记的范围内发生优先受偿的效力。例如，约定的被担保债权额是 1 亿日元，但只登记了 5000 日元，就只有 5000 日元能优先受偿。同样地，如果约定的利率是 10%，但登记的是 8%，能优先受偿的也就只有 8%。

正如关于登记必要性的阐述，必须确保后顺位担保权人和第三取得人的预先设想（→132 页＊）。

（3）对利息、其他定期金的限制

原则上经约定并登记就能发生优先受偿效力，但对利息、迟延损害赔偿金等另有限制。原因在于，利息、迟延损害赔偿金与本金不同，其数额会随着时间不断增加，所以第三人很难预测累积的数额。民 375 条将优先受偿的范围限定于"期满前最后两年的部分"。

---

[101] 作为判例，大阪地界支决平成 18·3·31 金法 1786 号 108 号。参见曾我幸男＝古澤陽介「抵当地上への建物の建築」小林明彦＝道垣内弘人編『実務に効く担保・債権管理判例精選』71—72 頁（有斐閣，2015）。

下面进行一些详细研究。

（A）受限的金钱种类。利息及其他定期金*（民 375 条 1 项），是"因债务不履行所生损害的赔偿"（同条 2 项）。**所谓"因债务不履行所生损害的赔偿"，是指迟延损害赔偿金，登记实务[102]要求以与本金的比例（例如，年 10%）来规定迟延损害赔偿金。***

* 对其他定期金的限制，会在抵押权用于担保租金债权等情况下产生问题。但几乎没有以租金债权为被担保债权设定抵押权的情况（押金、保证金就能起到担保的作用。详见债权各论）。另外，由于当时被担保债权可以登记为"每月×万日元的租金"的形式，第三人不能明确租金数额，起草者当时正是考虑到这一点才规定限定于最后两年的部分[103]，但根据现在的不动产登记法，已经不能再这样登记了（不登 83 条 1 项 1 号），所以通常不会出现问题，以下省略。

** 利息是直至本金清偿期为止所发生的使用本金的对价。在本金清偿期内未清偿时发生的应付金钱，在民法上是损害赔偿，关于它的约定是损害赔偿额的预定（民 420 条）。日常用语中也将后者称为"（迟延）利息"，但它们法律性质不同，敬请注意。

*** 早年的判例有允许对利息进行迟延损害赔偿金登记的情况，但现在实务不允许这样做了。[104] 学说中也有很多反对意见，但从条文的文义上看也应赞成实务的做法。

（B）限制的情形。限制旨在不使第三人遭受不可预测的损害，但抵押不动产所有人为被担保债权的债务人，且其他债权人在同一执行程序中未获分配时，不受此限制。抵押权人可以分配利息等全部金额。

限制的典型情形是，劣后于该抵押权人的债权人（后顺位担保权人、

---

[102] 昭和 34・7・25 民事甲 1567 号民事局長通達・先例集追 Ⅱ 519 頁，昭和 34・10・20 民事三発 999 号民事局第三課長心得依命通知・先例集追 Ⅱ 554 頁，昭和 45・5・8 民事甲 2129 号民事局長通達・先例集追 V 238 頁。

[103] 梅謙次郎発言『法典調査会民法議事速記録（2）』823 頁（商事法務研究会，1984）。

[104] 昭和 34・11・26 民事甲 2541 号民事局長通達・先例集追 Ⅱ 564 頁。

一般债权人）在同一执行程序中获得分配的情形。存在第一顺位抵押权α与第二顺位抵押权β时，虽然β之后不存在后顺位担保权，但由于α受到了限制，就算其他一般债权人没有要求分配，β对利息等的分配额也会受到限制。

问题是，其他债权人与执行程序并不相干，但抵押不动产属于物上保证人或第三取得人时怎么办呢？通说认为，物上保证人作为设定人应以不动产的价值担保对被担保债权负责。而第三取得人原封不动地继承了设定人的负担，所以，不论何种情况，抵押权人都能收回利息等全部金额，判例中也有相同见解。[105] 但是，且不说作为设定契约当事人的物上保证人，就连第三取得人也在预测抵押权人的优先受偿额，也是期待抵押不动产剩余价值的利害关系人。从这些方面来看，第三取得人和后顺位抵押权人是一样的。当抵押不动产属于第三取得人时，能够优先受偿的利息等金额也会受到限制。[106]

（C）限制的实际　首先，"期满前最后两年部分"的起算点就有很多争论，应解释为分配日期向前赔偿追溯两年（参见民执规 173 条 1 项→60条）。利息与迟延损害赔偿金的发生时间限于合计的两年之内（民 375 条 2 项但书）。一般迟延损害赔偿金的利率较高，第三人最好选择迟延损害赔偿金的两年部分*（→135 页）。

另外，如果对最后两年以前的利息等也进行过清偿期已经到来的债权的"特别登记"，那么从登记时起发生优先受偿效力（民 375 条 1 项但书）。但是，即使对该利息等债权另外设定抵押权，也不影响从登记时起发生优先受偿效力，这是绝对的规定。[107]

> *本利均等支付债务　不过，本文已讲到的债务，是每产生一次利息就产生一次利息支付义务（不同于本金的支付义务）的债务，对本息均等支付的债务（本金与约定期间内产生的利息合计为债务总

---

[105]　大判大正 4・9・15 民录 21 辑 1469 页。
[106]　铃木・236 页，石田（穣）・294—295 页，松冈・42 页。但因与物上保证人的关系，也主张限制。
[107]　但是，起草者原本的意思好像不是这样（梅谦次郎发言・上文注释 103, 823 页）。

额，在约定期间内均等清偿的债务，典型代表为住房贷款）还限定为"最后两年部分"的利息就不合适了。这种情况也可以将本息合计额登记为被担保债权，判例、通说均认为此时可以就全额优先受偿。[108]与之相对，仅以原来的本金额为债权额时，只能就剩余本金额（从本金中扣除业已清偿金额中充抵本金的部分）产生的两年利息优先受偿。[109]但在实务中，由于增加债权额要交登录许可税，所以一般都是登记原来的本金额。

第4节　实现前的效力

1. 概述

实现抵押权或进行物上代位以前，所有人可以使用抵押不动产、从中获得收益或进行处分。这是抵押权较之质权的一大优点（→121页）。要发挥优点就必须尽量使所有人的使用、收益和处分权限实效化，也就是通过抵押权的效力将限制降到最低。但另一方面，这样做也不能伤及抵押权人的利益，假如优先受偿权受到侵害，还必须赋予抵押权人寻求救济的手段。另外，只要不给抵押不动产所有人等带来预料之外的负担，抵押权人可以处分自己的权利。

抵押权实现前的法律关系是调整上述多种要求的，下面将其分为三个部分进行研究：抵押不动产所有人的使用、收益和处分权限、抵押权人对侵害的权限以及抵押权的处分。

2. 抵押不动产所有人的使用、收益和处分权限

（1）概述

设定人不会因对某不动产设定抵押权而丧失所有人地位，因此可以使用、收益并处分抵押不动产（参见民206条）。但是，所有人不能侵害抵

---

[108] 大判大正9·12·18民录26辑1951页。我妻·252页，柚木＝高木·280页等。
[109] 参见清水诚执笔·判コン342—343页。

押权人的优先受偿权,例如不能损坏作为抵押的不动产的房屋。不过设定人可以自己使用抵押的不动产,也可以出售、出租给第三人。还可以为第三人设定地上权、永佃权这样的用益物权和后顺位抵押权、质权这样的担保物权。于是,从设定人处受让所有权的人,即第三取得人,也享有所有人的诸多权限。

前提是上述第三人的权利不能对抗抵押权人,或者说由于其权利劣后于抵押权,即使有出卖、出租、设定其他物权等处分行为,也不能损害抵押权人的权利。

首先,抵押权人在自己的抵押权具备对抗要件后,得以对抗抵押不动产所有权的取得人(第三取得人)(民177条)。因此,第三取得人所能取得的只是附抵押权负担的所有权。抵押权人可以实现抵押权,在实现抵押权的拍卖程序中买受人有效地取得抵押不动产的所有权。第三取得人丧失所有权。租赁权、地上权、永佃权这些用益物权的取得人也会因通过拍卖实现抵押权而丧失该用益物权。其次,抵押权人还能以自己的优先受偿权对抗比该抵押权晚具备对抗要件的担保权人(→202—203页)。因此,就算是实现后顺位的担保权,抵押权人也能在该实现程序中优先受偿,而不会遭受损失。

那么,上述情况中的后顺位担保权人就会预先考虑从抵押不动产的价值中扣除先顺位抵押权人的优先受偿额,然后从剩余价值中获得优先受偿,所以劣后于先顺位抵押权人也无关紧要。但从第三取得人和用益权人的角度来看,因抵押权实现而突然丧失权利是很严重的问题,不论之前作了多少预测,都无法安心取得所有权和用益权。这实际上就构成对抵押不动产所有人收益和处分权限的限制。

因此,民法在抵押权人权利不受损害的限度内,尽量保护抵押不动产所有权和用益物权的取得人和承租人,也借此间接地使所有人的使用、收益和处分权限更加注重实效,将在下文对此进行说明。

(2)对第三取得人的保护

重点是对所有权取得人(下面提到第三取得人时,仅指所有权取得人)的保护。*

第三取得人仅在消灭抵押权才能确保自己的所有权。通过拍卖实现抵押权，是强制性地转移抵押不动产所有权的制度。当然，债务人清偿被担保债权也可以消灭抵押权，但未必能确保第三取得人的所有权。

　　那么，第三取得人如何才能通过自己的力量消灭抵押权呢？除了第三人清偿这种一般的制度，民法上还规定了抵押权固有的制度——代价清偿制度和抵押权消灭请求制度。根据不动产价值与抵押权所担保债权额大小关系的不同，起作用的制度也有所不同。

　　另外，还有第三取得人对抵押不动产投入费用时的特别费用偿还请求权。

　　下面，我们逐一进行说明。

　　* **对地上权、永佃权取得人的保护**　着重阐述与所有权取得人的不同之处。

　　首先，地上权人、永佃权人可以作为利害关系人进行第三人清偿，效果与第三取得人清偿是一样的。

　　其次，只有地上权人才可以代价清偿（民378条），因为原则上永佃权人要按期支付地租（请比较民270条与266条），所以在取得权利时无法预先支付代价。地上权人进行代价清偿的程序与第三取得人的情况相同，但效果有差别。民378条规定，代价清偿的效果是"抵押权对该第三人消灭"，所以抵押权并非绝对消灭，只是不能对抗地上权人。也就是说，即使以后实现抵押权，地上权也会转给买受人，得以存续。

　　对地上权取得人、永佃权取得人来说，抵押权消灭请求不被认可。

　　（A）第三人清偿。第三取得人得作为利害关系人清偿被担保债权（民474条），由此产生的对卖方的求偿权可［民567条2项（改正案570条）］与买卖价款债务相抵销（如有差价，支付差价），第三取得人因而能够取得无抵押权负担的不动产。

　　这在抵押不动产的评估额（该不动产在没有抵押权时的价额）大于抵

押权的被担保债权额（有数个抵押权时，是各被担保债权数额之和）时，不失为一种好方法。但如果被担保债权额大于不动产的评估额，这对第三取得人来说就没有什么好处了。例如，评估额1亿日元的不动产上存在被担保权额1亿2000万日元的抵押权，此时，第三人清偿肯定不具备经济合理性。如果存在两个抵押权，第一顺位抵押权的被担保债权额为8000万日元，第二顺位抵押权的被担保债权额为5000万日元，此时，即使第一顺位抵押权因8000万日元的赠与而消灭，原来处于第二顺位的抵押权的顺位也会上升，并可在5000万日元的范围内优先受偿。

（B）代价清偿。**代价清偿**是不向卖方，而向抵押权人支付不动产代价（买卖价格）以消灭抵押权的制度。*民378条对此作出了规定。在不动产的评估额（该不动产没有抵押权时的价额）不超过抵押权的被担保债权额时，是个好方法（剩余债权成为无担保债权）。

在此需要抵押权人和第三取得人双方的合意。这是因为，虽然抵押权人可以强制性地取得代价，但第三取得人也可以通过代价清偿强制性地消灭抵押权，都得不到妥善的处理结果。**

一方面，从抵押权人的角度看，第三取得人通过支付未经抵押权人参与制定的价额就强制性地消灭了抵押权，抵押权人自然会很为难。仅当自行实现抵押权所得到的优先受偿额小于该代价时，抵押权人才会满足于受领该代价。另一方面，从第三取得人的角度看，存在数个抵押权时，强行向抵押权人支付代价并不能实现利益最大化。就算消灭了第一顺位的抵押权，后顺位抵押权的顺位也会上升。而且，强行向第二顺位的抵押权人支付代价也不能消灭第一顺位的抵押权。***

***地上权人进行代价清偿** 民378条认可了"买受地上权的第三人"也可以进行代价清偿。此时，代价就成了地上权的价额，抵押权只因地上权人代价清偿的关系而相对性消灭。也就是说，该地上权比抵押权更先具备对抗要件。在地上权成为抵押权客体的时候，"买受地上权的第三人"也可以理解为该地上权的受让人。[110]

---

[110] 松冈·119页。

** 与对出卖价款债权进行物上代位的关系 这也可为不认可对出卖价款债权的物上代位提供依据（→149—150 页）。鉴于抵押权人不适合强制性取得代价，代价清偿制度需要抵押权人和第三取得人达成合意，但不能进行物上代位（不需要合意）。可以说，代价清偿制度是行使出卖价款抵押权的唯一方法。[111]

　　*** 另外，为使代价清偿制度发挥作用，卖方、买方、抵押权人之间实际上已事先达成合意，通过向抵押权人而非卖方支付买卖价款额来消灭抵押权，但前提是需要确定买卖价款额。例如，评估额为 1 亿日元的不动产上存在被担保债权额为 1 亿 2000 万日元的抵押权，此时，假如抵押权人取得了代价从而消灭了抵押权，那么买方的买卖价格为 1 亿日元，因为最终支付 1 亿日元取得评估额为 1 亿日元的不动产。反过来，假如抵押权人未取得代价，抵押权未被消灭，那么买卖价款额就不该是 1 亿日元，因为这是被当作无抵押权负担的不动产所作的评估额，但抵押权的负担事实上还继续存在。考虑到实现抵押权的风险，比方说将买卖价款额定为 1000 万日元，抵押权人拿到这些钱也不一定会满足。所以，抵押权人取得代价必须先决定消不消灭抵押权，才能决定代价的数额。[112]

　　（C）抵押权消灭请求* 。如前所述，代价清偿是在买卖抵押不动产时，卖方、买方与抵押权人之间事先达成合意，通过向抵押权人而非卖方支付买卖价款来消灭抵押权的制度。由于它是将本应支付给卖方的买卖价款额支付给抵押权人的制度，所以只在买卖契约中发挥作用，而且只能消灭该抵押权人享有的抵押权。当存在数个担保权时，代价清偿制度就无用武之地了。那么，如果有一种制度可以让第三取得人通过支付一定金额（不限于买卖价款额）来消灭不动产上的全部担保权，第三取得人的权利

---

[111] 道垣内·諸相 255—256 頁。相同趣旨，清水·40 頁，角·73 頁，平野·担保物権 40—41 頁。对此进行批判的，米倉明「売却代金債権に対する物上代位の可否」タートンヌマン 9 号 1 頁（2007）。另外，阿部裕介「抵当権者の『追及権』について（9·完）」法協 131 巻 11 号 2264 頁以下指出，在代价清偿中要求抵押权人和第三取得人之间必须形成合意的前提是毫无历史基础的解释。

[112] 参见铃木·上文注释 2，118 頁。

就能得到更好的保护，也势必促进抵押不动产的流通。

为此规定了**抵押权消灭请求**制度。

从抵押权人的角度看，如果第三取得人支付的金额能正确反映抵押不动产的价值，抵押权人也就处于和通过拍卖不动产获得优先受偿时相同的地位，不会产生不满。虽然的确可能不是在自己期望的时期受领清偿，但这种不利会转化为对第三取得人权利的保护和促进抵押不动产流通等好的方面。**

下面对具体程序进行说明。

* **涤除权的废止**[113]　平成15年修改以前的民法规定过涤除制度。此制度是由第三取得人提出支付额申请，经有登记债权人同意，支付该金额以消灭抵押权。抵押权人不满足于提出额时，可以申请拍卖抵押不动产，其实与抵押权消灭请求制度差别不大。

但是，抵押权人在申请拍卖过程中，如果没有买受人肯出高于申请额1.1倍的价格购买，抵押权人就必须自己购买，而且必须事先将该金额作为保证金交至执行裁判所，这项制度给抵押权人带来了沉重的负担（修改前民384条2项，修改前民执186条）。因此大家纷纷指出应该设计一种廉价的涤除申请。于是，经过几处修改，变为现行的抵押权消灭请求制度。

除了与上文所述买入义务相关之处，主要还作了以下修改。

修改前，为了保障第三取得人行使涤除权的机会，规定抵押权人在实现抵押权之前必须通知第三取得人，通知后经过一个月才能申请实现抵押权（修改前民381条，387条）。该规定被认为有碍于抵押权的迅速实现，还容易诱发执行妨害，因此被废除。

修改前，抵押权人自接到涤除申请通知起一个月内，抵押权人未准备好标的物的拍卖事宜的，视为同意涤除申请（修改前民384条1项），该规定被指期间太短，给抵押权人造成负担。因此修改为两个月。

---

[113]　参见小林明彦执笔·道垣内ほか82页以下。

与无剩余措施的关系 日本民事执行法规定,清偿完比扣押债权人的债权(买受可能价额)优先的债权和手续费用后,预计没有剩余时,采取法定无剩余措施(民执63条),原则是不再继续进行拍卖程序。因此,抵押权的被担保债权额超过抵押不动产的评估额时,抵押权人不实现抵押权其他债权人也不会干预,抵押权人可以在自己期望的时期实现。然而,民法中设置了能够强制抵押权人在不想受领时受领清偿的制度。于此产生了很多疑问:究竟该保护哪种价值?这不是制度之间存在矛盾吗?

但是,对扣押债权人来说,得不到分配的执行毫无意义,所以拍卖不必为扣押债权人而继续。然而,第三取得人取得了该不动产的所有权,从确定该所有权的角度来看,继续拍卖程序还是有一定合理性的,所以应该不能算存在矛盾。现在,还出现了因抵押权人坐等抵押不动产升值、迟迟不肯实现抵押权,从而阻碍不动产流通的问题("不动产的长线持有"),大家也期待抵押权消灭制度能解决这一问题,以促进不动产的流通。

(a) 消灭请求权人。请求权人是抵押不动产的第三取得人(民379条)。平成16年以民法用语现代化为目的修改之前,叫"取得抵押不动产所有权的第三人",现已改为"第三取得人"。但是,此修改并不意图扩大消灭请求权人的范围,因此,此处的"第三取得人"就是"取得抵押不动产所有权的第三人"。

主要债务人、保证人及其承继人购买抵押不动产时,不得请求消灭抵押权(民380条)。主要债务人及全额债务保证人,负有全额支付被担保债权的义务。另外,保证人只对部分债务承担保证责任时,债权人在实现抵押权后,还可以请求保证人支付保证债务额范围内的剩余金额(总之,保证与抵押权是累积的)。因为不论如何,以该不动产的评估额(也可能小于被担保债权额)消灭抵押权都是不合适的。

同样地,附停止条件的第三取得人,在未确定条件成就时,不得请求消灭抵押权(民381条)。鉴于抵押权消灭请求制度是违反抵押权人的意思而消灭抵押权的制度,所以只能将该权利赋予真正的第三取得人。同理，也不能赋予仅取得假登记的第三取得人（平成15年修改以前关于涤除制度的判例[114]也持反对态度）。另外，让与担保权人也是一样（与关于涤除的判例[115]意见相同）。

抵押权人对最初为复数的不动产取得共同抵押权时，其中一个不动产的第三取得人也可以请求消灭抵押权。但是，一块土地在设定抵押权之后又被划分，划分后其中一个不动产的第三取得人不能请求消灭抵押权。因为在后一种情况下，抵押权人是总体掌握抵押不动产的，不会处于甘愿承受分解不动产所造成不利的地位。[116] 同样，对整个不动产全体设定抵押权时，取得抵押不动产共有份额的第三人也不能请求消灭抵押权（与关于涤除的判例[117]意见相同）。

173　　（b）能够请求消灭的时期。抵押权消灭请求，必须在拍卖实现抵押权发生扣押效力之前提出（民382条）。因此，第三取得人在发生扣押效力后再请求消灭抵押权也无效。因此，就算抵押权人之后又撤回拍卖申请，也不产生同意提出额的效果（参见民384条2号）。

也就是说，抵押权消灭请求制度，是在不影响抵押权人抵押权实现权限的前提下，赋予第三取得人的权利。

（c）程序。抵押权消灭请求权人，须向有登记的债权人，也就是登记了自己权利的抵押权人、不动产上的优先权人和质权人，明确表达请求消灭抵押权将支付的金额，以及各债权人判断该提出额是否合适的必要信息（具体见民383条1号，2号），通过申请开始程序。*

全体有登记债权人同意上面的提出额，第三取得人根据各债权的顺位（如同实现抵押权时分配变价款的顺序）清偿或提存（参见民383条3号），抵押权消灭（民386条）。第三取得人得到全体有登记债权人的同意后，就负有支付提出额的义务，必须毫不迟延地清偿或提存。也有观点认

---

　[114]　大决昭和4·8·31新闻3042号16页，大决昭和8·3·3大审院裁判例7卷民法37页。

　[115]　最判平成7·11·10民集49卷9号2953页。

　[116]　参见道垣内弘人「共有持分权者による抵当権の涤除」金法1258号47—50页（1990）。

　[117]　最判平成9·6·5民集51卷5号2096页。

为仅发生一个通过清偿、提存消灭抵押权的权利（关于涤除的判例[118]的观点），但赋予第三取得人之后在抵押不动产价值下跌时中止抵押权消灭请求的权利，但这种观点并不妥当。

未获得提出额的有登记债权人，可以申请通过拍卖实现担保权（民384条1号、385条即以此为前提）。**,*** 这是抵押权人的对抗措施，因此在该申请中不以被担保债权的债务不履行为要件。其他方面和实现一般抵押权的拍卖并无区别。抵押权消灭请求并未奏效。

各债权人自接到抵押权消灭请求起两个月内未申请拍卖实现抵押权的，视为同意该提出额（民384条1号）。正是为了不让第三取得人长时间不能确定担保权消灭请求是否奏效，有登记债权人须在一定期间内明确表示是否需要通过拍卖实现担保权。因此，当拍卖程序因可归咎于该债权人的事由而不能进行时，即撤回申请、申请被驳回以及已开始的拍卖程序被撤销时，也视为同意提出额（同条2号—4号）。**** 但是，拍卖程序被撤销是无人购买等无法确定是否可归咎于抵押权人的事由所导致时，不发生同意拟制的效果（同条4号括号内容）。

* **未通知部分有登记债权人的情况**　有关涤除的通说认为，通知过的债权人也未必发生通知的效果。的确，如果不是对全体债权人发生消灭抵押权的效果，也没什么意义。消灭了第一顺位的抵押权，只会让第二、第三顺位的抵押权人得到顺位上升的利益。但接到通知的债权人同意并受领提出额后，就没有必要通过认定该消灭请求无效来帮助第三取得人。因为未通知另外一部分债权人是第三取得人的过失。而且，接到通知的债权人申请通过拍卖实现抵押权时，即使被担保债权的清偿期未到来，也不妨碍申请有效。既然如此，那么就应当理解为只对通知过的债权人发生通知的效果。

** 此时，申请通过拍卖实现抵押权的债权人必须通知债务人及"抵押不动产的受让人"（民385条）。但是，由于接到通知的利害关系人没有办法阻止拍卖，所以不知要求通知究竟是何用意。应该说即

---

[118]　大判昭和14·12·21民集18卷1596页（旁论）。

使怠于通知，也不影响拍卖申请的有效性。[119]

*** 即使有登记债权人中只有一人不同意第三取得人的提出额，选择申请拍卖，那么抵押权消灭的请求也未奏效。但是，由于要适用无剩余措施（民执63条），所以自己没有利益的有登记债权人也不能故意妨害该请求。

**** 申请拍卖是有登记债权人对抗抵押权消灭请求的手段，某一有登记债权人撤回申请无须征得其他有登记债权人的同意。因此，存在数个有登记债权人时，如果其中有人申请拍卖之后又撤回，可能会发生同意拟制的效果。为了避免发生同意拟制，其他有登记债权人也有必要再申请拍卖。

（D）费用偿还请求权。民法很多地方都规定，对物投入了费用的非所有人可以向所有人请求偿还（民196条，299条，595条2项，608条）。这些规定都是为了不让所有人在该非所有人的负担上发生不当得利（关于民299条，→35页）。

抵押不动产的第三取得人也对该不动产投入了费用，但这是他对自己的所有物投入的，所以不适用上述诸条文。但是，实现抵押权时，第三取得人对自己所有物的投入使抵押不动产的价值增加，使抵押权人等获益。因此，民391条规定，拍卖抵押不动产时，第三取得人可以第一个从价款中得到投入费用的返还。本条还规定了返还的范围"按照第196条的区分"，必要费用全额返还，有益费用以现存标的物的价值增加额为限返还，此金额依抵押权人选择成为支出额或增加额。[120]

接受偿还的具体程序将在下文中叙述（→203页＊）。抵押权人未偿还而获得更多分配时，第三取得人可以请求抵押权人返还不当得利（判例[121]）。

---

[119] 相同趣旨，河上·231页。认为涤除中申请增价拍卖不通知也不影响有效性的，我妻·382页，星野·291页。

[120] 问题点参见清水元「民法391条について」東北学院29号15页以下（1986）。

[121] 最判昭和48·7·11民集27卷7号763页。

(3) 对承租人的保护

(A) 概述。即使设定了抵押权，抵押不动产还是由所有人占有，所有人可以继续使用、收益。使用、收益权限中一般都包括出租权限。但是，所有人在抵押权设定登记后将抵押不动产出租的，该承租权即使具备对抗要件，也劣后于抵押权的对抗要件，无法对抗抵押权实现时的买受人。总之，承租人必须接受买受人的交付请求。

但这会使抵押不动产所有人的出租权限虚无化。原因在于，由于承租人在实现抵押权之后会被赶出来，很难有承租人愿意承租。但为使出租权限实效化，让承租人随便就能对抗抵押权人，又会损害抵押权人的正当利益。因为有承租人的不动产的价值通常低于没有承租人的。

所以就产生了应在何处寻求平衡的问题。现行法设计了交付犹豫期间制度，以及抵押权登记后的承租权要征得抵押权人同意的制度，二者使该问题在一定程度上得到了解决。*

***短期租赁制度的废止**[122] 平成15年修改前的民395条试图通过只保护短期租赁的承租人来实现平衡，也就是限于民602条规定的期间，即山林不超过10年、其他土地不超过5年、建筑物不超过3年的租赁。在这些租赁中，即使抵押权设定后具备了对抗要件，该承租人也能对抗抵押权人，即使在实现抵押权后，承租人在规定的租赁期限内仍可以继续留在该不动产上。但是，从批判短期租赁制度的滥用给抵押权人造成了巨大威胁开始，短期租赁制度还受到各种抨击，短期租赁制度因此被废除。取而代之的是交付犹豫期间制度，以及抵押权登记后的承租权要征得抵押权人同意的制度。

(B) 交付犹豫期间。[123] （a）抵押权设定登记后具备对抗要件的承租权，不论期间长短，均不得对抗抵押权人（买受人）。但是，即使是抵押权之后建筑物的承租人*，只要是在拍卖程序开始前使用、收益的人，在建筑物买受人购得时起算的六个月内，都可以不将该建筑物交付给买受人

---

[122] 参见道垣内·諸相358—364頁。
[123] 参见道垣内·諸相364—371頁。

（**交付犹豫期间**）（民395条1项1号）（另外，即使是拍卖程序开始后的租赁**，强制管理、担保不动产收益执行的管理人也承认承租人享有同样的交付犹豫期间。同项2号）。规定交付犹豫期间可以提高抵押权人的预测可能性，使其利益免受损害，同时也可以避免通过拍卖实现抵押权后迫使承租人立即搬出给承租人造成的不利。承租人可以在交付犹豫期间内寻找新的住房，并进行搬迁。

> ***土地承租人** 对以拥有建筑物为目的的土地租赁进行短期保护毫无意义，而且实际中也很少有抵押土地上存在承租人的事例。因此，交付犹豫期间只是针对建筑物承租人的。
>
> ****滥用租赁** 关于平成15年修改前的短期租赁制度，执行实务采用以下方式：对徒有承租权登记等却欠缺实体的承租权，实现抵押权时可以依职权注销该登记。这种情况不单是无占有的租赁，还包括以妨害抵押权为目的的租赁，均按"不存在值得保护的承租权"处理。这是今后需要继续保持的。上述执行实务已被形式化。以欺诈为目的的建筑物占有不是"基于承租权的占有"，根据修改后的民395条，这种占有人也不享有交付犹豫期间。这对防止利用交付犹豫期间妨害抵押权来说很重要。

（b）必须注意的是承租权不一定能存续六个月。承租权自身无法对抗买受人，买受人没有作为出租人的修缮义务，建筑物使用人也没有支付租金的义务。[124] 只不过是对交付的犹豫罢了。[125] *

因此，建筑物使用人在交付之前对买受人负有不当得利返还义务。的确，这六个月不交付是有"法律上的原因"，但建筑物使用人没有提升使用利益的权源。民395条2项将建筑物使用人向买受人支付"使用建筑物的对价"作为前提为以上解释提供了依据。

该金额一般被称为"一般租金相当额"。**

---

[124] 安永·307頁。

[125] 与建筑物定期租赁的关系，参见鎌田薰ほか「平成15年担保法・執行法改正の檢証（1）」（不動産法セミナ一18）ジュリ1321号162頁以下（2006）。

建筑物使用人连续一个月以上不支付该金额，经买受人催告后在一定期限内仍不履行的，则会丧失交付犹豫期间（民 395 条 2 项）。为了不使买受人既无法从建筑物使用人处获得对价，又长期无法获得交付，在建筑物使用人不支付对价时，交付犹豫即告终止。

押金返还请求权的确保 建筑物使用人只是被赋予了交付犹豫期间，但该承租权已消灭。买受人并不从之前的建筑物所有人处承继出租人的地位。那么，在建筑物使用人已缴纳押金时，负有押金返还义务的不是买受人，而是之前的建筑物所有人。但由于接受抵押权实现的建筑物所有人大多没有返还能力，押金返还请求权的保护就成了问题。希望将来对押金能有一些制度改革，例如让出租人承担分别管理义务，将押金预存入基金或者引入保险制度等。就目前而言，抵押权人为实现抵押权进行扣押之后，承租人应该可以基于不安抗辩权，以押金额为限停止支付租金。[126]

使用建筑物的对价 有时很难确定该金额，因为一方面存在减少金额的情形，另一方面还存在增加金额的情形。

减少的情形。首先，入住者的权利只有六个月。如果是一般的建筑物租赁的话，有借地借家保护建筑物使用人，可以享受法定更新的利益。但建筑物使用人只有交付犹豫期间，无法享受这些利益。其次，买受人不承担修缮义务等一般出租人承担的义务。再次，建筑物使用人占有该建筑物并非基于承租权，而只是对特定物的交付义务有一定的犹豫期限。那么，建筑物使用人对该物的保管应该尽到善良管理人的注意义务（民 400 条），不能任意使用。遗憾的是条文未对交付犹豫期间中的占有形态作充分规定，但基本可以按民 298 条处理。这也是应该减少不当得利额的情形。

另一方面，也有增加的情形。如果是通常的租赁契约，在租金之前要先付权利金和押金。但买受人不能受领这样的款项。

---

[126] 小林明彦「抵当権に基づく物上代位と相殺」伊藤眞ほか編著『担保・執行・倒産の現在』62 頁（有斐閣，2014）。

(C) 抵押权人对抵押权登记后的承租权的同意

（a）概述。抵押权设定登记后的承租权不能对抗抵押权人的实质性依据在于对抵押权人利益的保护。抵押权人原想作为没有承租人的不动产出卖，但抵押权设定之后出现了承租人，所以不得不作为附有承租权负担的不动产出卖，抵押权人遭受到不可预测的损失。

但是，即使是抵押权设定后的租赁，只要抵押权人认为拍卖后让该承租权继续存在有利于收回债权并表示同意时，该承租权也可对抗抵押权人。比如在优良承租人的入住会提升公寓的交换价值等情况下，抵押权人同意优良承租人的承租权可以维持现状，或者通过表明满足一定条件的承租人可以获得许可来促使优良承租人的出现，就能提升该不动产的担保价值。

因此，民 387 条规定，即使是抵押权设定后的租赁，只要有之前登记的抵押权人的同意，就可以对抗抵押权人。

（b）要件。

①有承租权登记。首先，承租权设定需经过登记（未满足借地借家上的对抗要件）。由于该制度能变更抵押权与承租权的顺位关系，所以必须公示同意及租赁。而且，未公示承租权的内容之后可能会就其内容产生纷争，也可能通过伪造内容来妨害执行。因此，进行包括承租权主要内容的登记是为了使权利关系更加明确、稳定。*

不登 82 条规定了登记事项，包括租金、存续期间、租金的支付时期等。为了明确权利关系，平成 15 年修改以后，存在押金的情况也可以进行登记。由于出租人的押金返还义务会随着抵押不动产所有权的转移而被新的所有人承继，所以出租人的押金返还义务本身就很重要，另外还需要防止通过伪造高额押金来妨害执行的情况。

* 但是，承租权登记也限制了该同意制度的使用范围。在现在的登记实务中，不能就不动产的一部分进行承租权登记。[127] 因此，除了可以将区分所有建筑物的各住房作为独立建筑物登记外，集合租赁

---

〔127〕 昭和 30·5·21 民事甲 972 号民事局長通達·先例集追 I 351 頁。

住宅中不能进行例如 201 室的承租权这种的承租权登记。因此，只有对一栋建筑物进行全体总括租赁时，才能对集合租赁住宅使用该同意制度。

②承租权登记前经过有登记抵押权人全体同意。如果在承租权设定登记前只取得部分有登记抵押权人的同意，那么这些人之间的顺位关系改变，也会使承租人的权利变得不稳定。例如，第一顺位、第二顺位的抵押权在承租权登记前进行了登记，但只取得了第一顺位抵押权人的同意。之后，为实现第一顺位抵押权而进行拍卖时，第二顺位抵押权也开始实现（→201 页），由于该租赁无法对抗第二顺位的抵押权人，所以承租人最后就会丧失权利来源。不是说不考虑承租人与取得同意的各抵押权人之间具有相对的对抗力，但这样会使法律关系变得异常复杂，并不妥当。因此，以承租权登记前经过有登记的抵押权人全体同意为要件。

同意是各抵押权人向承租人作出的意思表示，是抵押权人的单方行为。*由于不会给承租人带来不利，所以不需要承租人作出承诺。因同意而使不动产交换价值减少看似损害了抵押不动产所有人的利益，但该利益也没有特别的保护价值。不动产所有人本来就对承租人负有出租人的义务，通过抵押权人的同意来保护承租人，只是创造一个能够履行义务的状态。因为就算保护承租人利益最后未能通过拍卖该不动产完全收回被担保债权，发生这种情况的可能性也与放弃抵押权时一样。

但是，对作出同意的抵押权人的抵押权享有权利的人等会因同意而遭受损失时，又需要得到此人的同意（民 387 条 2 项）。趣旨与关于抵押权顺位变更的民 374 条 1 项但书相同，承诺人的范围也相同（→133—134 页）。

③对抵押权人的同意进行登记。这不仅是对抗要件，还是生效要件。与抵押权顺位变更时一样，旨在避免法律关系的复杂化。

具体做法是对抵押权人和承租人单独进行登记。

*抵押权人刚开始以为是信誉良好的承租人就同意了，但之后由于承租人的经济状况改变等出现了不支付租金、任意转租等情况，这

时，同意能否失效或附一定的解除条件使同意失效呢？答案是可能，解除条件成就时，抵押权人可以向承租人请求注销同意登记。但如果允许抵押权人自由地撤回同意（解除条件为纯粹随意的条件），承租人就将处于不稳定的地位，因此不能允许抵押权人随意撤回同意。[128]

数个抵押权人都同意了，但只有一个人的解除条件成就时，该怎么办呢？虽然也有人认为，必须是全部抵押权人同意的解除条件都成就，才能注销同意登记并否定承租权的对抗力[129]，但同意不是全体抵押权人的联合行为，各抵押权人的同意是分别丧失效力的。因此，即使数个抵押权中只有一人的同意丧失效力，也不满足要件②，也应否定该承租权的对抗力。

（c）效果。满足上述要件的租赁可以对抗在承租权设定登记前有登记的抵押权人。在抵押权人之后通过拍卖实现抵押权时，该承租权也将因被买受人承继而继续存在。买受人将成为出租人。

问题是，出租人与承租人在抵押权人同意后变更了租赁契约中约定的承租人权利、义务内容时，承租人能否以内容变更后的承租权对抗抵押权人呢？抵押权人当初认为不会损害其自身利益，才同意赋予某一特定内容的承租权以对抗力。因此，如果全盘肯定之后变更的内容也具有对抗力，就违背了抵押权人当初的预想。但全盘否定也不合适，因为抵押权人也应该能预想到，租赁契约会随着时间的推移而进行合理变更。

应作如下理解。[130]

首先，关于租赁期限的变更。即使登记的租赁期限已过，根据借地借家进行法定更新时，更新后的承租权也应能够对抗抵押权人。因为抵押权人应该能够预想到可能会根据借地借家进行法定更新。而且，虽然形式上是通过合意进行更新，但其实是法定更新，所以可以肯定更新后的承租权

---

[128] 参见小林明彦执笔·道垣内ほか72页。

[129] 谷口园惠=筒井健夫编『改正担保·执行法の解说』44页注（35）（商事法务，2004）。

[130] 小林明彦执笔·道垣内ほか68—72页。

具有对抗力。

其次，关于租金的变更。租金增额时，承租人对出租人负有增额后的租金债务，由于买受人继承了出租人的地位，买受人当然可以向承租人请求增额后的租金。与此相对，减额时又会怎样呢？虽然不能说抵押权人绝对预想不到因经济形势变动引起的变化，但由于租金不是根据法律规定自动变更的，当然不能和期间做同样理解。因此，减额后的承租权不能对抗买受人。然后，可以通过承租人对买受人，也就是新出租人行使地价等增减请求权（借地借家11条）、租赁增减请求权（借地借家32条）来进行调整。

关于押金额的变更。增额变更时不能对抗买受人。

承租人将承租权转让给第三人时会怎样呢？抵押权人的同意是针对具有特定内容的承租权作出的，承租人是其内容的重要因素。因此，以受让人为承租人的承租权不具有对抗力。但是，如果获得同意的租赁是允许转让承租权的，且已将该内容进行登记，则应另当别论。

转租时，承租人并未发生变化，因此原租赁仍可对抗买受人。但是，就算出租人同意转租，买受人也可以不受其约束，以承租人擅自转租为由解除租赁契约。出租人对转租的同意，对买受人而言虽然也有该租赁预先承认转租的效果，但如果允许转租的特别约定未经登记，则不能对抗第三人。因此，唯有获得同意的租赁是允许转租的，且已将该内容进行登记时，才可以另当别论。

另外，对于非登记事项的租赁契约内容，也包含租赁本身登记后变更的内容，应当认为抵押权人也是承认的。但是，内容极端的特别约定，应认为本来就不是租赁契约的组成部分。[131]

3. 抵押权人对侵害的权限

（1）向第三人请求

（A）标的物的物理性侵害与物权请求权。第三人损坏标的物或有损

---

[131] 参见道垣内弘人「賃貸借の対抗力に関する一般法と特・法」潮見佳男ほか編，『特・法と民法法理』149—152頁（有斐閣，2006）。

坏之虞，并因此侵害抵押权人权利或有侵害之虞时，抵押权人可依物权请求权排除侵害。具体问题有对抵押不动产的损坏或部分分离、搬出，以及不法侵占。

（a）损坏或部分分离、搬出。[132] 如果第三人将抵押不动产的部分分离、搬出，使其丧失作为附加一体物的性质，并因此不能成为实现抵押权时的扣押对象，抵押权人就无法从中获得优先受偿（→140页＊）。损坏时当然也是一样。因此，防止损坏、分离、搬出行为的同时，还有必要在搬出之后使其恢复到附加一体物的范围内（另外，在抵押不动产一般使用的范围内，允许一定程度的损坏，→190页）。因此，承认抵押权人享有物权请求权，具体包括妨害预防、妨害排除和返还请求权。＊

问题是，是不是曾经是附加一体物的物，不论现在何方，都可以行使返还请求权呢？民370条规定抵押权的效力及于附加一体物，但从抵押不动产上搬出后就丧失了附加一体物的性质，抵押权的效力就不能及于该物，该物也就不能成为基于抵押权的物权返还请求权的对象。

应作如下理解[133]：虽然该物确因搬出而丧失了抵押权效力及于此的对抗要件[134]，但当该物的占有人为设定人时，当然不能主张它不具备对抗要件；当占有人为该物还存在于抵押不动产上时接受该物处分的第三人时，抵押权人在丧失对抗要件后也可以对该第三人主张抵押权效力及于该物。＊＊因为该第三人正是抵押权所要对抗的人。但是，抵押权不能对抗搬出后在抵押不动产之外接受该物处分的人（背信恶意人除外），因为该人是在抵押权丧失对抗要件之后才出现的。

此时，抵押权人是向应将该动产返还至抵押不动产处的第三人为请

---

[132] 道垣内·上文注释55, 109—111页，道垣内·諸相57—58页。另外，修改了道垣内（旧）·145页的见解。

[133] 安永正昭「登記· 登録による公示と動産の善意取得」神戸42卷1号105頁（1992）。相同趣旨，角·47頁。

[134] 关于这一点，有批判认为因第三人搬出而消灭公示无法归责于抵押权人，所以对抗力并未消失（石田剛「抵当不動産から分離搬出された動産への抵当権の追及効」法教407号125頁［2014］。松岡·52頁也是相同意见）。但是，关于附加一体物，并不是直接具备了对抗要件，而只是根据不动产登记对抗力及于附加一体物，因此不能与因登记官失误而造成的不动产登记注销等相提并论。

求，作为实体法上担保保全义务的一个环节，抵押不动产的所有人有受领该动产的义务。但当抵押不动产的所有人拒绝受领时，抵押权人可以请求向自己交付。

＊也有学说认为，因损坏或部分分离、搬出导致抵押不动产价值减少，以至于无法完全清偿被担保债权，是行使物权请求权的要件，但由于抵押权是及于抵押不动产全体的权利（民372条→296条），应认为这并非行使的要件（通说）。

＊＊不过，接受处分的第三人对该物可能即时取得（民192条）无抵押权负担的所有权。此时，第三人即使知道抵押权的效力及于该物，只要他对自己接受的处分不在抵押不动产的一般使用范围内是善意、无过失的，就能够即时取得。但如果该第三人在该物尚存于抵押不动产上时依占有改定获得交付，便不能即时取得。

（b）占有。抵押不动产的占有人有损坏标的物之虞的情况属于（a），当然可以基于妨害预防请求权请求其退出。与之相对，曾经有判例[135]认为，只要没有损坏标的物之虞，即使是不法占有人，抵押权人也不能要求此人退出。这是因为，不法占有人的权利无法对抗抵押权人，抵押权人可以在抵押权实现阶段让其退出，并不会妨碍其优先受偿权的实现。

但是，现实中，鲜有买受人愿意购买存在不法占有人的抵押不动产，不法占有实际上会妨碍抵押权的实现。[136] 于是，平成11年的判例[137]认为，"因第三人不法占有抵押不动产，出现可能妨害拍卖程序的进行或使出卖价额低于正常价额等妨碍抵押不动产交换价值的实现、使抵押权人处于难以行使优先受偿权的状态时，抵押权非占有担保的性质并不妨

---

[135] 大判昭和9・6・15民集13卷1164頁。另外，最判平成3・3・22民集45卷3号268頁，认为第三人的占有本身并未使担保价值减少，结论是不允许请求交付。但如果因为一些其他情况导致担保价值减少，还是有可能向抵押权人请求交付的（鎌田薫「抵当権の侵害と明渡請求」高島平威古稀『民法学の新たな展開』279—281頁〔成文堂，1993〕，同「抵当権の効力」司研91号14—16頁〔1994〕）。
[136] 还有其他妨害方法，参见道垣内・諸相224頁以下。
[137] 最大判平成11・11・24民集53卷8号1899頁。

碍将其认定为对抵押权的侵害"。在该案中，法院承认抵押权人可以代位行使抵押不动产所有人对不法占有人享有的妨害排除请求权，还在旁论中表明了"抵押权人也可以基于抵押权请求排除上述妨碍状态"的立场。之后，平成17年的最高裁判所判决[138]在具体案件中确认了基于抵押权的妨害排除请求权。

学说也大致赞成，但要件、效果等方面尚有诸多不明之处，应作如下理解。[139]

①虽然判例中既承认抵押权人可以代位行使抵押不动产所有人对不法占有人享有的妨害排除请求权，又承认可以基于抵押权行使妨害排除请求权，但应以后者为原则。特别是出现抵押不动产的第三取得人时，不能承认代位行使。

②第三人的占有权源能对抗抵押权人时，由该抵押权人承担因第三人占有导致的价值减少，此时不能算作侵害抵押权人的优先受偿权。但对占有权源不能对抗抵押权人的占有人而言，即使该权源能对抗抵押不动产所有人，抵押权人也可以基于抵押权请求排除妨害。但是，为与抵押不动产所有人的出租权限（→176页）相协调，仅在"抵押权设定登记后，从抵押不动产所有人处接受占有权源设定的占有人，认定其设定占有权源的目的是为妨害实现抵押权的拍卖程序，以占有妨碍抵押不动产交换价值的实现，使抵押权人难以行使优先受偿权的情况下"，可以请求排除妨害（判例[140]）。抵押权人在实现抵押权时获得的分配额减少虽然也能算作该占有对抵押权的侵害，但抵押权设定登记后的承租人有交付犹豫期间制度的保护（→176页以下），在实现抵押权之前将非以妨害为目的之租赁的承租人排除出去会导致制度之间出现矛盾。因此，判例的立场是正确的。[141]

③按上述理解对抵押权的侵害时，应认为只有占有人的存在导致自己应得分配额减少的抵押权人才可以请求交付。

---

[138] 最判平成17、3、10民集59卷2号356页。
[139] 参见道垣内·诸相205页以下。
[140] 最判平成17·3·10、上文注释138。
[141] 相同趣旨，安永·296页。

④抵押权人可以向应将抵押不动产返还给所有人的占有人为请求。抵押不动产所有人拒绝受领或受领困难时，抵押权人可以要求向自己交付，接受交付的抵押权人对抵押不动产没有使用和收益的权限，只能对其进行维护管理。"无法期待抵押不动产所有人不侵害抵押权，或无法期待其对抵押不动产进行适当的维护管理时"，也可以抵押权人受领（判例[142]）。

*民事执行法上也设置了排除不法占有人的几种方法，在此集中阐述一下。[143]

主要是对出卖的保全处分，民执55条、55条之2规定，准用担保不动产拍卖（民执188条）。一般债权人进行扣押或抵押权人提出拍卖申请，债务人或不动产占有人使作为拍卖对象的不动产的价格减少或作出有减少之虞的行为（价格减少行为）时，要禁止这些行为，在必要时，还可以命令将该不动产交予执行法官。占有人姓名不详时（以妨害执行为目的时，经常会出现这种情况），对方不特定，但仍能发出保全处分命令。

即使是拍卖开始决定前，也可以依欲申请拍卖担保不动产的抵押权人的申请，进行同样的保全处分（民执187条）。不过，由于是在拍卖开始决定前，一些要件比较严苛。

另外，进行拍卖程序，出现最高价买受提出人和买受人时，这些人均得根据民执77条申请保全处分。此时，债务人或不动产占有人作出价格减少行为或有减少之虞时，也可以作出禁止这些行为、命令将该不动产交予执行法官等保全处分。

（B）基于不法行为的损害赔偿请求权。（a）因第三人的损坏使抵押不动产价值减少，无法满足抵押权的被担保债权时（即发生损害时），抵押权人能否以不法行为（民709条）为由向第三人请求损害赔偿呢？也有

---

[142] 最判平成17・3・10、上文注释138。
[143] 另外，平成15年也对这些保全处分作了大幅改。参见古贺政治执笔、道垣内等95页以下。

判例[144]持肯定意见，但近来的多数说认为，仅押抵不动产的所有人对不法行为人享有损害赔偿请求权，抵押权人只是对其进行物上代位（民372条→304条。→150页）。承认直接的请求权将导致请求权和物上代位的关系错乱。多数说是很合理的。[145]

(b) 抵押权登记被不法注销或不当推迟抵押权的实现程序时，又会怎样呢？物上代位只能基于因抵押不动产灭失、损坏而生的损害赔偿请求权而进行（参见民304条），因此这种情况下应肯定抵押权人可直接请求。

（C）无效登记的注销。存在优先于抵押权人权利的登记外观时，不论是不是无效登记，都会妨碍抵押权人实现抵押权并获得优先受偿。因此，抵押权人享有无效登记注销请求权（通说、判例[146]）。例如，请求注销已消灭的先顺位抵押权登记。

（D）其他债权人对标的物的强制执行。一般情况下，其他债权人扣押抵押不动产并申请拍卖是正当行使债权人的权利，他们也可在由抵押权人开始的拍卖程序中获得优先受偿（→203页）。但是，其他债权人在自己没有分配、没有利益的情况下，仍申请开始强制执行，则可构成不当地剥夺抵押权人的实现时期选择权。于是，民执63条规定，此种情况下应采取法定的无剩余措施，扣押债权人不提供约定的保证时，取消强制执行程序。

与之相对，劣后于抵押权人的其他债权人仅对附加一体物进行强制执行时，抵押权人可以通过第三人异议之诉（民执38条）予以排除（通说、判例[147]）。这一方面是因为，附加一体物与抵押不动产结合提高了抵押不动产的经济价值，仅以此为拍卖对象会损害抵押权人的利益；另一方面则是考虑到，扣押债权人扣押抵押不动产主体的效力已经可以及于附加一体

---

[144] 大判昭和7・5・27民集11卷1289頁。
[145] 道垣内・諸相60—62頁。反对意见，平井宜雄『債権各論Ⅱ不法行為』44頁（弘文堂，1992），山野目・300—301頁（但是，要件更加严格），吉田・241—242頁，田高寛貴「担保権侵害による損害賠・請求に関する一考察」名法227号350—351頁（2008），松岡・114頁。另见，窪田充見『不法行為法』99頁（有斐閣，2007）。
[146] 大判昭和15・5・14民集19卷840頁等。
[147] 最判昭和44・3・28，上文注释62。

物，不允许其仅对附加一体物进行强制执行，也不会损害扣押债权人的利益。

（2）向债务人、设定人、抵押不动产所有人请求

（A）基于物权请求权、不法行为的损害赔偿请求权。抵押权的特性是，所有人可以继续使用抵押不动产。因此，通常的使用、收益，就算造成了抵押不动产价值下跌，也不会产生物权请求权和损害赔偿请求权。例如，继续居住作为抵押不动产的住房产生了一定程度的污损，在通常范围内采伐作为抵押不动产的山林里的树木等。但是，如果所有人的行为程度超过了通常的使用范围，就和对第三人的情况一样，抵押权人可以行使物权请求权。*

对损害赔偿请求应作如下理解：

不法行为人为债务人时，请求清偿被担保债权即可［参见（B）］。与之相对，非债务人的所有人损坏抵押不动产和附加一体物时，抵押权人可以向其请求损害赔偿。

此时，问题①是：抵押不动产减少后的剩余价值仍能清偿被担保债权额时，是否会对抵押权人造成损害呢？问题②是：实际上只有当抵押权实现时，才能看出剩余价值够不够清偿被担保债权，那么，是不是到抵押权实现时才允许损害赔偿请求呢？判例对问题①的看法是，仅当抵押不动产的价值减损导致被担保债权无法清偿时才构成损害抵押权。[148] 对问题②的看法是，损害赔偿请求权行使的时间，以抵押权实现时或被担保债权清偿期到来后、抵押权实现前为准。[149]

但是，抵押权人将抵押不动产作为一体，拥有从其中任何部分收回被担保债权全额的权利，对该权利的侵害是通过抵押不动产在不法行为发生时的价值减少额来确定，所以应认为无需等待被担保债权的清偿期到来，即可请求损害赔偿。[150]

另外，不法行为人为抵押权设定人时，也可以追究其违反设定契约的

---

[148] 大判昭和3·8·1民集7卷671页。
[149] 大判昭和7·5·27、上文注释144。
[150] 道垣内·诸相58—60页。相同趣旨，河上·148—149页。

第4章 抵押权　171

债务不履行责任。

而且，此时不法行为人（所有人）只能就赔偿额部分对被担保债权进行代位（民 422 条的类推适用）。

<small>＊现在，债务人、设定人（非抵押不动产所有人）实施这种侵害行为，以至于抵押不动产所有人对其享有损害赔偿请求权时，也不能承认抵押权人有直接的损害赔偿请求权，而只能进行物上代位。与（1）的情况一样。</small>

（B）期限利益的丧失、增担保请求。"债务人使担保灭失、损坏或减少时"，丧失被担保债权的期限利益，债权人可以请求其支付被担保债权，同时抵押权人也可以对剩余的担保标的物实现抵押权（民 137 条 2 号）。＊原因在于，随着担保灭失、损坏或减少，债务人已经丧失信用基础，如果债权人直至期限到来才能行使债权的话，对债权人就太苛刻了。但是，如果是第三人的行为导致的，丧失期限利益又对债务人太苛刻了，所以仅应限定于因债务人的行为导致担保灭失、损坏或减少时。

通说以前者为重，认为只要是债务人的行为即可，无须债务人有故意、过失。另外，判例[151]认为，先顺位担保权人实现担保权导致后顺位抵押权消灭时，视为后顺位抵押权的被担保债权的清偿期到来（适用条文不明）。

另外，债务人使担保灭失、损坏或减少时，抵押权人可以请求债务人增加担保，以此避免丧失期限利益。在实际的契约中，不归咎于债务人行为的担保灭失等情况下，抵押权人大多也可请求增加担保，如不能进行就根据民 137 条 3 号丧失期限利益。

因此，不管是如何导致担保物灭失等情况，只要不能进行增担保，就会丧失期限利益。＊＊

<small>＊另外，虽然民 137 条 1 号将债务人破产程序开始列举为丧失期限利益的原因，但由于破 103 条 3 项规定，附期限债权在破产程序开</small>

---

[151] 大判昭和 9・5・22 民集 13 卷 799 页。

始时被视为清偿期到来,所以现在民137条1号已毫无意义。

** **抵押权人的担保保存义务** 连带保证人等对被担保债权为第三人清偿,对该抵押权享有代位利益时,抵押权人自身也有义务不要让作为代位客体的抵押权丧失或减少。抵押权人违反此义务时,保证人等可以就丧失代位利益的部分免除清偿义务(民504条)。但在银行交易等情况中,作为抵押权人的银行等通常会缔结免除上述义务的特别约定,其效力是个问题。[152] [债权法修改过程中,明确规定了在"认定存在根据交易社会通常观念合理的理由时",并不违反义务(改正案504条2项)]。

4. 抵押权的处分

(1) 如前所述,只要不给设定人、标的物所有人造成设定契约约定义务之外的负担,抵押权人就可以将自己的权利交由第三人处分。因此,民376条1项规定,抵押权人可以以该抵押权"担保其他债权",还可以"为同一债务人其他债权人的利益而转让或放弃该抵押权或其顺位"。即转抵押、抵押权的转让、抵押权的放弃、抵押权顺位的转让、抵押权顺位的放弃(关于抵押权顺位变更,→133页)。

(2) 转抵押

(A) 首先,何为**转抵押**?有人认为和转质一样(→100页*),但与转质的情况不同,转抵押应是抵押权完全脱离被担保债权而担保其他债权(就抵押权设定担保权)的制度。*转抵押主要用于抵押权人需要接受其他融资时。**

> *此外,有观点认为,转抵押是将被担保债权与抵押权共同担保化的方法(债权、抵押权共同出质说[153]),还有观点认为是对抵押标的物再次设定抵押权(抵押权再次设定说[154])。

---

[152] 参见最判平成7・6・23民集49卷6号1737页。
[153] 柚木=高木・294页,近江・212页。
[154] 我妻・390页。

但是，对被担保债权的约束有明文规定（民376条），未采债权、抵押权共同出质说（如采此说就不用规定该条了）。于是，就出现了抵押权再次设定说和本文的见解孰优孰劣的问题。两说的趣旨均是，仅对抵押标的物中抵押权人掌握的权利部分再次设定抵押权，在就抵押权设定担保权的理解上几乎没有差别。因此，以忠实于文本为出发点的话（"以该抵押权作为其他债权的担保"），应该按本文的观点理解。[155]

** 例如，某楼房所有人要求楼房入住人在入住时支付入住保险金，此时如果有金融机构向入住人进行融资，入住人可以就他对该楼房享有的抵押权（被担保债权为楼房入住金返还请求权）进行转抵押。[156]

（B）设定。(a) 转抵押依抵押权人与转抵押权人的合意设定，无需原抵押权设定人、后顺位抵押权人等的合意。有利害关系人全体的合意当然可以设定转抵押，但如果要求必须有全体合意，民376条就失去了存在的理由。因此，转抵押还必须注意不要损害到原抵押权设定人和后顺位抵押权人的利益。*

* 以前认为转抵押权的有效要件为两个：一是转抵押权的被担保债权额不超过原抵押权；二是转抵押权的被担保债权的清偿期先于原抵押权到来。但现在一般不需要上述两个要件（登记先例[157]中也有被担保债权额的大小不成为问题的观点）。理由详见关于转质的说明（→101页**）。

(b) 对抗要件的问题必须在分开考虑下列两种关系的基础上进行：第一种是转抵押权人与就原抵押权取得与其不相容权利的人的关系 [（i）]，第二种是转抵押权人与原抵押权被担保债权利害关系人的关系

---

〔155〕 参见铃木·上文注释2，192—196页。相同趣旨，星野·265页、内田·453页。

〔156〕 旗田庸"抵当権の処分と金融実务"加藤一郎＝林良平编代『担保法大系（1）』755—756页（金融财政事情研究会，1984）。

〔157〕 昭和30·10·6民事甲2016号民事局长通达·先例集追Ⅰ477页。

〔(ii)〕。前者可作为一般抵押权的对抗要件问题处理，后者则是转抵押权的设定能否对原抵押权被担保债权产生约束〔(C)(b)〕的问题。两者性质迥异。

(i) 对原抵押权设定了数个转抵押权时，各转抵押权人之间的顺位关系根据在原抵押权设定登记上进行转抵押权备注登记的先后决定，即按备注登记的顺序确定顺位（民 376 条 2 项）。对原抵押权或其顺位的转让、放弃，以及抵押权顺位变更人间的顺位，也根据备注登记的先后决定。

(ii) 转抵押人与原抵押权被担保债权利害关系人的关系，稍微有点复杂。

①首先，未经 (i) 中提到的备注登记，转抵押权的设定不能对抗第三人。此处所谓的"第三人"，应该包括原抵押权被担保债权的债务人等。

②其次，只要将设定转抵押权的事实通知了债务人或得到债务人的同意，即使债务人、保证人、原抵押权设定人及其继承人清偿了原抵押权的被担保债权，并消灭了原抵押权，也不能对抗转抵押权人（民 377 条 2 项），民法 377 条 1 项是该约束的对抗要件（虽然同条 1 项只规定了"不能对抗"，但应结合第 2 项来看，具体是指不能对抗第 2 项所规定的效果）。因为在清偿过程中，一般都会确认债务人是否存在被担保债权。

不过，可能清偿原抵押权被担保债权的不止上述四种人。转抵押权要达到目的就还得对其他人产生约束，这些人在清偿过程中一般都会询问债务人。因此，只要通知了债务人或得到了债务人的同意，就能对所有人产生同条 2 项的效果（通过清偿消灭原抵押权不能对抗转抵押权人的效果）。也就是说，第 1 项的条文只不过是列举了几个较为可能清偿被担保债权的人，仅是例示而已。

根据民 467 条的规定，必须有该通知、同意（民 377 条 1 项）（因此，必须由转抵押权设定人，也就是原抵押权人进行通知），但无需确定日期证书。[158] 在关于指名债权转让的判例、通说中，债务人自不待言，民 377 条 1 项规定的保证人以下的人，也不属于必须通过确定日期证

---

[158] 清水诚执笔・判コン384页，我妻・393页，船越・240页。

书进行通知、同意才能对抗的"债务人以外的第三人"（民467条2项）（详见债权总论）。

③清偿不能对抗转抵押权人这一效果（民377条2项），有间接地确定转抵押权人和原抵押权被担保债权的受让人等顺位的作用。也就是说，在接到抵押权处分通知后，接到转让通知的债务人等可以拒绝对受让人进行有效清偿，于是受让人就劣后于转抵押权人。而且，此时还需要防止转抵押权人与债务人采取通谋提前通知日期等行为损害受让人，所以才要求通过确定日期证书进行通知、同意。但是，转抵押尚未进行备注登记时，转抵押的设定本来就无法对抗全体第三人，而经过备注登记后，登记的日期也可以起到防止伪造通知、同意日期的作用。因此，基于转抵押权人与原抵押权被担保债权的受让人等的关系，也无需通过确定日期证书进行通知、同意。[159]

（C）效果。(a) 原抵押权人不能消灭原抵押权，因为这是他自己设定的转抵押权的客体。所以，除了放弃原抵押权，不能代收被担保债权、抵销、免除。

但是，允许实现原抵押权。[160] 原抵押权人本来就可以作为一般债权人扣押抵押不动产，所以禁止实现原抵押权毫无意义，而且转抵押权人也能在该拍卖程序中获得优先受偿（根据民137条2号，转抵押权被担保债权的清偿期也要到来），不会因此遭受损失。判例[161]只允许在原抵押权的被担保债权额超过转抵押权的被担保债权额时实现原抵押权，但不满足该要件时按照民执63条（民执188条规定准用63条。无剩余措施）处理，无需满足其他要件。

(b) 原抵押权被担保债权的债务人自不待言，在经过转抵押权设定的

---

[159] 相同趣旨，河上·236页。还有，参见松本恒雄「転抵当と被担保債権の譲渡·質入れの競合」池田真朗ほか『マルチラテラル民法』186页以下（有斐閣，2002）。虽然结论不同，但深受启发。另见，田原睦夫『実務から見た担保法の諸問題』207页以下（弘文堂，2014）。

[160] 反对意见，柚木＝高木·298页，近江·212页，川井·395页，高橋·194页。

[161] 大决昭和7·8·29民集11卷1729页，最判昭和44·10·16民集23卷10号1759页。

备注登记，且具备民 377 条 1 项的对抗要件后，任何未取得转抵押权人的同意就清偿了原抵押权的被担保债权的人，都不能对抗转抵押权人（民 377 条 2 项）。一方面是因为，如果清偿可以对抗，以原抵押权为客体的转抵押权就会消灭，这将损害转抵押权人的利益；另一方面，清偿人可以通过接到通知或作出同意的债务人得知设定转抵押权的事实，所以对清偿人来说也不是很苛刻。

但是，原抵押权被担保债权的债务人等，享有在该被担保债权清偿期到来时（或放弃期限利益）支付该被担保债权额以消灭（原）抵押权的利益，不能因设定与其毫不相干的转抵押权而损害该利益。因此，通说承认原抵押权被担保债权的债务人等，可以通过提存与被担保债权额相当的金钱来消灭原抵押权，但转抵押权的效力也及于该提存金返还请求权。这种观点值得赞同，因为它的依据是，该请求权是作为转抵押权客体的原抵押权消灭的对价，从物上代位的观念上看应当如此。关于民 366 条 3 项类推适用的学说很多，但这是债权为质权客体时的规定，而原抵押权是转抵押权的客体，不应类推适用此项。[162]

（D）实现。转抵押权的客体只能是原抵押权，在实现转抵押权的过程中，理论上貌似要拍卖原抵押权，并从中获得优先受偿。但抵押权是附从于被担保债权的（→129—130 页），不能将抵押权独立于被担保债权进行拍卖，从转抵押权的效力上看，转抵押权人可以行使原抵押权（通说）。因此，为了转抵押权的实现（原抵押权的实现），不仅需要转抵押权被担保债权的清偿期到来，还需要原抵押权被担保债权的清偿期到来。在该程序中，转抵押权人可在自己被担保债权额的范围内，行使原抵押权的优先受偿权。

实现原抵押权或其他债权人开始拍卖抵押不动产时，也同样可以行使原抵押权的优先受偿权。

但是，转抵押权不以原抵押权的被担保债权为担保客体，不能直接代收原抵押权的被担保债权。* 当然，可以另外设定债权质权（民 362 条

---

[162] 与之相对的反对论，高橋·195—196 頁注（10）。

以下)。

＊如果债权、抵押权共同出质说能够成立，那么根据民 366 条 1 项，可以承认直接代收，该说的支持者认为这是该说的一大优点。[163] 但就不必作为转抵押的效果了。

(E) 消灭。与抵押权消灭的一般理论相同 (→232 页以下)。另外，请注意转抵押权因转抵押权的被担保债权消灭而消灭时，原抵押权仍继续存在。

(3) 抵押权顺位的转让、放弃

(A) 民 376 条 1 项规定，抵押权人可以为同一债务人其他债权人的利益＊，转让或放弃该抵押权或其顺位。共包含**抵押权的转让**、**抵押权的放弃**、**抵押权顺位的转让**和**抵押权顺位的放弃**四种处分形态。均是通过处分人（该抵押权人）与受益人（其他债权人）达成处分契约的方式来完成，所以在具体的法律解释时，必须注意不要损害到债务人、抵押权设定人以及后顺位抵押权人等与契约不相干的人的利益。

＊条文上规定的是"为同一债务人其他债权人利益"，貌似不能为不同债务人的债权人和处分人（抵押权人）自己其他债权人的利益处分抵押权。但不管什么情况，债务人及其他第三人，对原抵押权的被担保债权进行提存清偿，都能消灭抵押权 (→199 页)，所以不会遭受损失，没有必要否定上述处分的可能性。[164] 登记实务也承认同一债权人间的顺位转让、放弃[165]，和为其他债务人（尤其是物上保证人）的债权人所为的顺位转让、放弃[166]。

(B) "转让"是指由受益人取得处分人享有的优先受偿权，"放弃"是指处分人不对受益人主张优先受偿权。抵押权自身的转让、放弃可以对一般债权人（准确地说，是对该抵押不动产不享有抵押权的债权人）进

---

[163] 柚木=高木·296 页，近江·212 页。
[164] 我妻·402 页。反对意见，高木·229 页，船越·246 页。
[165] 昭和 25·6·22 民事甲 1735 号民事局长通达·先例集下 1423 页。
[166] 昭和 30·7·11 民事甲 1427 号民事局长回答·先例集追 I 383 页。

行，抵押权顺位的转让、放弃则可以对其他抵押权人进行。因为一般债权人对该抵押不动产不享有抵押权，只有转让、放弃抵押权才能达到上述效果。与此相对，对其他抵押权人来说，转让、放弃抵押权顺位足矣。

例如，第一顺位抵押权人 A（被担保债权额 1000 万日元）、第二顺位抵押权人 B（2000 万日元）、第三顺位抵押权人 C（3000 万日元）、无担保债权人 D（1000 万日元），抵押不动产的拍卖价格为 4000 万日元。如果没有抵押权处分，变价款就按 A 1000 万日元、B 2000 万日元、C 1000 万日元的方式进行分配。有上述四种处分时，将会变为下列结果，对此现在几乎已经没有异议。

①抵押权的转让。A 对 D 转让抵押权，D 取得了 A 的优先受偿权，所以变为按 D 1000 万日元、B 2000 万日元、C 1000 万日元的方式进行分配。假如 D 的债权额是 800 万日元，A 本来应得的 1000 万日元分配给 D 800 万日元、自己仍留有 A 200 万日元。原因在于，A 仅为 D 的利益转让抵押权，余额理应返还给 A。

②抵押权的放弃。A 对 D 放弃抵押权，A 不对 D 主张优先受偿权，所以将 A 本来应得的 1000 万日元，按 A、D 的债权额比例分配。即 A 500 万日元、D 500 万日元、B 2000 万日元、C 1000 万日元。

③抵押权顺位的转让。A 对 C 转让抵押权顺位，C 取得 A 的优先受偿权，所以变为先分配给 C 1000 万日元，其次给 B 2000 万日元，然后再将 C 本来的分配额 1000 万日元也分配给 C。有余额时返还给 A，与①相同。

④抵押权顺位的放弃。A 对 C 放弃抵押权顺位，A 不对 C 主张优先受偿权，所以 A、C 享有平等的优先受偿权。因此，将 A、C 各自本来应得的 1000 万日元和 1000 万日元合为 2000 万日元，按照 A、C 的债权额比例分配。结果是分配给 A 500 万日元、B 2000 万日元、C 1500 万日元。

（C）对抗要件与转抵押时没有什么区别（→193 页以下）。处分人有义务不使处分的抵押权消灭，为了不使处分的抵押权消灭，对债务人及其他第三人清偿被担保债权也增加了限制（进一步说是可以提存，此时抵押权在提存金请求权上继续存在），与转抵押的情况相同（→195—197 页）。

（D）不论在何种处分形态中，处分人、受益人双方都有实现抵押权的权利。当然，转让时处分人未得到分配时，采用法定的无剩余措施（民执188条→63条）（也可取消拍卖程序）。虽然认为处分人在抵押权转让中无抵押权实现权限的学说也很有力[167]，但还是应该视为其未丧失抵押权人的地位。[168]

另外，抵押权转让、放弃的受益人在实现抵押权时，不仅需要自己债权的清偿期到来，还需要处分人债权的清偿期到来，因为实现的是处分人的抵押权。

第5节 优先受偿权的实现

1. 概述

在抵押权人或其他债权人开始的抵押不动产强制执行程序中，抵押权的优先受偿权原则上是通过从变价款、收益中优先受偿实现的。

强制执行程序有两种，分别是抵押不动产的拍卖程序和为抵押不动产选任管理人并从中收益的程序（担保不动产收益执行程序）。

下面，首先概括性介绍通过拍卖程序实现优先受偿权。其次详细阐述抵押标的物为复数时的处理（共同抵押权）和仅就土地或住房设定抵押权时的处理（法定地上权）。再次，概述担保不动产收益执行程序。最后，谈一下债务人开始破产程序的情况。

2. 通过拍卖程序实现优先受偿权

（1）抵押权人实现抵押权

（A）拍卖的申请。首先，抵押权人向标的物所在地的地方裁判所提出**拍卖担保不动产**以实现抵押权的申请。

申请时，首先要提交能明确证明抵押权存在的文书（民执181条1项

---

[167] 我妻·413页，柚木=高木·303页，高木·231页。
[168] 香川·405。

规定的文书）。一般是提交抵押权登记（假登记除外）中记载的登记事项证明书（同项3号）。被担保债权履行迟延也是申请的必要要件，但无需抵押权人积极证明，而是由有异议的相对方提出执行异议（民执11条）论争是否存在履行迟延。

（B）拍卖开始决定与拍卖程序。（a）申请满足要件的，裁判所决定拍卖开始（民执188条→45条1项），宣告债权人得以扣押抵押不动产。与此同时，通知所有人，并进行扣押登记。

于是，所有人就丧失了对抵押不动产的处分权，但依然享有使用、收益权限（民执188条→46条2项）。

（b）然后，进入抵押不动产变价阶段。具体程序是，先由裁判所书记官决定要求分配的终止日期（民执188条→49条1项），然后按照执行裁判所规定的方法出卖抵押不动产（民执188条→64条。还需参见63条，73条）。如果出现买受人，执行裁判所作出出卖许可决定（民执188条→69条），买受人支付价款，抵押不动产的所有权即转移至买受人（民执188条→79条，80条，82条1项）。一旦支付价款，就不得以抵押权不存在或已消灭为由主张拍卖程序无效（民执184条），其目的在于提高抵押权实现程序的可信度，促进优先受偿权的实效。另外，对于第三取得人来说，虽然抵押不动产是自己的所有物，但并不妨碍其成为买受人（民390条）。[169]

一旦出卖，不动产上的优先权、质权（最上位且未规定不准收益的除外）、抵押权全部消灭（民执188条→59条1项）。例如，实现了第二顺位的抵押权，第一顺位的抵押权也会消灭，第一顺位的抵押权人只是在该程序中获得优先受偿。无法对抗这些消灭了的权利的用益权（承租权、地上权、永佃权）也消灭（民执188条→59条2项）。

（c）最后是将标的物的变价款分配给债权人。除了自主开始实现程序的抵押权人以外，能够取得分配的债权人还包括：申请分配的终期结束前要求分配的其他债权人（关于担保假登记权利人，→293页），抵押权人执

---

[169] 关于此规定的含义，参见加贺山·448—450页。

行时进行二次扣押的债权人，扣押登记前有登记的一般优先权人、不动产优先权人、质权人（最上位且未规定不准收益的除外）、抵押权人（即消灭担保权的权利人）（民执 188 条→87 条 1 项）。分配时，首先是手续费用（→50 页），其次是第三取得人享有的偿还请求权（民 391 条）*，然后是各债权人的债权，按优先顺位进行分配。各债权人享有的数个债权之间（对抵押权人的分配中，将对同一债务人的数个债权合为一个整体作为抵押权的被担保债权时），各债权的本金、利息、损害赔偿金、费用之间，按法定充抵的规定（民 489 条—491 条）进行（判例[170]）。另外，债务人为复数的抵押权，无法全额清偿被担保债权时，将按各债务人分摊的被担保债权额比例分配，然后对各债务人使用法定充抵的规定（判例[171]）。

抵押权人当然优先于一般债权人，下面介绍抵押权与其他担保权的顺位关系。

①由于买受人已经接受了留置权，所以留置权事实上优先于抵押权（→40 页）。

②与一般优先权之间的顺位按登记先后确定（→76 页）。不动产保存的优先权、施工的优先权，有登记的才能优先于抵押权，不动产买卖的优先权与抵押权的顺位关系按登记先后确定（→80 页）。

③与质权、假登记担保的顺位关系也是按登记先后确定（民 177 条）。但是，买受人已经接受了最优先顺位且未规定不准收益的质权，有责任清偿该质权的被担保债权（民执 188 条→59 条 1 项，2 项，4 项）。

④与其他抵押权的优劣关系按其顺位确定（→133 页）。**

　　*拥有偿还请求权的第三取得人，准用一般优先权人要求分配（民执 51 条）的方式，向执行裁判所提出申请，但该申请并非是在申请分配的终期之前，而是要在出卖决定日期结束之前提出。

　　**不能穷尽所有，现仅举一例：A 对 S 所有的某不动产享有留置

[170] 最判昭和 62・12・18 民集 41 卷 8 号 1592 页。
[171] 最判平成 9・1・20 民集 51 卷 1 号 1 页。与最判昭和 62・12・18，上文注释 156 一致，参见鎌田薫ほか「抵当権制度の現状と将来像（13）（14）」NBL721 号 70 页以下，722 号 73 页以下（2001）。

权（被担保债权额为 100 万日元），A 现在占有该不动产，B 享有第一顺位抵押权（1000 万日元），C 享有第二顺位抵押权（2000 万日元），D 享有不动产施工的优先权（500 万日元）（假设各债权的债务人都是 S）。C 提出拍卖实现抵押权的申请，无担保债权人 E（500 万日元）、F（1500 万日元）在此程序中要求分配。G 以 4500 万日元拍得该不动产。

此时，G 向裁判所缴纳 4500 万日元。分配给 D 500 万日元、B 1000 万日元、C 2000 万日元，剩余的 1000 万日元，由 E、F 按债权额比例分别分得 250 万日元和 750 万日元。G 不清偿 A 的 100 万日元，A 就可以不将该不动产交付给 G。因此，变价款的确定也是考虑过 A 的权利的（因此，比一般情况少算 100 万日元）。

（d）程序的结束与抵押权的消灭。分配程序完成，抵押权实现程序结束，抵押权消灭。抵押权人在此程序中未完全收回债权的，剩余部分成为无担保债权。

(2) 其他债权人开始的拍卖程序

（A）因其他债权人对同一标的物的申请而开始实现担保权的拍卖程序，或一般债权人扣押担保标的物开始拍卖程序时，抵押权人可在该程序中实现优先受偿。(1)(C)(b) 中已经讲过，只要拍卖了抵押不动产，抵押权不论顺位先后均归于消灭。

只要经过抵押权设定登记，抵押权人就可以自动参与分配（民执 87 条 1 项 4 号，188 条）。此时，抵押权人应向执行裁判所报告被担保债权额等（民执 49 条 2 项、50 条，188 条）。清偿期未到来的，在分配中视为已到来（同 88 条 1 项，188 条）。如若不然，抵押权人就会失去优先受偿的机会。另外，优先顺位等与（1）中一致。

（B）但是，即使其他债权人已扣押过，抵押权人也可通过（1）中的程序申请二次执行（此时，还需要被担保债权的履行迟延）（民执 188 条→47 条）。其他债权人开始的拍卖程序被取消时，如果有二次执行，抵押权人就可以将该程序作为自己申请的拍卖程序继续执行。这是二次执行的优点所在。

(3) 抵押权人的一般债权人地位

抵押权人是债权人，有一般债权人的资格，所以其也可以从抵押不动产之外的债务人财产中强制性地收回债权。但不加限制地一概允许会损害其他债权人的利益。抵押权人先就债权全额以一般债权人的身份行使权利、再就剩余债权额以抵押权人身份行使优先受偿权；抵押权人先就债权全额以抵押权人身份行使优先受偿权、再就剩余债权额以一般债权人的身份行使权利。这两种情况下，其他债权人能够取得的份额不同。*

因此，民394条明确规定，抵押权人仅可就对抵押不动产行使优先受偿权之后的剩余债权额，从抵押不动产以外的财产中收回债权（同条1项）。但是，已经对抵押不动产以外的财产采取执行程序时，如果不允许抵押权人申请分配，就完全否定了其作为一般债权人的权利，所以允许抵押权人对债权全额要求分配，但又允许其他一般债权人可以请求提存抵押权人的分配额（同条2项）。提存后，通过抵押权实现等明确剩余债权额时，抵押权人以一般债权人的身份，与其他一般债权人一起，从提存金中按债权额比例接受分配。

该程序并无明确规定，实际上也很少产生问题，但提存实务[172]中，其他债权人向裁判所请求提存，执行裁判所进行提存事宜。具体做法是类推适用民执91条1项1号，提存抵押权人的分配额，明确剩余债权额时，因提存事由消灭而追加分配（民执92条1项）。

＊我们举个例子来看一下。

假设债务人S所有的财产只有甲不动产（价值1亿2000万日元）和乙不动产（价值1亿2000万日元），抵押权人A在甲不动产上享有被担保债权额为1亿5000万日元的抵押权。S还有两个各享有7500万日元的一般债权人B和C。

此时，假设A在B或C开始的乙不动产拍卖程序中要求分配，或以一般债权人身份自行扣押乙不动产。如果没有特别规定，乙不动产的变价款将会按债权额比例分配给A 6000万日元、B和C各3000万

---

[172] 昭和50・4・5民事四第1764号民事局長回答・供託関係先例集6卷23頁。

日元。之后，如果 A 申请拍卖甲不动产实现抵押权，首先 A 从其变价款中收回剩余债权额 9000 万日元，剩下的 3000 万日元 B、C 各得 1500 万日元。结果是 2 亿 4000 万日元的财产，分别分配给 A1 亿 5000 万日元、B 和 C 各 4500 万日元，A 全额收回了债权，但 B、C 还各有 3000 万日元债权未能收回。

与之相对，如果 A 先申请拍卖甲不动产实现抵押权，A 可以从其变价款中收回被担保债权中的 1 亿 2000 万日元，对于剩余的 3000 万日元债权额，A 可以以一般债权人的身份从乙不动产拍卖程序中获得分配。此时，将乙不动产的变价款分配给 A 2000 万日元，B、C 各 5000 万日元，B、C 分得的份额比前一种情况增加 500 万日元。

3. 抵押不动产为复数的情况——共同抵押权

（1）特则的必要性

如前所述，为应对抵押不动产的贬值等，有时会以数个不动产为同一债权作担保设定抵押权。此时，原则上抵押权人可以从任意不动产上优先地全额收回被担保债权。因为用便易的实现方法收回债权也是共同抵押权存在的重要意义（→128 页＊＊）。不过，如果给予抵押权人完全的自由且没有任何措施，就会像 2（3）一样，使其他债权人（此处指后顺位抵押权人）遭受不利。下面，假设 A 对甲不动产（价额 6000 万日元）和乙不动产（价额 4000 万日元）享有第一顺位抵押权（被担保债权额 5000 万日元），B 对甲不动产享有第二顺位抵押权（被担保债权额 4000 万日元），C 对乙不动产享有第二顺位抵押权（被担保债权额 5000 万日元）。

假设没有特别规定，A 欲先实现甲不动产上的抵押权，并提出拍卖申请。A 从其变价款中分配到 5000 万日元，B 分配到 1000 万日元。之后，如果 C 实现乙不动产上的抵押权，变价款全额都将分配给 C。结果是 A 全额收回债权，B 的 4000 万日元只收回了 1000 万日元，C 的 5000 万日元收回了 4000 万日元。

与之相对，假设 A 欲先实现乙不动产上的抵押权。A 从其全部变价款中取得 4000 万日元，C 没有得到分配，抵押权消灭。之后，如果 A 又实现甲不动产上的抵押权，其变价款首先用于清偿 A 的剩余债权额 1000 万日元，其次分配给 B 4000 万日元，剩余的 1000 万日元分配给一般债权人。结果是 A、B 均全额收回了债权，C 的债权变为无担保债权 5000 万日元。

像上面这样没有任何特别措施的话，后顺位担保权人的地位会因先顺位担保人选择拍卖共同抵押权标的不动产中的哪一个而发生巨大变化，极为不稳定。而且这意味着，设定一次共同抵押权可能会使该标的不动产的双方丧失为其他债权人担保的价值，对设定人来说也很不利。因此，民 392 条规定，以共同抵押权人同时申请拍卖实现甲乙两不动产上抵押权时的分配额为基准，不能让后顺位担保权人的份额低于这一基准。

而且，由于此规定旨在保护后顺位担保权人的利益，即使是欠缺共同抵押登记的事实上共同抵押，也可以适用该规定（→136 页）。但欠缺登记时，后顺位担保权人多数情况下并不知道存在共同抵押。

（2）原则——共同抵押标的物是双方所有或债务人所有的情况

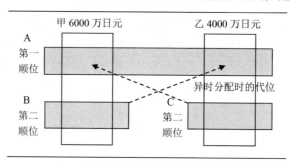

图 4-3

（A）共同抵押权人对数个抵押不动产同时申请拍卖实现抵押权，全部抵押不动产同时拍卖，进行分配程序时（称为**同时分配**），按各不动产价额的比例分配抵押权人的被担保债权额*（民 392 条 1 项）。前例中，A 的被担保债权额为 5000 万日元，按甲不动产、乙不动产 3∶2（6000 万日元∶4000 万日元）的比例分配（另见民执 188 条→86 条 2 项）。因此，A 从甲不动产的变价款中分得 3000 万日元（5000 万日元×3/5），B 分得剩余的 3000 万日元。A 从乙不动产的变价款中分得 2000 万日元（5000 万日元

×2/5），C 分得剩余的 2000 万日元。结果是 A 收回全额，B 收回 4000 万日元中的 3000 万日元，C 收回 5000 万日元中的 2000 万日元。

* 存在优先于共同抵押权的权利时，须评价该权利后再进行分配。例如，甲不动产上存在优先于 A 共同抵押权的抵押权（被担保债权额为 2000 万日元）时，作为分配基准的甲不动产的价额就变为 4000 万日元。对于 A 来说，甲不动产的价值就下降了。

另外，甲不动产上存在与 A 的共同抵押权同顺位的抵押权（抵押权人为 D，被担保债权额为 2000 万日元）时，将甲不动产的价额 6000 万日元，按 A 的债权额（5000 万日元）与 D 的债权额（2000 万日元）的比例进行分配，甲不动产对于 A 的价值就变为 4285 万日元（判例[173]）。

（B）仅就共同抵押标的物中某一不动产的价款进行分配时（称为**异时分配**），共同抵押权人可就该价款全额优先受偿，但该不动产的后顺位抵押权人*，可以在参与了同时分配的共同抵押权人从其他不动产中应得的受偿额限度内，代位行使共同抵押权人在其他不动产上的抵押权（民 392 条 2 项）。在上例中，首先假设只拍卖甲不动产，A 可以从其变价款中全额收回 5000 万日元，剩余的 1000 万日元分配给 B。然后，本来的被担保债权虽已消灭，但乙不动产上 A 的抵押权并未消灭，甲不动产的后顺位抵押权人 B，可以以同时分配时 A 应从乙不动产中收回的 2000 万日元为限度，代位行使 A 在乙不动产上的抵押权。也就是说，乙不动产被拍卖时，B 从其变价款中分得 2000 万日元（虽然 B 的剩余债权额是 3000 万日元，但可以代位的限度是 2000 万日元），C 分得 2000 万日元。结果是 A 收回全额，B 收回 4000 万日元中的 3000 万日元，C 收回 5000 万日元中的 2000 万日元，与同时分配时的结果相同。**,***

另外，拥有代位权的后顺位担保权人，可以进行抵押权代位的备注登记（民 393 条。不登 91 条），有登记即能以该代位权对抗第三人。[174] 但

---

[173] 最判平成 14·19·22 判时 1804 号 34 頁。
[174] 参见铃木禄弥『物的担保制度をめぐる論集』172—180 頁（テイハン，2000）的分析。

是，不经登记也可对抗代位权发生前就对被代位不动产享有权利的人（判例[175]）。上文异时分配之例中的 C 即属于此类，因为 C 从一开始就知道，按民 392 条 1 项规定，后顺位担保人会从乙不动产中收回 A 债权中的分配额，但依然参与到此权利关系中来，所以代位权可以对抗 C。另外，由于不到拍卖乙不动产时，无法明确代位额的数额，所以代位额并非该备注登记中的登记事项。[176]

　　*民 392 条 2 项在条文上使用的是"次顺位抵押权人"的表述，但由于不动产上的优先权、不动产质权均可准用抵押权的规定（民 341 条，361 条），所以这些权利人都可以进行代位。而且，也并不限于次顺位，只要是后顺位的抵押权人即可（判例[177]、通说），因为第三顺位以后的抵押权人也同样具有保护的必要。

　　**不过，并不是经常与同时分配的结果相同。在本文的例子中，假设甲不动产上不存在后顺位的抵押权人 B。此时，进行同时分配的话，A 的被担保债权额 5000 万日元，在甲不动产和乙不动产中按 3：2 的比例分配，C 从乙不动产变价款的剩余部分中分得 2000 万日元。与之相对，如果只拍卖甲不动产，A 从其变价款 6000 万日元中全额收回被担保债权，A 的抵押权消灭，就没有人来代位了。于是，在之后拍卖乙不动产时，其变价款 4000 万日元就全部分配给 C。后顺位抵押权只存在于共同抵押不动产的一部分时，也按民 392 条分配[178]，确保后顺位抵押权人至少享有与同时分配时相同数额的优先受偿权。[179]

　　***代位时，注意以下问题点。

　　（ⅰ）部分清偿与代位。共同抵押权人的债权只获得部分清偿

---

[175]　大决大正 8・8・28 民录 25 辑 1524 页。
[176]　关于这一点，参见竹下守夫『担保権と民事執行・倒産手続』37—40 页（有斐阁，1990）。
[177]　大判大正 11・2・13 新闻 1969 号 20 页。
[178]　大判昭和 10・4・23 民集 14 卷 601 页。参见我妻荣「判批」民事判例研究会『判例民事法昭和 10 年度』178 页以下（有斐阁，1926），内田・464 页。
[179]　道垣内弘人执笔・安永＝道垣内・上文注释 55，134 页。

时，是否发生代位权？判例的立场很微妙：大正 15 年关于民 392 条 2 项代位的判决[180]认为，实际可以代位的是在共同抵押权人获得完全清偿时，可以事先进行代位备注登记的假登记；但昭和 6 年关于民 502 条代位的判决[181]又允许部分清偿人实现抵押权。虽然针对昭和 6 年判决的批判也很多［修改后的债权法明确规定，部分代位清偿人只有在取得债权人同意时，才能与债权人共同行使权利（改正案 502 条 1 项）］，但只是代位清偿的情况不同。在本文的例子中，B 本来可以自由地实现甲不动产上的抵押权，剥夺这一实现权限并不妥当，因此代位抵押权人也可以实现抵押权[182]，也可以进行备注登记的本登记。另外，在这种情况下共同抵押权人优先于进行代位的后顺位抵押权人获得剩余债权额的分配（判例[183]）。

（ii）抵押权放弃与代位。共同抵押权人放弃部分标的物上的抵押权时又会怎样呢？将本文的例子稍作改变，假设 B 的债权额是 2000 万日元。此时，如果不放弃的话，即使 A 申请拍卖实现甲不动产上的抵押权，B 也能够先从甲不动产的变价款中收回 1000 万日元，然后再代位行使 A 在乙不动产上的抵押权，借此全额收回自己的剩余债权。然而，如果 A 放弃乙不动产上的抵押权并可从甲不动产中优先全额收回自己的债权，就会损害 B 的代位利益。因此，现在判例[184]、多数说均认为，共同抵押权人虽然可以自由放弃，但对于 B 原本能从代位 A 在乙不动产上抵押权中取得的金额，即 1000 万日元，在甲不动产变价时，A 不得优先于 B 获得分配［如果 A 优先获得分配了，对 B 负有不当得利返还义务（判例[185]）］。

与此相对，反对意见认为，当甲、乙不动产的所有人不同时，上

---

[180] 大判大正 15・4・8 民集 5 卷 575 页。
[181] 大判昭和 6・4・7 民集 10 卷 535 页。
[182] 我妻・452 页，川井・408 页，内田・468 页，河上・251 页，角・88 页。
[183] 最判昭和 60・5・23 民集 39 卷 4 号 940 页。
[184] 大判昭和 11・7・14 民集 15 卷 1409 页，最判昭和 44・7・3 民集 23 卷 8 号 1297 页（旁论）。
[185] 最判平成 4・11・6 民集 46 卷 8 号 2625 页。

述见解会损害甲不动产所有人一般债权人 D 的利益。这种观点也十分有力。[186] 也就是说，虽然同时分配时甲不动产的变价款分配给 A 3000 万日元、B 2000 万日元，D 可以取得剩下的 1000 万日元，但根据判例、多数说的见解，由于 A 放弃了乙不动产上的抵押权，所以应该分配给 A 4000 万日元、B 2000 万日元，D 没有分配。于是，有力说将 A 的共同抵押权分为甲不动产上被担保债权额为 3000 万日元的抵押权和乙不动产上被担保债权额为 2000 万日元的抵押权进行考虑。基于此，当 A 放弃乙不动产上的抵押权时，结果应是分配给 A 3000 万日元、B 2000 万日元、D 1000 万日元。

但不得不说，上述有力说的见解违背了共同抵押权的性质。而且，先拍卖甲不动产时 D 也没有分配，因此即使 A 放弃了乙不动产上的抵押权，也没有必要保护 D 的利益。故而，还是应该赞成多数说。[187]

（iii）混同与代位。共同抵押权人取得部分抵押不动产的所有权时又会怎样呢？按一般原则，抵押权根据民 179 条 1 项消灭（→233 页），但应适用同项的但书，作为代位的对象并不消灭（通说）。

（3）存在物上保证人的情况[188]

民 392 条虽然只规定了后顺位担保权人，但物上保证人、第三取得人也与共同抵押权的实现有利害关系。而且，抵押不动产归这些人所有时，还会牵扯到后顺位抵押权人的保护问题。我们先看不存在第三取得人的情况。

---

〔186〕 加藤一郎「抵当権の処分と共同抵当」谷口知平＝加藤一郎編『民法演習 II』199 頁（有斐閣，1958），鈴木・上文注释 2）239 頁以下，丸山・411 頁。

〔187〕 另外，近来主张的这种见解也十分有力：仅在该放弃没有合理理由，以至于不当剥夺了后顺位抵押权人代位的期待利益时，放弃人对后顺位人基于不法行为负有损害赔偿义务。角紀代惠「判批」判夕 823 号 66 頁（1993），高木多喜男『金融取引の法理（2）』359—360 頁（成文堂，1996）。

〔188〕 参见道垣内弘人執筆・安永＝道垣内・上文注释 55）136 頁以下。另见，山田誠一「求償と代位」民商 107 巻 2 号 169 頁以下（1992），鎌田薫「求償と代位」磯村保ほか『民法トライアル教室』265 頁以下（有斐閣，1999）。另外，批判性的研究，见藤田貴宏「共同抵当における二つの代位」独協 91 号 181 頁以下（2013）。

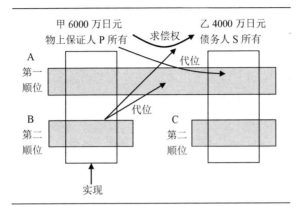

图 4-4

(A) 甲、乙两不动产为同一物上保证人所有时。判例[189]适用民 392 条,与两不动产同归债务人所有时作相同处理。关系当事人的利益状况完全没有改变,民 392 条中也没有规定只能适用于共同抵押标的物同属债务人所有的情况。判例的立场很正确。

(B) 甲不动产归物上保证人 P 所有,乙不动产归债务人 S 所有时。同时分配两不动产的价款时(参见民执 61 条),是不是按民 392 条 1 项进行分摊?最近的学说一方面认为由债务人自己承担清偿义务;另一方面,物上保证人最终可以向债务人追偿自己的出捐额。也就是应尽可能从债务人所有的不动产中清偿抵押权人,不进行分摊。在上例中,应将乙不动产的变价款 4000 万日元全部给 A,再将甲不动产的变价款分配给 A 1000 万日元、B 4000 万日元。C 不能代位,无法获得分配。因此,A、B 全额收回债权,C 的债权全部变为无担保债权。先拍卖乙不动产时也是一样。

先拍卖甲不动产时,A 从甲不动产的变价款中全额收回债权(共同抵押的目的就是通过容易实现的不动产中实现抵押权,这是共同抵押权人的权利)。甲不动产的变价款分配给 A 5000 万日元、B 1000 万日元。但是,P 可以根据民 500 条代位行使 A 在乙不动产上的权利,在 S 的求偿债

[189] 最判平成 4·11·6,上文注释 185。

权5000万日元范围内，以A对S的原债权（5000万日元）为被担保债权，代位行使A的抵押权［民501条（改正案501条1项、2项）］（判例[190]）。但是，B本来就对P所有的甲不动产享有抵押权，B的权利应优先于P的代位权。因此，B可以优先于P，从P代位的抵押权中获得优先受偿（判例[191]）。判例运用物上代位的法理诠释这一法律构成，认为"如同上文中可以根据民371条、304条1项的规定对第一顺位抵押权进行物上代位一样，也可以按其顺位，从物上保证人取得的第一顺位抵押权中优先受偿"[192]。

（C）甲不动产归物上保证人P所有，乙不动产归物上保证人Q所有时。此时，各不动产上即使不存在后顺位抵押权人，P、Q之间也必须实现公平。这种公平无法通过规定后顺位抵押权人的民392条2项来实现，而是要根据民500条、501条［改正案499条、501条］中代位的法理来实现。而且，除了不存在后顺位抵押权人时按代位的法理处理，其他可作与存在后顺位抵押权人时相同的理解。

讲得更具体一些，首先，甲不动产先被拍卖时，A从其变价款中收回债权全额毫无问题，分配给A 5000万日元、B 1000万日元。但是，P以A的分配额为限对S享有求偿债权5000万日元（民372条→351条），另外，根据民500条［改正案499条］，A对S享有的债权（原债权）以及A在乙不动产上的抵押权，都转移给P。而且，根据民501条的规定［改正案501条1项、2项］，P可以在求偿债权5000万日元的范围内代位行使原债权及抵押权。但是，由于存在数个物上保证人，所以P根据民501条4号［改正案501条3项3号］行使代位权的范围，限于按甲、乙两不动产的价格比例分配的、由乙不动产承担的原债权额部分，即2000万日元。而且，由于B对P所有的甲不动产享有抵押权，B可以优先于P，从P代位的抵押权中获得优先受偿。[193] 结果是A可以收回5000万日元，B

---

[190] 大判昭和4・1・30新闻2945号12页，最判昭和44・7・3，上文注释184。
[191] 最判昭和53・7・4民集32卷5号785页，最判昭和60・5・23，上文注释183。
[192] 最判昭和53・7・4、上文注释191。
[193] 大判昭和11・12・9民集15卷2172页。

3000 万日元，C 2000 万日元。*

同时分配时，A 的债权按各不动产的价格比例分摊到甲、乙不动产。结果是甲不动产的变价款分配给 A 3000 万日元、B 3000 万日元，乙不动产的变价款分配给 A 2000 万日元、C 2000 万日元，与异时分配时的结果相同。其依据并非民 392 条，而是民 501 条 4 号［改正案 501 条 3 项 3 号］的趣旨。[194]

> *物上保证人之间有关于代位比例的特别约定时，代位比例依特别约定，该特别约定对后顺位抵押权人等的利害关系人也有效（详见债权总论）。

(4) 存在第三取得人时。甲不动产上存在第三取得人 R 时又会怎样呢？

(A) 首先，假设共同抵押设定时存在以下情况：①甲曾为物上保证人 P 所有，乙曾为物上保证人 Q 所有；②甲曾为物上保证人 P 所有，乙曾为债务人 S 所有；③甲曾为债务人 S 所有，乙曾为物上保证人 Q 所有。

此时，R 分别承继了之前所有人 P、P、S 的地位。结果是：①中，R 可以在民 501 条 4 号［改正案 501 条 3 项 3 号］规定的范围内进行代位；②中，可以就求偿额全额进行代位（优先于乙不动产上的后顺位抵押权人）；③中，完全不能代位。如果不这样理解的话，第三取得人的出现将会左右乙不动产的所有人及后顺位抵押权人的利益。

(B) 问题出在以下情况中：④甲、乙曾为同一物上保证人 P 所有；⑤甲、乙曾为债务人 S 所有。此时，必须区分以 C 为债务人的乙不动产上的后顺位抵押权是否系在 R 出现前设定的。

如果 C 的抵押权是在 R 出现前设定的，C 对同属一人的不动产中的一处取得了抵押权，所以应该期待或意识到，会作与（2）或（3）（A）相同的处理。因此，在同时分配时，按民 392 条 1 项进行分摊；在异时分配时，C 或 R 可以代位行使另一处不动产上的抵押权［但 R 的代位只能依据民 500 条、501 条（改正案 499 条、501 条）］。

---

[194] 相同趣旨，角·91 頁。

与此相对，R 在 C 的抵押权设定前出现又会怎样呢？⑤的情况下，应尽可能通过债务人所有的不动产清偿 A 的债务，作与（3）（B）相同的理解。④的情况下，P 也应努力尽可能通过自己所有的不动产来清偿自己设定抵押权的被担保债权，可作相同理解。由于 C 能够知道 R 的出现，不会受到不可预测的损害，所以不允许 C 进行代位。[195]

4. 法定地上权

（1）概述

（A）日本民法将土地和建筑物视为不同的不动产。所以，即使土地上存在建筑物，也可以仅就其中一方设定抵押权（→140 页）。这导致的结果是，如果实现该抵押权进行拍卖，土地和建筑物将会分属不同所有人。此时，如果没有任何措施，可能就不得不拆毁建筑物。建筑物存在于属于其他所有人的土地上，由于建筑物所有人没有约定使用权（因为建在不属于自己的土地上），该建筑物会成为对土地的不法侵占。但是，从对土地设定抵押权时保护建筑物的角度出发，不允许仅对建筑物设定抵押权也并不合理。

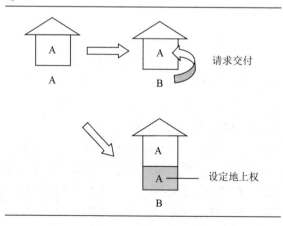

图 4-5

---

[195] 反对，松冈·193—194 页。

因此，民388条规定，土地及其上建筑物属于同一所有人时，对该土地或建筑物设定抵押权后又进行拍卖的，视为设定地上权。这是**法定地上权**制度，旨在为利用该建筑物提供方便*（图表示的是实现土地的抵押权，B为买受人的情况）。

* 强制分离土地和建筑物所有人的不只是实现抵押权时。因此，民执81条在强制执行时（通说认为仅限于拍卖未设定抵押权的不动产时）、国税征收法127条在租税滞纳的公卖处分时，设置了法定地上权制度。另外，假登记担保法10条还设置了法定承租权制度（→297—298页）。

（B）从民388条来看，法定地上权的成立要件有：①抵押权设定时土地上存在建筑物；②该土地与建筑物属于同一所有人；③土地或建筑物被设定了抵押权。另外，还有要件④拍卖导致土地和建筑物分属不同所有人。这里面有很多问题。为了确保抵押权及其他与该不动产有利害关系的第三人（后顺位抵押权人、拍卖时的买受人等）的预测可能性，必须遵从法定地上权旨在保护建筑物的理念。

首先对各要件进行说明，之后介绍设定数个抵押权的情形。

（2）设定抵押权时土地上存在建筑物——要件1

（A）如果在对土地设定抵押权时，该土地上不存在建筑物，那么抵押权人就将该土地作为空地评估其担保价值。如果之后又建造的建筑物也可成立法定地上权，抵押权人就会遭受不可预测的损害（买受人对该土地的利用将受到其他人地上权的限制，以至于土地价值降低）。因此，要以设定抵押权时土地上已存在建筑物为要件。

因此，对空地设定抵押权之后又建造建筑物时，原则上不成立法定地上权*（判例[196]、通说），因为应该重视抵押权人的期待。但抵押权人系以不久的将来即将建造建筑物、成立法定地上权为前提评估土地价额时，可以承认法定地上权的成立（有判例[197]这样认为）。但是，实现抵押

---

[196] 大判大正4・7・1民录21辑1313页。
[197] 最判昭和36・2・10民集15卷2号219页。

权时的买受人或后顺位抵押权人不知道这一特殊情况，并将该不动产作为无法定地上权的不动产进行评价时，还是不成立法定地上权。因此，仅在不存在后顺位抵押权人且买受人为抵押权人这种极其特殊的情况下才能成立。

＊对空地设定抵押权后又建造建筑物时，抵押权人可以将土地与建筑物一并拍卖（民 389 条。→160 页）。有力说认为，只有不进行一并拍卖时才能承认法定地上权的成立。[198] 但是，令抵押权人承担有建筑物的土地的拍卖负担，并不妥当。

（B）相反，设定抵押权时已经存在建筑物，之后该建筑物又灭失时又会怎样呢？

首先，灭失后尚未再建的，保护建筑物的目的不复存在，实现对土地设定的抵押权时原则上不成立法定地上权。[199] 但建筑物灭失前已转让给第三人的，可以成立。[200] 典型如在该第三人受让后重建过程中进行土地拍卖的情况。此时原因是，一方面，该第三人期待法定地上权的成立，已经考虑到为取得该法定地上权支付对价，需要保护该期待；另一方面，保护该期待也不会给土地抵押权人造成不可预测的损害。

再建时可以承认法定地上权的成立。这是因为，土地抵押权人对法定地上权的成立早有觉悟，不会受到不可预测的损害。

但土地及其上建筑物作共同抵押的客体时，须另当别论。分开考虑，建筑物抵押权以附法定地上权的建筑物（建筑物+法定地上权）为客体，土地抵押权是以受法定地上权约束的土地（土地-法定地上权）为客

---

〔198〕 加藤一郎「抵当権と利用権」谷口知平＝加藤一郎編『新民法演習（2）』247 頁（有斐閣，1967）、柚木＝高木・365—366 頁、松本恒雄「抵当権と利用権の調整についての一考察（1）」民商 80 巻 3 号 313 頁（1979）、平野・140 頁。另外，高木多喜男『金融取引と担保』218 頁以下（有斐閣，1980）认为，不进行一并拍卖是违法执行（相同趣旨，平野・担保物権 98 頁）。

〔199〕 反对意见，我妻・354 頁、平野・136 頁。

〔200〕 生熊长幸執筆・新版注民（9）286—287 頁（但是类推适用借地借家 10 条 2 项，增加了要件）。另外，内田・422 頁认为，在土地转让给第三人时没有必要成立法定地上权。

体，抵押权人为了两者都拥有，不论怎样，都得将土地与建筑物作为一个整体把握。然而，建筑物破烂腐朽灭失导致建筑物上的抵押权消灭时（因标的物消灭而消灭。→232页），如果承认对新建筑物成立法定地上权，抵押权人所能掌握的担保价值就只剩受法定地上权约束的土地所有权了。这将使抵押权遭受不可预测的损害，而且还会妨碍抵押权。

因此，现在的判例[201]认为，所有人对土地及地上建筑物设定共同抵押权后，拆除该建筑物后在该土地上建造的新建筑物原则上不成立法定地上权。但也有例外，如新建筑物的所有人与土地所有人是同一人且接受共同抵押权（与新建筑物建成时的土地抵押权同顺位）的设定等恢复到与以前状态相同的情况。[202]

（C）有建筑物存在，但未进行保存登记时又会怎样呢？在日本，设定抵押权时通常会进行实地调查，所以即便没有保存登记，土地的抵押权人也可以得知建筑物的存在，原则上不妨碍法定地上权的成立（判例[203]）。但是，如果实现抵押权时，买受人或后顺位抵押权人不知道建筑物存在这一情况，认为该不动产是无法定地上权的不动产，那么与（A）、（B）的情况一样，不成立法定地上权。

（3）设定抵押权时土地和建筑物属于同一所有人——要件2

对土地或建筑物设定抵押权，土地和建筑物的所有人不同时，两人应设定一些约定使用权。而且，对建筑物设定抵押权时，抵押权的效力及于该约定使用权*（从权利。→145页），对土地设定抵押权时，具备对抗要件的土地使用权能够对抗抵押权人（民605条，借地借家10条）。另外，该约定使用权（抵押权的效力及于该约定使用权或能够对抗抵押权人）具有独立的价值，即使之后土地和建筑物又属于同一所有人了，该约

---

[201] 最判平成9·2·14民集51卷2号375页。
[202] 参见最判平成9·6·5民集51卷号2116页。
[203] 大判昭和7·10·21民集11卷2177页，大判昭和14·12·19民集18卷1583页，最判昭和44·4·18判时556号43页等。高木·上文注释198，199页以下的分析较为恰当。

第4章 抵押权 197

定使用权也并不消灭**（民179条1项但书。判例[204]、通说）。因此，就算实现抵押权，建筑物仍可存续。这种情况下，不需要成立法定地上权。

相反，如果设定抵押权时属于同一所有人，之后又分属不同所有人，就算设定了约定使用权，该使用权也无法对抗土地的抵押权人（→166页），因为建筑物的抵押权人已对成立法定地上权抱有期待。因此，这种情况下必须成立法定地上权（判例[205]）。

综上，只有当设定抵押权时土地和建筑物属于同一所有人，才有必要承认法定地上权的成立。**

  * 租地契约的合意解除、租地权的放弃均无法对抗抵押权人。民398条对直接作为抵押权客体的地上权、永佃权施加了这一限制，抵押权效力及于租地权时也应作相同理解。判例[206]、通说都认同这一点。

  **（i）土地和建筑物事实上属于同一所有人A，但登记上分属不同所有人时，又会怎样呢？

  ①建筑物的登记名义是B，A对土地设定抵押权时

抵押权人会预想到对抗B的约定使用权，一般会去调查使用权的内容，通过这一调查应该能发现真实的权利关系。因此，可以承认法定地上权的成立（判例[207]）。就算不去调查内容也应该想到约定使用权，此时，不论对抗的是何种使用权，都不能说是不可预测的损害。

  ②土地的登记名义是B，A对建筑物设定抵押权时

可以承认法定地上权的成立（判例[208]）。一方面，抵押权人通过

---

[204] 最判昭和46・10・14民集25卷7号933页（承租权的例子中，准用民179条1项但书）。

[205] 大连判大正12・12・14民集2卷676页，大判昭和8・3・27新闻3543号11页，大判昭和8・10・27民集12卷2656页等。

[206] 大判大正11・11・24民集1卷738页（放弃），大判大正14・7・18新闻2463号14页（合意解除）。

[207] 最判昭和48・9・18民集27卷8号1066页，最判昭和50・7・11金法766号27页。

[208] 最判昭和53・9・29民集32卷6号1210页。

调查 A 约定使用权（抵押权效力及于该使用权）的内容，能够得知真实的权利关系，通常都会期待法定地上权的成立；另一方面，允许设定人自己否认法定地上权的成立也有失妥当。

（ii）设定抵押权时属于不同所有人，登记簿上登记为同属于所有人 B 时，又会怎样呢？

①土地事实上由 A 所有，B 对建筑物设定抵押权时

抵押权人信赖登记，期待法定地上权的成立，土地与事实不符的外观造成 A 的负担，此时可以肯定法定地上权的成立。

②建筑物事实上由 A 所有，B 对土地设定抵押权时

判例[209]认为，土地和建筑物属于不同所有人，不成立法定地上权。而且，租地权不具备对抗要件，不能对抗抵押权人。判例的观点较为妥当。[210]

（iii）现在的权利关系中，土地和建筑物属于同一所有人，但其中一个被第三人进行了所有权转移请求权保全的假登记，此时会怎样呢（假登记属于假登记担保法中的担保假登记，→297 页）？只在对未进行假登记的一方设定抵押权时，会出现问题。因为进行了假登记的不动产即使设定抵押权，并在假登记权利人之后进行了本登记，抵押权也劣后于该假登记的权利。

①对土地进行假登记，对建筑物设定抵押权时

判例[211]、通说都认为，法定地上权是与土地新所有人的权利相抵触的权利，当土地假登记变为本登记时，法定地上权无法对抗新所有人。建筑物所有人和土地新所有人之间，大多订有以土地所有权转移为停止条件的约定使用权，因为抵押权人可能取得该约定使用权，所以判例的解决实际上也很合理。假如没有设定，抵押权人也可以向设定人要求设定。

---

[209] 大判昭和 6・5・14 新闻 3276 号 7 页。
[210] 修改道垣内（旧）・176 页的观点。
[211] 最判昭和 41・1・21 民集 20 卷 1 号 42 页。

② 对建筑物进行假登记，对土地设定抵押权时

从上文判例的理论出发，这种情况满足在设定抵押权时土地和建筑物属于同一所有人的要件，貌似可以成立法定地上权。但假登记权利人大多取得了以取得所有权为停止条件的约定使用权，可依建筑物假登记对抗抵押权人（借地借家10条）。于是，学说中还有认为只要建筑物所有人取得该约定使用权即可的观点。[212] 但是，建筑物所有权在拍卖土地时尚未转移至假登记名义人的，不得不承认法定地上权的成立。一般情况下，建筑物的新所有人只能在自己的约定使用权范围内主张此法定地上权。

(iv) 相反，土地和建筑物在设定抵押权时属于不同所有人，其中一个不动产的所有人对另一个不动产进行所有权转移请求权保全的假登记时，会怎样呢？应当是不成立法定地上权，抵押权的效力及于不同所有人间的约定使用权或该使用权可以对抗抵押权人。

(v) 土地或建筑物中存在共有关系时会怎样呢？例如，建筑物为A、B共有，土地为A单独所有，对A的建筑物所有权份额设定抵押权并予以实现。此时，虽然在A的关系中满足土地与建筑物属于同一所有人，但在B的关系中似乎并不满足。如何看待就成了问题。

判例将土地共有和建筑物共有的情况区分开来。

首先，在建筑物为A、B共有，A对单独所有的土地设定抵押权并实现的案件中，判例以A允许B利用土地为由，肯定了法定地上权的成立。[213]

与之相对，在建筑物为A单独所有，A对土地所有份额设定抵押权并实现的案件中，判例认为A不是土地的完全所有人，不能设定地上权，据此否定了法定地上权的成立。[214] 按照这种思维方式，如果并非抵押权设定人的土地所有人B同意法定地上权的成立，就可以允

---

[212] 高木·上文注释198，152页，高木·196页。

[213] 最判昭和46·12·21民集25卷9号1610页，最判平成19·7·6，民集61卷5号1940页。

[214] 最判昭和29·12·23民集8卷12号2235页。

许成立（判例[215]）。另外，不是土地的完全所有人不能设定地上权这一理由，使得土地建筑物两者均为共有时也不成立法定地上权（判例[216]）。

学说进行了更为细致的划分[217]，下面简单介绍一下：

土地为A、B共有，建筑物为A单独所有时，由于牵涉到建筑物的所有，A—B之间必须对土地的利用达成合意。土地为A单独所有，建筑物为A、B共有时，也是一样。土地是建筑物存在的基础，该合意就相当于一般情况下的约定使用权（有时也是约定使用权。借地借家15条）。

对建筑物全部或共有份额设定抵押权的效力，及于该合意，拍得人C可以基于该合意继续利用土地。但例如，建筑物为A单独所有，土地为A、B共有时，该合意可能只约定了A对B支付使用费，但C必须向A、B支付租金。这种情况下，类推适用民388条后段，裁判所可以重新规定租金。

其次，可以以该合意对抗对建筑物全部或共有份额的抵押权人（借地借家10条的扩大解释），其必须容忍建筑物的存续。关于租金的事宜与上述情况一样。

（vi）另外，对区分所有建筑物的区分所有权设定抵押权时，当然会随之对建设用地使用权（多数情况下是建设用地共有所有权）设定抵押权，不会出现问题（→127页（iii））。

(4) 在土地或建筑物上设定了抵押权——要件3

平成16年民法现代语化之前的条文是"仅以其土地或建筑物为抵押之时"。起草者当时可能是考虑到，对土地和建筑物两者设定抵押权

---

[215] 最判昭和44·11·4民集23卷11号1968页。
[216] 最判平成6·4·7民集48卷3号889页（关于民执81条），最判平成6·12·20民集48卷8号1470页。
[217] 参见难波孝一「法定地上权」大石忠生编『裁判实务大系（7）』238—241页（青林书院，1986），荒木新五《土地建筑物的共有与法定地上权的成否》伊藤进还历《民法中"责任"的横向考察》159页以下（第一法规，1997），生熊长幸执笔、新版注民（9）356页以下。

时，买受人为同一人，不会产生问题。但是，即使二者都是共同抵押权的标的物，也不妨碍只拍卖其中一个，也可能出现买受人不同的情况。因此，无论如何，只要土地和建筑物分属于不同所有人，就满足法定地上权的成立要件，这毫无争议。所以在民法现代语化的过程中，改成了"对土地或建筑物设定抵押权"。因此，此处"或"的意思是只要对土地或建筑物中的一个设定抵押权就满足该要件，对二者均设定抵押权也满足该要件。

（5）拍卖使土地和建筑物分属于不同所有人——要件4

这是当然的要件，如果属于同一所有人就不用设定使用权了。

（6）设定数个抵押权

在同一不动产（土地或建筑物）上设定了数个抵押权时，何时满足法定地上权的成立要件，以哪个时间点为基准来作出判断，就成了问题。判例采取的原则是，在对各个抵押权人进行判断的基础上，看在实现抵押权时，所有抵押权人中谁最有利。（ⓐ、ⓑ、ⓑ′、ⓒ是以明确形式存在的判例法理，ⓐ′是ⓑ的结果）。

ⓐ：假设在空地上为A设定了第一个抵押权。此时，A拥有的是通过无法定地上权负担的土地获得优先受偿的权利（欠缺要件①）。然后，假设土地所有人在该土地上建造了建筑物，之后在该土地上为B设定了第二个抵押权，那么B的存在使法定地上权的成立要件得以满足。

如果在两个抵押权并存时要实现抵押权，基于A的第一抵押权拍卖土地时自不待言，基于B的第二抵押权拍卖土地时，A也可以在该拍卖程序中获得优先受偿，然后其抵押权消灭。因此，必须要以A的期待为准来确立法定地上权的成立。[218][219]

---

[218] 大判昭和11·12·15民集15卷2212页，最判昭和47·11·2判时690号42页。之后抵押权顺位变更的话，也是一样（最判平成4·4·7金法1339号36页）。关于理由，参见道垣内弘人「法定地上権」安永＝道垣内·上文注释55，129—130页。

[219] 另外，在这个例子中，假设对建成后的建筑物也设定了抵押权，实现该抵押权时，只要成立了法定地上权，那么之后实现土地抵押权时，该法定地上权就不能对抗A，该法定地上权消灭（大判大正15·2·5民集5卷82页，大判昭和11·12·15，上文注释218）。

ⓐ在上述事例中，假设 A 的抵押权消灭之后又开始实现 B 的抵押权，那么就不必再保护 A 的期待了，法定地上权的成立要件就要根据 B 来判断。因为要件充足，所以成立法定地上权。

ⓑ土地和建筑物分属不同所有人时，假设在土地上为 A 设定了第一抵押权。然后此时，A 的期待就只是在拍卖时能对抗该建筑物上设定的约定土地使用权（当然需要具备对抗要件）（→218 页），并不包括成立法定地上权（欠缺要件②）。然后，假设土地和建筑物又归至同一所有人（此时，该约定使用权并不消灭。→219 页），又在该土地上为 B 设定了第二抵押权，B 的存在使法定地上权的成立要件得以满足。

然后，假设在两个抵押权并存时要实现抵押权。此时，基于 A 的第一抵押权拍卖土地时自不待言，基于 B 的第二抵押权拍卖土地时，A 也可以在该拍卖程序中优先受偿，然后其抵押权消灭。因此，必须要以 A 的期待为准来确立法定地上权的成立。[220]

ⓑ在上述事例中，假设 A 的抵押权消灭之后又开始实现 B 的抵押权。此时，不必再保护 A 的期待，法定地上权的成立要件就要根据 B 来判断，因为要件充足，所以成立法定地上权。[221]

ⓒ土地和建筑物分属不同所有人时，假设在建筑物上为 A 设定了第一抵押权。此时，A 抵押权的效力在拍卖时及于在该建筑物上设定的约定土地使用权（→144 页），A 的期待是在实现抵押权时由买受人取得该约定土地使用权，而不是成立法定地上权（欠缺要件②）。然后，假设土地和建筑物又归至同一所有人（此时，该约定使用权并不消灭。→219 页），又在该建筑物上为 B 设定了第二抵押权，那么 B 的存在使法定地上权的成立要件得以满足。

然后，假设在两个抵押权并存时要实现抵押权。此时，一般情况下，相较于该约定土地使用权，法定地上权对买受人（从而，对于抵押权

---

[220] 最判平成 2·1·22 民集 44 卷 1 号 314 页。
[221] 最判平成 19·7·6、上文注释 213。

人）更为有利，故而成立法定地上权。[222][223]

ⓒ在上述事例中，假设 B 的抵押权消灭之后，又开始实现 A 的抵押权。此时，就不必再保护 B 的期待了，法定地上权的成立要件就要根据 A 来判断，所以不成立法定地上权。

针对上述判例法理也不乏批判意见，例如在ⓑ情况下，在 A 抵押权存续阶段，B 虽然有权就未成立法定地上权的土地优先受偿，但之后需要承担法定地上权的负担，其期待受到损害。相反，也有批判意见认为，在ⓒ的情况下，在设定时，B 的权利只是就附约定土地使用权的房屋优先受偿。但之后 A 的抵押权消灭，B 的权利就变成就附法定地上权的房屋优先受偿，这对 B 来说是意料之外的利益，因此只认可该约定使用权继续存续就足矣。

但是，判例的法理也有一定合理性（根据上述批判说，执行裁判所和买受人都必须追溯到 A 的抵押权设定时来判断法定地上权是否成立，是一种负担）。而且，规则一旦确定下来，接受抵押权设定的人也都会采取相应的措施，所以不会出现批判说中的问题。[224]

（7）法定地上权的内容

与一般的地上权（民 265 条）大致相同。下面只讲一下需要注意的地方：

（A）效力所及范围。判例[225]、通说均认为，地上权及于使用该建筑物所必要的范围（不限于一块土地）。这作为一般论没有异议，但也需要根据具体案件进行具体分析。[226]

---

[222] 大判昭和 14・7・26 民集 18 卷 772 页。有人认为这个判例已被最判昭和 44・2・14 民集 23 卷 2 号 357 页变更了［加藤一郎『民法ノート（上）』214—222 页〔有斐閣，1984〕，但之后的案件是后顺位抵押权设定时土地和建筑物也分属不同所有人的案件，和前者在这一点上有差异（小林明彦＝土肥里香「抵当権設定後の所有権変動と法定地上権」小林明彦＝道垣内弘人编『実務に効く 担保・債権管理判例精選』45 页〔有斐閣，2015〕）。另，变更了第 3 版之前的论述。

[223] 但是，若土地和建筑物分属不同所有人，在土地上为 C 设定抵押权，C 只能知道有约定使用权的负担，因此法定地上权不成立。

[224] 变更了第 3 版的叙述。

[225] 大判大正 9・5・5 民录 26 辑 1005 页。

[226] 参见东海林邦彦「判批」判夕 505 号 46 页以下（1983）。

（B）成立时间。法定地上权的成立时间为标的物的所有权转移至买受人时，即交付变价款之时（民执 79 条）。

（C）存续期间。法定地上权的存续期间原则上依当事人之间的合意约定，但通说认为，适用借地借家 3 条，设定最短期间，且在无法达成合意时定为 30 年。

（D）地价。原则是依当事人之间的合意约定，无法达成合意时由当事人请求裁判所决定（民 388 条后段）。

（E）对抗要件。土地的买受人与法定地上权人之间不会出现对抗要件的问题。从买受人出现开始，成立法定地上权。与此相对，法定地上权成立后，为了以法定地上权的存在对抗就土地取得权利关系的第三人，需要具备对抗要件。[227] 不过，因为适用借地借家 10 条 1 项，进行建筑物保存登记即可。

（8）关于法定地上权成立与否的特别约定

抵押权设定人与抵押权人可能在实现抵押权时缔结，不论是否满足要件，都成立或不成立法定地上权的特别约定。其效力如何呢？

判例[228]认为这些特别约定都无效。的确，由于拍卖时的买受人不知道特别约定的效力，所以不能完全承认特别约定的效力，但特别约定在当事人之间可以有效。因此，当抵押权人在抵押权实现中成为买受人，抵押权设定人为未被拍卖的土地、不动产之所有人时，可以承认特别约定的效力。

5. 通过担保不动产收益执行程序实现优先受偿权

（1）概述

如前所述，抵押权的实现还有从不动产所生收益中优先清偿被担保债权的方法，这被称为**担保不动产收益执行**（民执 180 条 2 号）程序。这是

---

[227] 反对意见，大村敦志「法定地上権と登記」ジュリ 774 号 105 頁以下（1982）。
[228] 大判明治 41・5・11 民録 14 輯 677 頁（特别约定不成立），大判大正 7・12・6 民録 24 輯 2302 頁（特别约定成立）。

平成 15 年民法、民事执行法修改时导入的制度。[229] 除了后文所讲的程序规定，还有作为实体法上依据的规定，即在被担保债权未获履行后，抵押权的效力及于抵押不动产的收益（民 371 条）。

拍卖抵押不动产是更为简明的抵押权实现程序，且能一举获得较多清偿，为什么还要设计这样一个收益执行程序呢？主要有以下理由：

第一，消除理论上的不均衡。以前就允许一般债权人扣押债务人的不动产，并选任管理人从将该不动产出租给第三人获取的利益中收回债权（强制管理程序。民执 93 条以下）。但是抵押权中就没有这样的程序，所以说是不均衡的。

第二，抵押不动产很难出卖。特别是如果该不动产在设定抵押权之前就存在承租人，即使拍卖了该不动产，该承租人也可以继续承租，所以很难以高价出售。如前所述，这样的情况下，抵押权人可以就不动产所有人对承租人享有的租金债权进行物上代位，并从中获得优先受偿（→150 页）。而如果抵押权人进行了物上代位，抵押不动产所有人对该不动产就没有兴趣了（因为无法从中获得收入了），也就不会好好管理。然而就算是进行物上代位，也不应把该不动产的管理权限交予抵押权人。这样的结果是没有管理人了，不动产就这么荒废了，连租金收入也没有。为了避免这种状况的出现，需要一个以抵押权人为主导管理不动产并获取收益的制度。如果再考虑到不动产市场的停滞，有时即使没有优先于抵押权的承租人，从收益中收回债权也比出卖不动产更为有利。所以迫切需要一个管理不动产，并通过其收益优先受偿的一般性制度。

第三，出卖前需要整理占有关系。以出卖抵押不动产这种方式实现抵押权时，会因该不动产存在不法侵占人、未付租金的承租人而无法以正常的价格卖出。因此，抵押权人会希望能在出卖前整理该不动产的占有状况等，故而需要赋予抵押权人管理权限。

（2）程序

担保不动产收益执行程序也是抵押权的实现程序，所以通过提交民执

---

[229] 参见道垣内・諸相 341 页以下。

181条1项规定的文书开始程序（多数是同条1项3号规定的登记事项证明书）。更准确地说，民执180条1号、2号规定了担保不动产的拍卖和收益执行两种实现方法，同法181条1项规定"只有提交下列文书，才能开始实现不动产担保权"，因此是根据同项的规定开始程序。

执行裁判所依此作出担保不动产收益执行开始的决定，宣布扣押抵押不动产，并禁止债务人处分收益。另外，存在承租人时，还要命令承租人以后向管理人支付租金（民执93条1项）。

管理人由执行裁判所选任（民执94条）。管理人可以管理抵押不动产，收取收益或将其变价（民执95条1项）。现实中，申请实现抵押权的抵押权人多会推荐管理人，候选人多是律师、执行法官、司法代笔人、银行、不动产公司等。管理人由执行裁判所进行监督（民执99条。另见同法102条、103条），并承担善良管理的注意义务（民执100条）。

承租权晚于抵押权的，承租人也可以继续承租，只是应向管理人支付租金。担保不动产收益执行程序，是国家通过扣押剥夺了本属于债务人的管理收益权，将其交由管理人行使，以债务人享有的管理收益权为限。因此，约束债务人的承租权，也约束管理人。但管理人可以介入不动产所有人的占有，因为不动产所有人使用该不动产不会产生收益，并因此与赋予管理人收益收取权的趣旨相互违背。因此，管理人可以不受不动产所有人占有的干扰，自行收取收益（民执96条1项）。

（3）收益的分配

管理人从承租人处收取租金，进行分配（民执107条）。这期间，首先要"扣除不动产的租税、其他公共费用以及管理人的报酬等其他必要费用"（民执106条1项）。[230]

接受收益分配的债权人仅限于以下几类：申请强制管理的（一般）债权人、申请担保不动产收益执行的担保权人（但是，除一般优先权以

---

[230] 关于此处所谓"收益""费用"等的解释，参见鎌田薰ほか「平成15年担保法・執行法改正の検証（2）（不動産法セミナー19）」ジュリ1324号94頁以下（2006），古賀政治「担保不動産収益執行」小林明彦＝道垣内弘人編『実務に効く 担保・債権管理判例精選』115—117頁（有斐閣，2015）。

外，仅限于在最初强制管理或担保不动产收益执行的开始决定登记之前进行登记的担保权）、拥有附执行力债权名义正本的债权人以及要求分配的一般优先权人（民执107条4项、105条）、扣押担保不动产收益执行的不动产所有人对承租人享有的租金债权的债权人等（民执93条之4第3项）。

当然，这些人之间还要按照民法上的顺位关系进行分配。只是需要注意：依一般债权人申请开始的抵押不动产强制管理程序中，有登记的抵押权人并不当然获得分配；在依后顺位抵押权人申请开始的担保不动产收益执行程序中，先顺位的抵押权人并不当然获得分配（请与拍卖时相比较。→203—204页）。为了获得分配，即使已经开始了强制管理程序和担保不动产收益执行程序，也可以再次申请担保不动产收益执行，必须对该不动产作出担保不动产收益执行的二次开始决定（民执93条之2）。*

* 理由大致有二：

第一，为了最高额抵押权人的利益。担保不动产收益执行也是实现抵押权的一种形态。因此，最高额抵押权要想通过该程序获得优先受偿，就必须确定最高额抵押权的被担保债权本金，这可能对最高额抵押权人造成不利。最高额抵押权人可能只能观望收益执行，希望之后采用拍卖的方法实现抵押权。

第二，为了确保与强制管理程序相关的固有规律的连续性。在强制管理程序中，并未预定分配给抵押权人。在强制管理与担保不动产收益执行的竞合等情况下，上述处理会得出简明的结论。

(4) 与其他程序的关系

（A） 与扣押租金债权、进行物上代位的关系。修改后的民执93条之4对此有明文规定。开始强制管理及担保不动产收益执行程序时，对不动产所有人对承租人所享有租金债权的扣押命令，效力停止。但是，已为行使物上代位权进行扣押的抵押权人，可以在担保不动产收益执行中获得分配（同条3项）。

优先于担保不动产收益执行程序。

(B) 与租金债权让与等的关系。由选任的管理人收取租金,只不过是向对不动产所有人的租金拥有代收权限的管理人支付而已。[231] 那么,担保不动产收益执行与债权让与等的顺位问题,也就是属于不动产所有人的债权的顺位问题。因此,原则上,关于抵押权人的物上代位权和债权让与、抵销之间顺位关系的一系列判例,也适用于担保不动产收益执行程序(→156页以下)。

(C) 与担保不动产拍卖程序的关系。担保不动产收益执行的开始,并不妨碍通过拍卖担保不动产的方法实现抵押权,这与在修改前的强制管理程序中不妨碍申请强制拍卖的规定是一样的。无论如何,不能妨碍抵押权人从变价价值中优先受偿的权利。

如果拍卖担保不动产,并由买受人取得所有权,以至于不动产收益的取得遭到妨碍,执行裁判所可以停止担保不动产收益执行程序(民执111条→53条)。

此时,不能对抗抵押权人的承租权消灭。而且,与管理人缔结租赁契约的承租人的承租权也因迟于抵押权而消灭。另外,还为这些承租权的承租人设置了交付犹豫期间(民395条。→177页)。

6. 在破产程序中的效力

即使抵押不动产所有人破产了,抵押权人享有别除权(破2条9项),可以独立于破产程序实现抵押权(但是,参见破186条以下)。在民事再生程序中也是一样(民再53条),但如果担保标的物是再生债务人继续事业所必不可少之物,再生债务人等可以提出担保权消灭许可请求(→45页＊＊)。抵押不动产所有人开始公司更生程序时,被担保债权成为更生担保债权(公更2条10项)。公司更生程序的开始并不意味着抵押权的消灭,原则是不按更生计划规定清偿更生担保权或不按更生计划规定变更债权人权利(公更205条1项),抵押权就不消灭。但是,担保标的物为更生公司事业再生所必不可少之物时,基于财产管理人的申请,由财产管

---

[231] 最判平成21・7・3民集63卷6号1047页。

理人向裁判所缴纳与抵押不动产价额相当的金钱，裁判所可以作出消灭抵押权的许可决定（公更 104 条 1 项）（→45 页 **）。

第 6 节　消灭

1. 物权共通的消灭原因

（1）标的物的灭失

已经讲过物上代位出现问题的情况（→150 页）。抵押权客体为地上权、永佃权时，这些权利的放弃不能对抗抵押权人（民 398 条）。

与登记有关的实务上，建筑物抵押权的标的物移建别处、或与其他建筑物合为一体时，在抵押权的效力方面常出现问题。

移建时，判例[232]认为，该建筑物在解体时灭失，抵押权也消灭。另外，判例[233]认为，在作为抵押不动产的木造建筑物坍塌变为木材的情况下，抵押权也消灭，抵押权人不能对木材主张抵押权的效力。

建筑物合体多因拆除区分所有建筑物的隔壁而产生。[234] 此时，各区分所有建筑物的登记簿中，以"区分所有的消灭"为登记原因，依申请或依职权进行建筑物灭失的登记。同时，对新生的那一个建筑物，以"区分建筑物的合体"为原因，重新进行建筑物表示的登记（登记实务[235]）。于此，如果合体前旧建筑物的抵押权因标的物的灭失而消灭，抵押权人的权利就将受到显著损害。而且，还可能以此来进行妨害抵押权的行为。

因此，平成 5 年修改了不动产登记法，修改后的不动产登记法规定，建筑物合体时，旧建筑物上的权利继续在新建筑物全体或共有份额上存续时，要对此进行移记手续（现在，不登规 120 条 4 项）。另外，判例[236]也认定旧建筑物上的抵押权在新建筑物的共有所有权上存续。

---

[232]　最判昭和 62・7・9 判时 1256 号 15 页。
[233]　大判大正 5・6・28 民录 22 辑 1281 页。
[234]　以下也可参见道垣内・诸法 335 页以下。
[235]　昭和 38・9・28 民事甲 2658 号民事局长通达・先例集追Ⅲ1130 之 329 页。
[236]　最判平成 6・1・25 民集 48 卷 1 号 18 页。

（2）混同（民179条）

但该抵押权成为第三人的权利客体时（例如，转抵押、代位），根据民179条1项但书，抵押权不消灭［→210页（iii）］。

（3）放弃

此处所谓放弃，是以消灭抵押权为目的的绝对放弃，区别于为某债权人利益而作出的相对放弃（→198页）。另外，上文也已经讲到过处分抵押权时对绝对放弃的限制（→195页，199页）。

2. 担保物权共通的消灭原因

（1）被担保债权的消灭

（A）所谓消灭中的从属性问题。抵押权是担保特定债权的，所以该债权消灭，抵押权也随之消灭。一般是因清偿而消灭，也有可能因消灭时效、免除等原因而消灭。判例[237]认为，被担保债权的清偿与抵押权设定登记的注销不构成同时履行关系，前者开始后才能进行注销。

另外，此消灭可以对抗无登记的第三人（以消灭的抵押权为客体设定的转抵押权的接受人等）。没有被担保债权的抵押权是不被允许的。

（B）被担保债权因清偿而消灭，问题是需要清偿到什么程度呢？

的确，抵押权也有不可分性（民372条→296条），在抵押权人接受被担保债权全额清偿以前，他都可以对标的物全部实现抵押权。但是，上文已提到，实现抵押权时，抵押权人接受的优先受偿额受到限制。对本金的优先受偿范围并不是实际的全部本金额，而是登记的本金额。另外，利息、迟延损害赔偿金，也受到"期满前最后两年部分"等种种限制（→162页以下）。而且，一方面认为，抵押权人如果实际得到实现抵押权时可能得到的优先受偿额，就该满足于此，就此消灭抵押权也无妨；另一方面又觉得，上述限制是实现优先受偿权时保护第三人的规定，不适用于任意清偿，或者至少不适用于债务人、设定人等非第三人的清偿。下面分别说明清偿人为债务人、为物上保证人、为第三取得人、后顺位抵押权人及

---

[237] 最判昭和57・1・19判时1032号55页。

其他第三人的情况。

（a）首先，债务人自身清偿的情况下，必须全额支付本金、利息、迟延损害赔偿金，才能消灭抵押权。债权人有权从债务人处获得全额清偿，不会出现与登记的本金额等记载相关的信赖保护问题。

但是，约定只担保本金的一部分时，例如，以1亿日元的金钱债权中的5000万日元为被担保债权设定抵押权时，债务人的清偿额充抵担保部分的结果［民489条2号（改正案488条4项2号）］是，抵押权在清偿了5000万日元之时消灭。[238] 当然，由债务人指定充抵的依其指定［民488条1项（改正案488条1项）］。

（b）物上保证人的情况也可与（a）作相同理解。因为虽然物上保证人不负清偿义务，但从没有信赖登记可能性这点上看与债务人相同。[239]

（c）与之相对，清偿人为第三取得人、后顺位抵押权人等第三人时，他们信赖登记上记载的先顺位抵押权人的被担保债权额，以取得标的物的剩余价值。所以，只要他们支付了登记的本金额以及最后两年部分的利息、迟延损害赔偿金，抵押权即归于消灭。

但是，关于利息、迟延损害赔偿金，判例[240]认为需要全额清偿，学说大多表示赞成[241]。其理由是，抵押权的效力不仅及于最后两年部分和登记的部分，这些只是在行使优先受偿权时才有的限制而已。但是，从登记表面上判断不出有几年未付利息、迟延损害赔偿金（→162页），那么就不是将全额登记公示。

这样一来，第三人要想通过代位取得抵押权［民500条（改正案499条）］，需要与债务人、物上保证人一样支付全额。虽然本来只是对被担保债权的部分清偿，但如果这样就能取得抵押权，也不太妥当（→258页）。

（2）标的物的拍卖

无论抵押权人自己拍卖，还是其他抵押权人或一般债权人等拍卖担保

---

[238] 高木·157页，山野目·85页，吉田·218页。反对意见，我妻·244页。
[239] 反对意见，铃木·236页。
[240] 大判大正4·9·15民录21辑1469页（第三取得人）。
[241] 高木·158页，近江·155页。

不动产，抵押权都会消灭（→203 页）。

3. 抵押权特有的消灭原因

（1）代价清偿、抵押权消灭请求

上文已经讲过（→168 页以下）。

（2）抵押权的时效消灭

（A）民 167 条 2 项［改正案 166 条 2 项］规定，"债权或所有权以外的财产权"的消灭时效为 20 年，因此抵押权达到可以实现的状态［民 166 条 1 项（改正案 166 条 2 项）］，经过 20 年，会不会因时效而消灭呢？但是，抵押不动产只属于债务人或物上保证人所有，承认因时效消灭并不妥当。自负债务或设定抵押权的人，虽然存在被担保债权，但不应允许他们主张抵押权的时效消灭。因此，民 396 条规定，债务人及抵押权设定人，不消灭被担保债权就不能以时效消灭抵押权（但如果被担保债权因时效而消灭，抵押权也随之消灭。→233 页）。

（B）与之相对，抵押不动产属于第三取得人时会怎样呢？民 397 条规定，第三人"对抵押不动产的占有具备取得时效的必要要件时，抵押权因此消灭"。但是，该条文有歧义。

判例认为，第一，关于民 396 条，作为该条的反对解释，对第三取得人适用民 167 条 2 项（改正案 166 条 2 项），以与被担保债权分离 20 年为消灭时效[242]（而且，对第三取得人不适用民 397 条[243]）。第二，关于民 397 条，在基于时效取得抵押不动产所有权的过程中，不承认抵押权的存在而继续占有的情况下，时效取得将导致抵押权的消灭。*[244]

但是，鉴于抵押权人很难中断抵押权消灭时效的进行，所以第一点并不合理（最终只能进行抵押权存在确认诉讼）。另外，第二点的判例法理将抵押权的消灭视为第三人时效取得的效果，曲解了民 397 条的本意，本

---

[242] 大判昭和 15·11·26 民集 19 卷 2100 页。之前松冈·173 页就指出，该判决是第三取得人援用被担保债权消灭时效的援用权被判例法理所否定时期的产物，对其先例性提出了疑问（相同趣旨，平野·担保物权 134 页）。

[243] 大判昭和 15·8·12 民集 19 卷 1338 页。

[244] 最近的最判平成 24·3·16 民集 66 卷 5 号 2321 页也以此为前提。

人无法赞同。与被担保债权分离的抵押权的时效消灭只适用民397条，满足和取得时效相同的要件（"占有具备取得时效的必要要件"）并不发生所有权原始取得的效果，而是通过该条的效果使抵押权自身基于时效而消灭。因此，恶意、有过失的第三取得人想要摆脱抵押权的负担需要占有20年，善意、无过失的第三取得人需要10年。第三人受到抵押权的对抗仅发生在该抵押权经过登记的情况下。通常而言，第三人对于抵押权的存在都是恶意或有过失的。[245]

* 与第二点相关的判例法理认为，时效取得人对抵押权的存在为善意时，该占有的状态必然否定抵押权，所以取得的是无抵押权负担的所有权（如何时效取得权利，由占有的状态决定）。相反在恶意的情况下，也不妨碍构成民162条2项中的善意、无过失[246]（相信自己享有所有权，且对这种相信无过失），占有状态不能否定抵押权的存在，所以时效取得人只能取得附抵押权负担的不动产所有权[247]。这是将时效取得人对抵押权存在的主观状态作为"占有的状态"，如果基于时效取得抵押不动产的所有权，抵押权不一定被消灭（修改了第2版及以前的观点）。

但是，若是以不承认抵押权存在的状态持续占有，时效取得抵押不动产所有权时，可以认为抵押权的消灭是时效取得的效果。

另外，在时效期间进行中设定抵押权并予以登记时，时效取得人是以无抵押权负担的状态开始占有的，因此理论上不会出现善意、恶意的问题。因此，所有权时效取得的效果应该是取得无抵押权负担的所有权。

4. 被担保债权的转让

被担保债权被转让等，抵押权也不消灭，而是转移至新的债权人（伴

---

[245] 详见道垣内弘人「時効取得が原始取得であること（民法☆かゆいところ17）」法教302号46頁以下（2005）。
[246] 最判昭和43・12・24民集22卷13号3366頁。
[247] 大判昭和13・2・12判决全集5辑6号8頁。

随性)。此时，须进行转移抵押权的备注登记（不登规 3 条 5 号）。部分转让时，抵押权在该范围内转移（参见不登 84 条）。

而且，根据民 468 条 1 项，转让已消灭的债权时，如果债务人对该转让无异议并表示同意，就不得再以债务的消灭对抗受让人。此时的问题是，存在以该债权为被担保债权的抵押权时，债权与抵押权能否同时复活。抵押不动产为债务人所有时承认复活也无妨，在顺位上则仍优先于后顺位抵押权人。剥夺顺位上升的利益并不妥当，还应注意无效登记沿用的问题（→137—139 页）（详见债权总论）。

第 7 节　最高额抵押权

1. 概述

（1）本节之前涉及的抵押权都是指向特定债权的担保手段。的确，在一次性的金融交易中这样就足够了。但是，例如制造商与批发商之间的交易，债权、债务是在两者之间持续地发生、消灭。这种情况下，如果每次都必须设定抵押权、进行登记、再注销登记，将极其繁琐。因此，就需要把将来持续性发生的多个债权一并作为被担保债权来设定抵押权。这就是**最高额抵押权**，此制度从明治时代就已被习惯性使用，明治 34 年、35 年的大审院判决[248]确认了其有效性。近年来，民法典上对此也无明文规定，是基于判例、登记实务发展而来的。

（2）但是，最高额抵押权的意义、效力等缺乏明文规定，在各种情况下造成了解释上的疑义和混乱。尤其是第二次世界大战之后，虽然总括最高额抵押权（将债权人与债务人之间的一切债权不加任何限制地作为被担保债权的最高额抵押权）在银行交易中得到广泛应用，但昭和 30 年的法务省民事局长通达[249]否定了其有效性，致使不能受理登记申请，导致商界的极度混乱。因此，昭和 46 年修改民法时在 398 条之 2 之后加入共计

---

[248] 大判明治 34・10・25 民录 7 辑 9 卷 137 页，大判明治 35・1・27 民录 8 辑 1 卷 72 页。
[249] 昭和 30・6・4 民事甲 1127 号民事局長通達・先例集追 I 363 页。

21个条文，通过立法解决了这一问题。

其实，金融实务中原则上采用最高额抵押权，一般抵押权（不是最高额抵押权的抵押权被称为一般抵押权）只用于住房贷款等有限场合。但是，根据平成27年的年报，该年的登记件数中以土地和建筑物为客体的抵押权共有1136237件，其中最高额抵押权共有212420件。

下面，我们将顺着条文进行讲解。[250]

2. 意义、设定

（1）意义、设定契约、标的物、最高额抵押权效力所及标的物的范围

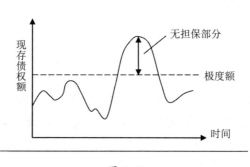

图 4-6

最高额抵押权归根结底是抵押权的一种形态，仍是由债务人或第三人（物上保证人）提供特定的不动产用以担保债权，但不向债权人转移占有，债权人可从该不动产中优先收回债权。不仅是不动产，地上权、永佃权也可以成为其客体（民369条）。最高额抵押权效力所及标的物的范围也相同。只不过，这种抵押权根据设定契约的规定，以一定范围内的不特定债权为极度额进行担保（民398条之2第1项）。因此，设定契约、标的物*与一般抵押权无异（→125页以下）。关于共同最高额抵押权、共有最高额抵押权，将在后面一起进行说明（→259页以下）。

---

[250] 关于判例法理之下的最高额抵押权，可参见高木多喜男执笔・柚木馨编『注释民法（9）〔增补再订版〕』239页以下（有斐阁，1982）。

*绝大多数最高额抵押权也是以不动产为担保客体,故而可以省略以地上权、永佃权为客体的情况。

(2) 被担保债权、最高额抵押权效力所及被担保债权的范围

(A) 被担保债权的范围。* (a) 最高额抵押权的特性在于,被担保债权的具体内容是变动的。** 但这并不意味着被担保债权的范围完全不确定、可以将最高额抵押权人享有的任意债权随便作为被担保债权。被担保债权的范围必须由设定契约特定。也就是说,谁为债权人(**债权人基准**)、谁为债务人(**债务人基准**)、什么范围(**债权范围基准**)的债权可以成为被担保债权。[251] 以前只确立前两个基准,也承认担保最高额抵押权人与债务人之间"现在以及将来发生的一切债权"的最高额抵押权(总括最高额抵押权),但为了避免特定债权人得到额外优待,现在又确立了债权范围基准。

*一般抵押权的情况下,如果不存在被担保债权,即使设定抵押权也无效(→130页)。最高额抵押权就没有这种对被担保债权的从属性。因此,在当事人之间没有任何交易时设定的最高抵押权也有效。但是,当被担保债权的范围是特定的持续性交易所产生的债权时,如果该持续性交易契约无效,设定契约也无效。[252]

**可以通过设定契约明确各个具体债权,并将其纳入被担保债权中。虽然学说在仅为担保特定债权而设定的最高额抵押权的效力问题存有分歧,但本人认为这并不妨碍成立最高额抵押权[253]。

(b) 在一般抵押权中也要求债权人基准和债务人基准,问题是债权范围基准的确定方法。民法规定可以通过下列方法中的一个或几个来确定,不允许使用其他方法。还是将范围特定出来比较好,如果把将来可能发生交通事故造成的损害赔偿也包含在内,就无法贯彻禁止总括最高额抵押权的宗旨。而且,通过登记的方法也能方便地进行公示。

---

[251] 三基准的分类、用语,根据铃木·286页。
[252] 高木·256页。修改道垣内(旧)·190页的观点。
[253] 修改道垣内(旧)·190页的观点。

①就因交易所生债权而言，采用限定交易种类的特定方法（民398条之2第2项）。除了像"平成×年×月×日电器制品供给契约"这样具体指定契约的方式，还有"票据贴现交易""保证交易"这样抽象的方式。必须明确是否将各个具体的债权纳入被担保债权的范围。*

②就基于一定原因持续性发生的债权而言，采用限定债权发生原因的特定方法（民398条之2第3项）。虽鲜有实例，但我们可以假想以下情形：酿酒业者将酒类从酿酒厂运出，发生与运出量相应的酒税债权（酒税6条，22条）。此时，不是由于国家与酿酒业者之间有交易关系，而是基于一定的原因持续性发生债权。因此，可以设定最高额抵押权。[254]

③票据上或支票上请求权的特定方法（民398条之2第3项）。设定契约中的债务人承担债务的票据、支票上的请求权，即使这不是包含在①、②合意内的债权，法律也允许将其作为被担保债权，且不需要其他特定方法。由债务人出票、背书或保证的票据、支票，经第三人之手被银行取得（回头票据、支票）后，银行取得对债务人票据、支票上的请求权。此时，该请求权既不属于①也不属于②。但从银行的实际交易情况来看，银行是希望采用最高额抵押权来担保这种请求权的。因此顺应该需求，理应将禁止总括最高额抵押权的影响降到最低。**

但是，如果就这样将票据、支票上的请求权纳入被担保债权的范围，那么在债务人信用状况恶化后，很可能出现最高额抵押权人低价收购债务人承担支付义务的票据、支票，并将其作为最高额抵押权的被担保债权，从而不当损害后顺位抵押权人和一般债权人利益的情况。因此，在债权人停止支付，申请债务人开始破产、民事再生、公司更生等破产程序，或者申请拍卖抵押不动产或抵押不动产因滞纳处分而被扣押后，最高额抵押权人不能将明知以上事实却仍取得的票据、支票上的请求权作为被担保债权（民398条之3第2项）。[债权法修改过程中还确认了"电子记

---

[254] 例子取自贞家克己=清水湛『新根抵当法』50—51頁（金融财政事情研究会，1973）。

录债权"这一特定方法（改正案398条之3第2项）[255]］。

*立法人员指出，在具体地指定持续性交易契约时，该契约只需在当事人之间特定即可，无需通过登记来让第三人能从登记文本上判断出各个债权是否包含在被担保债权中。[256]另一方面，抽象地限定交易种类时，判例[257]认为，也需要向第三人明确设定契约中约定的被担保债权范围。[258]

不能十分特定的情况下，登记申请是不会被受理的。因此，有很多关于登记时是否特定的通达、回答。根据这些通达、回答，"买卖交易""保证交易""票据抵押贷款交易""运输交易""银行交易"等限定有特定性，"票据支票交易""批发交易""租赁交易"等限定没有特定性。[259]

但是，究竟登记的交易名称之下的哪些债权才能包含于被担保债权，还存在争议。

**根据这一立法宗旨，此处所谓票据、支票上的请求权，不包括债权人与债务人之间直接授受的票据、支票。[260]虽然从字面上看似乎也包括在内，但是因①、②之外的原因发生的债权能因授受票据、支票而成为被担保债权是没有法律依据的。

（B）极度额。像上文一样，即使确定了被担保债权的范围，但由于多数债权还是不特定的，被担保债权额仍不明确。这无法发挥保护第三人的作用。因此，法律通过规定最高额抵押权人优先受偿的极度额来确保第

---

［255］在实务中，从平成24年开始，就认可将被担保债权登记为"电子记录债权"（平成24年4月27日付民二第1006号法务省民事局民事第二课长通知。古田辰美「『根抵当権の被担保債権の範囲』に係る通知の解説」金法1951号82頁以下［2012］）。其正当化的根基，参见道垣内弘人发言·小林明彦ほか「座談会·担保法制の展望」金法2000号236頁（2014）。

［256］清水湛「新根抵当法の逐条解説（上）」金法618号23頁（1971）等。反对意见，铃木·上文注释27，62—65頁。

［257］最判平成5·1·19民集47卷1号41頁，最判平成19·7·5金判1272号48頁。

［258］理论上存在许多问题，参见道垣内·諸相145—158頁。

［259］例如，参见铃木·上文注释27，49頁以下。

［260］铃木禄弥『根抵当法の問題点』61頁以下（有斐閣，1973）。

三人的预测可能性（民398条之2第1项）。

鉴于极度额的这一目的，在最高额抵押权的实现程序中不存在其他应受分配的债权人时，最高额抵押权人可以获得超过极度额的分配[261]（判例[262]持反对意见）。但是，抵押不动产上出现第三取得人时，应将优先受偿的范围限制在极度额内。因为第三取得人正是以极度额为限期待着抵押不动产的剩余价值。[263]

另外，关于利息和迟延损害赔偿金，也不像一般抵押权那样限制在最后两年部分（民375条）（→162页以下），而是担保达到极度额为止，（民398条之3第1项）。第三人可以通过登记确认该极度额，并可期待将扣除极度额后的抵押不动产价作为剩余价值。

（C）确定日期。（a）最高额抵押权在现实发挥优先受偿效力的过程中确定本金，被担保债权的浮动状态因确定而结束，最高额抵押权就是担保此时存在的本金、利息以及迟延损害赔偿金的抵押权（→254页以下）。

这一确定既可基于一定事实的发生或设定人、最高额抵押权人的本金确定请求，也可以基于在设定契约中预先约定的确定日期（民398条之6第1项）。有此规定的，设定人和最高额抵押权人在日期到来之前不得提出本金确定请求（民398条之19第3项）。不应经过太长时间，因此确定日期须在约定之日起的五年内（民398条之6第3项）。

（b）在确定该日期前的任何时间，可依最高额抵押权人与设定人的合意进行变更（民398条之6第1项，2项）。如果后顺位担保权人及其他第三人主动扣押了抵押不动产，那么亦可在确定日期到来前确定本金（民398条之20第1项3号）。由于没有利害关系，所以无需这些人的同意。但是，必须在之前约定的确定日期到来前进行变更登记，否则仍发生按之前的确定日期确定的效果（民398条之6第4项）。因为第三人会考虑到

---

[261] 铃木·上文注释27，83页，高木·262页。
[262] 最判昭和48·10·4判时723号42页。
[263] 高木·262页，近江·239页。但两者均认为，标的不动产为物上保证人所有时也有此限制。

确定事宜，并以此为前提采取行动（例如，放弃预定的扣押等）。

(3) 对抗要件

对抗要件为登记（民 177 条），理论上与一般抵押权无异。但是，针对被担保债权的范围理应表明极度额，约定本金确定日期的，必须对此进行登记（不登 88 条 2 项）。

245

3. **本金确定前的效力**

(1) 概述

最高额抵押权旨在担保持续性的债权债务关系，因此，最高额抵押权设定之后消灭之前，常会发生债权人、债务人死亡、合并等各种变动。而且，由于各种情况的变化，还会发生不得不处分最高额抵押权与被担保债权的情况，甚至还要修改最高额抵押权设定契约的内容。

在这些方面，最高额抵押权与一般抵押权存有若干不同。例如，被担保债权本来就是变动的，但第三人是以极度额为基准期待抵押不动产的剩余价值，因此并不关心被担保债权内容的变动。

因此，民法对本金确定前的最高额抵押权内容变更、最高额抵押权处分等问题设置了详细规则。下面对此进行解释说明：*, **

> *关于对抵押不动产的侵害等，可与一般抵押权的情况作相同理解。但涉及作为计算损害赔偿额基础的被担保债权额时，会出现一些问题，因为最高额抵押权的被担保债权额是变动的。最高额抵押权人有权在极度额内获得优先受偿，还可以在极度额范围内处分优先受偿权。因此，可以将极度额作为基准来考虑问题。尽管如此，多数情况下是以当时存在的被担保债权总额为上限。但当侵害抵押不动产使融资无法达到一定数额、丧失应得利益时，可能会超过当时的被担保债权额。
>
> **下面，为了方便阅读，特制作各种内容变更表一张（右侧表示的是本书中的序号）。

第 4 章 抵押权 **221**

```
                    ┌ 各个债权债权人、 ┌ 债权人的变更··············································(2)(A)
                    │ 债务人的变更    └ 债务人的变更··············································(2)(B)
                    │                              ┌ 继承·················(3)(A)(a)
                    │                              │ 合并·················(3)(A)(b)
                    │              ┌ 债权人的变更 ┤ 公司分立·············(3)(A)(c)
                    │              │              │              ┌ 全部转让·····(3)(A)(d)①
                    │              │              │ 最高额抵 ┤ 分割转让·····(3)(A)(d)②
   被担保债权的变更 ┤              │              └ 押的处分 └ 部分转让·····(3)(A)(d)③
                    │              │              ┌ 继承·················(3)(B)(a)
                    │              │              │ 合并·················(3)(B)(b)
                    │              │ 债务人的变更 ┤ 公司分立·············(3)(B)(c)
                    │              │              └ 债务人基准的变更····(3)(B)(d)
                    └ 债权范围基准的变更······································(3)(C)
   极度额的变更·········································································(4)
   转抵押···············································································(5)
```

（2）各债权债权人、债务人的变更

（A）债权人的变更。本金确定前从最高额抵押权人处受让各个被担保债权的人，不能实现最高额抵押权。为债务人或替债务人清偿被担保债权并取得代位权的人［参见民500条（改正案499条）］，亦是如此（民398条之7第1项）。另外，变更各被担保债权的债权人时，最高额抵押权也不能转移至新债权人［民398条之7第3项（改正案398条之7第4项前段），民518条的例外情况］。

理论上，最高额抵押权旨在担保本金确定时属于特定债权人的债权，不包括经过转让等的债权。实际上，如果各债权的受让人或代位权人都能取得一部分最高额抵押权，就会产生复杂的问题。正是为了避免这些复杂的问题，才有了这样的规定。[264]

对各个被担保债权进行扣押、转付命令或实现质权，导致债权人变更时，与上述趣旨相吻合，这些也应属于民398条之7第1项中的"取得债权"。*

---

* 与此相对，只扣押、设定质权并不发生债权人的变更，所以该

---

[264]　贞家＝清水・上文注释253，115页。

扣押、质权的效力貌似及于最高额抵押权。[265] 但是，如果这样理解的话，下文将要讲到的被担保债权的变更、极度额的变更、确定日期的变更，都需要取得被担保债权扣押权人、质权人的同意。这在民法上显然是缺乏依据的，因此应理解为效力不及于最高额抵押权。[266]

（B）债务人的变更。本金确定前发生债务承担时，最高额抵押权人不能对债务承担人已承担的债务行使抵押权（民398条之7第2项）。另外，经过变更债务人后，最高额抵押权也不转移至新债务人（民398条之7第3项）。但在前一种情况下，只要不是免责的债务承担，就可以对原债务人所负债务行使最高额抵押权。

这既是因为最高额抵押权担保的是特定债务人所负债务，也是为了避免法律关系的复杂化。

（3）被担保债权的变更

最高额抵押权的被担保债权通过债权人基准、债务人基准和债权范围基准来确定（→240页）。因此，其变更也可分为债权人的变更、债务人的变更和债权范围的变更三种。

（A）债权人的变更。首先，设定契约约定的债权人不存在，包括债权人死亡、继承开始的情况和企业债权人进行合并的情况，还有公司分立以及最高额抵押权处分导致债权人变更的情况。

（a）债权人的继承。以继承开始为本金确定事由，一种解决方法是结束交易关系，作为旨在担保确定债权的确定最高额抵押权进行处理，另一种方法是不确定本金，由继承人继承交易关系。前者较为简明，但继承人继续被继承人的营业时，后者更为便利。

因此，民法规定，如果继承人与抵押不动产所有人*之间有继续最高额抵押交易的合意，且确定了继承营业的继承人，那么无需确定最高额抵

---

[265] 贞家=清水・上文注释253，119—120页等。详细研究见竹下・上文注释176，113页以下，铃木・上文注释27，305页以下。另外，登记实务中，也可对确定前的最高额抵押的被担保债权进行扣押登记・质权设定登记（昭和55・12・24民三発7176号民事局長通達・先例集追Ⅵ933页）。

[266] 高木・271页，槇・281页，近江・243页，川井・425页，吉田・275页。

押权,最高额抵押权不仅可以用来担保继承开始时已发生的债权,还可以用来担保合意约定的继承人在继承开始后取得的债权**(民398条之8第1项)。即有合意的可以采用后一种解决方法。

但是,继承开始后六个月内未对合意进行登记的,视为继承开始时已确定本金(同条4项),也就是说应采用前一种解决方法,不能让法律关系一直处于浮动状态。

这些合意无需后顺位抵押权人等第三人的同意(同条3项)。因为未变更极度额,也不会伤及第三人的利益。

* 条文文本是"继承人与最高额抵押权设定人的合意",出现第三取得人的情况也属于设定人与最高额抵押权人之间设定契约的变更,所以设定人常变为当事人。[267]但在登记程序上还需要抵押不动产所有人的合意。现行法的立场是,虽然包括第三取得人在内的抵押不动产所有人能够预料到极度额内的负担,但这并不意味着最高额抵押权人可以自由变更被担保债权的决定基准。[268]

** 举例说明一下。为担保债务人 S 与债权人 G(加油站所有人)之间因持续性石油供给契约所生的债务,S 为 G 设定了最高额抵押权。存在 10 个债权额为 30 万日元的债权(债权群甲)时,G 死亡,由 A、B、C 继承。之后,由 A 继续经营加油站,以 A 为债权人发生了 10 个债权额为 40 万日元的债权(债权群乙)。S 与 A、B、C 达成合意,以 A 为新债权人继续进行最高额抵押交易,并进行登记。假设以前的债权完全没有支付,此时,被担保债权为债权群甲(遵照判例,A、B、C 按各自继承份额成为债权人)和债权群乙(债权人为 A)。

(b) 债权人的合并。最高额抵押权除了担保合并时已存在的债权,还担保合并后存续的法人(吸收合并时)或因合并而设立的法人(新设合并时)在合并后取得的债权(民398条之9第1项)。原因在于,合并后

---

[267] 道垣内(旧)·197 页中这样认为。
[268] 铃木·上文注释27,282 页。

的主体大多仍与债务人继续保持交易关系。

但是,最高额抵押权设定人(包括第三取得人)不希望最高额抵押权关系存续时,可以请求确定本金(同条 3 项)。有确定请求的,视为已于合并时确定本金(同条 4 项)。因为擅自将未达成合意的债权人的债权也纳入被担保范围是不合理的。但是,为了避免法律关系长时间处于浮动状态,自最高额抵押权设定人得知合并时起经过两周或自合并之日起经过一个月,确定请求权消灭(同条 5 项*)。

> *与继承的情况不同,这种情况下形成了以继续最高额抵押关系为原则,对消灭存有异议的模式。理由是合并时继续交易关系的事例比继承时多。

(c)债权人的公司分立。除分立时已存在的债权,通过分立新设的公司(新设分立时)或继承营业的公司(吸收分立时)在分立后取得的债权,和分立的公司在分立后取得的债权,也作为被担保债权(民 398 条之 10 第 1 项)。最高额抵押权的被担保债权有其债权范围基准,例如指定一定种类的交易此时很难确定该交易是否与已成为分立对象的营业有关。因此,不论是分立公司和设立公司,还是继承公司的债权,只要符合约定的债权范围基准,就可包含于被担保债权。

其余和合并时相同。

(d)最高额抵押权的处分。分为全部转让、分割转让和部分转让三种类型(受让人还可再次转让,民 398 条之 16)。关于处分一般抵押权的规定除了转抵押均被排除在外*(民 398 条之 11 第 1 项)。

①全部转让。根据转让人(最高额抵押人)与受让人间的转让契约,进行最高额抵押权人的变更(债权人基准的变更)(民 398 条之 12 第 1 项)。据此,自始发生设定以受让人为债权人的最高额抵押权的效果,以旧最高额抵押权人为债权人的债权则不再是被担保债权。不过,多数情况下,可能还需要(C)中即将讲到的债权范围基准的变更。

需要抵押不动产所有人的同意(同条同项)。

全部转让,必须经登记才能对抗第三人(二重受让人等)(参见不登规3条5号)。虽然并没有规定不许在本金确定后进行登记,但基于与(B)(d)(债务人基准的变更)相同的理由,应该在确定前进行登记(民398条之4第3项的类推适用)(→252页)。

②分割转让。可以将确定前的最高额抵押权分割为两个最高额抵押权,并转让其中一个(民398条之12第2项)。例如,将极度额为7000万日元的最高额抵押权分割为极度额分别为5000万日元和2000万日元的最高额抵押权,并对其中某一个进行全部转让,转让方法等与①相同。因此,本项的意义主要在于为转让而进行分割。经过分割转让的最高额抵押权自始发生为受让人设定的效果,仅未转让的最高额抵押权担保旧债权人的债权。因分割而生的两个最高额抵押权处于同一顺位。

但是,由于分割会导致以原最高额抵押权为客体的第三人权利[具体来说是转抵押权(→253—254页)],就被转让的最高额抵押权消灭(同项后段),因此分割转让需要这种权利人的同意(同条3项)。

③部分转让。转让人与受让人对确定前的最高额抵押权为准共有(民264条)关系(民398条之13)。依转让人与受让人的合意进行部分转让,需要抵押不动产所有人的同意、登记等事宜,与①、②相同。

准共有最高额抵押权时,两共有人的债权合计在极度额内受到担保,合计额大于极度额时按各自债权额(按份比例)优先受偿(民398条之14第1项)。详见后续说明(→260页)。

在一般抵押权中不允许转让、放弃抵押权及抵押权顺位。在最高额抵押权相关民法修改前,由于对受益人获得利益的范围存在争议,排除适用一般抵押权处分的相关规定,明确规定了三个类型的处分及其结果。

(B)债务人的变更。分为继承、合并、公司分立以及其他类型的债务人变更。

(a)债务人的继承。与债权人的变更类似。对债务人开始继承,原则上发生本金确定的效果,但如果最高额抵押权人与抵押不动产所有人达成合意,且在继承开始后的六个月内进行登记,则可以由特定的继承人继承最高额抵押关系。此时，最高额抵押权除了担保继承开始时已存在的债务，还担保指定继承人在继承开始后负担的债务（民 398 条之 8 第 2 项，3 项，4 项）。

（b）债务人的合并。合并时的原则是，合并中存续的法人或因合并而新设的法人为债务人，继续最高额抵押关系。此时，最高额抵押权担保合并时存在的债务和新债务人法人合并后承担的债务（民 398 条之 9 第 2 项）。对存续不满的抵押不动产所有人，可以在一定期间内请求确定本金，但作为债务人的最高额抵押权设定人无此权利（同条 3 项，5 项）。因为债务人是基于自己的意思进行的合并，就算强制性地继续也不违反其意思，否则想确定本金时只要合并就可以了，这不合理。

（c）债务人的公司分立。与债权人的变更类似，除了担保分立时已存在的债务，还担保因分立而新设的公司（新设分立时）或继承营业的公司（吸收分立时）在分立后承担的债务，和进行分立的公司在分立后承担的债务（民 398 条之 10 第 2 项）。

抵押不动产所有人对存续不满时，作与合并时相同的处理。

（d）债务人基准的变更。本金确定前，可以依最高额抵押权人与设定人的合意进行债务人基准的变更（民 398 条之 4 第 1 项后段）。用于个人企业变为股份公司等情况。

需要抵押不动产所有人的同意，但因为未变更极度额，所以无需后顺位担保权人及其他第三人的同意（同条 2 项）。

变更之后，该最高额抵押权仅担保对变更后债务人享有的债务，对旧债权人的债权将从被担保债权中剔除。当然，担保对 A 享有的债权的最高额抵押权变更为担保对 A、B 两者的债权时，变更前发生的对 A 享有的债权并不会从被担保债权中剔除，因为它仍符合新的债务人基准。

但是，必须在确定本金之前登记，否则视为未变更（同条 3 项）。后顺位抵押权人等只需判断出，在本金确定时符合登记标准的被担保债权才是最高额抵押权人能够优先收回的债权，并依此决定是否要求分配等。后顺位抵押权人等的这一利益是不容损害的，所以才这样规定。

（C）债权范围基准的变更。本金确定前，可以依最高额抵押权人与设定人的合意变更被担保债权的范围（民398条之4第1项前段）。因为是对设定契约的变更，所以需要抵押不动产所有人的合意，但由于未变更极度额，因此无需后顺位抵押权人等第三人的同意（同条2项）。

变更后，以符合变更后基准的债权为被担保债权，变更前的被担保债权如不符合变更后的基准，即从被担保债权中剔除出去。

本金确定之前必须进行变更登记，否则视为未变更（同条3项），与上述（B）（d）的情况相同。

（4）极度额的变更

可以依最高额抵押权人与抵押不动产所有人的合意变更极度额。但是，必须取得利害关系人的同意（民398条之5）。在此之前的变更都未变更极度额，所以无需抵押不动产所有人之外的人同意（分割转让时的转抵押权人是例外。→253—254页），极度额的增减会对一定范围的第三人产生不利，所以需要这些人的同意。

因此，所谓利害关系人就是会因极度额的增减遭受损失的人。极度额增加时，抵押不动产的后顺位担保权人、第三取得人、扣押债权人均属于利害关系人，因为这些人以极度额为前提期待取得抵押不动产的剩余价值。相反，极度额减少时，对最高额抵押权自身享有权利的人就属于利害关系人，具体说来是转抵押权人。

极度额的变更也必须进行登记，由于即使在本金确定后也可能变更（→257页），因此不要求在确定前进行登记。

（5）转抵押

和一般抵押权一样（→196页以下），最高额抵押权也可以作为转抵押权（既可以是一般抵押权，也可以是最高额抵押权）的客体（民398条之11第1项但书）。设定契约等基本事宜与一般抵押权一致，但由于最高额抵押权中被担保债权是浮动的，所以效果有些许不同。

（A）一般抵押权的转抵押中，如果通知原抵押权被担保债权的债务人设定转抵押权的事实或取得其同意，那么即使清偿了原抵押权的被担保债权，也不能以此对抗转抵押权人（民377条）（→196页）。这是一般抵押权中被担保债权消灭，原抵押权随之消灭，转抵押权也随之消灭所产生的效果。但是，最高额抵押权不因各个被担保债权的清偿而消灭。因此，在本金确定前，即使设定了转抵押权，债务人、保证人、物上保证人等也可以自由清偿最高额抵押权的被担保债权，原最高额抵押权人也可以行使代收权（民398条之11第2项）。因此，不会产生通知债务人或取得债务人同意的问题。

（B）转抵押权人可以在原抵押权人应得优先受偿的范围内行使优先受偿权。也就是说，可以在确定时的原最高额抵押权的被担保债权额范围内与极度额范围内，获得优先受偿。极度额减少会对转抵押权人不利，所以必须取得转抵押权人的同意（民398条之5）。另外，原最高额抵押权的分割转让也会削减优先受偿权，因此需要得到转抵押权人的同意（民398条之12第3项）。

4. 本金的确定

（1）概述

若要使最高额抵押权实际发挥优先受偿效力，必须确定哪些债权为被担保债权。被担保债权额处于变动状态时，最高额抵押权人无法优先受偿。而且，鉴于最高额抵押权是担保一段时间内多个债权的手段，即使没有优先受偿，也可通过确定某时间点的被担保债权，来清偿及以其他方法消灭最高额抵押权的负担，或将减少的权利赋予设定人及其他利害关系人，否则对利害关系人未免太苛刻。而且，被担保债权本金的确定有时对最高额抵押权人也很重要。

因此，民法规定可基于一定事由的发生**确定被担保债权（本金）**，还赋予一些人以极度额减额请求权和最高额抵押权消灭请求权。

（2）确定事由

（A）确定日期已到来。最高额抵押权人与设定人可以就本金确定日期达成合意（→244页），该日期到来，本金即确定。此种情形下，日期到来以前，设定人不能为（B）中的确定请求（民398条之19第3项）。

（B）抵押不动产所有人的确定请求。没有（A）中的确定日期合意时，最高额抵押权设定后经过三年，抵押不动产所有人可以对最高额抵押权人为本金的确定请求（行使形成权）（民398条之19第1项前段）。此时，自请求起经过两周，本金确定（同项后段）。由于令抵押不动产所有人长时间承受最高额抵押的负担太过残酷，所以规定了该请求。*

但抵押不动产所有人为债务人时，应该不能进行该请求。因为债务人负有支付全额被担保债权的义务，令其接受最高额抵押权的约束谈不上苛刻。

　　*也有观点认为，不论有无确定日期，发生债务人资产状况恶化等设定人无法预料的情况时，都应有确定请求权。[269] 的确，在最高额保证中，这种特别解约权的观点很有力，但不能将保证人必须以自己全部财产作保证的情况与物上保证的情况相提并论。在最高额抵押中不需要特别解约权。

（C）最高额抵押权人的确定请求。*[270] 没有（A）中确定日期的合意时，最高额抵押权人可以在任何时间提出确定请求，该请求同时发生确定的效果（民398条之19第2项）。

如前所述，被担保债权本金确定前，即使转让被担保债权，最高额抵押权也不转移至受让人（→245—246页）。但是，有时还会想要转让附抵押权的债权。因此，如果这样转让，最高额抵押权人就需要确定被担保债权的本金。

（D）最高额抵押权人已着手行使优先受偿权。准确地说，着手是指，在最高额抵押权人就抵押不动产申请拍卖、担保不动产收益执行或者进行物上代位时，但限于拍卖程序、担保不动产收益执行程序已开始或已扣押时（民398条之20第1项1号）。由于最高额抵押权人在行使优先受偿权，所以需要确定被担保债权。另外，与后文（E）、（F）不同，扣押等的效力之后消灭并不妨碍确定，因为对拍卖等提出申请就包含了请求确定的意思。

民398条之20第1项2号（最高额抵押权人对抵押不动产滞纳处分进

---

[269] 高木·263页，丸山·441页。
[270] 参见小林明彦执笔·道垣内ほか90页以下。

行扣押时）是国家或公共团体为最高额抵押权人时的规定。

（E）最高额抵押权人得知依第三人申请对抵押不动产开始拍卖程序或为滞纳处分进行扣押的事实经过两周时间（民398条之20第1项3号）。和前面一样，也是因为最高额抵押权人在行使优先受偿权，所以需要确定被担保债权。民事执行法（49条2项2号）和国税征收法（55条）规定了要通知最高额抵押权人扣押等事实。

拍卖开始以及扣押的效力消灭时，视为本金未确定（同条2项正文）。但是，如果存在以本金的确定为前提，取得最高额抵押权的人或取得以最高额抵押权为客体的权利的人（转抵押权人、确定最高额抵押权处分的受益人），确定的效果继续存在（同项但书）。两个规定都是理所当然的。

请注意，依第三人的申请开始强制管理和依其他抵押权人等的申请开始担保不动产收益执行，不是确定事由（→231页）。

（F）债务人或抵押不动产所有人受到破产宣告（民398条之20第1项4号）。这也是因为最高额抵押权人在行使优先受偿权。破产宣告效力丧失时，作与（E）相同的处理。

民事再生程序、公司更生程序的开始不是确定事由。但是，抵押不动产所有人开始民事再生程序、公司更生程序，并在该程序中进行担保权消灭许可请求（→45页＊＊）时，最高额抵押权人收到消灭许可决定书送达起经过两周，本金确定（民再148条6项，公更104条7项）。

（G）上文已经讲过，债权人、债务人的继承、合并具有确定的作用（→247—249页，251页）。

(3) 确定的效果

（A）确定最高额抵押权。（a）本金的确定使得现存债权中符合被担保债权特定基准的成为最高额抵押权的被担保债权，最高额抵押权转化为一个或数个担保个别具体债权的抵押权称为**确定最高额抵押权**。被担保债权本金不再发生变动。之后，即使再发生符合被担保债权特定基准的债权，也不能加入被担保债权，也不能进行特定基准的变更（→245页以下）。

（b）因此，鉴于最高额抵押权的被担保债权是变动的这一特殊性，对确定前的最高额抵押权，不再适用以前确立的与一般抵押权所不同的特殊规定。不能进行被担保债权范围、债务人的变更，关于被担保债权的转让、代位清偿、债务转移、更改、继承、合并，都与一般抵押权同样处理（请确认各条文中都有"本金确定前"）。最高额抵押权的处分也不是民398条之12和398条之13中列举的处分，而是一般抵押权的处分（民398条之11第1项）。转抵押也会对被担保债权产生约束（同条2项）。

与之相对，可以进行极度额的变更（民398条之5），因为这不是被担保债权自身的问题。

（c）但由于不适用民375条，对本金债权的利息、迟延损害赔偿金的担保都在极度额内，因此并不完全是一般抵押权（因此，称为确定最高额抵押权）。一方面，只要在极度额范围内，即使超出两年部分的利息、迟延损害赔偿金也可获得优先受偿；另一方面，假如到极度额为止的利息、迟延损害赔偿金少于两年部分，也只能以极度额为限优先受偿。虽说确定了本金，但不一定要在最高额抵押权登记中具体地记载债权和债权额，所以第三人还是无法预测两年部分的利息、迟延损害赔偿金。因此，不符合民375条的立法趣旨（→162页），故而只能以极度额为基准。

（B）极度额减额请求权、最高额抵押权消灭请求权。即使确定了本金，最高额抵押权也不是立即实现、消灭。然而，这样一来，抵押不动产所有人及其他利害关系人将不得不继续长期承受（确定）最高额抵押权的负担。因此，立法承认极度额减额请求权和最高额抵押权消灭请求权这两种权利。

（a）极度额减额请求权。在被担保债权的合计额低于极度额时，最高额抵押权设定人可以请求减少极度额，减至现存债务额加上之后两年应得的利息、迟延损害赔偿金的总额（**极度额减额请求权**）（民398条之21第1项）。这在概念上是形成权，依设定人一方的请求即发生减额的效果。

一方面的原因是，不应要求最高额抵押权设定人承担过重的负担，应允许其利用多余的金额担保其他债务；另一方面，虽然在确定后具有类似一般抵押权的性质，但也不必允许最高额抵押权人就多出来的利息、迟延损害赔偿金的优先受偿（尤其是担心出现以赚取利息、损害赔偿金为目的而迟延实现抵押权的情况）。

鉴于以上趣旨，设定人指的是抵押不动产所有人，不应包括第三取得人。

（b）最高额抵押权消灭请求权。相反，确定最高额抵押权被担保债权的合计额超过极度额时，物上保证人、抵押不动产的第三取得人以及后顺位的用益权人（地上权人、永佃权人、承租权人）向最高额抵押权人支付相当于极度额的金额或进行提存后，可以请求消灭该最高额抵押权（民398条之22第1项）（这也是形成权），被称为**最高额抵押权消灭请求权**。

这些人当然可以进行第三人清偿（民474条），但一方面，要求必须支付被担保债权全额才能消灭最高额抵押权，对他们来说过于苛刻；另一方面，最高额抵押权人能够收回极度额就可以满足了。

支付或提存极度额不是清偿债务，仅就支付或提存的部分消灭最高额抵押权人享有的债权，支付人或提存人可以向债务人求偿［民372条→351条，567条2项（改正案570条），650条和702条］。民398条之22第1项后段规定"该支付或提存具有清偿的效力"，就是这个意思。但清偿不能代位［民500条（改正案499条）］，应该说支付人或提存人不取得该最高额抵押权。[271] 原因在于，他们只支付了被担保债权的一部分，不应单独取得抵押权（→235页）。

由于主债务人、保证人及其继承人负有支付被担保债权全额的义务，而且附停止条件的第三取得人也尚未确定，所以不享有该请求权（民398条之22第3项→380条，381条）（→172页）。

5. 优先受偿权的实现

（1）在优先受偿权实现的过程中，由于已成为确定最高额抵押权，所以原则上与一般抵押权（→200页以下）无异。但是，上文已讲过，关于利息、迟延损害赔偿金不适用民375条（→257页）。

下面，我们仅就共同最高额抵押权和共有最高额抵押权进行说明。

---

[271] 贞家＝清水·上文注释253，301页，星野·315页。反对意见，铃木·305—306页。

（2）共同最高额抵押权

共同抵押权为一般抵押权的，即使欠缺共同抵押权的登记，也可以使用民392条，将被担保债权分摊给各不动产（→205页以下）。相反，在最高额抵押权中，只有登记为共同抵押权时才能适用民392条、393条的规定（民398条之16），没有该登记的，最高额抵押权人可以在极度额内对任意不动产行使优先受偿权（民398条之18）。有登记时被称为**纯粹共同最高额抵押权**，无登记时被称为**累积共同最高额抵押权**。

例如，假设为担保持续性石油供给交易所生之债权，在甲、乙两不动产上设定极度额为1亿日元的最高额抵押权。此时，应该说最高额抵押权人的意图是从两不动产中获得优先受偿。有时最高额抵押权被担保债权的合计额可能会过多，最高额抵押权人就会想办法处理这一状况。在担保特定债权的一般抵押权中只要能收回该债权即可，此时须作与此不同的考虑。这就是以累积共同最高额抵押权为原则的理由。但是，当事人意思明确时，也不妨作为纯粹共同最高额抵押权来处理。因此，只在有登记时，才采用纯粹共同最高额抵押权。

但在纯粹共同最高额抵押权的情况下，为了避免法律关系的混乱，两不动产最高额抵押权的被担保债权内容、极度额必须严格一致。因此，对已有效成立的纯粹共同最高额抵押权，进行被担保债权的范围、债务人或极度额的变更、最高额抵押权的转让，内容需要全部统一，且必须对全部不动产进行该登记才能生效（参见民398条之17第1项，398条之21第2项）。另外，在纯粹共同最高额抵押权的情况下，一个抵押不动产发生确定事由，全部不动产发生确定的效果（民398条之17第2项）。

（3）共有最高额抵押权

共有最高额抵押权包括最高额抵押权设定时就是数人为最高额抵押权人的情况，和后来因继承、部分转让而产生的最高额抵押权的共有（**共有最高额抵押权**）。此时，优先受偿的比例按各债权额分配（民398条之14 1项）。但在本金确定前可以不这样确定（同项但书），其确定、变更都是登记事项（不登88条2项4号，89条2项），不登记的不能获得分配，亦不能对抗共有份额的受让人。

共有最高额抵押权人取得其他共有人的同意，就可以全部转让共有份额（民398条之14第2项）。但为了避免法律关系复杂化，不能进行分割转让、部分转让。各共有人的被担保债权范围、债务人、确定日期不同也无妨，但为了避免法律关系复杂化，确定的效果应发生于全部共有人的最高额抵押权的本金确定之时。

6. 消灭

（1）本金确定前

需要注意的是，最高额抵押权在确定前不因被担保债权的消灭而消灭。这是因为最高额抵押权中的被担保债权还未确定。实际上，就算在持续性交易的过程中出现了被担保债权完全消灭的情况，认为此时最高额抵押权消灭也不符合交易的持续性质。

另外，上文已讲过，最高额抵押权在确定前也不随各个被担保债权的转让而转移（→245—246页）。

不过，如果发生了标的物的灭失、混同、放弃等物权共同的消灭原因，最高额抵押权也会消灭，代价清偿、抵押权消灭请求、抵押权的消灭时效等问题，也与一般抵押权相同。

（2）本金确定后

和一般抵押权作同样理解即可。但关于最高额抵押权消灭请求权的问题，请参见上文叙述（→258页）。

第8节 特别法上的抵押权

1. 概述

如前所述，在民法典上有依据的抵押权（一般抵押权、最高额抵押权）都是以特定债权为担保标的物的。但是，如同第1节2中提到的（→118—120页），经济社会需要将个别财产权担保化，而且登记技术的发达也为通过抵押制度实现这一需求提供了可能（但是下文还将讲到，这并不能完全满足现在经济社会的需求）。下面，我们将这些抵押制度分为林木抵押权、动产抵押权、企业财产抵押权、企业担保权四种进行说明。[272]

2. 林木抵押权

(1)《林木相关法律》(明治42年法22)规定,通过对林木进行集体登记,可以将其视为独立的不动产,设定抵押权这是为了满足林业者(尤其是租地林业者)的资金需要而制定的。*

> *奈良县吉野等地,自江户时代以来租地林业就很发达。所谓租地林业就是,从第三人处租借山地,种植并培育树木进行贩卖。此时,习惯上,种植者仅贩卖独立于土地的树木或以此作担保,但该权利在制定民法典时被否定了(不能将林木独立于土地进行登记)。但是,为了确保植树造林投入的资金,有必要将处于生长阶段的树木担保化,该立法需求在明治42年得以实现。当时并不允许天然林的登记,但之后在昭和6年已修改为可以登记,满足林业者资金需求的色彩变淡。不过,将天然林担保化也是为了确保造林资金,使林业者以自己所有的天然林作担保成为可能,可以说《林木相关法律》就是一部担保的法律。[273]

(2)将存在于一块土地或一块中的部分土地上的林木确定为不超过七个的种类[《确定林木群体的范围》(昭和7年敕12)1条],记载数量、树龄,可以成为所有权保存登记的客体(林木法15条,16条)。经过登记的林木群体被视为不动产,可以成为抵押权的标的(林木法2条1项,2项)。

(3)抵押权的设定、效力、实现、消灭等,与土地、建筑物的抵押权基本相同,下面仅介绍一下几个有特色的规定。

虽然设定人设定了担保权,但可以与抵押权人协定采伐林木(林木法

---

[272] 全部参见近江幸治「日本民法の展開(2)特·法の生成——担保法」広中俊雄=星野英一編『民法典の百年Ⅰ』181頁以下(有斐閣,1998)。

[273] 以上根据渡辺洋三『土地·建物の法律制度(上)』135頁以下(東京大学出版会,1960)。另外,关于现在的森林担保金融,参见宇津木旭「森林担保金融の諸問題」米倉明ほか編『金融担保法講座Ⅱ』237頁以下(筑摩書房,1986)。

3条）。林木是抵押权的标的物，本不应由设定人采伐（＝灭失、损坏），但因为需要在适当的时期进行采伐，所以才这样规定。不基于协定采伐林木的，即使林木已与土地相分离，抵押权人也可对此行使抵押权（林木法4条1项）。而且，即使被担保债权的清偿期未到来，该木材也将被拍卖，但必须提存其变价金（同条2项）。

土地所有人对土地上的林木设定抵押权时，通过拍卖对该林木成立法定地上权（林木法5条），土地的地上权人、可以转租的承租人，对该土地上存在的林木设定抵押权时，拍卖之际，在该地上权、承租权的存续期间内，成立该土地的法定承租权（林木法6条，7条）。

3. 动产抵押权

（1）船舶抵押权[274]

船舶是动产，但由于其价值较高且在登记簿上容易辨识同一性，所以在制定商法时就确认了船舶登记制度，还可以设定抵押权。

现行商法中，可对总吨位20吨以上的船舶进行登记（商848条1项）[未登记的船舶不能设定抵押权，只能作为质权的客体。相反，经过登记的船舶不能成为质权的标的（商850条）。作这种区分是为了避免法律关系的复杂化]。

准用关于不动产抵押权的规定，效力等与不动产抵押权大致相同。但是，船舶优先权（→49页＊）优先于船舶抵押权（商845条）。因此，其担保价值不稳定，并未得到很好的运用。

另外，还可对建造到一定程度的船舶设定抵押权（商851条），用于定做人进行建造资金融资。但在日本的造船实务中，建造中的船舶归造船人所有，因此很难使用这一规定。

---

[274] 参见石井照久『海商法』138—140頁（有斐閣，1964）。另见，森田果「造船とファイナンス」落合誠一＝江頭憲治郎編『海法大系』137—169頁（商事法務，2003）、清水恵介「船舶金融と船舶抵当権」堀龍兒古稀『船舶金融法の諸相』109—131頁（成文堂，2014）。

(2) 农业动产抵押权

在昭和 5 年后由农业危机导致农业者等信用极度下降时，为使农业者等的生产资金更容易调配，根据《农业动产信用法》（昭和 8 年法 30），制定了农业动产抵押权。[275] 是可以对供农业经营之用的各个动产（施行令中有规定）设定抵押权的制度（农动产 2 条）。

虽然抵押权的效力与以土地、建筑物为客体时一样，但设定人只能是从事农业（耕作、畜养、养蚕、捕捞、养殖水产动植物，生产柴炭。农动产 1 条）的人，或农业协同组合及其他法人，抵押权人只能是农业协同组合、信用组合及其他法人（"其他法人"具体由施行令规定）（农动产 12 条 1 项）。

有特色的是公示制度，虽然在农业用动产抵押登记簿上有记载（农动产 13 条 1 项，3 项），但由于并不在抵押动产上进行雕刻或作标记等，公示力不强。因此，一方面，登记只是对善意第三人的对抗要件（没有登记也可对抗恶意第三人）；另一方面，即使经过登记，抵押动产也可能成为即时取得（民 192 条）的对象（农动产 13 条 1 项，2 项）。另外，所有人将抵押动产转让给第三人或为第三人提供担保时，必须告知受让人、担保权人存在抵押权（农动产 14 条），对抵押权的侵害还规定了刑事处罚（农动产 19 条）。无可否认，这种方法很迂回。

(3) 机动车抵押权

第二次世界大战后，为了确保运行的安全和从战祸中复兴，有必要使工商业者更换老化的机动车或取得新的机动车成为可能，根据《机动车抵押法》（昭和 26 年法 187），机动车抵押权成为可能。[276] 根据道路运输车辆法在机动车登记文件中经过登记的机动车，可以成为抵押权的客体，在登记文件中登记为对抗要件（机抵 2 条，3 条，5 条）。

机动车本应成为质权的客体，但为了促进机动车抵押的使用，禁止在机动车上设定质权（机抵 20 条）（→84 页）。但是，抵押权的设定程序烦

---

[275] 田山輝明「農業金融法制と担保」高島平蔵還暦『現代金融担保法の展開』466 頁（成文堂，1982）。

[276] 宮内竹和「自動車抵当と所有権留保」熊法 7 号 92 頁（1966）。

杂，机动车的新规登记与抵押权设定之间容易产生时间间隔，在这之间可能会对机动车进行处分，而且实现方法上也存在问题，所以现在基本不使用。[277]

(4) 航空器抵押权

第二次世界大战后，为了再建民间航空，确保购入航空器的资金更容易获得，《航空器抵押法》（昭和 28 年法 66）使航空器抵押权成为可能。[278] 其内容与机动车抵押权大致相同。

(5) 建设机械抵押权

第二次世界大战后，为了国土和产业复兴，有必要促进建设工程机械化，为确保购入建设机械的资金更容易获得，《建设机械抵押法》（昭和 29 年法 97）使建设机械抵押权成为可能。[279] 建设机械原本就没有登记（不同于机动车、航空器），在设定抵押权时，首先需要在建设机械登记簿中进行该机械的保存登记（建抵 3 条），然后再进行抵押权设定登记。

但是，该建设机械抵押也因登记程序的烦杂和抵押权实现程序上的不完备，而很少被使用。[280]

4. 企业财产抵押权

企业，例如一个以土地、工场建筑物、机械等为一体可以运转的工场，具有很大的价值。仅将机械、器具等以及分离的工场用地、工场建筑物担保化，不能完全地将该工场的价值担保化。因此，能否将这样由各种物组成结合体的工场一并担保化呢？如果可以的话，不仅符合工场所有人的利益，还能防止在实现单独对工场用地、建筑物设定的抵押权时将企业解体，从而有利于社会整体利益。

因此，首先创设了对工场用地、建筑物所设定抵押权的效力及于工场

---

[277] 道垣内弘人『買主の倒産における動産売主の保護』24—25 頁，32 頁（有斐閣，1997）。

[278] 参见山川一阳「自動車・航空機・建設機械抵当」加藤一郎＝林良平編代『担保法大系（3）』142 頁（金融财政事情研究会，1985）。

[279] 山川·上文注释 277, 141 頁。

[280] 道垣内·上文注释 277, 26 頁，33 頁。

内置备的机械、器具的制度。这是工场抵押权。但是，工场抵押权只不过是可以将置备的机械、器具与工场用地、建筑物一并担保化，而工业所有权、承租权等权利或未置备的机械、器具（运输用的机动车等）都不能成为担保客体。而且，有的工场各制作过程是分离的（例如，制生铁、制钢、轧制工场），将数个工场一并担保化也确有困难。于是，形成了创设一个包含该企业整体的"财团"，并对财团设定抵押权的财团抵押制度。*

下面，分别对工场抵押权和财团抵押权进行说明。

　　*一般认为当时的经济背景是这样的。从明治30年代起资本主义经济急速发展，经济界要求完备担保制度，尤其是以铁道企业引入外资为契机，急需创设将企业财产一并担保化的制度。在这样的背景下，明治38年制定了工场抵押法、铁道抵押法、矿业抵押法，其中财团抵押制度逐渐扩大至其他事业形态。[281]

(1) 工场抵押权

工场抵押权是《工场抵押法》（明治38年法54）确立的制度，主要内容是，工场*所有人在对属于工场的土地或建筑物设定抵押权时，抵押权的效力不仅及于作为标的物的土地、建筑物的附加一体物，还及于置备于土地、建筑物的机械、器具及其他供工场使用的物（工抵2条）。

该效果是对工场设定抵押权时的法定效果，无需特别约定。相反，欲排除该效果，需要另行约定（同条1项但书）。

除抵押权设定登记中通常要求的登记事项以外（→134—136页），供用物的具体内容也是登记事项（工抵3条1项）。判例[282]认定，除附合于抵押不动产的物以外，抵押权效力及于包括从物在内的诸动产，必须经过登记才能对抗第三人。这与民法上抵押权不要求附加一体物（也包括从物）有独立的对抗要件（→144页）不同，是其特征之一。于是，一方面将优先受偿的物的范围扩大至附加一体物之外；另一方面又要求必须将抵押权效力及于从物记载于登记簿才能对抗第三人，工场抵押法俨然成了

---

[281] 酒井栄治『工場抵当法』2頁（第一法规，1988）。
[282] 最判平成6、7、14民集48卷5号1126页。

"胡萝卜加大棒"的法律。[283]

设定人未经抵押权人同意不得将供用物分离（工抵6条1项）。未经同意分离时，抵押权人可以对分离的物行使抵押权（工抵5条1项）。换句话说，就是可以请求第三人将分离物返还给工场（判例[284]）（关于能否拍卖，→140页*）。另外，由于允许其他债权人自由扣押供用物不能保持工场的一体性，因此禁止扣押（工抵7条2项）（因此，抵押权人可以通过执行异议排除扣押。请与一般抵押权的情况相比较。→189页）。

> *所谓"工场"是指"为营业而制造、加工、印刷、拍摄物品所使用的场所"（工抵1条1项。还有2项）。关于是否符合工场的标准有很多先例（登记实务）。例如，滑冰场的冷却设备，养猪、养鸡设施，水产品冷却设施，物资流通中心（包装、加工商品的）等属于工场，相反，电影院、加油站等不属于工场。[285]

（2）财团抵押权

财团抵押是将企业经营所需土地、建筑物、机械及其他设备与工业所有权、承租权等权利总括起来形成一个财团，将该财团视为不动产或动产，并对其设定抵押权的制度。明治38年承认了工场财团（工场抵押法）、矿业财团（矿业抵押法）、铁道财团（铁道抵押法），之后又在明治42年创设了轨道财团抵押（轨道抵押相关法律），大正2年创设了运河财团抵押（运河法），大正14年创设了渔业财团抵押（渔业财团抵押法），昭和26年创设了港湾运输事业财团抵押（港湾运输事业法），昭和27年创设了道路交通事业财团抵押（道路交通事业抵押法），昭和43年创设了观光设施财团抵押（观光设施财团抵押法），现在已有九种。

这些都是特别考虑到企业一体性的担保制度（各内容省略），还有以

---

[283] 道垣内・諸相239頁。关于立法过程中的论争，参见大山和寿「狭義の工場抵当に関する立法論的考察」青法48卷3号41—56页（2006）及该处引用的论文。
[284] 最判昭和57・3・12民集36卷3号349页。
[285] 飛沢隆志「工場抵当・各種財団抵当の内容およ効力」加藤一郎＝林良平編代『担保法大系（3）』186页（金融财政事情研究会，1985），酒井・上文注释280，13页以下。

下几个问题：

第一，能够利用的企业种类有限。财团抵押中利用企业范围最广的是工场财团抵押，但像餐饮服务业就不能将店铺、餐具等一并担保化。因为它不符合"工场"的定义（→267页＊）。

第二，对财团组成物件有限制。例如，工场财团抵押中，根据工抵11条，可作为财团对象的仅限于"属于工场的土地及工作物""机械、器具、电线杆、电线、配置的管道、钢轨及其他附属物""地上权""取得出租人同意的物的承租权""工业所有权""大坝使用权"，而商品、制造品、应收账款债权等流动资产以及技术等都不能成为财团的对象。因此，实际上并未将工场的价值全部担保化。而且，现在众所周知，这些不能成为财团对象的资产价值正在逐渐增大。

第三，设定抵押权时，要求必须将财团组成物件记载于目录，再登记于登记簿，制作、变更该目录费时费力。更换机械时还必须一个个地将旧机械从目录上注销将新机械添加上去，十分烦琐。

5. 企业担保权

（1）如前所述，财团抵押制度不足以将运转中的企业一并担保化。因此，昭和33年制定的《企业担保法》创设了将公司总财产一并担保化的制度。

能够设定企业担保权的只有股份公司，且仅限于担保公司债券[译者注1]。设定需要公证书（企业担保3条），并以股份公司登记簿上的登记为生效要件（企业担保4条1项）。

企业担保权人不仅对各个财产享有优先受偿权，还可以在实现之际一并扣押当时属于公司的总财产，并获得优先受偿（企业担保1条1项）。因此，即使各财产实现以前被处分，抵押权人也不能有任何异议，而且，企业担保权人在权利实现时劣后于对各个财产享有抵押权等的担保权

〔译者注1〕企业担保法，以下简称"企业担保"，企业担保1条1项。

人。为了将持续营业、资产流动的企业整体一并担保化,不得不如此。[286]

(2)另外,优先权章节已讲过的一般担保权(general mortgage)虽然性质上属于优先权,但类似于企业担保权(→49页*)。

---

[286] 参见打田畯一「担保付社債信託・企業担保権の現状と問題点」米倉明ほか編『金融担保法講座Ⅱ』284—285頁(筑摩書房,1986)。

第 5 章

权利转移预约型担保＝假登记担保

第 1 节　序说

1. 何为权利转移预约型担保

（1）例如，约定当债务人不履行债务时，债务人所有的特定不动产的所有权转移至债权人。这就是权利转移预约型担保，具体操作是以该不动产为标的物，缔结**附停止条件代物清偿**、**代物清偿预约**、**买卖预约**契约。如果采用附停止条件代物清偿契约，债务人不履行债务，停止条件成就，以该不动产为标的物进行代物清偿（民 482 条）。如果采用代物清偿契约、买卖预约契约，债务人不履行债务时，债权人行使预约完结权，取得该不动产的所有权。*虽然按道理讲，动产、其他权利也可以作为转移的标的，但现实中缔结的几乎都是将来转移某不动产所有权的契约。**

> *仅从本文来看，附停止条件代物清偿契约，无需债权人的行动当然地转移权利，比代物清偿预约、买卖预约契约对债权人更有利。但是，在判例还没有确立后述清算义务的年代，权利转移预约型担保可能会被作为暴利行为认定无效（民 90 条），债权人在取得抵押权之后，可以根据实现的状况选择缔结代物清偿预约、买卖预约契约两者中有利的一个。如果是附停止条件代物清偿契约的话，就没有选择余地了，会带来不便。[1]
>
> ****以动产、其他权利为客体的情况**　对不动产进行权利转移请求权保全的假登记（不登 105 条 2 号），之后债权人又经过本登记

---

[1] 星野·326—327 頁。

的，与在假登记时进行本登记的效果相同。那么，该假登记后出现在该不动产上的第三人的权利就被推翻。换句话说，权利转移预约型担保能够对抗第三人（参见不登 106 条）。与此相对，一般情况下，动产、其他权利没有登记制度，债权人的权利不能对抗第三人，缺乏作为担保的实效性。但是，如果是不动产所有权之外可以进行有同样效力的假登记或假登录的权利，就可以使用该方法（后述的假登记担保法也承认此点。→276—277 页）。但是，从担保价值、处分的容易性来看，绝大多数都是以不动产所有权为客体。

（2）为何要使用这样的权利转移预约型担保呢？一言以蔽之，因为民法典规定的典型担保（从债权人的角度来看）不完备。下面，我们讲一下以不动产所有权的转移为客体的形态。

就以不动产（的所有权）为客体的担保手段而言，民法典规定了质权和抵押权。但是，质权必须将质押不动产转移给债权人占有，在现代社会中很难使用（→84 页）。抵押权虽不必转移占有，但其实现必须通过裁判所的程序，需要花费大量时间和经费。另外，在拍卖时还时常会低于市价拍卖。而且，在平成 15 年修改以前，还存在短期租赁、涤除等能对抵押权人形成威胁的制度。

与此相对，权利转移预约型担保无需转移标的物的占有，且原则上采用简易的私力实现方法，也不当然适用关于抵押权的诸规定（可以类推适用）。

2. 判例法理的展开[2]

（1）上述担保手段当然可以转用为民法典规定的其他法律制度的担保手段，因为多少使用了其他法律制度，所以适用该制度的相关法理（例如，债权总论中讲的代物清偿的法理）即可。但是，鉴于其实质是债权的担保手段，不用赋予其纯粹的权利转移预约契约效果，只要赋予其债权担

---

[2] 生熊長幸「仮登記担保」星野英一編代『民法講座（3）』241 頁以下（有斐閣，1984）整理得很好。

保的效果就足够了。

以下几点常会出现问题：

①在代物清偿预约和附停止条件代物清偿契约的情况下，由于债权人和债务人的实力关系，大多是以价值高于债权额的不动产为客体。那么，如果真的进行代物清偿，债权人就会取得标的物价额与债权额的差额。在买卖预约的情况下，预约的买卖价款额也常常小于不动产的客观价值，也会发生上述情况。但是，契约仅是担保债权的手段，超过债权额的所得不应给债权人，债权人应该承担差额清算义务。

②其他债权人扣押标的物时又会怎样呢？假登记名义人当然不能对第三人提起异议之诉（民执38条），买受人出现之后，可以请求买受人同意本登记，追回所有权。但是，当假登记只是担保假登记名义人的债权时，允许其在拍卖程序内优先受偿应该就可以了。

③附停止条件代物清偿契约的债权人只有当停止条件成就，且代物清偿预约契约的债权人、买卖预约契约的买方为预约完结的意思表示时，才能确定地取得标的物所有权。但是，鉴于该契约只是债权的担保手段，较之抵押权的情况显得很不均衡。在抵押权中，如果设定人在抵押不动产实际拍卖前清偿债务，就可以避免丧失所有权。因此，应该这样理解，即使停止条件的成就或有预约完结的意思表示，债务人在一定期间内也不丧失所有权或者可以取回所有权。

④另外，这些契约只不过是债权的担保手段，应该可以类推适用关于抵押权的诸制度，例如民375条（优先受偿的范围），388条（法定地上权），（平成15年修改前）378条（涤除），（平成15年修改前）395条（短期租赁）等。

（2）关于上面几点，积累了许多判例，形成了庞大的判例法理。判例初期对①的意见是标的物价值超过被担保债权额大约三至四倍时无效（民90条），但后来又倾向于可以直接作担保（"担保的构成"）。到达顶峰的是昭和49年的最高裁判所大法庭判决[3]，我们来看一下它的内容：

---

〔3〕 最大判昭和49・10・23民集28卷7号1473页。

ⓐ附停止条件代物清偿、代物清偿预约、买卖预约等在此出现问题的诸契约的趣旨"不在于债权人取得不动产所有权本身,而是着眼于该不动产的金钱价值,以该价值的实现来排他地满足自己的债权,取得不动产所有权只是实现金钱价值的方法"。

ⓑ而且,在停止条件成就或债务人履行迟延债权人行使预约完结权时,债权人可以"以合理的评估价额确定将该不动产收归自己所有……或以相当的价格出卖给第三人进行变价处分,从该评估额或出卖价款等……中取得自己债权的清偿"。

ⓒ但是,"债权人的债权额……超过上述不动产的变价款时,假登记担保权人不应持有超过的金额,而应作为清算金交付给债务人",交付时期是该不动产所有权归属于债权人或出卖给第三人之时。

ⓓ到上述清算之时为止,债务人"清偿全部债务(包含变价所需费用)可以消灭假登记担保权,完全恢复该不动产的所有权,但当债务人一直不清偿债务、债权人为变价处分时,债务人确定地丧失自己的所有权,之后对假登记担保权人只享有上述清算金债权"。

ⓔ债权人只对债务人或第三取得人承担这样的清算金支付义务,扣押债权人和后顺位抵押权人等"可以通过该债务名义或物上代位权,就债务人对假登记担保权人享有的清算金债权进行扣押或取得代收命令等,从而得到债权清偿"。

ⓕ扣押债权人等第三人对该不动产开始拍卖程序之前,债权人对本登记程序或该同意请求提起诉讼,假登记担保权进入实现阶段,此时,债权人可以排除之后第三人的拍卖程序,但如果是在之前开始的拍卖程序,债权人只能在该程序内按照登记的顺位接受优先受偿。

另外,该大法庭判决中未显示的一点是,昭和47年最高裁判所判决[4]否定了对民375条(当时是民374条)的准用。

----

[4] 最判昭和47・10・26民集26卷8号1465页。

（3）通过判例的不断努力，代物清偿预约等内容日趋符合假登记担保权担保的实质。但是，通过判例的积累来完成如此庞大的理论体系显然不合适，因此昭和53年制定了**假登记担保契约相关法律**(以下简称"假登记担保法")，通过特别法进行规制。下面将介绍该法的内容，该法大体上继承了判例法理，但也作了些许修改。

第2节 假登记担保

1. 意义

（1）适用假登记担保法的契约

不同于抵押权等，并不存在单独的担保设定契约。代物清偿预约等契约中特定的一部分适用假登记担保法进行规制。*

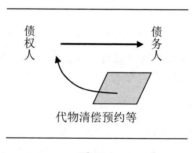

图 5-1

在假登记担保法中，称为**假登记担保**，可以适用该法的是"为担保金钱债务，以债务不履行时向债权人移转归属债务人或第三人的所有权及其他权利等为标的的代物清偿预约、附停止条件代物清偿契约及其他契约中，能够对权利进行假登记或假登录的契约"（假登记担保法1条。以下对假登记担保法的条文只标明条数）。

下面，分别讲解一下各个要件：

①所担保的是金钱债权。首先，规制对象仅限于以担保为目的的契约。但是，满足要件②时即已明确是否以担保为目的，原则上不必将此单

独作为一个问题来考量。

而且，被担保债权只能为金钱债权。好像是因为以前判例中出现的契约都是以金钱债权作担保客体，所以才这样立法的。但不能否认，这与抵押权中特定物交付请求权等也可作被担保债权的规定（→128 页）不均衡。因为关于特定物的债权也会因债务不履行而发生损害赔偿债权，所以本人认为这样也算满足该要件。

和抵押权一样，将来债权、不特定债权（最高额假登记担保）都可以（→131 页，238 页以下），但是如后文讲到的一样，最高额假登记担保几乎毫无实用性。

②债务不履行时归属债务人或第三人的权利被转移等。以债务不履行为停止条件、预约完结权的发生事由的契约即满足此要件。所谓"转移等"也包括地上权的"设定"。

被转移等的权利属于第三人时，该第三人类似于抵押权中的物上保证人（参见民351 条，459 条）。尤其是在有关共同假登记担保的处理中会出现问题（→281 页*）。

③被转移等的权利能够进行假登记或假登录。不动产的所有权自不必说，民法上的地上权、永佃权、地役权、承租权（参见民 605 条），特别法上的林木所有权、采石权、特许权、建设机械所有权、渔业权等也可以作为客体，但大多数情况还是以不动产所有权为客体。假登记担保法 2 条以下对土地或建筑物所有权为客体的情况作出了规定，其他情况准用这些规定（20 条）。另外，抵押权等担保权虽然可以登记，但不能成为客体（20 条括号内容）。因为不允许取得脱离被担保债权的担保权。

④为代物清偿预约、附停止条件代物清偿契约及其他契约。这只是举例，买卖预约当然也可以。也可以说该要件是吸收了要件②。一般情况下是担保假登记权利人**与债务人之间的契约，但在②中讲到的第三人的权利被转移等情况下，就是该第三人与担保假登记权利人之间的契约（以下，将这种第三人包含在内，统称为"债务人等"。参见 2 条 1 项）。

  *假登记担保的性质 假登记担保法只是改变了一定契约的一部分效力，并不是创设新的物权。但是，关于这一点，以拍卖程序、破

277

产程序中的效力（分别参见后述 5，7）为依据，认为"假登记担保权"是一个独立存在的物权的观点也十分有力。[5] 但是，担保客体的假登记与本来的假登记（公示将来的物权）从外观上看没有区别，不能认为是对现在物权的公示。所以，就其在拍卖程序、破产程序中的效力而言，法律明文规定为"物权性"效力。

** 一般多将作为担保假登记名义人的债务人称为"假登记担保人"。但正如上面［*］中讲的一样，假登记名义人并不享有物权担保权，而只是享有将来取得物权这一债权性权利。因此，本书中将其称为"担保假登记权利人"。假登记担保法中也称其为"担保假登记的权利人"。

（2）对第三人的顺位保全

表 5-1　［权利部（甲区）］（所有权相关事项）

顺位号码	登记目的	受理年月日、受理号码	原因	权利人其他事项	
1	所有权保存	平成 3 年 10 月 29 日受理 第 30707 号	余白	所有人	丙山市昭和町一丁目 19 番 26 号 A 野 A 夫
2	所有权转移请求权假登记	平成 13 年 10 月 1 日受理 第 32535 号	平成 13 年 9 月 2 日买卖预约	权利人	丙山市寿町 18 番 2 号 B 山 B 夫
2	所有权转移	平成 14 年 3 月 10 日受理 第 9021 号	平成 13 年 9 月 2 日买卖	所有人	丙山市寿町 18 番 2 号 B 山 B 夫
3	<u>所有权转移</u>	<u>平成 14 年 2 月 11 日受理 第 7552 号</u>	平成 14 年 1 月 3 日买卖	所有人	丙山市松原四丁目 8 番 4 号 C 川 C 子
4	注销 3 号所有权			2 号假登记的本登记平成 14 年 3 月 10 日登记	

*下划线部分表示注销事项。

―――――

〔5〕尤其是高木多喜男『金融取引と担保』238 頁以下（有斐閣，1980）。

对上述契约相关权利进行假登记或假登录（这被称为**担保假登记**。参见 4 条 1 项）（参见不登 105 条 2 号），根据顺位保全效力（不登 106 条），之后又进行本登记、本登录的，假登记、假登录之时即可取得已经本登记、本登录的效果。因此，担保假登记权利人的权利好像可以对抗第三人（→271 页 **）。虽然可以通过假登记、假登录公示，但存在一些问题：没有关于被担保债权的记载，从外观上也还是无法与不是债权担保客体的假登记相区分。

2. 实现前的效力

仅就不动产所有权为契约标的物的情况进行说明（3 以下亦如此）。

（1）标的物的使用、处分

以所有人享有使用权为原则（民 206 条），因此债务人等或第三取得人有使用权。在实现以前，担保假登记权利人只享有将来取得物权这一债权性权利。

而且，债务人等处分标的物也不受干涉。如果假登记后又进行本登记，担保假登记权利人在假登记时就取得标的物所有权，担保假登记后的处分（转让所有权、设定抵押权等）失去对抗力，担保假登记权利人的所有权取得权能不会受到侵害（→293 页以下）。但是，这是以承认债务人等的标的物处分权为前提的，法律是限制担保假登记权利人权利的。

（2）债务人、第三人对标的物的侵害

首先，必须考虑标的物的范围。通说认为这里可以类推适用关于抵押权的民 370 条，标的物的范围及于附加一体物。但在假登记担保的情况下，担保假登记权利人在实现之前没有任何物权，不能主张物权性权利。[6] 所以这是债权层面上的问题，最为重要的是如何在设定契约中约定标的物的范围。契约可以约定孳息的归属，但原则上由原物的所有人享有孳息收取权，所以没有特别约定的情况下归债务人等所有。

侵害契约规定范围内的标的物的具体后果是，债务人等承担债务不履

---

[6] 法务省民事局参事官室编『仮登記担保と実務』642—644 页（金融财政事情研究会，1979）。反对意见，高木·上文注释 5，240 页。

行责任。另外，还可能丧失被担保债权的期限利益（民137条2号），甚至产生增担保义务（详见抵押权中的说明。→191页）。与之相对，第三人就其对所有人的不法行为承担损害赔偿责任，但对担保假登记权利人最多只承担侵害债权的不法行为责任（民709条）。多数说认为，假登记担保也是优先地把握标的物价值的权利，应该允许担保假登记权利人就所有人享有的损害赔偿债权进行物上代位（民304条的类推适用）。但是，担保假登记权利人并未确定地取得物权，所以不得不否定这样意见[7]（→305—306页）。

（3）其他债权人对标的物的扣押

如果对债务人等享有债权的人扣押标的物，此时担保假登记权利人明显存在优先受偿权。将在5中论述（→293页以下）。

（4）担保假登记权利人向第三人处分标的物

基于假登记进行本登记所必须的文件，常被债务人事先放在担保假登记权利人处。为了避免将来引起本登记请求诉讼，此时，如果担保假登记权利人恶意利用上述文件，在取得实体法上所有权以前进行本登记甚至将标的物出卖给第三人，该怎么办呢？该本登记由于欠缺实体而无效，但信赖登记的第三人类推适用民94条2项能够得到保护。

（5）担保假登记相关权利的处分、对被担保债权的随伴性

转让被担保债权时，担保假登记相关权利也转移给债权受让人。因为是用于担保债权，当然要一同转移。[8] 此时进行转移的备注登记。

与此相对，由于缺乏明文规定，担保假登记相关权利（例如转担保等）不能进行处分。[9]

3. 假登记担保的私力实现——总论

（1）概述

假登记担保的实现原则上是通过担保假登记权利人取得标的物所有权

---

[7] 法务省民事局参事官室编・上文注释6，34页。
[8] 法务省民事局参事官室编・上文注释6，391—392页。
[9] 法务省民事局参事官室编・上文注释6，399页以下。

来进行。这样既避免了繁琐的拍卖，又能优先地收回被担保债权。但是，如前所述（→273页①、③），当标的物的价额大于被担保债权额时，为寻求与抵押权的均衡要求担保假登记权利人负责清算该差额，还要求在一定时期前将担保假登记权利人取得的所有权视为不确定的。下面，请注意假登记担保法是怎样实现这两点要求的。

另外，第三人开始强制拍卖、实现担保权的拍卖时，允许担保假登记权利人取得标的物所有权的妥当性就有问题（→273页②）。这种情况将在5（→293页以下）中单独说明。

（2）担保假登记权利人进行清算金预计额等的通知

债权人进入以下私力实现程序，是在假登记担保契约中担保假登记权利人取得标的物所有权（附停止条件代物清偿契约中为条件成就时，代物清偿预约和买卖预约中为行使预约完结权时）以后（还需参见1条）。

（A）对债务人等的通知　首先，担保假登记权利人必须将清算金的预计额或预计不会产生清算金的情况通知债务人等（2条1项）。这是为了保障债务人等的收回机会。为使债务人能够得知计算的根据，通知上必须明示标的不动产的预计价额与债权等金额*（2条2项）。计算不动产价值、债权等金额的基准时间，都是担保假登记权利人取得标的不动产所有权的时间，因为从这一时间开始抵充清偿（→284—285页）。由于不是"债权额"而是"债权等金额"，所以除了本金，还包括全部孳息、迟延损害赔偿金以及实现假登记担保所需费用（本登记程序所需费用、不动产价额鉴定费用等）。进行假登记担保的私力实现时，被担保债权的范围不像抵押权那样受到限制（参见民375条）。原因主要有两点：一是因为担保假登记不同于抵押权登记，不公示本金额、孳息、迟延损害赔偿金的比例（→278页），因此不会产生第三人信赖保护的问题；二是未全额收回债权及费用时令债权人支付清算金，也有失公平。

＊**共同假登记担保的情况**　标的不动产为复数的情况下，担保假登记权利人虽然可以将被担保债权任意分摊给各不动产，但必须在给债务人等的通知中明示是怎样在各不动产中进行分摊的（2条2项括号内容）。根据这一通知，共同假登记担保被分割为各个债权的个别

担保，结束共同担保关系。不适用与共同抵押相关的民 392 条、393 条。通常按上述理解，而且已成为法律的趣旨。另外，依本条进行通知前，标的物已经开始拍卖程序的，债权人可以将被担保债权任意分摊给各不动产，并要求分配。

但是，如果按以上解释，各不动产的所有人不同时，就难以确保在这些所有人之间甚至各不动产后顺位担保权人之间实现公平，对此又展开了各种各样的解释讨论。[10]

(B) 对后顺位担保权人的通知。其次，存在后顺位担保权人（也包含后顺位的担保假登记权利人）时，在 (A) 的通知到达债务人等以后，必须"毫无迟延地"将以下三个内容通知这些人（5 条 1 项）。①已对债务人等进行了 (A) 的通知；②该通知到达债务人等的日期；③与 (A) 的通知内容相同的事项。如后所述，后顺位担保权人在清算期间内可以请求拍卖标的物，在清算期间经过后可以以 (A) 的清算预计额为限对清算金进行物上代位。因此，①是有效开始私力实现，②是清算期间的开始时间，③与清算金预计额的多少有重大利害关系。

另外，进行 (A) 的通知之后清算金支付之前出现的后顺位担保权人，也可以行使拍卖权、物上代位权，但 (B) 的通知是向 (A) 的通知到达债务人等时的后顺位担保权人发出的，只要该担保权人在登记簿上的住所正确即可（5 条 1 项、3 项）。原因在于，要求担保假登记权利人调查这些人的实际住所地，或注意之后又出现后顺位担保权人，对担保假登记权利人而言未免过于苛刻。

(C) 对第三取得人等的通知。另外，还有必要通知担保假登记权利人进行本登记的登记簿上有利害关系的第三人中未接到 (B) 的通知的人。例如，在 (A) 的通知到达设定人时存在第三取得人、担保假登记以后进行登记的地上权人等的情况下，必须"毫无迟延地"将① (A) 中通知债务人的事项，②该通知表示的"债权等金额"通知他们（5 条 2 项）。

---

[10] 详见福永有利「仮登記担保と民事執行手続上の問題点」加藤一郎＝林良平編集『担保法大系（4）』254 頁以下（金融財政事情研究会，1985）。

这样做的原因在于，第三取得人等的权利是假登记后的中间处分，一旦担保假登记权利人取得本登记，第三取得人等的权利就会丧失效力。因此，需要通过通知来保障这些人保全权利的机会（即第三人在清算期间经过前清偿被担保债权的机会，在清算期间经过后代位行使设定人取回权的机会）。*

对这些人来说清算金额并不重要，重要的是债权等金额（第三取得人不是清算金请求权人。→286页），因此请注意与（A）（B）通知内容的不同之处。

***5条1项怠于通知的效果**也有见解认为，怠于通知并不会造成任何法律后果。[11] 但是，若不能对未接到通知的人主张清算期间的经过，则不能对抗所有权的取得、清算金的支付，这也算能实现法律机会保障的趣旨吧。[12]

（3）所有权转移至担保假登记权利人、被担保债权的消灭

（A）虽然在担保权假登记权利人与债务人等的契约上应该规定预约完结权行使时或停止条件成就时，标的不动产所有权转移至担保假登记权利人，但假登记担保法2条1项规定，担保假登记权利人的清算金预计额通知到达债务人等之日起必须经过两个月（即**清算期间**），才发生所有权转移的效力。*清算期间的经过是效力发生事由，经过两个月就发生所有权转移的效果（判例[13]）。**

清算期间经过前，债务人当然可以通过支付债务来消灭假登记的相关权利，而且，即使担保假登记权利人进行本登记或向第三人处分标的物，这些本登记、处分也都无效［与2（4）（→280页）相同］。

284

***推迟所有权转移的理由** 理由有二[14]：

其一，防止债务人等一不注意就确定性地丧失标的物所有权。如

---

[11] 法务省民事局参事官室编·上文注释6，65页。
[12] 平野裕之《判批》法时60卷5号102页（1988）等。
[13] 最判平成3·4·19民集45卷4号456页。另见，柚木＝高木·530页，高木·312页，315页。
[14] 半田正夫执笔·大学双书305—306页。

第5章　权利转移预约型担保＝假登记担保　**255**

前所述，债务人等多在融资时就将基于假登记进行本登记所需的文件交予担保假登记权利人（→280页），如果停止条件一成就或行使预约完结权，所有权就立即转移至担保假登记权利人，就可能发生债务不履行后该债权人立即进行本登记或将标的物出卖给第三人的情况。这不仅较之抵押权的情况很不均衡（参见→273页③），还剥夺了债务人等取回的机会（参见11条但书）。因此，法律规定通知债务人等后必须经过清算期间才能转移所有权，清算期间经过之前进行的本登记因欠缺实体关系而无效，以此来防止上述情况的发生。

其二，协调后顺位担保权人之间的利害关系。清算金请求权与所有权转移至担保假登记权利人同时发生，后顺位担保权人可以对此进行物上代位（→289页以下）。然而，之前可能已有部分后顺位担保权人迅速扣押了该请求权，并取得了转付命令（民执159条，160条）。那么，其他后顺位担保权人就无法进行物上代位，这就成了所谓的抢先进行物上代位。因此，通过规定清算期间经过后才转移所有权、发生清算请求权，该期间内清算金请求权就是尚未存在、内容不确定的债权（如果清算期间内清偿了被担保债权，就不会发生该债权），不具备被转付的资格，也就不会发生上述情况。

**所有权转移至担保假登记权利人的标的物的范围 也有人看重假登记担保是担保债权的手段，主张类推适用关于抵押权的民370条。[15]但是，与设定时就对标的物具有物权性约束的抵押权不同，假登记担保是从清算期间经过时起才有物权性处分，所以基本是契约规定的事项。但当契约不明确，清算期间经过时，附合于不动产（主物）的动产以及当时存在的从物的所有权，分别依据民242条和87条2项转移。

(B) 标的物所有权转移至担保假登记权利人，例如代物清偿契约时根据民482条，买卖契约时根据买卖价款债权与被担保债权的抵销（民

---

〔15〕 柚木＝高木·525页，高木·310页，丸山·502页，川井·449页，石田（穰）·628页等。

505条），清偿被担保债权。*代物清偿时，不论代物的价额多少，以债务全部消灭为原则（详见债权总论），在作为假登记担保契约的附停止条件代物清偿、代物清偿预约中，为了与买卖预约保持平衡，只在代物价额限度内消灭债务反而更合理。9条就是这样的规定（该规定还意味着只在代物价额限度内消灭。也就是说，代物的价额抵充"债权等金额"中的"债权"部分）。**

①标的物的价额低于债权等金额时，以标的物的价额为限度消灭债权，结束担保关系。之后担保假登记权利人只能请求本登记、交付标的物、支付剩余债权额。如果担保假登记权利人取得本登记、取得标的不动产的占有后，债务人等还能再收回，本登记、标的物交付义务不对债务人等生效，那么债务人等就取得利益（占得便宜）了，这样是不妥当的。

②与之相对，标的物的价额超过债权等金额时，债权全额消灭，仅就差额发生**清算金支付义务**。此种情况详见（4）。

另外，请注意担保假登记权利人不能主张实际的清算金额少于自己通知债务人等的清算金预计额［8条1项，参见（4）（A）］，只要通知会产生清算金，即使客观标的物的价额比预计的少，也按②来处理。

> *与之相对，也有人认为，产生清算金时，被担保债权在清算期间经过后清算金支付前并不消灭。[16] 其理由是，清算金支付前后顺位担保权人和一般债权人可以扣押标的物，此时担保假登记权利人只能申请被担保债权、接受优先受偿（→295页）。但是9条明文规定，标的物被拍卖时被担保债权复活。
>
> **9条规定的是"限于没有相反特别约定的情况下"，这里的特别约定是指，即使标的不动产的客观价额不能满足被担保债权额，被担保债权也全额消灭，这种特别约定有效。相反，减少被担保债权消灭额的特别约定，由于对债务人等不利，所以3条3项中规定这种特别约定无效。

---

[16] 船越·417页。

（4）产生清算金的情况

标的物价额超过债权等金额时，清算期间经过后，债权人一方面负有清算金支付义务（3条1项）；另一方面享有本登记请求权和标的物交付请求权。

（A）清算金支付义务。为使清算金支付义务能够现实执行，清算金支付义务的履行和本登记、标的物交付义务的履行，构成同时履行关系（3条2项）。也就是说，债务人等可以在未受领清算金的前提下拒绝本登记的请求。*在此关系中，在清算期间经过前作出的对债务人一方不利的特别约定，比如自进行本登记起支付清算金、自担保假登记权利人可以向第三人处分标的不动产起支付清算金等**，无效（3条3项）。因为在融资时，担保假登记权利人很可能会利用自己的优越地位，将对自己有利的特别约定强加于债务人一方。因此，仅在没有这种关系时（即清算期间经过后）才可以进行特别约定。

这里讲的清算金额不是担保假登记权利人向债务人等通知的预计额，而是客观评判的标的物价额与债权等金额的差额。换句话说，一方面，虽然担保假登记权利人提供清算金预计额可以进行本登记请求、标的物交付请求，但债务人等可以争辩清算金额；另一方面，担保假登记权利人不得主张实际的清算金额少于自己通知债务人等的清算金预计额（8条1项）。因为正是以清算金预计额为基准判断后顺位担保权人可否对清算金进行物上代位、可否请求拍卖标的物，这一判断基准不得被超越。

清算金请求权人只能是债务人等（假登记担保契约的当事人），后顺位担保权人、第三取得人不在此列（3条1项）。虽然就其论据有诸多学说（制定法之前的判例法理中，认为第三取得人有清算金请求权。→274页e），但应是将判断后顺位担保权人的优先顺位、被担保债权额和第三取得人享有的损害赔偿债权额（参见民567条）的任务交给债权人不合适。

*提供清算金前本登记的效力　担保假登记权利人利用从债务人等处预先取得的文件，在清算金支付前进行本登记，此时的效力是怎样的呢？由于清算期间经过后，标的物所有权就转移至担保假登记权利人（参见2条1项），所以不能简单地认为无效［请比较2（4）

（→280页）与3（3）（A）（→283—284页）]，学说上为了保障债务人等的抗辩权，大多承认登记注销请求权。[17] 但是，债务人等得以清算金债权为被担保债权，对标的物享有留置权（→288页），没有必要允许注销的请求。

** 假登记担保法制定前的判例法理连该特别约定（"处分清算方式"）都承认（→274页 b）。

（B）取回权。（a）接受清算金的支付之前，债务人等向担保假登记权利人提供"相当于债权等金额（视为债权未消灭，债务人应当支付的债权等金额）的金钱"，可以恢复（取回）标的物所有权（11条本文）。担保假登记权利人的这种权利被称为**取回权**。这一方面是因为，即使不能取得标的不动产所有权，如果能收回相当于被担保债权金额（以及至今花费的费用）的金钱，身为担保假登记权利人也应该满足了；另一方面则是考虑到，恢复不动产所有权大多会使债务人等获得额外利益。因此确认了这一权利。而且，这还有促进欲取得所有权的担保假登记权利人支付清算金的效果。

这些金钱的支付是通过全部债权的暂时消灭而来，且可以由债务人以外的设定人进行（第三取得人也可以基于债权人代位权取回），因此，这不是债务的清偿（→325页 **）。法条上的"与债权等金额（……）相当的金钱"（加重号引用处）也是这一意思。

取回权是形成权，一旦作出提供上述金钱进行取回的意思表示，所有权就复归债务人。债务人等行使取回权后，担保假登记权利人将标的物处分给第三人时，是二重转让，适用民177条。

（b）但自清算期间经过之日起五年时，或第三人取得该不动产的所有权时*，取回权消灭（11条但书）。前者符合有关买卖的民580条3项的逻辑[18]（同项的趣旨是为了避免债权人的所有权取得长期处于不安定状

---

[17] 宇佐見大司「判批」法時56巻8号121頁以下（1984）的讲解很详细。
[18] 吉野意衛発言・石田喜久夫ほか「座談会・仮登記担保法の諸問題」ジュリ675号40頁（1978）。

态，并妨碍债权人改良不动产，给国民经济造成不利益）。后者是因为债务人本来就没履行债务，不值得通过损害交易安全来保护该债务人。但是，第三人有必要进行登记**（因此保护第三人只限于担保假登记权利人恶意使用事先从债务人等处得来的文件进行本登记，或根据清算期间后的特别约定先履行本登记义务的情况）。

第三人进行登记、消灭取回权时，债务人可以以清算金请求权为被担保债权对标的物行使留置权（判例[19]）。虽然学说中多认为在第三人对清算金未付一事为善意、无过失时承认债务人的留置权并不合适[20]，但这是留置权的一般性问题，没有理由另当别论（→33—34 页）。

　　* **取得抵押权和用益权的第三人**　在假登记担保法制定以前的判例中，善意第三人取得抵押权及担保假登记时，有的将债务人的取回权视为已消灭。[21] 但是，11 条但书的表述（"第三人取得所有权时"）虽然一概承认取回权的行使，但应该解释为债务人等只能取回附着该第三人权利的不动产。[22]

　　** **与恶意第三人的关系**　11 条但书不以第三人对存在取回权是善意为要件。但是，假登记担保法制定以前的判例法理[23]认为取回权只在处分给善意第三人时才消灭，现在有力说也主张 11 条但书所言的"第三人"应理解为善意第三人[24]。但是，这样可能就难以与行使取回权后的第三人的处理（二重转让，适用民 177 条）保持均衡。

4. 私力实现中后顺位担保权人的地位

（1）概述

假登记担保的私力实现并不影响先于假登记担保具备对抗要件的担保

---

[19]　最判昭和 58・3・31 民集 37 卷 2 号 152 頁。
[20]　甲斐道太郎「判批」民商 91 卷 2 号 253—254 頁（1984），鈴木禄弥『物的担保制度の分化』801—807 頁（創文社，1992）。
[21]　最判昭和 51・12・9 金法 818 号 38 頁。
[22]　槇・388 頁。
[23]　最判昭和 46・5・20 判时 628 号 24 頁。
[24]　鈴木・上文注释 20，264 頁，高木・327 頁。

权。例如，抵押权先于假登记担保时，担保假登记权利人私力实现的结果只不过是取得附抵押权的不动产。而且，当假登记担保顺位在先时，进行私力实现的后顺位的担保假登记权利人处于 3 中所讲的第三取得人的地位。

与此相对，如果担保假登记推进成为本登记，那么劣后于担保假登记的担保权人（包含担保假登记权利人）就丧失了假登记后进行中间处分的对抗力。但是，假登记担保法赋予后顺位担保权人从清算金中获得优先受偿的权利。一方面，对担保假登记权利人来说，清算金最终归属于谁与之没有利害关系；另一方面，对债务人等来说，后顺位担保权人应当处于约定优先受偿的地位，这些人对清算金行使优先受偿权，债务人等也不该有意见。

（2）对清算金的物上代位

（A）行使要件。如果担保假登记权利人通知债务人等的清算金预计额是正当的，那么全体后顺位担保权人可以判断，无人行使后述标的物拍卖权时，后顺位担保权人（包含后顺位的担保假登记权利人。4 条 2 项）可以对债务人等取得的清算金进行物上代位（4 条 1 项）。

为了进行物上代位，必须在向债务人等交付清算金之前进行"扣押"，其意义与基于抵押权进行物上代位的情况相同（→153 页以下）。存在数个后顺位担保权人时，他们之间的顺位不是按"扣押"的顺序，而是取决于担保物权的顺位关系。*

> *如前所述，民 304 条也该如此理解（→70 页），但立法当时尚未确立解释，所以是明文规定的。

（B）进行物上代位的范围。物上代位的对象是清算金（请求权）本身，但实际能进行的仅限于担保假登记权利人通知债务人等的清算金预计额范围（4 条 1 项）。假登记担保法确认了对清算金不满的后顺位担保权人的标的物拍卖权（→292 页以下），不行使拍卖权不能对清算金预计额的正当性提出异议（8 条 2 项），进行物上代位的范围也限定于预计额。但是，立法争论上还存有疑问。*

另外，后顺位的担保假登记权利人进行物上代位时，被担保债权的范围受到与关于抵押权的民375条相同的限制（4条3项→13条2项、3项。→162页以下）。

＊如果认为清算金预计额是正当的，由于没有行使拍卖权，所以限定进行物上代位的范围，对后顺位担保权人也没有过于苛刻。但是，从这里看不出限定物上代位的范围有什么更为积极的意义。所以，也有观点认为，对清算金中超出预计额的部分也可以单独依据民304条进行物上代位。[25]

（C）促进物上代位实效化的制度。为了促进物上代位的实效化，假登记担保法有以下对策：

①上文已经讲过，债权人通知物上代位权人私力实现开始的时间与清算金预计额，担保假登记权利人不得主张清算金预计额比实际的清算金少，在清算期间中不能对清算金债权取得转付命令（分别见→282页、286页、284页＊）。

②清算期间内，禁止清算金请求权的转让、出质、免除、抵销等一切处分（6条1项）。这是对债务人等的约束，后顺位担保权人只要在清算期间内就能进行扣押。

③清算期间内，担保假登记权利人即使清偿清算金，也不得对抗后顺位担保权人。在担保假登记权利人未对后顺位担保权人进行①中所讲的通知就清偿时，也是一样（6条2项）。＊

＊**抵销** 担保假登记权利人对设定人有另外的债权时，能否与清算金支付债务相抵销呢？这种做法清算期间经过前，对后顺位担保权人损害极大，在清算期间经过后也会优先于后顺位担保权人"扣押"产生的物上代位权，所以不应允许这些情况发生。[26]

在判例法理上，一般情况下，如果在扣押前发生了自动债权，被动债

---

[25] 铃木·上文注释20，322—323页。
[26] 法务省民事局参事官室编·上文注释6，71页，柚木＝高木·536—537页，高木·319页，河上·321—322页。

权在被扣押后也可与之相抵销（详见债权总论），但由于清算金请求权是附于后顺位担保权人的优先受偿权发生的债权，所以不能与上述情况相提并论。

（D）假登记担保关系的终结。如果后顺位担保权人进行物上代位，之后就是债权执行程序（该程序中也与本登记义务是同时履行关系），该程序结束前不能取得本登记，对担保假登记权利人来说过于苛刻。因此，假登记担保法规定，如果扣押或临时扣押清算金请求权，清算期间经过后，提存部分或全部清算金，那么担保假登记权利人可以在此限度内免除清算金支付义务（7条1项。民494条的特则）。此时，扣押、临时扣押清算金请求权的效力及于提存金还付请求权（同条2项）。担保假登记权利人为了实际取得本登记，除了支付清算金，还需要得到通过本登记注销的登记权利人的同意（不登109条），但提存的证明材料可以代替这些权利人的承诺书（18条）。

虽然法律未对提存额进行限制（设定人还可对实际的清算金额进行质疑），但应该至少需要在清算金预计额以上。根据本条进行提存后，其他后顺位担保权人可以"扣押"提存金还付请求权。[27] 其原因在于，此时不完成物上代位范围全额的提存，会使法律关系错综复杂。

（3）标的物拍卖权

由于后顺位担保权人的物上代位范围是在清算金预计额限度内（→290页），因此有必要赋予认为该预计额不合理的后顺位担保权人以救济手段。因此，假登记担保法规定，即使后顺位担保权人的被担保债权清偿期尚未到来，只要在清算期间内，后顺位担保权人就可以请求拍卖标的不动产（12条）。如果后顺位担保权人自己的被担保债权清偿期到来，当然可以实现担保权（→295页），12条的意义则在于清偿期未到来时也承认拍卖权。通过公力程序拍卖对标的物进行合理评价，以确保后顺位担保权人对剩余价值的权利。但是，在后顺位担保权人对清算金预计额部分进行物上代位即可满足时，没有必要再进行拍卖。*因此，应该确认对清算金的

---

[27] 详见宇佐见隆男「民事執行法の施行と仮登記担保への影響」登记先例解说集231号35页以下（1980）。

物上代位权与标的物拍卖权两种权利。但后顺位的担保假登记权利人不享有此种权利（参见 12 条）。**

为了使该权利能实效化，判例允许未接到 5 条 1 项通知的后顺位担保权人，在清算期间经过后请求拍卖。[28] 从与（2）（C）（→282—283 页）的平衡来看，该结论也算合理，但从与未接到通知的后顺位担保权人的关系来看，应认为清算期间并未经过。[29]

拍卖请求后的程序与 5 相同。

存在数个后顺位担保权人时，一人行使拍卖权即进入拍卖程序。之前扣押清算金的，该扣押失去效力。

　　* 因此，应该理解为，后顺位担保权人通过对清算金预计额进行物上代位即能够完全收回被担保债权时，不能请求拍卖。[30]

　　** 理论上担保假登记权利人没有拍卖权，所以当然如此。但是关于后顺位的担保假登记权利人不能质疑清算金预计额的妥当性这一点，在立法争论上尚有疑问。[31]

5. 拍卖程序中优先受偿的实现

（1）担保假登记权利人于一定情况下可在拍卖程序中接受优先受偿，具体来说包括以下情况：①实现先顺位担保权的拍卖；②实现后顺位担保权的拍卖；③一般债权人的强制拍卖。* 下文将分别进行说明（关于共同假登记担保的情况，→281 页 *）。

　　* **与强制管理、担保不动产收益执行的关系**　其他债权人对假登记担保的标的不动产开始强制管理程序、其他担保权人开始担保不动产收益执行程序时，担保假登记权利人无法在这些程序内获得优先受偿。由劣后于担保假登记权利人的人开始这些程序时，只不过是对附

---

[28] 最判昭和 61·4·11 民集 40 卷 3 号 584 页。
[29] 也包含了其他学说，详见道垣内·課題 228—235 页。
[30] 铃木·上文注释 20，333 页，法务省民事局参事官室编·上文注释 6，140 页。
[31] 松冈·293 页，作为解释论肯定了担保假登记权利人的拍卖权。

假登记的不动产展开程序，担保假登记权利人采取私力实现程序的，强制管理程序等结束。与之相对，由优先于担保假登记权利人的人开始这些程序时，若担保假登记权利人在该程序过程中采取私力实现程序，应与正在进行强制管理程序等的不动产已被转让的情况作相同处理（即担保假登记权利人取得所有权后，对该不动产进行强制管理程序）。

（2）实现先顺位担保权的拍卖

担保假登记权利人在实体法上只是处于将来取得所有权的地位，所以如果进行拍卖实现先顺位担保权（也包括一般债权人进行强制拍卖或进行拍卖实现后顺位担保权，导致实现先顺位担保权的情况），假登记应当失效（民执59条2项，188条）。担保假登记权利人仅以将来所有权的取得为目的，所以只能这样。但是，鉴于假登记担保以债权的担保为目的，担保假登记权利人似乎可以在该拍卖程序中收回被担保债权，而且这样的权利也不会给他人带来不可预测的损害。也就是说，先顺位担保权人对应如何分配自己优先受偿后的剩余部分没有利害关系，债务人等约定担保假登记权利人能够获得优先受偿，后顺位担保权人以担保假登记权利人获得优先受偿为前提，取得担保权。* 因此，假登记担保法允许担保假登记权利人在该拍卖程序中获得优先受偿（13条1项前段）。至于与其他担保权人之间的顺位关系，则应将担保假登记时视为已进行抵押权设定登记来决定（同项后段）。**

但是，执行裁判所搞不清该假登记是本来的假登记还是担保假登记。因此，假登记担保法规定，首先由执行裁判所对假登记名义人发出催告，令其在分配申请终期前提交是否为担保假登记、被担保债权存在时的原因和数额（17条1项），分配申请终期前未进行提交的担保假登记人不能参与分配（同条2项，4项）。

这种情况下，担保假登记权利人接受优先受偿的范围与关于抵押权的民375条相同，限于利息及其他定期金、迟延损害赔偿金的最后两年部分（13条2项，3项）。与抵押权人在同一平面上争夺拍卖价款时，课以同样限制是公平的。请注意，担保假登记中不公示利息、迟延损害赔偿金的比例，这与民 375 条的趣旨（→162 页）不同。

拍卖标的物的成交消灭担保假登记相关权利（16 条 1 项）。

与本来的假登记的关系 在后顺位担保权人不能判断预先进行的假登记是否用于担保时，会产生本文这样的疑问。但是，这种情况下，后顺位担保权人应该意识到该假登记可能成为本登记，会使自己的担保权失效，因此也不能说是不可预测的损害。

与 15 条 2 项的关系 申请拍卖是在支付清算金后（无清算金时为清算期间经过后）进行，担保假登记权利人即使未取得本登记，也能以自己取得的所有权对抗后顺位担保权人，可以认为后顺位担保权已丧失效力。因此，先顺位担保权人收回被担保债权之后的剩余金全额支付给担保假登记权利人（民执 84 条 2 项）。假登记担保法 15 条 2 项仅对扣押债权人规定了能否提起第三人异议之诉，也包含以上趣旨。

（3）实现后顺位担保权的拍卖、一般债权人的强制拍卖

不存在先顺位担保权时，实现后顺位担保权或一般债权人进行强制拍卖会怎样呢？从假登记的一般思维出发，拍得人在该拍卖程序中仅取得附假登记担保负担的所有权，因此将来进行本登记还能再追回所有权。但是，在假登记担保的情况下，鉴于假登记担保只是担保债权的手段，允许担保假登记权利人在拍卖程序中优先受偿就足够了。因此，假登记担保法规定这种情况与（2）作同样处理。

不过，需要注意的是后顺位担保权人、一般债权人能够申请实现担保权、强制拍卖到何时为止。在法律制定以前的判例法理中，可以到担保假登记权利人进行私力实现时为止（这称为"先着手主义"）（→275 页 f）。但是，假登记担保法中，担保假登记权利人自支付清算金时（无清算金时为清算期间经过时）起才处于可以取得本登记的地位，后顺位担保权人、一般债权人可以申请拍卖直至此时为止（15 条 1 项）。支付清算金前（无清算金时为清算期间经过前）申请拍卖、决定拍卖开始的，担保假登记权利人已不能请求进行本登记。反过来，之后，担保假登记权利人即

使实际上未取得本登记，也得依第三人异议之诉排除拍卖申请（同条 2 项）。*

另外，后顺位担保权人的担保权实现为一般的担保权实现时，需要后顺位担保权的被担保债权清偿期到来。与此相对，认为清算金预计额不合理的后顺位担保权人请求拍卖的（限于清算期间内），不需要被担保债权清偿期到来（→292 页）。

关于优先受偿范围的限制、担保假登记相关权利的消灭，与（2）相同。

* **与所有权转移时期的关系**　如前所述，标的物所有权在清算期间经过时转移至担保假登记权利人（→283 页）。然而，如果认为所有权的转移不能对抗后顺位担保人和设定人等对标的物的拍卖申请，那么在支付了清算金但尚未进行本登记时，就会产生这样的疑问：担保假登记权利人是不是不能以标的物所有权的取得对抗这些人呢。实际上，15 条 2 项规定假登记可以排除后顺位担保权人等的拍卖申请，这在立法争论上备受批判。[32] 但是，确认后顺位担保权人等的拍卖申请权，本来是为了平衡担保假登记权利人与后顺位担保权人的利益，修正这种对于假登记的一般认知，限制了担保假登记权利人的权利，将拍卖置于优先地位，这只不过是一种例外的处理，不应作为对抗的问题来考虑。

另外，前文已经阐述过与被担保债权消灭之间的关系（→284—285 页）。

（4）另外，在以上拍卖程序中，被担保债权不特定的假登记担保（最高额假登记担保）没有效力（14 条）。不同于最高额抵押权，由于无法公示被担保债权的范围，承认总括最高额担保并不合适。[33] 虽然允许私力实现，但在与第三人相争时由于无效而没有作为担保的价值。关于这一点，也有批判的观点认为，至少担保假登记权利人能够证明不是总括最高

---

[32] 松冈·300 页。
[33] 法务省民事局参事官室编·上文注释 6，168 页。

额假登记担保时不应否定其效力,这种观点也很有力。[34]

6. 与用益权的关系

(1) 担保假登记以前具有对抗力的用益权

该权利可以对抗债权人,即使私力实现或进行拍卖,买受人也只能接受该权利。不能对抗先于担保假登记的担保权时,另当别论。

(2) 担保假登记以后的承租权

是否可以类推适用关于抵押权的民395条(交付犹豫期间)是个问题。实现抵押权时,立法趣旨是不必即刻剔除劣后于该抵押权的承租人,因为如果这样就太苛刻了,这一趣旨也适用于假登记担保。应该肯定类推适用。[35]

(3) 法定承租权

在抵押权中,归属同一所有人的土地、建筑物中的一个被设定抵押权并实现抵押权时,对建筑物成立法定地上权(民388条)(→215页以下)。但现在考虑到对建筑物的用益权绝大多数都是承租权*,假登记担保法设置了以下规定:

①对建筑物进行担保假登记时,从担保假登记权利人与债务人等的力量关系来看,可能会以担保假登记权利人取得建筑物所有权为停止条件,事先设定用益权。而且,此假登记可以对抗第三人。因此,针对此种情况没有特殊处理。

②与之相对,对土地进行担保假登记时,就无法期待设定上述附停止条件的用益权。因此,实现土地的假登记担保时,建筑物所有人取得承租权(10条)。当事人对该存续期间、租金未达成合意的,应等待当事人请求裁判所决定。

③关于土地、建筑物的所有关系的要件等,与抵押权的情况相同(→216页以下)。

---

[34] 铃木·上文注释20,325—328页。
[35] 高桥·276页,角·177页,吉田·284页,石田(穣)·647页。

④通过实现先顺位抵押权使担保假登记相关权利消灭时，不属于本条的问题，适用民 388 条。因为先顺位抵押权人已意识到法定地上权的发生，不用通过以后的担保假登记来作有利处理。与之相对，实现后顺位抵押权时，适用本条。[36] 这是因为担保假登记权利人只预测到了法定承租权的发生。同理，对土地进行担保假登记、对建筑物设定抵押权时，设定的先后应该由适用的条文来决定。[37]

* **立法争论的问题点**　但是，在为实现抵押权进行的拍卖（民 388 条）、根据国税征收法进行的公卖处分（税征 127 条）、基于民事执行法的强制拍卖（民执 81 条）中，都成立地上权，不可否认，这与上述情况并不均衡。[38]

7. 破产程序中的效力

担保假登记权利人在标的物所有人破产时与抵押权人受到相同对待（19 条 1 项）。在民事再生程序中也是一样（同条 3 项）。在公司更生中，担保假登记相关权利被视为抵押权（同条 4 项）（因此，→231—232 页），这是因为看重它债权担保手段的性质。

另外，最高额假登记担保在破产程序中无效（19 条 5 项。→296 页）。

8. 消灭

虽然认为与抵押权的消灭平行考虑的学说也很有力，但假登记相关权利毕竟不是物权（→277 页*），有必要单独进行研究。

①标的物的灭失。转移标的物所有权的契约仍继续存续，但是已无法履行。当然，作为担保也变得毫无意义。

②混同（民 520 条）、放弃。假登记相关权利此时很显然会消灭。

---

[36] 反对意见，村田博史「仮登記担保契約と土地利用権」法時 52 卷 4 号 146 页（1980）。
[37] 生熊長幸「仮登記担保と法定借地権（下）」NBL198 号 14—15 页（1979），槙·392—393 页。
[38] 高木·325 页，槙·392 页。

③被担保债权的消灭。这种情况下，因契约目的达成而消灭。被担保债权的清偿和担保假登记的注销不是同时履行关系，判例认为先有前者才能注销。[39]

④私力实现、其他债权人拍卖标的物。前者是由于切实履行了契约，后者是基于假登记担保法 16 条而消灭。

⑤消灭时效。担保假登记相关权利是债权（预约完结权是形成权），所以消灭时效为十年*（民 167 条 1 项）。但是，起算点为停止条件成就时或能够行使预约完结权时（民 166 条 1 项）[债权法修改将"债权人从知道能够行使权利时起五年"改为"债权人从知道能够行使权利时起十年"（改正案 166 条 1 项）]。

　　*这里潜在着一个问题：形成权是否存在消灭时效。不过，强调没有消灭时效的人也认为可以适用民 167 条 1 项 [改正案 166 条 1 项][40]，所以在结论上并无二致。但是，还存在是否中断的问题（详见民法总则）。

---

[39] 最判昭和 61・4・11 金法 1134 号 42 頁，最判昭和 63・4・8 判时 1277 号 119 頁。
[40] 川島武宜『民法総則』542 頁（有斐閣，1965）。

第 6 章

权利转移型担保=让与担保

第 1 节 序说

1. 何为权利转移型担保

（1）例如，有时会这样约定：将债务人（或第三人）所有的不动产所有权暂时转移至债权人，待债务人履行债务，再复归原所有人。这种担保标的物所有权在债务不履行时事先转移至债权人的担保制度，叫做权利转移型担保。在前章研究的权利转移预约型担保中，如果发生债务不履行，债权人就会采取行动，实现预约。与之相对，在权利转移型担保中，如果发生债务不履行，标的物所有权就这样一直归于债权人，从这个层面上讲，这是有利于债权人的制度。*

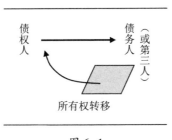

图 6-1

但是，即使担保标的物的所有权转移至债权人，该所有权转移也只不过是用于担保债权。所以，一方面的问题是，不能将债权人当作完全的所有权人，是不是应将该权利限制在用于担保的合理范围内；另一方面的问题则是，设定人并未完全丧失所有权，是不是还保留着一些物权性权利。和权利转移预约型担保一样，需要在解释上确立合理的权利义务关系。

*权利转移型担保的弊端　为了以不动产的权利转移型担保对抗第三人,债权人必须进行所有权转移登记(→311页),同时也会产生下列弊端:第一,虽然没有发生债务不履行,但不论是对进行所有权转移登记还是由此无法设定后顺位担保权,债权人都会对设定人不满。第二,无法消除设定人的不安:债权人在登记簿上是完全的所有权人,他可能会擅自处分该不动产,或在债务人履行债务后不诚实履行登记复回义务;第三,权利转移预约型担保的对抗要件为假登记,此时假登记所要缴纳的登录免许税是不动产价额的千分之六,与之相对,所有权转移登记要缴纳千分之五十。[1] 最后,从平成15年4月1日起,所有权转移登记需要缴纳的登录免许税为不动产价额的千分之二十,所有权转移假登记为千分之十,虽然差距变小了。但总体上看,仍不能说权利转移型担保比权利转移预约型担保更为便利。

(2)(A)权利转移型担保可以分为若干种类

从法律形式上可以分为两种。首先,①为担保金钱消费借贷等产生的债权,作为该债权发生原因的契约采用以下法律形式:约定另一个契约中标的物的所有权转移至债权人,如若清偿,所有权可以复归债务人。例如,A对B享有1000万日元工程款的金钱债权,为了担保该债权,缔结一个契约将B所有的不动产的所有权转移至A。与此相对,②有时还采用这种法律形式:买卖标的物,以价款的形式由债权人(买方)向债务人(卖方)交付金钱(或将债权人已有的债权与价款债务相抵销),债务人若将该价款返还债权人,标的物就再由债权人卖与债务人,或者通过解除原来的买卖契约,来使所有权复归于债务人。例如,A对B进行1000万日元的融资,采用B将自己所有的不动产卖给A,A向B支付价款1000万日元的形式。而且,采用再买卖的形式时是"买卖一方的预约"(民556条),采用解除契约的形式时是"买回"(民579条以下)。

其次,从担保标的物的现实占有着眼,可以分为债权人现实占有

---

〔1〕 久保井一匡「譲渡担保の取得・管理をめぐる問題点」加藤一郎=林良平編代『担保法大系(4)』341頁(金融財政事情研究会,1985)。

（ⓐ）与债务人现实占有（ⓑ）。

（B）但是，应该看到这种分类不会引起法律处境的差异

首先，关于①和②的区别。的确，昭和8年大审院判决[2]说"提供担保的方法有二"，①的情况是"让与担保"，②的情况是"卖与担保"，显示了由不同法律进行规制的立场，这种见解在学说中也曾十分有力[3]。也就是说，在①中，导致所有权转移的契约中存在因另一个契约所生的债权（前者契约的被担保债权），而在②中不存在被担保债权（卖方向买方返还价款，并不是义务）。另外，①是非典型契约，而②是"买卖一方的预约"或"买回"，是典型契约，所以原则上由相关民法规制。因为有这些不同，所以有必要加以区别。

但是，之后的判决并未严格区别二者，在用语上，昭和30年的判决是最高裁判所层面最后一次在积极的判示中使用"卖与担保"一词。[4] 而且，如后所述，让与担保方面，判例、学说都在努力根据担保的实质来规定当事人间的权利义务关系。那么，即使当事人达成合意，采用买回或买卖一方预约的形式，也应该适用所确立的合理的权利义务内容。相反，必须尽量排除适用对担保的处理没有合理性的民法规定。因此，应当将二者合为"让与担保"一并处理。[5]*

其次，强调ⓐ与ⓑ区别的必要性，认为ⓐ的情况应该称为"让与担保"，ⓑ的情况应该称为"买回"的见解也十分有力。[6] 但是，这只是关于使用让与担保标的物的约定的不同，即有无特别约定的问题。以债权担保为目的转移所有权的约定，无论如何都应根据担保的实质来处理，无需

---

[2] 大判昭和8・4・26民集12卷767頁。
[3] 我妻栄「『売渡担保』と『譲渡担保』という名称について」同『民法研究Ⅳ』121頁以下（有斐閣，1967）（初出=法協52卷7号［1934］）。
[4] 参见道垣内弘人発言・佐伯仁志=道垣内弘人『刑法と民法の対話』68—70頁（有斐閣，2001）。
[5] 最判平成18・2・7民集60卷2号480頁。
[6] 三藤邦彦「不動産の譲渡担保・所有権留保」私法34号43—44頁（1972），来栖三郎『契約法』221—223頁（有斐閣，1974），近江幸治『担保制度の研究』24—25頁（成文堂，1989）。

通过占有的形态进行区分。[7]

因此，下文将权利转移型担保全体作为"让与担保"来理解，并进行说明。[8]

　　*应该意识到，在各个契约中，"买回""买卖一方的预约"指的不是以债权担保为目的的概念。[9] 例如，都市公团与地方公共团体在将不动产分开出售的过程中，附一定期间内禁止转卖等条件，一旦买方违反即买回。[10]

2. 从所有权性构成到担保性构成[11]

（1）（A）按这样理解的让与担保都是采用将标的物所有权转移至让与担保权人的形式。以前重视这一形式，一般都是将标的物所有权完全转移至让与担保权人（称为**所有权性构成**）。但是，这种立场下也不能无视所有权转移是用来债权担保的，让与担保权人不能超越担保目的行使接受转移的所有权，但这种约束也只应解释为债权性的。

但是，按照这种解释，设定人就处于相当弱势的地位。例如，让与担保权人在清偿期到来前将标的物处分给第三人时，处分的相对方即便对上述债权性约束的存在持恶意，也能取得所有权，之后设定人只能向让与担保权人追究债务不履行的责任。

因此，现在重视让与担保用于担保债权的性质，并形成了如下通说：

---

〔7〕　生熊長幸「買戻・再売買予約の機能と効用」加藤一郎＝林良平編代『担保法大系（4）』480頁（金融財政事情研究会，1985），椿寿夫「担保目的の所有権移転登記と一展望」民研362号14頁以下（1987），平井一雄『民法拾遺第1巻』311—312頁（信山社，2000）。

〔8〕　另外，关于让与担保与假登记担保的关系，参见道垣内弘人「不動産譲渡担保」森田修编『新注釈民法（7）』（有斐閣，近刊）。

〔9〕　高木・332頁。

〔10〕　案例，最判平成11・11・30民集53卷8号1965頁。

〔11〕　关于各种学说，详见生熊長幸「譲渡担保の法の構成」鈴木禄弥＝竹内昭夫編『金融取引法大系（5）』337頁以下（有斐閣，1984），米倉明「譲渡担保の法の構成」同『担保法の研究』57頁以下（新青出版，1997）。另外，关于与信托的关系，四宮和夫『信託法〔新版〕』10頁（有斐閣，1989）。

一方面，让与担保权人并不成为完全的所有权人；另一方面，设定人也对标的物享有一些物权（**担保性构成**）。

（B）主张担保性构成的学说主要分为两种。[12] 第一种学说，首先承认标的物所有权转移至让与担保权人，但仅限于用于担保债权的部分，其余部分由设定人保留。因此，设定人对标的物也享有物权（称为**设定人保留权**）。与之相对，另一种学说认为，所有权虽然受到物权性限制，但并未转移，让与担保权人只就标的物取得担保权，所有权还是由设定人享有。各学说内部还有一些各式各样的变种。*,**

当然，前者中的设定人保留权、后者中的担保权，其具体内容是应通过对各个问题的研究进行归纳总结得出的，二者的对立也可能对具体的结论没有影响。但是，基本上应按前者的方向考虑问题。理由如下：

例如，设定人将优先权标的物处分给第三人时，优先权人对该买卖价款债权可以进行物上代位（民304条），但承租人将动产租赁物处分给第三人，第三人即时取得该物时，所有权人就不能就该价款债权优先受偿（但是，笔者个人意见不同。→315页）。而且，抵押权人的抵押权效力可以及于标的物的附加一体物（民370条），还可以从抵押权设定后的从物中优先收回被担保债权，虽然根据民87条2项，标的物的买方对买卖时的从物也能取得所有权，但不得对契约订立之后标的物交付之前产生的从物主张权利。

从让与担保权人也是担保权人的角度出发，在上述情况下，赋予其与优先权人、抵押权人相同的权利应该也很容易理解。但是，让与担保权人是通过自己的意思选择采用取得所有权的形式，并且在外部也进行了公示（→311页），至少不应该赋予其高于所有权人的权利。没有高于所有权人的地位，权利仅限于债权担保目的，虽然标的物所有权暂时转移至让与担保权人，但还可能通过设定人保留权进行限制。***

* **二段物权变动说** 在认为设定人保留权（物权）属于设定人的

---

[12] 说明该区别的重要文章，鸟谷部茂『非典型担保の法理』71頁以下（信山社，2009）。

学说中，以下观点比较有力：设定人暂时将标的物完全的所有权转移至让与担保权人，让与担保权人之后再将超过担保目的的部分转移给设定人（二段物权变动说[13]）。但是，这样理解的话，至少在以不动产为担保标的物的情况下，设定人必须具备上述超过部分（设定人保留权）的登记，才能以设定人保留权对抗第三人，这在现实中是不可能的，设定人在与让与担保权人一方的第三人的斗争中处于极为弱势的地位。[14] 设定人转移给让与担保权人的是从所有权中直接扣除设定人保留权的剩余部分，所以应该认为让与担保权人具备取得完全所有权的对抗要件是虚假表示。

虚假表示的可能性 虽然让与担保是真实的债权担保，但由于采用了通过买卖转移所有权的外在形式，所以产生了虚假表示（民94条1项）是否无效的问题。曾经也有认定无效的判例，但大都解释说是因为年代久远，而非虚假表示。[15] 当事人有为担保而进行所有权转移的意思。通说赞成这一观点，但这种说法的前提至少是将标的物完全的所有权暂时转移至让与担保权人，与担保性构成的基础（二段物权变动说除外）不符。如前所述 * 进行完全的所有权转移登记将直接构成虚假表示。[16] 但是，这样解释的话，不动产让与担保中，利害关系人似乎可以请求涂销让与担保权人的所有权转移登记。然而，如果承认上述请求，让与担保权的对抗要件就会消失。因此，不应承认涂销请求权，但应该承认设定人可以对让与担保权人请求进行保全所有权复归（以清偿债务为停止条件）的假登记（不登105条2号）。[17]

*** **与物权法定主义的关系** 不仅承认设定人保留权是物权时，就

---

[13] 铃木禄弥『物的担保制度の分化』353—354頁，480—488頁（創文社，1992）。
[14] 米倉明『讓渡担保』19頁注（5），69—71頁（弘文堂，1978）。
[15] 大判明治45・7・8民录18辑691頁等。
[16] 加藤雅信『現代民法学の展開』269頁以下（有斐閣，1993），加賀山・635—636頁。参见道垣内弘人『讓渡担保』安永正昭=道垣内弘人『民法解釈学ゼミナール（2）物権』144頁以下（有斐閣，1995）。
[17] 参见铃木・上文注释13，275—276頁。

连认为让与担保权构成一种不同于一般所有权的独立物权，也会在与物权法定主义（民175条）的关系上产生问题。只能将其作为习惯法上的物权（是否承认习惯法上的物权，参见物权法）。

（2）在标的物所有权是否完全归属于让与担保权人的问题上，判例的意见从大审院初期开始就游移不定。原则上，外部上（对第三人关系）标的物所有权转移至让与担保权人，但内部上（让与担保契约当事人之间）所有权还留在设定人处。[18] 但是，当时的学说就批判这样承认权利的相对归属很不合理。因此，到大正13年，原则就变为在内外上所有权都转移至让与担保权人。[19] 原则是这样，但大正13年的判决并未否定仅在外部转移所有权的情况，由此出现了"仅在外部转移型"和"内外部皆转移型"两种让与担保类型。然而，判例从一开始就没将这两种类型连接不同效果，逐渐也不再区别这两种类型了。[20]

而且，虽说是以"内外部皆转移型"为原则，判例也不能从标的物所有权归让与担保权人享有这种一般理论中，机械地推导出各个情况的解决方法。特别引人注目的是昭和41年的判决[21]，在对设定人开始公司更生程序的情况下，否定了让与担保权人基于所有权的标的物取回权，让与担保权人与其他担保权人一样，只处于更生担保权人的地位（→331—332页）。而昭和57年的判决[22]，在承认"让与担保是为担保债权而转移标的物的所有权的，但以上所有权转移的效力只能限于达成债权担保目的所必要的范围内"之一般理论的同时，还承认第三人为侵害人时设定人可以对其行使物权性的请求权（→323页），显示了一些物权还是归属于设定人的立场。"标的物所有权转移的效力，仅在达成债权担保目的所必要的范围内发生"的一般理论，在之后的平成5年判决[23]、平成7年判决[24]

---

[18] 大判明治45·7·8、上文注释15。
[19] 大连判大正13·12·24民集3卷555页。
[20] 参见道垣内弘人发言·佐伯＝道垣内·上文注释4，71—73页。
[21] 最判昭和41·4·28民集20卷4号900页。
[22] 最判昭和57·9·28民时1062号81页。
[23] 最判平成5·2·26民集47卷2号1653页。
[24] 最判平成7·11·10民集49卷9号2953页。

以及平成18年判决[25]中反复出现,基本作为判例法理确立下来。[26]

这样看来,判例的立场是,通过设定让与担保,标的物的所有权暂时转移至让与担保权人,但只能在达成债权担保目的所必要的范围内转移,设定人还留有一定的物权。

3. 标的物的多样化

以上说明的前提是,让与担保的标的物为不动产或各个有体动产。但是,让与担保的标的物可不止这些。容易实现、无须将担保标的物转移给债权人占有、仅依转让合意(对抗要件暂且不论)即可设定,这些都是让与担保的优点。由于这些优点,被担保化的标的物也是多种多样。例如,经常对动产的集合体一并采用让与担保,金钱债权集合体的担保化也一直在开展。另外,高尔夫会员权等契约上的地位、计算机软件等新型财产权也陆续成为让与担保的标的物。

各自有各自的特殊问题。因此,下面我们将分为标的物为不动产或个别动产的情况(第2节)、流动动产的情况(第3节)、债权及其他权利的情况(第4节),分别进行说明。

第2节 不动产、个别动产的让与担保

1. 概述

从古至今有很多以不动产和个别动产为标的物进行让与担保的例子。在标的物为不动产的情况下,前文已经指出,原则上与假登记担保的情况相同,是为了回避民法质权、抵押权的制度难点(→272页)。在标的物为动产的情况下,理由如下:如果采用民法典中的典型担保(如质权),不但实现中必须经历繁杂的裁判所层面的程序,而且必须将标的物的占有转移给债权人,那么作为债务人或物上保证人生产手段的动产就不

---

[25] 最判平成18·10·20民集60卷8号3098页。
[26] 也参见道垣内·課題2页以下。

能成为担保客体。例如，某工厂为债务人，债务人所有的价值较高的动产就是工厂的机械，但如果将这些机械转移给债权人占有，就无法继续生产。与之相对，让与担保中无需将动产的现实占有转移给债权人，而且债权人也无需借助裁判所的力量，可以采用简易的私力实现方式。

310

不过，不动产的让与担保最近很少被使用。除了已经列举的理由（→301页＊），还因为作为典型担保的抵押权也是不用转移占有即可使不动产担保化的手段，比动产质权更便于操作。与之相对，动产的让与担保多用于债务人的机械、设备等高价的生产工具。虽然特别法规定了可以对一些动产设定抵押权，但毕竟种类有限，使用起来也不一定方便（→263页以下）。

2. 设定

（1）设定契约

依债权人与标的物所有人（债务人或物上保证人）之间的让与担保设定契约（诺成、不要式）设定。典型的是使用"为担保债务将所有权转移至债权人"的用语，但在买卖契约上另附买回和再买卖预约的特别约定，仅以实现债权担保为目的的，也应视为此处的让与担保设定契约（→303—304页）。*

＊**让与担保设定契约的认定**　实际上，问题在于怎么认定债权担保的目的。

与附买回特别约定买卖契约相关的判例很多，都是站在综合考虑各种因素的立场上，但是最近的判决[27]一般认为"即使采用附买回特别约定买卖契约的形式，对于不转移不动产占有的契约，只要无特殊情况，即推定认为是以债权担保为目的而缔结，其性质与让与担保契约相当"，从"综合考虑"转变为将是否转移占有作为大致标准。当然，也还有存在特殊情况的时候，所以很多时候也需要综合考虑。

另外，将附买回特别约定买卖契约认定为让与担保契约性质

---

[27] 最判平成18·2·7、上文注释5。

时，应将买回价格认定为被担保债权额。[28]

(2) 标的物

不动产或个别动产。关于一块土地的一部分、共有份额、未完成的建筑物等可否成为标的物的问题，作与抵押权相同的理解即可（→126页*）。但是，也可以对土地、建筑物的一部分设定让与担保。与设定抵押权不同，在标的物为不动产时，也可能因共有份额转移而具备对抗要件。[29]

无需将标的物转移给债权人现实占有，一般由设定人占有，但也不妨碍通过特别约定来转移。

(3) 被担保债权

与抵押权相同，被担保债权既可以是将来债权也可以是不特定债权（最高额让与担保）。不过，由于最高额假登记担保几乎完全丧失实效性（→296页），最高额让与担保的有效性也存在疑问。但是，正如与最高额假登记担保丧失实效性相关立法政策上的疑问所指出的那样，可能否定总括最高额让与担保的有效性即可[30]（民90条）。而且，也不需要规定极度额。

(4) 对抗要件

(A) 在不动产中，对抗要件是所有权的转移登记（民177条）。虽然承认登记原因可以是让与担保，但至今多为买卖。* 于是债权人登记簿上就具有完全所有人的外观，这会产生各种问题。

(B) 在动产中对抗要件是交付（民178条）。但由于标的物一般由设定人占有**，多是通过占有改定来交付（民183条）。占有改定虽然在外

---

[28] 伊東秀郎「残された売渡担保の問題点」判夕246号（1970）9頁。相同趣旨，河上·337頁。

[29] 修正了第3版之前的论述。

[30] 近江幸治「根讓渡担保」金商737号35—36頁（1986），竹内俊雄「讓渡担保論」60頁（経済法令研究会，1988），山川·251頁，松岡·318頁。判例中也有以最高额让与担保的有效性为前提，对于确定被担保债权，不受民374条、398条之3规定的制约（最判昭和61·7·15判时1209号23頁）。另外，关于最高额让与担保的整体性研究，参见田原睦夫『実務から見た担保法の諸問題』98頁以下（弘文堂，2014）。

观上不发生变化，但判例[31]认为这样足矣，甚至在设定人继续占有标的物时，只要没有特别的意思表示，就视为依占有改定交付。***

于平成16年进行修改的《关于动产及债权转让对抗要件的民法特例等相关法律》规定了下列制度：法人转让动产时，"动产转让登记文件上对转让该动产进行过登记的，视为该动产已进行过民178条的交付"（动产债权转让特3条1项）。该登记也能满足让与担保设定的对抗要件。此时，便于设定让与担保、具备对抗要件时间等的举证。同时，在一定程度上也有阻碍第三人即时取得让与担保标的物的效果（→318页）。

* **平成16年不动产登记法修改带来的变化** 平成16年的不动产登记法修改以前，在登记的申请过程中，要求提交"登记原因的证明文件"，主要功能是用于制作登记证。因此，也可以用申请书副本代替（修改前不登40条）。总之，没有充分贯彻登记申请中应当提交登记原因证明材料的理念。然而，平成16年修改后的不动产登记法中，进行权利相关登记的申请，必须提供"登记原因的证明信息"（不登61条），这是为了提高登记的正确性。那么，从司法书士的职责来讲，申请当事人因设定让与担保委托司法书士进行所有权转移登记的，就不允许司法书士将登记原因证明信息另外制作成以买卖为原因的卖与证书等。因此，可以预想到以后以"让与担保"为登记原因的情况会越来越多。但是，现实中仍是以买卖为原因的登记居多。

** **脱法行为的疑点** 动产让与担保的标的物由设定人现实占有，是否构成与质权相关的民344条、345条的脱法行为呢？判例一直认为，让与担保是转移标的物所有权，不适用质权的规定。[32]虽然学说上对是否存在所有权的移转仍有争议（→304页以下），但对该条文之于质权的合理性问题也都尚有疑问（→86页**）。所以，采用其他法律形式（让与担保）时与该条文的关系更不该成为

---

[31] 大判大正5·7·12民录22辑1507页，最判昭和30·6·2民集9卷7号855页。
[32] 大判大正3·11·2民录20辑865页等。

问题。[33]

*** **名称标牌**（Name Plate）也有见解[34]认为，可以在标的物上贴上或刻上该物为让与担保标的物的名称标牌，并以此为对抗要件，进行公示。但是，在占有改定即可作为完全的所有权转移的对抗要件的法律制度（见物权法）中，单独给让与担保提供公示方法的意义不大。

3. 效力所及范围

（1）标的物的范围

（A）附合物、从物。通说认为类推适用关于抵押权的民370条，效力及于附加一体物。理由是，虽然采用了转移所有权的外形，但实质还是担保，所以应该类推适用担保的法理。但是，不动产让与担保中，让与担保权人享有的是所有权登记，那么第三人见到登记，可能会认为让与担保权人的权利不及于附加一体物（尤其是转移登记以后的从物）。因此，不应类推适用民370条，让与担保的效力所及范围，应该是让与担保权人从债务人处取得该标的物所有权时，该所有权的效力所及范围。个别动产让与担保的情况在理论上也是一样。因此，根据民82条2项和243条以下的适用，效力应该及于让与担保设定时已存在的从物、设定前后附合于标的物的物，但不及于让与担保设定后的从物（→284页**）。

从权利作与从物相同的理解即可。判例[35]也认为，以租地上的住房为让与担保客体时，让与担保的效力原则上可及于该承租权。*

　　* 以租地上的建筑物为让与担保的客体时，至少形式上是将该建筑物的所有权转移给让与担保权人，所以承租权的擅自转让能否构成

----

〔33〕 米倉明『譲渡担保の研究』57頁（有斐閣，1976）。
〔34〕 吉田真澄『譲渡担保』94頁（商事法務研究会，1979）、石田喜久夫『現代の契約法〔増補版〕』152頁（成文堂，2001）、山野目章夫「流動動産譲渡担保の法の構成」法時65巻9号22頁（1993）、加藤雅信「非典型担保法の体系」椿寿夫編『担保法理の現状と課題（別冊NBL31号）』66頁（商事法務研究会，1995）等。
〔35〕 最判昭和51・9・21判時833号69頁。

租赁契约的解除事由（民612条2项）就成了问题。但是，一般情况下，即使设定了让与担保，设定人也还是可以继续对标的物进行使用、收益，所以应该认为在实现让与担保之前不存在承租权的转让，判例[36]也持这种观点，因此不构成解除事由。但是，让与担保权人接受了标的物的交付，进行使用收益时，应视为承租权已被转让或转租。[37]

相反，设定人将正在出租的不动产用于让与担保时，应该认为让与担保权人并不取得出租人的地位，也不继承押金返还义务等。[38]

（B）孳息。倘若让与担保权人享有标的物所有权，自然也能取得孳息。但是，几乎所有让与担保中标的物都是由设定人占有，设定人能继续利用标的物是让与担保的一大优点。那么，原则上必须由设定人取得孳息，但也不妨碍订立由让与担保权人取得孳息的特别约定。标的物转移至让与担保权人占有时，大多会订立特别约定。

（C）代偿物。让与担保是为了担保债权，通说认为可以类推适用民304条（关于担保权的规定），承认物上代位。但是，问题并非如此单纯。下面分情况进行说明：

第一，设定人将标的物出租给第三人时取得的租金，作为孳息收取权问题处理即可。[39]

第二，设定人将标的物卖给第三人时的价款怎样处理呢？在第三取得人对个别动产让与担保的标的物即时取得没有任何负担的所有权时会出现问题（→318页）。判例[40]在信用证交易的动产让与担保案件中肯定了物上代位。

但是，依据通说考虑，A从B处购入某动产，依占有改定接受交付

---

[36] 最判昭和51・9・21、上文注释35（旁论）。相同趣旨，最判昭和40・12・17民集19卷9号2159页。
[37] 最判平成9・7・17民集51卷6号2882页。另见道垣内・课题38页以下。
[38] 占部洋之执笔・林良平ほか编『注解判例民法・物権法』697页（青林書院，1999）。
[39] 相同趣旨，松井・193页，河上・341页。
[40] 最判平成11・5・17民集53卷5号863页。

后，B 将该动产二次转让给 C，C 根据即时取得（民 192 条），取得该所有权。在此案中，所有人 A 对 B 不履行买卖契约债务，以及导致自己丧失所有权的不法行为，只能请求损害赔偿，并不能就 B 对 C 的买卖价款债权享有优先受偿权。原因在于，假如承认了让与担保权人 A 的物上代位权，A 就可以从让与担保设定人 B 对第三取得人 C 享有的买卖价款债权中，优先收回被担保债权，让与担保权人就享有了高于所有权人的权利。但是，让与担保权人无论如何也会践行取得所有权的约定，所以即使实质上是担保，也没有必要承认高于当事人选择的法律形式的权利。因此，维持上述通说的思考方式，继续肯定对买卖价款债权的物上代位权，是不合理的（→305—306 页）。

综上，即使承认判例的结论，也应该以承认对所有物的价值代替物有优先受偿权为前提，重新思考所有人在自己的物被不当处分给第三人时的权利。这样的话，承认让与担保权人享有与上述所有人相同的优先受偿权即可，不用进行物上代位。[41]

第三，标的物灭失或损坏时要怎么处理呢？此时，就算承认物上代位权也不为过。但是，一方面，A 对标的物暂时享有所有权；另一方面，B 有设定人保留权。因此，A 可以直接对不法行为人请求损害赔偿，但请求额限于被担保债权额范围内，剩余部分作为对设定人保留权的侵害，由设定人对不法行为人享有直接请求权。[42] 因此，对上述情况也不能承认物上代位。[43] 判例对于损害保险被保险利益的立场是，让与担保权人与设定人对标的物各自具有被保险利益。[44] 可以说，这种认为双方各自享有损害赔偿请求权的想法更容易让人接受。

(2) 优先受偿权的范围

不类推适用关于抵押权的民 375 条，对本金、利息、迟延损害赔偿金

---

[41] 关于此点的理论性研究，水津太郎「代償的取戻権の意義と代位の法理」法研 86 卷 8 号 33 页以下（2013）。

[42] 高木·363 页，占部·上文注释38，698 页。

[43] 相同趣旨，河上·341 页。

[44] 最判平成 5·2·26、上文注释23。

全额享有优先受偿权（通说[45]）。这是因为，不同于抵押权，上述各项不但没有公示，而且也不会引发第三人信赖的问题。判例也抽象地表示了同一立场。[46]

4. 设定当事人的关系

（1）标的物的使用关系

契约书中常会出现设定人作为让与担保权人的代理人进行占有、设定人从让与担保权人处承借等约定。但是，即使约定设定人以每月的租金为名目向让与担保权人支付一定金钱，但实质上是被担保债权利息的，也应适用利息限制法[47]，因此，不应按契约书的字面意思理解，而应理解为设定人及于自己享有的设定人保留权，当然地可以利用标的物（另外，关于该动产存在于第三人的土地之上，妨害该土地所有权时的责任关系，→371—372页）。但是，不妨碍通过特别约定使让与担保权人享有使用权。

另外，通说认为，让与担保权人不能以未支付契约书上租赁契约的租金为由解除租赁契约，不能请求设定人交付标的物。但是，也存在占有转移至让与担保权人的情况。因此，附随于让与担保契约的租赁契约等，应该也可以进行特别约定，在不支付利息时就由非占有转移型担保变为占有转移型担保，还可以允许解除契约、请求交付标的物等。

双方当事人之间因让与担保契约而当然产生不得侵害标的物的义务。这是为了在被担保债权未获履行时实现让与担保，或在债务履行后将完全的所有权复归设定人。

（2）对标的物的侵害

（A）让与担保权人的侵害。让与担保权人可能会导致标的物灭失，特别是在标的物为不动产时，可能会利用自己拥有的所有权登记将标的物处分给第三人。此时，一方面，让与担保权人享有完全的所有权；另一方面，设定人仅处于在清偿债务时可以请求返还所有权的债权上地

---

[45] 反对意见，米仓・上文注释14，30页，星野・320页，石田（穣）・695页。
[46] 最判昭和61・7・15、上文注释30。
[47] 大判昭和76・29大审院裁判例6卷民法200页。

位，让与担保权人充其量在该返还义务无法实现时承担债务不履行的责任。

但是，如果按照之前叙述的方法来考虑，让与担保权人以不法行为侵害设定人保留权或不履行设定契约债务的，设定人应该可以立即对让与担保权人请求损害赔偿。为了与第三人侵害的情况保持均衡，在标的物全部灭失时，具体的损害额为标的物价额扣除被担保债权额的部分。另外，例如当标的物的价额为 1000 万日元，因受侵害只剩 700 万日元，被担保债权额为 500 万日元时，损害额为 300 万日元（不允许主张标的物价额尚有 700 万日元，所以没有侵害到价值 300 万日元的设定人保留权），这也符合民 509 条的趣旨。[48]

另一方面，也承认设定人基于设定人保留权享有物权性请求权，例如可以对让与担保权人行使妨害排除、预防请求权。[49]

（B）设定人的侵害。设定人导致标的物灭失、损坏，特别是在标的物为动产且处分给第三人时，会怎样呢？此时，设定人因不履行标的物保管义务或侵害让与担保权人的所有权，而承担损害赔偿责任，让与担保权人甚至享有物权性的（妨害排除、预防）请求权。关于增担保义务、丧失期限利益，作与抵押权相同的理解即可（→191—192 页）。

5. 与第三人的关系

（1）让与担保权人与第三人的关系

（A）与设定人进行处分的相对方的关系。(a) 标的物为不动产时。如果让与担保具备对抗要件，让与担保权人拥有所有权登记，事实上是不会出现作为处分相对方的第三人的。让与担保不具备对抗要件时，让与担保权人的权利不能对抗第三人，所以第三人能够取得与让与担保权人的权利毫无关系的权利。

---

〔48〕 另外，槇·343—344 页，竹内·上文注释 30，74 页，认为设定人可以请求不扣除被担保债权额的损害额全额，但问题在于损害的究竟是什么。

〔49〕 高木·352 页。

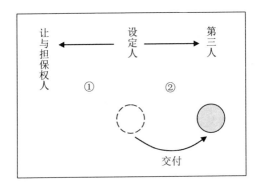

图 6-2

（b）标的物为动产时。在一般由设定人占有标的物的情况下，设定人可能会将其作为自己的所有物进行处分。通说认为此时按即时取得（民192条）的问题处理，这是比较妥当的。也就是说，第三人对让与担保权的存在为善意且对不知情无过失时，该第三人取得没有任何负担的所有权。*第三人为恶意或有过失时，处分的相对方不能取得所有权，只取得设定人享有的设定人保留权。但是，设定人不管怎样都违反了标的物保管义务（民137条2号），所以被担保债权的支付期限到来时，让与担保权人可以实现担保，要求第三人予以返还。

设定人为第三人再次提供标的物进行让与担保时又会怎样呢？认为成立后顺位担保权的见解[50]很有说服力，但是，考虑到标的物的所有权会转移至让与担保权人，判例[51]中也不承认可以依占有改定即时取得。因此，应该认为第三人仅能取得设定人保留权作为担保客体。[52]近来，判例[53]在处理后述集合动产让与担保的案件时，在重复设定让与担保的案

---

[50] 铃木·上文注释13）386页，米仓·上文注释33，77—78页，高木·354—355页，内田·532页，丸山·474页，山野目·367页。

[51] 大判大正5·5·16民录22辑961页，最判昭和32·12·27民集11卷14号2485页等。

[52] 关于这一问题，参见铃木禄弥『抵当制度の研究』420页以下（一粒社，1968），安永正昭「即时取得」川井健=鎌田薫编『基本問題セミナー民法（1）総則·物権法』250页以下（一粒社，1987）。

[53] 最判平成18·7·20民集60卷6号2499页。

件中，认定后顺位让与担保权人取得的权利中不包括让与担保的实现权限。认为仅取得设定人保留权作为担保客体的学说更容易让人接受。[54]

另外，根据《关于动产及债权转让对抗要件的民法特例等相关法律》通过转让登记具备对抗要件也不妨碍即时取得。但是，有时也会出现因标的物的种类、交易状态、受让人的性质（属于民192条中的"过失"）而不能确认该登记的情况。例如，交易惯例上，常将提供让与担保的高额机械等又作为让与担保标的物转让给其他人的情况等。

＊名称标牌（Name Plate）的活用　另外，裁判所判例不能轻易认定第三人善意、无过失。例如，很多情况下，会以存在于中小企业的某机械类作为让与担保的客体，但不深入调查就轻易地相信占有的外观不能算作无过失。但是，即便如此也有认定即时取得的可能性，所以，实务上经常在作为标的物的机械等上贴附标明"该机械为让与担保客体"的标牌（名称标牌），使第三人不得不为恶意（关于所有权保留的情况，→370页）。

（B）设定人的债权人进行扣押。（a）标的物为不动产时。民执23条1号规定，必须在登记事项证明书中将债务人记载为所有人时，才能进行扣押。因此，设定人的债权人无法进行扣押。[55]

（b）标的物为动产时。一般由设定人现实占有标的物，设定人的债权人也有可能进行扣押。从有效率地担保债权的角度来看，允许在扣押债权人开始的拍卖程序中优先分配即可。但是，民事执行法仅规定了优先权人和质权人是能够在第三人开始的拍卖程序中通过申请分配而收回债权的担保权人（民执133条）。在动产执行中，判断是否因无剩余而取消扣押时，执行法官可进行优先于扣押债权人的债权等判断（民执129条2项），但执行法官不进行关于是否存在让与担保、被担保债权额等的判断。因此，认为应向让与担保权人提起第三人异议之诉（民执38条）的学说

---

〔54〕宫坂昌利「判批」判解民平成18年度（下）851页（2009）。
〔55〕反对意见，米仓・上文注释14，93—99页。

日渐强大。[56] 判例也认可第三人异议之诉。[57]

（C）第三人的侵害。让与担保权人享有受设定人保留权制约的标的物所有权，因此可以行使物权请求权。但是，在由设定人现实占有的一般情况下，行使返还请求权原则上只能要求第三人向设定人返还。但是，在设定人拒绝受领或在返还给设定人的过程中出现不能排除的妨害等情况下，让与担保权人可以要求交付给自己（应作与抵押权的情况相同的理解。→185页）。

关于基于不法行为的损害赔偿请求，参见代偿物的相关叙述（→314—316页）。

（2）设定人与第三人的关系

（A）与让与担保权人进行处分的相对方的关系

（a）标的物为不动产时。所有权的登记名义为让与担保权人，所以，虽然未满足让与担保的实现要件，让与担保权人也可能将标的物作为自己完全的所有物处分给第三人。一方面，让与担保权人的所有权受到债权担保目的的限制；另一方面，设定人享有设定人保留权（物权），第三人原则上只能取得附设定人保留权限制的所有权。也就是说，第三人原则上不能向设定人请求交付标的物。而且债务人清偿被担保债权后第三人就会丧失所有权。

但是，信赖让与担保权人的所有权转移登记的第三人，适用民94条2项受到保护。[58] 因为，将附设定人保留权限制的所有权登记为完全的所有权是虚假表示（→306页**）。此时，虽然也有见解认为，让与担保权人拥有的所有权登记原因为让与担保时，设定人保留权可以对抗第三

---

[56] 中野＝下村・290—292頁，角紀代惠執筆・小林秀之＝角紀代惠『手続法から見た民法』102頁以下（弘文堂，1993），船越・409—410頁，松岡・338—369頁等。反对意见，高木・356頁，伊藤眞執筆・鈴木忠一＝三ヶ月章編『注解民執行法（4）』218頁以下（第一法規，1985），川井・476頁，山野目・367頁，生熊・292頁等。

[57] 最判昭和56・12・17民集35卷9号1328頁，最判昭和58・2・24判时1078号76頁。

[58] 平井・上文注释7，349頁，占部・上文注释38，699頁。

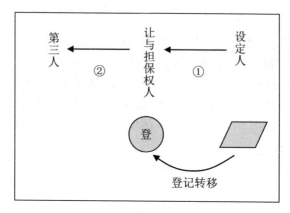

图 6-3

人[59], 但让与担保权人以确定取得所有权的形式自行实现让与担保时, 实现后登记仍以该原因继续存在。[60] 所以即使登记原因为"设定让与担保", 设定人保留权也未必继续存在。恐怕只能提高第三人恶意或过失的可能性。[61]

让与担保权人为第三人提供标的物进行让与担保及设定抵押权时, 均可作相同理解。换句话说, 除非第三人受到民 94 条 2 项的保护, 否则只能取得附设定人保留权限制的物作为担保标的物。

(b) 标的物为动产时。理论上与不动产的情况没有什么差别, 适用民 192 条。[62] 但是, 在设定人现实占有标的物的一般形态中, 让与担保权人进行处分的情况事实上很少, 即便是让与担保权人处分时, 第三人有过失的情况也很多。

---

[59] 星野·324 页, 加藤·上文注释 34, 63 页, 鸟谷部·上文注释 12, 349 页, 生熊·292 页。

[60] 寻求改善的文章, 「不動産讓渡担保と公示方法——司法書士の意見と生活 (12) 」法セ359号 143 页 (1984) 等。

[61] 安永·404 页的原则是以受让人的善意·设定人的归责性来否定的。平野·担保物权 205 页则是受让人有过失。

[62] 修改第 3 版之前适用民 94 条 2 项的论述。由于是为了保护占有人 (所有人) 的信赖, 而非保护之前所有人向现在占有人转移完全所有权之意思表示的信赖。

（B）让与担保权人的债权人进行扣押

（a）标的物为不动产时。由于标的物所有权的登记名义为让与担保权人，让与担保权人的债权人也可能进行扣押。如果从让与担保权人享有所有权的角度出发，扣押当然有效，但是为了保护设定人的权利，让与担保设定人可以基于设定人保留权提起第三人异议之诉（民执 38 条）（判例[63]）。不过，应该认为一般债权人信赖登记名义而进行扣押时可以适用民 94 条 2 项进行保护[64]。

（b）标的物为动产时。在一般形态下，设定人占有标的物，设定人不自行向执行法官提交标的物就不能进行扣押（民执 124 条），所以问题不大。例外情况下由让与担保权人占有的，可作与不动产的情况相同的理解。

（C）第三人侵害　这是物权请求权和基于不法行为的损害赔偿请求权的问题。

以标的物所有权转移至让与担保权人为前提，貌似否定了设定人的物权请求权，但是应该肯定设定人基于设定人保留权享有物权请求权。判例[65]在结论上对此也持肯定态度（但是，未明确其法律构成）。此时，设定人的物权请求权与作为所有权人的让与担保权人享有的物权请求权之间的关系似乎成了问题。不过，让与担保权人能请求向自己交付的情况仅限于设定人拒绝受领等（→185 页），所以双方的物权请求权不会产生冲突。

关于基于不法行为的损害赔偿请求权，参见代偿物的相关阐述（→314—316 页）。

6. 实现——被担保债权的清偿期到来后的法律关系

（1）概述

让与担保中，如果担保标的物的所有权转移至让与担保权人且具备了

---

[63] 最判平成 18、10、20 民集 60 卷 8 号 3098 页（旁论）。关于若干解释论，参见道垣内・课题 98 页。

[64] 参见米仓・上文注释 14，81—86 页。

[65] 最判昭和 57・9・28、上文注释 22。

对抗要件，似乎就没有必要在债务人不履行债务时采取特别的实现程序。

但是，正如之前多次提到的，即使所有权已转移至让与担保权人，也仅限于担保债权的目的，并且设定人保留权这一物权还属于让与担保设定人，所以还是需要一个消灭设定人保留权、使让与担保权人享有完全的所有权的程序，例如一个使让与担保权人能够自由地处分、使用标的物的程序。

需要特别注意以下两点：第一，让与担保权人通过实现取得完全的所有权或处分给第三人，标的物价额高于被担保债权额时，债权人应将该差额返还给设定人，这已经成了判例、学说上确立的法理（**清算义务***）。这一趣旨与假登记担保中的清算义务相同：一方面，债权人应该满足于收回被担保债权额，不应趁债务人不履行债务而不当得利；另一方面，虽然仅因不履行债务就剥夺高额标的物对设定人来说比较苛刻，但理论上这是消灭设定人保留权的对价。第二，虽然被担保债权的清偿期已到来，但债务人等并未立即丧失通过清偿债务使标的物所有权复归设定人的权利。契约书中多采用立即丧失等用语，但这显著损害了设定人的权利，因此，债务人在一定期间内清偿被担保债权的，还能取回标的物所有权。这一般被称为"取回权"，但这只是债务人在哪一期间内可清偿被担保债权的问题，并不是独立的权利。**

怎样才能确保上述清算义务的履行呢？债务人在哪一期间内可以清偿被担保债权才能调整好双方当事人的利益呢？在思考让与担保权的实现构造时，这些都是必须要注意的问题。

下面，将分为客观上（不是当事人主张的）产生清算金与不产生清算金的情况，并分别进行说明。

***关于清算义务** 不同于假登记担保的情况（→274页），判例在让与担保中较早就开始倾向于承认存在清算义务。例如，大正8年的某判决[66]认为"由于债务清偿迟滞，债权人出卖该标的物时，该价款充抵本利之后有剩余的，应将剩余部分返还债务人"。

---

［66］ 大判大正8・7・9民录25辑1373页。

但是，判例的一般理论认为，也存在无需清算的让与担保。而且，昭和43年的最高裁判所判决[67]也作出了保留，"如果物的价额与到清偿期为止的本利金额失去了合理的均衡"（加重号引用处），也产生清算义务。让与担保经常需要清算的判例理论，大概是在受到假登记担保相关判例影响的昭和46年最高裁判所判决[68]之后才确立的。本文所述实质性理由与学说一致，支持该判例法理。

但是，对于可否通过特别约定排除清算义务，还存在争议。当然，标的物的价额大大超过被担保债权额时，特别约定显然无效，但在清算金很少时（理论上也可能存在清算金为100日元的情况），认为不必绝对地履行清算义务、一定情况下特别约定有效的学说很有说服力。[69]但是，应该通过对标的物进行弹性评价避免发生极少清算金的情况，才更为妥当。

** 取回权的意义　取回权的概念首先是在假登记担保的相关判例中确立的，随后又逐渐扩大到让与担保中。[70]但是，其意义已经有了很大改变。

关于假登记担保，就是当停止条件成就或预约完结时，标的物所有权转移至担保假登记权利人，之后设定人在一定时期内支付相当于被担保债权额的金钱，就可以取回标的物所有权。假登记担保法也是采用这种构造：标的物所有权转移至担保假登记权利人后，一定时期内支付了债权额等金额（并非债务清偿），就能取回所有权（→287页）。正因为确立了特殊性"取回权"，所有权只不过是暂时转移至担保假登记权利人，是否应该让这种权利继续存续下去，就成了问题。

与之相对，让与担保不必考虑让与担保权人在一定时期内取得完

---

[67]　最判昭和43・3・7民集22卷3号509页。
[68]　最判昭和46・3・25民集25卷2号208页。
[69]　竹内・上文注释30，36页、68页，平井・上文注释7，340—341页。另外，对清算义务任意法规化可能性进行了透彻分析的文章可见，森田果「清算義務は合理的か？（1）（2・完）」NBL801号25页以下，802号52页以下（2005）。
[70]　最判昭和43・3・7，上文注释67，最判昭和49・12・17金法745号33页。

全的所有权,再由设定人取回所有权这种二重构造。问题仅在于设定人保留权何时消灭、何时能够清偿被担保债权,故而不必考虑取回权这种特殊性权利。[71]

这样看来,关于让与担保"取回权"的消灭时期,就应该尽量避免类推适用假登记担保法(学说上大多认为应该类推适用)。取回权这种独立性权利的消灭时效也不是什么问题(判例[72]在结论上也否定了民162条的适用)。另外,关于标的物的第三取得人是否享有取回权等的研究[73],也被作为能够清偿被担保债权的人的范围问题来进行讨论(详见债权总论)。

(2)客观上产生清算金的情况

(A)清算金的支付有以下两种方法:第一种方法是适当地评估标的物的价额,并将该评估额与被担保债权额的差额作为清算金进行支付(**归属清算方式**);第二种方法是将标的物处分给第三人,并从取得的买卖价款中收回债权,同时将剩余额作为清算金交付给设立人(**处分清算方式**)。例如,为担保一亿日元的金钱债权而将五亿日元的不动产作为让与担保的客体。这种情况下,如果没有处分清算方式的话,让与担保就很难实现(必须准备4亿日元的现金)。

以前的学说认为,归属清算方式与处分清算方式的区别是当事人让与担保设立契约内容上的区别。也就是说,让与担保有两种类型:一是债权人以适当的评估价额将标的物归为自己所有,并以该评估额充抵自己的债权(归属清算型让与担保);二是债权人通过以相当的价额将该不动产出卖给第三人等方式进行变价处分,以买卖价款等充抵自己的债权(处分清算型让与担保)。归属清算型中在支付或提供清算金之前,处分清算型中在缔结处分契约之前,债务人仍可以通过清偿被担保债权来恢复标的物所有权。

---

[71] 参见道垣内·課題72—74頁。相同趣旨,占部·上文注释38,705頁,角·191—192頁。

[72] 最判昭和57·1·22民集36卷1号92頁。

[73] 例如,参见高木·364頁。

但是，判例从昭和 46 年[74]开始，就表示让与担保权人"在债务人在清偿期内未清偿债务的情况下，可以自由地选择通过变价处分该不动产或适当地评估"这两种清算方法。而且，昭和 57 年的最高裁判所判决[75]没有区分归属清算型与处分清算型，认为"在以不动产为客体的让与担保契约中，债务人债务履行迟滞时，债务人取得处分标的物的权能"。昭和 62 年的最高裁判所判决[76]认为，即使在被认定为归属清算型的让与担保中，在清算前将标的物处分给第三人的，之后也仅存清算金支付关系。平成 6 年的最高裁判所判决[77]则明确表示，"在以不动产为客体的让与担保契约中，债务人在清偿期内不清偿债务的，不论上述契约为归属清算型还是处分清算型，债权人都取得处分标的物的权能，债权人基于该权能将标的物转让给第三人时，受让人原则上确定地取得标的物所有权，债务人在产生清算金的情况下仅可向债权人请求支付清算金，清偿剩余债务并不能取回标的物"。

判例使让与担保权人可在归属清算和处分清算这两种清算方法中进行选择，以下按此区分。虽说以契约内容来区分两者过于重视让与担保权人事先准备好的文本，但正如前文所提到的，事实上很难统一采用归属清算方式。[78]

（B）另外，在客观上产生清算金的情况下，即使被担保债权未获履行，也不能仅依此实现让与担保。债务人清偿被担保债权，消灭让与担保权，可使标的物完全的所有权复归设定人。让与担保权人未支付清算金而请求交付标的物时，设定人可以以支付清算金作交换进行抗辩（判例[79]）。相反，让与担保权人尚未实现让与担保，设定人即宣布不清偿的，设定人当然不能向让与担保权人请求支付清算金（判例[80]）。

---

[74] 最判昭和 46·3·25，上文注释 68。
[75] 最判昭和 57·1·22，上文注释 72。
[76] 最判昭和 62·2·12 民集 41 卷 1 号 67 页。
[77] 最判平成 6·2·22 民集 48 卷 2 号 414 页。
[78] 关于以上问题，道垣内·課題 46 页以下。
[79] 最判昭和 46·3·25，上文注释 68。
[80] 最判平成 8·11·22 民集 50 卷 10 号 2702 页。

（C）让与担保的实现方法有两种。

采用归属清算方式时，让与担保人向设定人支付或提供清算金，就将消灭设定人保留权，债务人等丧失清偿被担保债权的权限。让与担保实现终结。让与担保权人可向设定人请求交付标的物。

采用处分清算方式时，让与担保人可以向第三人处分标的物。此时，债务人丧失清偿被担保债权的权限，之后仅存支付清算金的关系（判例[81]）。第三人对未付清算金持恶意时也是一样（判例[82]）。第三人不会在意设定人何时恢复完全所有权，也不想购买尚不明确是否会妨碍自己取得所有权的物。所以，如果要求第三人具有一定的主观样态，处分清算方式事实上就无法发挥作用。另外，在不动产让与担保中，让与担保权人的债权人也可扣押该不动产，设定人即使在扣押登记后完全清偿了债务，也不能通过第三人异议之诉排除强制执行（判例[83]），因为没有理由作出与让与担保权人进行处分时不同的解释。

但是，判例[84]认为，在支付清算金之前，被第三人请求交付标的物的设定人，可以以清算金债权为被担保债权，对标的物行使留置权，以此保护自身的清算金请求权。判例的方向虽然不错，但是由于未支付清算金（消灭设定人保留权的对价），设定人保留权本身并未消灭，只是处于不能清偿的状态，故而应该认为设定人可以基于保留权占有标的物直至让与担保权人支付清算金为止。但是，让与担保权人在清偿期到来前不当处分让与担保不动产时的相对方，根据民94条2项，能够取得无负担的所有权（→321页），而在清偿期到来后处分时的相对方，通常会遭受留置权的对抗，这就产生了不平衡。[85] 因此，该第三人在不知道该不动产为让与担保标的物时，即使是清偿期到来后的处分，也应该可以适用民94条2

---

[81] 最判昭和57·4·23金法1007号43頁，最判昭和62·2·12、上文注释76。
[82] 最判平成6·2·22、上文注释77。
[83] 最判平成18·10·20、上文注释63。
[84] 最判平成9·4·11裁判集民183号241頁，最判平成11·2·26判时1671号67頁。关于承认成立留置权的构成问题，道垣内·课题79—83頁。
[85] 生熊長幸「譲渡担保権の対外的効力と二段物権変動説」鈴木禄弥追悼『民事法学への挑戦と新たな構築』341頁（創文社，2008）。

项,该第三人可取得无负担的所有权,设定人也就不能行使留置权。

(3) 客观上不产生清算金的情况

判例曾经认定,债务人不履行债务时,标的物完全的所有权归于让与担保权人,设定人完全没有恢复所有权的余地。[86] 但是,之后的判例改变了立场,认为自让与担保权人通知设定人不产生清算金或将不动产处分给第三人时起,债务人丧失清偿权限[87],本人赞成这一观点。

此时,被担保债权在标的物价额范围内消灭。剩余金额变为无担保债权。

过早丧失清偿权限对设定人来说未免过于苛刻。但是,从与产生清算金时相均衡的角度考虑,不能否定处分清算方式。而且,从与处分清算方式相均衡的角度考虑,仅在采用归属清算方式时,在实现通知后的一定期间内不消灭设定人保留权(学说上多主张类推适用假登记担保法 2 条[88]),也谈不上合理。但应该作如下理解,即不产生清算金也就是合理的担保取得,对设定人进行保护的必要性也相应降低。

(4) 清算金数额的算定

归属清算时,清算金的数额为标的物的适当评估额与被担保债权额的差额。处分清算时,也不限于实际处分额,而是适当处分价额与被担保债权额的差额,否则将损害设定人的利益。另外,也可认为两种情况都包含扣除程序上必要费用的合理意见。*

判例对评估标的物的时间设置了以下基准。[89] 归属清算时,①首先,通知设定人不产生清算金且客观上未产生清算金的,为通知之时;②未通知,或通知了但客观上产生清算金的,为支付或提供清算金之时。与之相对,处分清算时为向第三人处分之时。这样能够很好地调整双方当事人之间的利益,很合理。

清算金的数额当然不是由让与担保权人自由决定的。例如在标的物交

---

[86] 最判昭和 51·9·21 判时 832 号 47 页。
[87] 最判昭和 62·2·12、上文注释 76 等。
[88] 铃木·上文注释 13,274 页,槙·349 页,近江幸治「判批」判评 346 号(判时 1250 号)187 页(1987)。
[89] 最判昭和 62·2·12、上文注释 76。

付请求诉讼中，最终由裁判所决定。

＊若干事例（判例） 以租地上的建筑物为标的物时，由于让与担保的效力及于土地承租权，所以原则上将该建筑物作为附租地权的建筑物进行评估，但在转让土地承租权未得到出租人同意、只能行使建筑物购买请求权（租地租家14条）时，评估为行使该请求权时的建筑物价额。[90] 另外，标的物上存在先顺位的担保权时，扣除其被担保债权额[91]［但这并不意味着让与担保债权人为第三人清偿（清偿先顺位担保权的被担保债权）时产生的求偿债权，包含在让与担保的被担保债权中。因此，要消灭让与担保权，债务人只要支付原让与担保的被担保债权额即可[92]］。

(5) 与用益权的关系

设立人现实占有标的物并将其出租给第三人，其后被让与担保实现时，会怎样呢？从让与担保是债权担保方法的角度出发，可否类推适用民395条关于抵押不动产承租人交付犹豫期间的规定呢？

归属同一所有人的土地和建筑物中，土地为让与担保的客体，实现让与担保时，建筑物所有人能否继续使用土地？反过来，建筑物作为让与担保的客体，实现让与担保时，建筑物所有人能否取得土地使用权？从让与担保以担保债权为目的的角度出发，可否类推适用关于抵押权的法定地上权条文（民388条）或关于假登记担保的法定租地权条文（假登记担保10条）？在对建筑物设定让与担保时，让与担保人一般都会约定一些使用权（与抵押权不同，因为所有人分离，所以可以设定）。因此，不会出现问题。而且，由于现在的土地使用关系大都是租赁，类推适用也有相同考虑（→297页）的假登记担保法10条，亦无不当。[93]

(6) 其他债权人拍卖标的物

前文已述（→320页）。

---

[90] 最判昭和51·9·21、上文注释35。
[91] 最判昭和51·6·4金法798号33页。
[92] 最判昭和61·7·15、上文注释30。
[93] 竹内·上文注释30，180页，平井·上文注释7，345页，近江·309页。

7. 在破产程序中的效力＊

如果从让与担保权人是标的物所有人的角度出发，在由设定人开始的破产或公司更生程序中，让与担保权人似乎就可以享有取回权（破 62 条，民再 52 条，公更 64 条）。但是，让与担保权只是用来担保债权的，所以令让与担保权人与其他担保权人待遇相同即可，通说认为在破产、民事再生中为别除权人（破 2 条 9 项，民再 53 条），在公司更生中为更生担保权人（公更 2 条 10 项）[94]，判例在公司更生方面也持同一立场。[95]

另外，关于担保权消灭请求的问题，也应将让与担保作为担保进行处理。也就是说，在民事再生程序中，让与担保标的物为再生债务人继续事业所必不可少之物时，再生债务人等可以进行担保权消灭许可请求。在公司更生程序中，让与担保标的物为更生公司进行事业再生所必须之物时，基于财产管理人的申请，由财产管理人向裁判所缴纳相当于标的物价额的金钱，裁判所可以作出消灭让与担保权的许可决定（公更 104 条 1 项）（→45 页＊＊）。

＊**让与担保权人的破产** 即使让与担保权人破产，被担保债权的清偿期也未必到来，围绕让与担保的法律关系基本不发生变化。然而，平成 16 年修改以前的破 88 条（根据民再 52 条 2 项也准用于民事再生程序，根据公更 62 条 2 项也准用于公司更生程序）规定，让与担保设定人不得以其转让给破产人（让与担保权人）的目的是担保为由，取回标的物。该条文是基于让与担保权人取得标的物完全的所有权这一过时观点制定的，判例、通说进行了实质上的限缩解释，即不清偿被担保债权，让与担保设定人不得请求取回标的物。这种限缩解释旨在保护设定人。

不清偿被担保债权就不能取回是理所当然，却没有明文规定。因

---

[94] 详见野村秀敏执笔・斉藤秀夫ほか编『注解破産法（上）〔第 3 版〕』572 页以下（青林書院，1998）。

[95] 最判昭和 41・4・28，上文注释 21。

此，修改后的破产法废止了这一条（民事再生法、公司更生法也不再准用该条）。

8. 消灭

除了物权共通的消灭原因（标的物的灭失、放弃、混同）之外，让与担保权还会因被担保债权的消灭*、让与担保的实现而消灭。从让与担保作为债权担保的角度出发，可否类推适用代价清偿（民 378 条）、抵押权消灭请求（民 379 条以下）就成了问题，但还是不应肯定该类推适用。

被担保债权的清偿与标的物的返还并非同时履行的关系，判例[96]认为有前者才能请求返还（与抵押权等相同。→233 页）。

也不能类推适用关于抵押权消灭时效的条文（民 396 条，397 条），适用民 162 条即可。

　　***与登记欠缺公信力的关系**　　在抵押权因被担保债权消灭而消灭，但因尚未涂销登记时而出现信赖抵押权登记并与之产生利害关系的第三人时，登记不具有公信力，没有保护第三人的余地。如果从让与担保为担保手段的角度出发，也会得出相同结论。但与抵押权从属于被担保债权而存在的情况不同，在让与担保中更应加强对信赖所有权转移登记的人的保护，所以上述结论并不妥当。因此，判例认为，完全的所有权已复归设定人这一情况要想对抗第三人，必须具备对抗要件（具体而言就是所有权转移登记），在被担保债权消灭后从让与担保权人处受让标的物所有权的第三人与设定人处于对抗关系中。[97]但前提是，设定人在被担保债权消灭后能够将登记恢复为自己的名义。[98]但是，通过清偿被担保债权复归的是受限于设定人保留权的所有权，设定人保留权本身一直归属于设定人。因此，无论是在清偿之前还是之后，让与担保权人的处分都超出了自己享有的权

---

[96] 最判平成 6·9·8 判时 1511 号 71 頁。
[97] 最判昭和 62·11·12 判时 1261 号 71 頁。
[98] 参见道垣内弘人发言·佐伯=道垣内·上文注释4，111 頁。

利，都应适用民94条2项进行处理（→321页）。

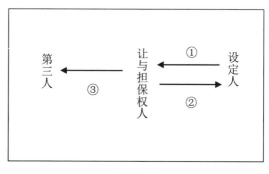

图 6-4

第 3 节 流动动产的让与担保

1. 概述

例如，债权人贷款给布料批发商。债权人想找点东西进行担保，但唯一的不动产——店铺已经被设定抵押权，也不像工场一样有高价的机械。比较显眼的只有平时存放在仓库里的大量布匹。能否用它们来进行担保呢？倘若仓库中的布匹一直不变，取得数个个别动产的让与担保即可。但仓库中的布匹每天都在变化。虽然平时确实有一定数量的布匹，但每天都有顾客订购的布匹运出，每天又有制造公司的产品入库。将这种内容变动的动产集合体一并用于担保时，采用的即是**流动动产让与担保**。

2. 设定

（1）设定契约

根据债权人与标的物所有人之间的让与担保设定契约设定。例如，常会约定仓库内全部商品的所有权转移至让与担保权人。但问题是怎样说明该法律关系。

以前的观点认为，这种契约是以各个动产加入集合体为停止条件成为

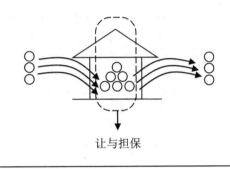

让与担保

图 6-5

让与担保的标的物，以搬出集合体从中分离为解除条件，不再为让与担保的标的物（**分析论**）。但现在承认可将一个内容变动的整体作为集合物的概念，一般认为是对该集合物设定让与担保，之后只是集合物内容的变动（**集合物论**），判例[99]中也确立了法理。*较之前者的技巧性构成，后者不但更为简明，而且在是否成立诈害行为撤销权及破产法否认权的问题上，也与前者有别[100]，**问题还不止于此［另见（4）（→340页）］。

在分析论的说明中，让与担保的标的物仍是各个动产本身，所以让与担保权人的权利也及于各个动产本身。与之相对，集合物论认为让与担保的标的物是集合物本身，对抗要件也是针对集合物而具备的。各个动产不是让与担保的直接标的物，只是集合物的构成要素。***因此，采用集合物论时，让与担保权人的权利在各个动产的处分、扣押、侵害中都有所削弱。不过，虽说采用了集合物论，但对不同情况下担保效力的见解也大相径庭。但是，流动动产让与担保是将设定人享有的数个动产一并作为担

---

[99] 最判昭和 54・2・15 民集 33 卷 1 号 51 页，最判昭和 57・10・14 判时 1060 号 78 页，最判昭和 62・11・10 民集 41 卷 8 号 1559 页。

[100] 关于集合物论与分析论的比较，详见米仓・上文注释33，117—175页。另外，谈到制定关于动产及债权转让对抗要件的民法特例等相关法律之后集合物论的地位出现变化的文章，参见森田宏樹「事業の収益性に着目した資金調達モデルと動産・債権讓渡公示制度」金融法研究 21 号 91—94 页（2005），角・195页。

保，而且其公示方法不完备，可能会给第三人带来不可预测的损害、过度保护一些债权人。因此，按上述方法理解集合物论，适当削弱流动动产让与担保在对第三人关系中的效力，也是恰当的。

* **价值框说，债权效果说** 还有一种见解不同于都将"物"作为让与担保客体的分析论和集合物论，认为流动动产让与担保是一种特殊担保，支配一定"价值框"，并在实现时通过存在于该"价值框"中的动产优先收回债权。[101] 这与认为流动动产让与担保是"特定范围责任财产上总括担保"的观点[102]较为类似。本人的意见是采用类似于价值框说的学说，虽然在逻辑上质疑集合物论，但得出的结论相同，即不必非得把流动动产让与担保单独作为一个特殊概念来对待。

另外，还有观点认为，流动动产让与担保只不过是使当事人之间的债权发生效力。[103] 这种观点于各种情况下的解决方法与本人意见大致相同，但在是否成立破产法上否认权的问题上有差异。

** **是否成立诈害行为撤销权（民424条）、破产法上否认权（破160条、162条，公更86条）** 在债务人财产状况恶化之后，这些权利失去为特定债权人提供担保的效力，而是为其他所有债权人增加债务人的一般财产。

一方面，如果分析论成立，那么提供的各个动产成为担保是在它们实际加入集合体之时。因此，如果行使了诈害行为撤销权或否认权，此时属于集合体的大部分动产，在债务人的财产状况恶化以后，并不会失去提供担保的效力。这是因为债权人大都陷入无法接受优先受偿的状态。另一方面，集合物论的一般观点与本文一致，提供担保的时间是在最初设定流动动产让与担保之时，这个时间如果是在债务人财产状况恶化以前，那么撤销、否认的对象都还未存在。

---

[101] 伊藤進「集合動産譲渡担保理論の再検討」ジュリ699号92頁以下（1979），同「集合動産譲渡担保の法律関係」明治大学法学部創立100周年記念論文集（法律論叢別冊）117頁以下（1980）。

[102] 下森定『民法解釈学の諸問題』207頁以下（信山社，2016），山野目・上文注释34，21頁以下。

[103] 石田・上文注释34，147頁以下。

但是，不论是事实上完全否定债权人的优先受偿权，还是认为债务人财产状况恶化以后增加的动产（集合物的构成要素）不能成为撤销、否认的对象，都过于极端。财产状况恶化以前集合物由 100 个动产组成，现在变为 120 个，仅应否定增加的这 20 个的担保效力，关于否认权的问题，如果增加集合物价值的行为满足否认的要件，那么该行为就可以作为否认的对象。[104] 与之相对，诈害行为撤销权不以事实行为（将各个动产加入集合物即属此类）为对象，所以不得行使[105]，但类推适用民 370 条但书应该能得到同样的结果（→145—146 页）。[106] 另外，因债权法修改，现行民 424 条 1 项"法律行为的撤销"被修改为"行为的撤销"。因此，价值增值行为也能成为诈害行为撤销权的对象。

***通说中的二重归属性** 本人意见是"让与担保的标的物是集合物本身，各个动产不是让与担保的直接标的物"。与之相对，通说则认为，对集合物设定让与担保的同时，个别动产也直接作为让与担保标的物。但是，这样就承认了二重归属，法律构成模糊，因此有人认为应该重新评价分析论[107]。另外，从"价值框说"开始的诸见解，也尝试着克服二重归属性的模糊之处。[108]

---

[104] 伊藤眞『債務人更生手続の研究』380 頁（西神田編集室，1984）。但是与本人意见的理论前提不同。

[105] 参见米仓・上文注释33，155—156 頁。

[106] 相同趣旨，千葉惠美子「譲渡担保と倒産法」法時 65 卷 9 号 43—44 頁（1993），山野目・上文注释34，27 頁等。

[107] 古積健三郎「『流動動産譲渡担保』に関する理論の考察（1）（2・完）」論叢 133 卷 2 号 16 頁以下，6 号 51 頁以下（1993）。

[108] 池田雅則「集合財産担保に関する基礎的考察（4）」北法 46 卷 4 号 887 頁（1995）。另外，最决平成22、12、2民集64卷 8 号 1990 頁阐述"以构成部分变动的集合动产作为标的物的集合物让与担保权，让与担保权人掌握构成让与担保标的集合动产的动产（以下称之为"标的动产"）的价值作为担保"，也有观点以此否定集合物上的所有权，同时消灭二重归属的问题，（千葉惠美子「集合動産譲渡担保理論と集合債権譲渡理論統合化のための覚書」名法 254 号 294 頁，324 頁注（7）〔2014〕）。但是，说服力不强。另外，认可二重归属并不违背常理，概括性阐述笔者意见的问题点的文章，安永・421 頁注（22）。与笔者意见相同的见解，平野・担保物権・209 頁。

（2）标的物——集合物范围的特定性

（A）如果采用上述集合物论，标的物就是集合物本身。但实际上，为明确哪些动产构成集合物，必须特定集合物的范围。*否则，无法有效地设定流动动产让与担保。

> ***是否有必要具备经济一体性**[109]　在确立集合物概念的过程中，传统上要求是根据一般交易观念具有经济一体性的事物[110]，例如，常识上并非将一粒一粒米作为所有权客体，而是将例如一袋10公斤的米作为所有权客体，计算机主机、键盘、显示器作为一体具有经济价值，所以应将其视为一个所有权客体。从这种观念出发，会得出如下结论：作为流动动产让与担保客体的"集合物"也应该限于一般交易观念上或经济上具有一体性的物。[111]但是，什么情况下才具有这种一体性，并没有一个明确的标准，这可能会给交易带来不安定因素。因此应理解为，只要有特定性，就能作物权对象。
>
> 另外，关于此点，《关于动产及债权转让对抗要件的民法特例等相关法律》7条2项5号中规定的"转让相关动产的必要事项"，动产、债权转让登记规则8条1项2号规定的集合动产的登记事项，除了动产的种类，还要求动产保管场所的所在地根据场所的范围进行特定。但是，该法务省仅规定了可能进行转让登记的情况，实体法上并未规定不能进行登记的不可作为集合物。[112]

（B）为何需要特定性？这个问题可以从相关当事人与问题形成的情况来考虑。[113]

---

[109]　参见道垣内弘人「集合物と集合債権（民法☆かゆいところ18）」法教303号31頁以下（2005）。
[110]　例如，我妻栄『新訂民法総則（民法講義Ⅰ）』205—206頁（岩波書店，1965）。
[111]　重视场所一体性、经济一体性的文章，千葉恵美子「集合動産譲渡担保の効力（1）」判夕756号42—43頁（1991），重视管理可能性的文章，田高寛貴「判批」名法140号496—503頁（1992）。
[112]　参见鎌田薫ほか「座談会・動産・債権譲渡担保における公示制度の整備」ジュリ1283号18—22頁（2005）。
[113]　瀬川信久「判批」ジュリ519号109—110頁（1972）。

第一，为了让设定人知道自己对哪些动产承担让与担保契约义务。从设定人角度看，如果设定人以为某动产是其可以擅自处分的动产，并进行了处分，但它其实是让与担保标的集合物的构成部分，那么设定人就将被追究责任，这样就会对设定人不利（例如丧失期限利益，民137条2号）。

第二，特别是集合物的内容被固定化以后（→347页），让与担保权人对各个动产享有很强的权利。所以必须让第三人知道让与担保权人的权利及于哪些动产，否则第三人可能遭受不可预测的损害。

第三，实现时，特别是裁判所、执行法官需要对标的物进行特定。除了设定人任意向让与担保权人交付动产的情况，其他情况下最后必须采取强制执行程序。那么，在采取强制执行程序时，必须明确哪些动产构成集合物。

有人认为，这三点中需要特定的意义是不同的，所以应该根据具体情况判断有无特定性，这种见解也很有说服力。[114] 但是，在流动动产让与担保中，既然设定当事人之间仅依占有改定即可具备第三人对抗要件（→340页），那么设定当事人之间在对第三人关系上也需要进行特定，其结果是一样的。

（C）特定的方法。判例一般理论认为采用"指定其种类、所在场所以及量的范围"的方法，学说一般也采用这三个标准。但是，具体在什么情况下进行特定，还必须根据需要特定的理由，进行逐一研究。*

> *关于有无特定性的具体事例[115]　首先，只要明确指定了标的物所在场所，就能概括地指定种类和量的范围，例如采用"债务人第一仓库内的全部动产"这种形式。因为按照需要特定的理由，这样表示足矣。
>
> 当然也可以更详细地指定种类（例如，"钢材""布匹"），此时即使与其他种类的动产混杂在一起，也能够满足特定性，因为是存在

---

〔114〕瀬川・上文注释113，野村豊弘「判批」ジュリ586号（1975）153页，米倉・上文注释33，248页。

〔115〕判例整理得比较出色的是，角紀代恵「商品や原材料の担保化」米倉明ほか編『金融担保法講座Ⅲ』45页以下（筑摩書房，1986）。

于一定场所的一定种类的物。与之相对，采用"一切家产"这种说法时，由于到底什么属于、什么不属于"家产"并不明确，也就不能满足特定性（判例[116]）。另外，限定于"债务人所有之物"时，没有标识表明是或不是债务人所有之物的物，没有客观的特定性（判例[117]）。

关于量的范围，有"第一仓库内的干燥大葱中的28吨"这样的限制，假设总共有44吨，那么并不能明确哪些部分构成集合物，因此不满足特定性（判例[118]）。但对"第一仓库内的干燥大葱中的三分之一"这种指定，意见存在分歧。第一仓库内的全部干燥大葱构成集合物，当然满足特定性，应该认为其中三分之一的份额为让与担保的标的[119]（从所有权转移至让与担保权人的角度出发，集合物现由设定人与让与担保权人共有）。

另外，充分指定了种类、量的范围时，应该也就能概括地指定所在场所了。例如，作为债务人的有线播放公司，可以将出借给各家庭使用的全部电视机调试器构成一个集合物，作为让与担保的客体。[120] 但是，这种情况下，需要对种类进行限定，因为按照需要特定的理由，"存在于全世界的动产"不具有特定性。

一般地，可以采用"债务人第一至第四仓库内"这样的表述来限定场所。另外，像"第一仓库内的A橱柜"这样的表述也可以。但是，像"第一仓库内的东半部分"这样的限定，必须要实际区分仓库内的东西方向，如果不能区分即不具有特定性。

---

[116] 最判昭和57·10·14、上文注释99。针对此点，森田修『債権回収法講義〔第2版〕』151頁（有斐閣，2011），以家产的积累没有固有的经济机能为理由。

[117] 最判昭和57·10·14、上文注释99。米倉·上文注释33, 212—216頁。另见森田·上文注释116, 152頁。

[118] 最判昭和54·2·15、上文注释99。

[119] 米倉·上文注释33, 207頁。相同趣旨，森田·上文注释116, 151—152頁。

[120] 指出问题点的是，鈴木禄彌ほか「座談会·銀行取引と譲渡担保（7）」金法776号26—27頁（1976）。

(3) 被担保债权

与不动产、个别动产让与担保的情况相同。实际上，一般采用担保持续性交易所生一切债权的最高额让与担保的形式。

(4) 对抗要件

采用集合物论的话，对抗要件就是将该集合物交付给债权人（判例[121]）（民 178 条）。虽然通常依占有改定交付，但在将在库物品的保管委托于仓库公司等情况下，也可能依指示转移占有。但是，有学说认为这样没有公示，应该采取名称标牌等明示的方法作为对抗要件，这种观点也很有说服力（→319 页＊）。[122] 另外，平成 16 年修改的《关于动产及债权转让对抗要件的民法等相关法律》创设了这一制度，"动产转让登记文件上对转让该动产进行过登记的，视为该动产已进行过民 178 条的交付"（同法 3 条 1 项）。集合物可以通过动产转让登记具备转让的对抗要件，但根据法务省令，可以进行登记的仅限于可以通过动产的名称、种类、保管场所等进行特定的情况（→337 页＊）。

判例[123]认为，即使设定后构成集合物的各个动产不具备对抗要件，集合物具备对抗要件的效力也当然地及于这些动产。学说一般认为，追溯到集合物具备对抗要件之时存在的各个动产，也具备对抗要件[124]。但是，根据集合物论，让与担保的标的物，也就是具备对抗要件的物，应是集合物本身，各个动产不应具备对抗要件（→335 页）。而根据分析论，各个动产在加入集合体之时，各自具备对抗要件。

3. 效力所及范围

(1) 标的物、被担保债权，与不动产、个别动产让与担保的情况相同。但是，关于附合物、从物的概念在集合物中很难立足。在理论上也不

---

[121] 最判昭和 62・11・10，上文注释 99。

[122] 吉田真澄「集合動産の譲渡担保（11・完）」NBL247 号 49—51 頁（1981），伊藤・上文注释 104，341 頁，半田吉信「判批」法時 56 巻 1 号 115 頁（1984），山野目・上文注释 34，22 頁，伊藤進「動産譲渡担保」法時 73 巻 11 号 21 頁（2001）。

[123] 最判昭和 62・11・10，上文注释 99。

[124] 米倉・上文注释 33，220 頁。

承认物上代位（→314页以下）。

（2）集合物中混入第三人享有权利的标的物时该怎么办？尤其是涉及第三人所有物、所有权保留标的物、动产优先权标的物时，会产生问题。

首先，关于第三人所有物。如前所述，在集合物内容固定化之前，各个动产不是让与担保的直接标的物（→335页），第三人当然不会丧失所有权。判例法理[125]不承认依占有改定的即时取得，所以集合物内容固定化以后，让与担保权也不及于第三人所有物。

第三人的所有权保留标的物也可以同样考虑。判例[126]对将所有权保留标的物作为个别动产让与担保客体的案件，也以所有权保留优先为前提。

关于动产优先权标的物，颇有争议。[127] 判例对动产买卖优先权的标的物加入集合体的案件，判定让与担保权人接受了该动产的交付，就是民333条的第三取得人，因此不能行使优先权。[128] 与之相对，学说中较为有力的主张是，从让与担保作为担保手段的角度来看，应该类推适用民334条、330条（关于优先权与质权的顺位的规定）[129]（根据这一学说，让与担保权人只要在该动产加入集合体时不知道存在优先权，流动动产让与担保就能优先于优先权。关于这一点，还有学说将判断让与担保权人善意、恶意的基准时间，修正为让与担保权人具体知道动产优先权服从于自己的让与担保权之时[130]）。但是，只要不承认就各个动产成立让与担保权，让与担保权人就不能对实现优先权有异议。[131] 鉴于民法通过优先权来保护动产买方，上述结果是妥当的。[132]

不过，集合物的内容固定化以后，流动动产让与担保转化为个别动产

---

[125] 大判大正5·5·16，上文注释51，最判昭和32·12·27，上文注释51等。
[126] 最判昭和58·3·18判时1095号104頁。
[127] 参见道垣内弘人「集合動産譲渡担保」安永正昭＝道垣内弘人『民法解釈ゼミナール（2）物権』160頁以下（有斐閣，1995）。
[128] 最判昭和62·11·10，上文注释99。
[129] 田原·上文注释30，22頁，近江幸治「動産売先取特権をめぐる新たな問題点」森泉章還暦「現代判例民法学の課題」385頁（法学書院，1988）等。
[130] 角紀代恵「判批」法協107巻1号148頁（1990）。
[131] 伊藤進「集合動産譲渡担保と個別動産上の担保権との関係」法論61巻1号80頁、93頁（1988），河上·378頁。
[132] 石田喜久夫『民法判例評釈』64—65頁（成文堂，1990）。

343 　让与担保，可以类推适用民 334 条、330 条[133]（另外，这种情况下，判定善意、恶意的时间应为集合物具备对抗要件之时。→347 页）。

4. 设定当事人的关系

（1）标的物的利用关系、设定人的侵害。与不动产、个别动产让与担保一样，设定人当然可以基于自己享有的设定人保留权利用作为标的物的集合物（→306 页）。

问题是何为"利用集合物"。在流动动产让与担保中，集合物的内容因设定人的营业或生活而处于变动之中。应该认为，对集合物的利用在通常营业或生活的范围内，一方面包括处分构成集合物的动产；另一方面包括向集合物中补充动产。虽然很多契约书都约定一切处分必须得到让与担保权人的同意，但上述理解就是按照当事人的合理意思进行的[134]（虽然有契约书关于处分的约定，但实务上也不是每次处分都要求得到让与担保权人的同意）。

判例[135]未对"利用集合物"作明确定义，但判例"赋予让与担保设定人在通常营业范围内，处分构成集合物之动产的权限，在此权限内处分的，相对方对该动产可以确定地取得不受让与担保约束的所有权"。

超出这种理解中的"利用"的行为，也就是超出通常的营业或生活范
344 围处分作为集合物构成要素的动产或未进行补充，都是对集合物的侵害。[136] 其效果作与不动产、个别动产让与担保相同的理解即可（→317—318 页）。实务中也有令设定人定期提交现状报告书，由让与担保权人进行调查的。

（2）让与担保权人的侵害。从与 5（1）（C）的均衡考虑，设定人可以就受到侵害的标的物的价额全额，以不法行为为由，请求损害赔偿。

---

　　〔133〕　相同趣旨，吉田・203—204 页。
　　〔134〕　吉田真澄「集合動産の譲渡担保（7）」NBL228 号（1981）38—39 页，同「集合動産譲渡担保」加藤一郎＝林良平編代『担保法大系（4）』698 页（金融財政事情研究会，1985）。
　　〔135〕　最判平成 18・7・20，上文注释 53。
　　〔136〕　我妻・666 页，高木・372 页，占部・上文注释 38，709 页。

5. 与第三人的关系——集合物固定化以前

（1）让与担保权人与第三人的关系[137]

（A）与设定人不当处分的相对方的关系。设定人超出 4（1）中的范围处分作为集合物构成要素的动产时怎么办呢？让与担保客体是集合物，脱离集合物的动产脱离了让与担保的约束，所以处分的相对方可以取得处分标的物的所有权，让与担保权人不得追回该标的物。因此，某一动产若因从让与担保契约规定的保管场所搬出等，而脱离作为让与担保客体的集合物，处分相对方就能取得该动产的所有权。相对方对该处分超出通常的营业或生活范围这一情况持恶意时也是一样。但是，终归是无权处分，所以该动产尚未脱离集合物时，相对方不取得所有权（判例[138]）。

与上述见解不同，有人认为让与担保权人可以向恶意第三人主张返还各个动产[139]，还有人认为在处分相对方知道会损害让与担保权人时可以类推适用民 424 条请求返还[140]，但是，让与担保的客体是集合物本身，而不是各个动产。不过，这是超出通常营业、生活范围的处分，并且第三人知道或者应该知道设定人没有补充的意思或能力，所以第三人对违法侵害让与担保权人利益存在故意或过失，应对不法行为负损害赔偿责任。

（B）设定人的债权人进行扣押。构成集合物的各个动产被设定人的债权人扣押时该怎么办呢？从与出卖各个动产的情况相均衡的角度考虑，让与担保权人不得妨碍第三人通过扣押使各个动产离开集合体。该解释中让与担保权人的权利虽然明显被削弱，但正如后文提到的，让与担保权人可以通过在设定契约中将扣押各个动产作为集合物固定化事由，来确保其优先受偿权（→347 页）。

---

[137] 详见道垣内・課題 120 頁以下。
[138] 最判平成 18・7・20，上文注释 53。
[139] 吉田・上文注释 122，48 頁，伊藤進「集合動産讓渡担保の有用性の検討（下）」手研 325 号 8—9 頁（1982）。
[140] 下森・上文注释 102，224 頁，山野目・上文注释 34，23 頁。

（C）第三人的侵害。作为集合物构成要素的各个动产受到第三人侵害时该怎么办呢？集合物的一部分受到侵害时，似乎可以和个别动产让与担保一样，基于不法行为请求损害赔偿，但其实不应该这样处理。[141] 设定人出卖组成集合物的各个动产然后再补充上新的动产，本来就是想以其价款作为其他目的的营业资金。那么，产生一部分损害时如果不把损害赔偿金全部给设定人，不让设定人利用这些金钱继续营业，就会产生不均衡。因此，在理论上，仅仅减少了集合物的内容不能算作发生损害，设定人不进行内容补充起才可算作发生损害。

与之相对，集合物全体受到侵害时（例如，以"A 橱柜的全部商品"为流动动产让与担保的客体时，废弃该橱柜本身[142]），可以算作全体侵害。

之后，可作与个别动产让与担保相同的理解。另外，即使损坏了组成集合物的全部动产，也不会造成集合物本身的灭失。

另外，与流动动产让与担保相类似，判例[143]对流动动产让与担保也认可物上代位权"及于在动产灭失时，为了弥补该损害而向让与担保权设定人支付损害保险金的相关请求权"。但是，不同于个别动产让与担保，在流动动产让与担保中，预定设定人只能在维持通常营业的范围内使用该损害保险金，购入新的动产加入到集合物中。因此，"让与担保权设定人维持通常营业时，即使因动产灭失发生上述请求权，只要没有能够直接进行物上代位的合意等特殊情况，就不允许让与担保权人对该请求权进行物上代位"。但是，理论上，还应该考虑损害保险金的归属权人是谁（→315—316 页）。但是，该请求权人在保险契约上成为让与担保设定人时，将行使方法理解为"必须在支付或交付前进行扣押"（参见民 304 条 1 项但书）足矣。

---

[141] 相同趣旨，松冈久和執筆・田井义信ほか『新・物権・担保物権法〔第 2 版〕』365 页（法律文化社，2005）。但是，松冈・370 页修改了学说。

[142] 尽管如此，也有丧失集合物同一性的情况，参见名古屋地判平成 15・4・9 金法 1687 号 47 页。

[143] 最决平成 22・12・2，上文注释 108。

（2）设定人与第三人的关系

（A）设定人与让与担保权人不当处分的相对方的关系。让与担保权人处分了作为集合物构成要素的动产时怎么办呢？如果让与担保权人对各个动产不享有权利，完全没有处分权限，可以通过即时取得（民192条）来保护相对方。

（B）让与担保权人的债权人进行扣押　民事执行法上不可能出现这种情况，因此不必研究（→322—323页）。

（C）第三人的侵害。参见（1）（C）。

6. 实现

（1）流动动产让与担保固有的问题点

首先，集合物处于内容可变动的状态，无法实现让与担保。内容可变动是指，设定人可以在通常的营业或生活范围内自由处分作为集合物构成要素的各个动产，这种状态下让与担保权人或第三人无法取得完全的所有权。因此，在实现过程中，要先将集合物的构成要素固定下来，通过固定将其转化为数个个别动产让与担保。[144] 各个动产让与担保的对抗要件，由集合物具备的对抗要件转化而来。因此，各个动产具备对抗要件的时间，为集合物具备对抗要件之时。

于是，必须分开考虑实现流动动产让与担保的个别动产让与担保和实现个别动产让与担保：①如何固定集合物的构成要素；②请求交付、清算的方法。

（2）集合物的固定[145]

债务人不履行债务，让与担保权人欲实现流动动产让与担保的，必先固定集合物的内容。*仅有债务不履行的事实还不够，还需要让与担保权人的实现通知，但无需债务人的同意等。

债务人、设定人开始破产、民事再生、公司更生程序时，也需要固定集合物的内容，这是为了在之后的破产程序中获得优先受偿。另外，也可

---

[144]　田原·上文注释30，275页。
[145]　详见田原·上文注释130，275—277页。

以通过契约约定集合物的固定化事由（例如，第三人扣押各个动产）。

集合物中的各个动产通过固定成为个别动产让与担保的标的物，因此在第三人取得、扣押、处分以及与其他物权的顺位等问题上，与个别动产让与担保形成的法律关系相同（→318页以下）。而且，集合物固定化之后，新的动产不能加入集合体，例如特定为"第一仓库内的全部钢材"时，固定化之后，即使再将其他钢材搬入该仓库，让与担保的效力也不及于新搬入的钢材。

* **认为不需要固定化的见解** 与一般优先权相比，也有人认为不需要固定化，让与担保权人实现让与担保的意思表示到达设定人之后，组成集合物的动产的所有权便转移至让与担保权人，之后就成为清算的问题。[146] 但是，在特定动产、不动产的让与担保中，发生清算金时，支付清算金或将标的物处分给第三人之后，债务人有清偿被担保债权的权限（→327页）。从与之保持均衡的角度来看，在支付清算金或将标的物处分给第三人之前，设定人仅能请求支付清算金，显然是不合适的。[147]

(3) 清算方法

让与担保权人一并实现数个个别动产让与担保时，以全部价额与被担保债权额的差额作为清算金，支付给设定人。设定人只能在被担保债权范围内接受支付[148]，但并非就各个动产都成立让与担保权。不过，设定人只接受让与担保权人一部分支付请求，让与担保权人请求交付时，设定人不得以至今交付的动产的价值已消灭被担保债权为由进行抗辩。

7. 在破产程序中的效力

标的物所有人开始破产程序当然会使集合物的内容固定下来，之后就

---

[146] 山野目・上文注释34，26頁。

[147] 也有解释保持集合物流动性进行实现的必要性（森田修「『新しい担保』の考え方と執行手続」ジュリ1371号 208—209頁〔2006〕）。但是，这里所述的实现＝变价的理论，是切合债权让与担保的理论。

[148] 吉田真澄「集合動産の譲渡担保（8）」NBL229号34頁（1981）。

与个别动产让与担保相同了[149]（→331页以下）。

8. 消灭

与不动产、个别动产让与担保相同（→332页），但应注意，集合物的全部构成要素在实现前暂时消灭的，集合物本身并不消灭，让与担保权也不消灭。

第4节 债权及其他权利的让与担保

1. 概述

让与担保基本上是依当事人之间的合意简单设定，所以可以将各种标的物用于担保。[150] 近来，使用较多且出现问题的，除各个金钱债权、集合金钱债权外，还有高尔夫会员权等契约上的地位、票据、股份、保险金请求权、知识产权等。其中也有可以采用质权担保的，但像专利申请就不能成为质权的客体（专利33条2项），但由于也可以转让，所以得采用让与担保的方法。

下面，我们首先探讨各个金钱债权、集合金钱债权的让与担保，最后简要介绍一下其他权利的让与担保。

2. 金钱债权的让与担保

（1）很多情况会以各个金钱债权作为担保的客体。也就是说，以担保提供人（主要是债务人）对第三债务人享有的金钱债权为担保客体，转让给债权人，当债务人不履行债务时，债权人可以行使受让的该债权，以从第三人处收回的金钱满足自己的债权。*·**

　　*个别债权让与担保存在的理由　各个金钱债权回避民法上的质

---

[149] 参见田原睦夫「倒産手続と非典型担保権の処遇」『倒産実体法（別冊NBL69号）』79—81頁（商事法務研究会，2002）。

[150] 另外，研究使用种类物的让与担保（如果债权人接受被担保债权的清偿，负有返还与之前交付的物同种、同等、同量的物的义务。不履行债务时，评估该物的价值，以其抵充被担保债权）的文章，参见山田誠一「種類物を用いた担保」金融研究21卷4号203頁以下（2002）。

权，而采用让与担保，并没有多少合理理由：首先，标的物占有方面，都不成问题；其次，对抗要件方面，质权根据民364条采用与债权转让相同的方法，让与担保本来就是采用当事人之间转让债权的形式，所以也是采用债权转让的方式（民467条），依据特别法具备对抗要件（→112页）时也是一样；最后，实现方面，质权是质权人直接代收对第三债务人享有的债权（民366条1项），进行让与担保私力实现也是一样。说到底，采用让与担保的形式只是能够满足债权人受让债权的心理罢了。

代理受领、存入指定 金钱债权中，特别是像对国家、地方公共团体的承包价款债权等，大都禁止转让、质押。这些债权不能采用让与担保的方式（民466条2项）[关于债权法修改，→110页]。因此，债务人S对第三债务人D享有债权，债权人G接受代收或委任受领，G以从D处受领的金钱充抵其对S的债权（理论上是以从D处受领的金钱抵销D对S的返还义务），G优先于其他债权人收回债权（"代理受领"）。因为G与S之间有委任契约，一般都是由G与S联名请求D承认，只有G可以代收或享有受领权限。

D违反该承认，对S进行清偿时，判例[151]的观点是，D须对G承担不法行为的责任，这是妥当的。[152] 但是，学说更进一步，倾向于认为这是S—G—D三方的契约，应加重D的责任（债务不履行责任和再履行义务），这种观点也很有力。[153]

但是，D可以其对S的全部抗辩来对抗G，所以该债权的价值不一定可信，G的权利也不能对抗第三人，所以不能优先于扣押债权人。S破产时也是一样。虽然这样看来效力不强，但在实务中经常应用。

另外，当G是银行时，D向S清偿只能采取将清偿金额存入S在

---

[151] 最判昭和44・3・4民集23卷3号561页，最判昭和61・11・20判时1219号63页。
[152] 安永正昭「代理受"担保"之效力及其界限」 金法1193号19页（1988）。
[153] 参见松本恒雄「代理受領の担保の効果（上）（中）（下）」判夕423号，424号，425号（1980），辻伸行「代理受領の法律関係（1）（2・完）」独協16号，17号（1981），甲斐道太郎「契約形式による担保権」遠藤浩ほか監修『現代契約法大系6』34页以下（有斐閣，1984）。

G银行的存款账户的方法（"存入指定"）。存入后，G可以通过将其对S所负的存款债务与其对S的债权相抵销，优先地收回自己的债权，与代理受领大致相同。

（2）设定

（A）依债权人与担保提供人之间的让与担保设定契约设定。对抗要件方面，与债权转让相同（民467条）。

但是，现在使用的债权让与担保中，不具备对抗要件的也不在少数。不论是通知第三债务人还是由第三债务人作出同意，都是为了让其知道设定债权让与担保，第三债务人得知后就可能猜测担保提供人的信用状态是不是有所恶化，这是担保提供人所不愿意看到的。后文将结合集合债权让与担保详细叙述（→357—358页）。

（B）关于债权的适格性，尤其会在集合金钱债权的让与担保中出现问题，后文将详细阐述（→355—356页）。

＊电子记录债权的让与担保　电子记录债权法明文规定，可以对电子记录债权设定质权（→109页＊＊）。但是，电子记录债权的担保化也可以采用让与担保的方式。以在电子债权记录机关的记录原簿上设定的转让记录为据（电子记录债权17条），可以推定被记录为受让人（电子记录债权的债权人）的人合法享有债权（同法9条2项，26项）。因为记录本身就是生效要件，所以无需再作为对抗要件。

效力可以作与指名债权的让与担保相同的理解。

（3）效力

（A）让与担保的效力及于债权的利息。优先受偿权的范围也与不动产、个别动产让与担保的情况相同（→316页），为本金、利息、迟延损害赔偿金的全额。类推适用关于债权质的民346条得出的也是这一结论。

在第三人关系方面，与不动产、个别动产让与担保的情况大致相同。[154] 也就是说，即使设定人处分了债权，只要让与担保权人具备对抗

---

[154]　角纪代惠「債権非典型担保」椿寿夫编『担保法理の現状と課題（别册NBL31号）』81—82页（商事法務研究会，1995）对该点提出了疑问，并进行了详细分析。

要件，就可以向第三人主张自己的权利。设定人的债权人扣押该债权时（在程序上是可能的。参见民执145条2项），让与担保权人可以通过第三人异议之诉排除该扣押（但是，即使不排除，让与担保权人也可以无视第三债务人的清偿等，实现担保。因为让与担保权人可以对抗第三债务人）。让与担保权人处分该债权，以及让与担保权人的债权人扣押该债权时，都作为民94条2项的问题处理。

（B）问题出在实现和消灭时。区分作为让与担保客体之债权的清偿期与被担保债权的清偿期的先后，考虑起来会比较便利。

（a）作为让与担保客体之债权的清偿期在前时。实务上，契约书中大多会明确约定，即使被担保债权的清偿期未到来，让与担保权人也可以代收作为让与担保客体的债权，以此充抵被担保债权的清偿。不必否定这种约定的效力，但没有特别约定时该怎么办呢？有见解认为，债权让与担保与不动产、动产让与担保性质不同，债权让与担保的本质就在于让与担保权人享有代收权、清偿充抵权，这种观点也很有力。[155] 但是，同为担保，与债权一样（民366条3项），让与担保权人只能请求第三债务人提存，让与担保权在该提存金上存续，直至被担保债权清偿期到来。[156] 另外，如果被担保债权的清偿期在提存以前就已到来，则按（b）处理。

通过清偿被担保债权消灭让与担保权，设定人当然可以恢复作为让与担保客体之债权的完全债权人地位。但是，即便在让与担保权消灭以后，该债权的受让人依旧受到民94条2项的保护。为了避免这一结果，必须将债权已复归设定人这一事实通知债务人（关于债权转让契约解除的判例法理）。但是，这种处理的前提是没有登记制度，所以，设定让与担保根据《关于动产及债权转让对抗要件的民法特例等相关法律》具备对抗要件时，必须涂销登记（动产债权转让特10条1项2号）。

（b）作为让与担保客体之债权的清偿期在后时。被担保债权的清偿期到来，让与担保权人成为让与担保债权的完全债权人，可能还会（由于金

---

[155] 近江・340页，角・上文注释142, 80—81页。
[156] 清水誠「譲渡担保の意義・効力」加藤一郎＝林良平編代『担保法大系（4）』294页（金融财政事情研究会，1985）即该意。

钱债权不可信，实际是在代收之后）产生清算义务。[157] 但是，从担保手段的角度出发，与债权一样（民366条3项），实现让与担保应该等到让与担保债权的清偿期到来后，在自己债权额范围内代收并以此充抵清偿。[158] 这样理解的话就不会产生清算的问题。不过，对于超过被担保债权额的部分，实务中多会委托代收。

理论上，在被担保债权的清偿期到来之后、让与担保实现之前，设定人似乎清偿被担保债权就能恢复让与担保债权的完全债权人地位，但实际上没多大意义（通过金钱取回了金钱债权）。

设定人通过清偿被担保债权消灭让与担保权，从而恢复让与担保债权的完全债权人地位等，与（a）相同。

3. 集合金钱债权的让与担保

（1）近来，争论颇多的是集合债权的让与担保。[159] 以融资租赁公司为例。融资租赁交易是融资租赁公司以现金从卖方处购入机械、设备，将其租赁给顾客（使用人），按月收取租金（→365页*），这种公司虽然需要大量资金，但很多资产只是对各顾客的租金债权。于是，这种公司需要以现在或将来享有的多个债权一并作为让与担保的客体。不仅是融资租赁公司，消费者金融公司、分期付款买卖公司等的主要资产也是对顾客的债权，所以很有必要采用上述方法[160]，而且，医生对健康保险组合联合会等享有的诊疗报酬债权也可用于让与担保。甚至，还有人认为，为了促进中小企业的资金调配，也有必要将赊销价款一并担保化。

这种集合金钱债权的让与担保有两种类型：一种是从设定担保时就赋予让与担保权人以债权代收权、清偿充抵权；另一种是直至实现让与担

---

[157] 角·上文注释154, 80頁。
[158] 鈴木禄弥発言·鈴木禄弥ほか「座談会·銀行取引と譲渡担保（19）」金法790号30頁（1976）。
[159] 指出问题点比较好的是，椿寿夫『集合債権担保の研究』（有斐閣, 1989）。
[160] 角紀代恵「集合債権の譲渡担保」加藤一郎＝米倉明編『民法の争点1』188頁（有斐閣, 1985）。

才可以从债务人处收回债权，自己使用收回金。[161] 特别是后一种类型，貌似可以和流动动产让与担保一样采用集合物论说明其法律关系。但是，这种让与担保不能像集合物概念一样将有体物作为"物"的概念的核心，而只能考虑各个债权的效力问题。[162] 流动动产让与担保采用集合物论的优点是，能将具备对抗要件的时间固定在最初设定担保之时（→336页＊＊），但集合债权让与担保还要担保尚未发生的将来债权，采用集合物论会导致这些债权从一开始就具备对抗要件，显然不合适。因此，没有必要像集合物论那样，将集合债权作为一个整体。

（2）设定

当然是依让与担保权人与设定人之间的让与担保设定契约来设定。在持续性交易中，多会以此后发生的不特定多数债权为被担保债权（最高额让与担保）。

问题有二：第一，将来债权可否作为让与担保的客体；第二，设定契约中要怎样特定债权范围。

（A）将来债权让与担保的有效性。集合债权让与担保的标的债权既可以是设定人现在拥有的债权，还可能包括将来发生且属于设定人的债权（并非已经发生但清偿期未到来的债权，而是尚未成立的债权），是否可以转让将来债权（让与担保化）呢？

下级裁判所的判例曾十分关注将来债权的转让可能性问题，认为只有自转让时起一年内的部分才有效。判例背后的学说认为，只有确定会在将来发生的债权才具有可转让性，而且，承认可以转让长期不发生的将来债权将妨碍转让人的经营等，同时会有特定人独占转让人财产之虞。

但是，前者（只有确定会在将来发生的债权才具有可转让性）受到了如下批判：只有在将来实际发生了债权时才会与第三人产生关系，不发生

---

[161] 以前者为原则的是，高木多喜男『金融取引の法理（1）』116頁（成文堂，1996），以后者为原则的是，我妻・647頁。但是，这两种见解所关注的集合债权让与担保的类型不同，参见道垣内・課題213—214頁。

[162] 椿・上文注释159, 166頁。相同趣旨，角・上文注释154, 84頁，占部・上文注释38, 710頁，角・198頁等。与之相对，伊藤眞「集合債権讓渡担保と事業再生型倒産処理手続」曹時61卷9号8頁以下（2009）等，是作为集合物来掌握的。

债权时当事人之间作为履行不能的问题处理即可，不管怎样都不必作为债权发生可能性的问题。[163] 关于后者，在妨碍转让人经营、不当损害其他债权人时认定无效即可，并不能就此否定转让一般将来债权的效力。

于是，最高裁判所于平成11年[164]认定，出现"强加给转让人严重脱离转让人营业活动等范围（依照社会一般观念）的限制，或者给其他债权人造成不当损失等特殊情况"时，视为违背公序良俗，可以否定其效力。承认了将来债权只要满足特定性，不论时间长短都可以进行概括性转让。

学说也大致赞成。[165] *（因债权法修改，改正466条之6 1项明文规定"债权的转让，不要求债权于其意思表示之时现实发生"）。

而且，判例[166]的立场是，这种情况下，已经发生或将来会发生的债权，在缔结转让契约时已确定被转让［债权法修改过程中，规定为"受让人当然取得已发生的债权"（同条2项）］。

　　*但是，将大范围的金钱债权提供给一个债权人用作让与担保，不当地阻碍债务人的经济活动，过度损害一般债权人的利益的，可以通过民90条将其认定为无效，这是另外一个问题。

（B）设定契约中的特定性。为了有效地设定集合债权的让与担保，必须特定标的债权的范围。但是，设定契约中的特定只对设定当事人之间判断是否违反担保契约（诸如设定人免除自己享有的数个债权中的某一个）有作用。因此，只要当事人能够通过债权的全部或部分特性要素（第三债务人、债权发生原因、债权发生时期、金额、清偿期等）明确某一债权是否为标的债权，就算满足特定性（判例[167]），但任何要素都不是

---

[163] 高木・上文注释161）112頁，田辺光政「集合債権の譲渡担保」星野英一ほか編『担保法の現代的諸問題（別冊 NBL10 号）』70 頁（商事法務研究会，1983），河合伸一「第三債務者不特定の集合債権譲渡担保」金法 1186 号 58 頁（1988）。
[164] 最判平成 11・1・29 民集 53 巻 1 号 151 頁。
[165] 详见道垣内・課題 158 頁以下。
[166] 最判平成 13・11・22 民集 55 巻 6 号 1056 頁，最判平成 19・2・15 民集 61 巻 1 号 243 頁。
[167] 最判平成 12・4・21 民集 54 巻 4 号 1562 頁关于让与预约的判例，认为"特定只要达到能够将应该成为让与客体的债权与让与人享有的其他债权区别开来的程度即可"。

357 必须的。[168] 例如，第三债务人不确定时，"设定人现在及将来享有的一切金钱债权"的表述也具有特定性。[169] 与第三人关系中的特定是在具备下列对抗要件时的特定，必须将设定契约中的特定和与第三人关系中的特定区别开来（与流动动产让与担保的情况相比较。→337 页以下）。

（3）对抗要件

（A）基于民法具备对抗要件。为使让与担保的设定对抗第三债务人和其他第三人，必须具备债权转让的对抗要件，也就是通知第三债务人确定日期或由第三债务人对确定日期作出承诺（民 467 条 2 项）。

要具备该对抗要件，首先必须确定作为通知相对方、承诺主体的第三债务人。然后，通知第三债务人令其能够明确判断（特定）哪些债务是让与担保的客体[170]，或第三债务人作出自己能够判断（特定）哪些债务是让与担保客体的承诺[171]（对抗要件所需的特定）。

只要达到上述能够判断的程度*，当对第三债务人的债务有权利关系的第三人问及是否设有让与担保时，第三债务人就能予以回答，这就达到了债权让与担保对抗要件的目的（详见债权总论）。所以，将现在及将来的数个债权作为一个整体一并进行通知或承诺，都可以有效地具备对抗要件，并且此时对将来债权也发生对抗力。判例[172] 观点也是一样。

358 然而，在实务中，基本没有在担保设定时就具备民法上对抗要件的。原因有很多：存在多个第三债务人时既费钱又费力，比如对租金债权设定担保时还不知道谁是使用人（第三债务人），无法具备对抗要件；另外，比如就对顾客的赊销价款债权设定让与担保，债务人不想让顾客（第三债务人）知道（会被顾客认为经营状况恶化）。[173]

---

[168] 相同趣旨，鎌田薫「債権を目的とする担保」磯村保ほか『民法トライアル教室』163 頁（有斐閣，1999），角紀代恵「流動動産譲渡担保」法時 73 卷 11 号 26 頁（2001）等。
[169] 高木・上文注释 161，113 頁，田辺・上文注释 163，72 頁，角・上文注释 160，189 頁。
[170] 角・上文注释 160，190 頁。
[171] 参见高木・上文注释 161，128 頁。
[172] 最判昭和 53・12・15 判时 916 号 25 頁，最判平成 11・1・29，上文注释 164，最判平成 13・11・22，上文注释 166。
[173] 角・上文注释 160，190—191 頁。

因此，在实务中采用以下方法进行通知：在担保设定时，债务人为第三债务人预存一份债务内容等均为空白的债权转让通知书，当债务人经营状况恶化时再填补空白，并通知第三债务人。[174] 但是，这样可能会使具备对抗要件的行为成为诈害行为撤销权（民 424 条）和破产法上否认权（破 164 条 1 项，民再 129 条 1 项，公更 88 条 1 项）的对象（不过，判例[175]认为具备对抗要件的行为不能成为诈害行为撤销权的对象）。** 而且，由于具备对抗要件之前即使其他债权人扣押或受让标的债权，也不能有任何异议，所以丧失了作为担保的实效性。希望具备对抗要件的方法更为简易的呼声很高。

* 如前所述，在集合金钱债权让与担保中，多数标的债权的代收权直至实现让与担保为止都在设定人手中。因此，为了不让第三债务人产生误解，会进行如下通知"甲就本公司对丙享有的标的债权以乙为权利人设定让与担保权，根据民 467 条，特此通知。乙对丙发出让与担保权实现通知（书面或口头）时，丙向乙清偿该债权"。然而，会产生这样的问题：根据该通知是不是实现让与担保权时债权即被转让？可否不承认通知作为对抗要件的效力？判例[176]认为通知是有效的对抗要件，"在甲乙之间，赋予甲代收权限，代收属于乙的一部分债权，应该认为已对无需将代收的金钱交付给乙达成合意"，"此时，虽然甲行使代收权限要依赖丙的协助，但不妨碍作为第三人对抗要件的效果"。

** **债权转让预约型担保** 为了解决不让第三债务人知道设定担保时可能被否认的问题，实务中设计了下列方法：首先缔结债权转让的预约契约，在债务人财产状况恶化时行使预约完结权，此时具备对抗要件。为了避免被否认的风险，需要在债务人财产状况尚未恶化时设定担保（恶化后设定担保的，可依破 160 条 1 项 1 号予以否认），还需要在债权转让之日起 14 日内具备对抗要件（经过 15 日之后具备对

[174] 详见河合·上文注释163，60—64页。
[175] 最判平成10·6·12民集52卷4号1121页。
[176] 最判平成13·11·22，上文注释166。

抗要件的行为，可依破 164 条予以否认），但这种方式将在债务人财产状况恶化之前进行的预约契约视为设定担保，债权转让在预约完结时才生效，所以要在 14 日内具备对抗要件。[177] 但是，判例[178]认为这种契约违反了破产法规定否认权的趣旨，实际上可以与停止支付等危机时期到来后进行的债权转让等同视之，并因此可以作为否认的对象。

（B）基于动产、债权转让特例法具备对抗要件。基于上述实务中的需求，首先在平成 4 年制定了《涉及特定债权等事业规制的相关法律》。

该法律规定，信用公司和租赁公司将其对顾客的小额债权转让给第三人时，向经济产业大臣提交债权转让及资金调配计划，并将根据该计划转让债权之事宜在全国性报纸进行公告的，可以视为已通过有确定日期的证书进行通知（民 467 条）。但是，该法律仅适用于租赁公司、信用公司为转让人的情况。

因此，平成 10 年制定了法人转让金钱债权时一般具备对抗要件简易化的法律——《关于债权转让对抗要件的民法特例等相关法律》（另外，《涉及特定债权等事业规制的相关法律》在平成 16 年末被废止）。之后又于平成 16 年修改了该法，现在成为《关于动产及债权转让对抗要件的民法特例等相关法律》。

该法律将债权转让的对抗要件区分为，对标的债权债务人的对抗要件和对其他第三人的对抗要件，后者通过在债权转让登记文件上进行登记即可具备（动产债权转让特 4 条 1 项）。

第三债务人不受转让的对抗，可以继续清偿。但是，如果让与担保权人在实现让与担保时，对第三债务人进行了附有登记事项说明书的通知，之后即可对抗第三债务人（同条 2 项）。

该对抗要件具备方法对于总括性的债权让与担保当然没有问题，但也可以用于个别的债权让与担保和债权质权。

---

〔177〕例如，参见宫廻美明「将来債権の包括譲渡予約と否認権の行使」法時 55 卷 8 号 117 頁以下（1983）。

〔178〕最判平成 16・7・16 民集 58 卷 5 号 1744 頁。

尤其应该注意的是，在通过债权转让登记文件上的登记具备第三人对抗要件时，无需特定让与担保（或让与、质权设定）标的债权的债务人。其实，平成16年修改之前的法律第5条1项6号，为特定标的债权，将"与转让有关的债权的债务人"作为债权转让登记文件的记载事项，规定必须特定债务人。然而，这样一来，以存在多个债务人的债权为让与担保的客体时，登记手续就很烦杂。而且，对不特定顾客的将来赊销价款债权、租金债权以及对将来居住在某住房的承租人的租金债权等，在让与担保设定时不能确定第三债务人的债权的转让或提供让与担保，就不能使用同法规定的登记制度。然而，实体法上，债务人不特定的债权也是可以转让的，而且实务中对在这种情况下规定第三人对抗要件的呼声也很高。因此，在平成16年修改后，债务人不再作为必要的登记事项（具体而言，删除了修改前的5条1项6号中"与转让有关的债权的债务人及其他"的语句，变为动产债权转让特8条2项4号）。

标的债权的债务人不特定时，当然无法采用民法规定的具备对抗要件方式（通知债务人、由债务人作出承诺），特定债权法也未区分第三人对抗要件与债务人对抗要件，所以无法确认具备对抗要件的效力。根据动产、债权转让特例法，单独具有效力。

但是，只有在登记时尚未发生的债权的转让中，才允许以标的债权债务人不特定的方式登记，就已经发生的债权的转让而言，债务人名字仍为必要的登记事项（动产、债权转让登记规则9条1项2号）。而且，债务人不特定的债权转让登记的存续期间，原则上不能超过10年（动产债权转让特8条3项2号）。这是为了避免给登记系统造成过大的负担等，标的债权为住房贷款等清偿期间很长的债权和基于债权转让的信贷经过较长期间时，作为有"特别事由"，允许规定超过10年的存续期间。

(4) 效力

即便是集合金钱债权让与担保，最终也会归结为各个债权的权利关系，因此，与各个金钱债权的让与担保一样理解即可。*

* 将来债权为让与担保的客体时，会在细微之处产生几个重要

第6章 权利转移型担保＝让与担保

问题。[179]

首先，以将来债权作让与担保，该债权确实会在将来的某个时间发生，但作为发生原因的契约中有禁止债权转让的特别约定时怎么办？从认定禁止债权转让的特别约定有物权性效力的判例、通说来看，具体发生的该债权不具有可转让性，债权转让不发生效力。另外，民466条2项但书是对转让时发生的债权有特别约定（对特别约定的存在为善意、恶意）的规定，转让后又附加特别约定的情况不适用该规定［因债权法修改，改正466条之6第3项规定，具备对抗要件之前作出限制转让的意思表示时，视为受让人及其他第三人对该限制是明知的（恶意），但这里是具备对抗要件之后对各个债权附加限制特别约定的情况，前提是受让人是善意的]。

其次，让与担保根据动产、债权转让特例法具备第三人对抗要件之后，标的债权的债务人取得对标的债权的债权人（让与担保设定人）的反对债权时，标的债权的债务人可否将两债权相互抵销？只具备第三人对抗要件时，标的债权的债务人不受转让的对抗。只有进行作为债务人对抗要件的通知，才能以对转让人发生的事由对抗受让人（动产债权转让特4条3项）。抵销也属于此处所说的可以对抗的事由之一，标的债权的债务人可以进行抵销。的确，在这种情况下，标的债权的债务人为了收回自己的债权，会与让与担保权人争夺标的债权的归属，但是将其视为可以通过债权转让登记对抗设定让与担保、债权转让的第三人，还是有违法律的明文规定。

4. 其他权利的让与担保

（1）凡是具有转让可能的财产，都可以成为让与担保的客体。所以，设定担保程序不明或是禁止设定质权等的权利，也可以成为让与担保的客体。例如，授予专利的权利可以被转让，但不能设定质权（专利33

---

[179] 鎌田ほか・上文注释112，38—40頁，植垣勝裕＝小川秀樹編著『一問一答動産・債権譲渡特例法〔3訂版〕』53—62頁（商事法務，2007）。

条）。因此，可以通过让与担保的方法利用该权利提供担保。

下面，我们仅探讨一直以来争议较多的几种权利。

(2) 票据[180]

票据虽然可以设定质权（→107页＊），但一般不明确表示担保，仅通过一般的背书转让将其担保化。这被认为是让与担保。

此时让与担保的效力，一般作与金钱债权让与担保相同的理解。下面只讲两点：

被担保债权的清偿期到来以前，票据债权的清偿期即已到来时，实务上一般认为，只要作为让与担保客体的票据的支付日期到来，不管被担保债权的清偿期到来与否，让与担保权人都可以代收票据款，并以此充抵被担保债权。该特别约定有效（→与119页相比较）。

另外，在债务人破产程序中，也作为担保处理。例如，债务人开始公司更生程序时，让与担保权人只能要求票据债务人提存票据款（类推适用民366条3项），并对该提存金享有更生担保权人的权利。

(3) 股权[181]

发行股票公司的股权虽然也可以设定质权，但实务上大多只是将股票作为担保交付给债权人，此时应该推定为让与担保。股票交付给让与担保权人，让与担保成立（公司128条1项）。几乎没有将让与担保权人的姓名登录于股东名册的，其效力与质权中的略式质类似。也就是，让与担保权人享有优先受偿权（民362条2项→342条）、转质（民362条2项→348条）、物上代位权（公司151条）。本人虽然认为应该否定让与担保中的物上代位权，但股权让与担保的情况与略式质类似，也只好肯定物上代位权。

不发行股票公司的股权的让与担保，依当事人的意思表示即可设定，将让与担保权人记载、记录于股东名册的，可以对抗包括股份公司在内的第三人（公司130条1项）。

转账股权的让与担保根据账户簿的转账记载设定（公司债券股权过户140条），在决算期末等一定时间点，转账机关可以基于向发行公司发出

---

[180] 参见田边光政「手形・証券の譲渡担保」法时65卷9号34页以下（1993）。
[181] 参见江頭憲治郎『株式会社法〔第6版〕』228—229页（有斐閣，2015）。

"大股东通知"，决定更改股东名册。

但是，现在规定了特别股东（让与担保设定人）基于转账机关加入人的申请向公司发出通知，从而成为实质股东的方法（公司债券股权转账151条2项1号）。

（4）高尔夫会员权[182]

在日本，高尔夫会员权不过是高尔夫球场经营公司与会员之间的契约上地位而已。

判例[183]认为，在入会之际将寄存金（经过一定期间后才会发生返还请求权）支付给高尔夫球场经营公司（即所谓寄存金会员组织内的高尔夫会员权让与担保），该转让可以对抗高尔夫球场经营公司以外的第三人，准用指名债权转让，必须以附有确定日期的证书进行通知或取得承诺。这种做法以寄存金返还请求权为高尔夫会员权的中心权利，注重其担保价值。但对于没有寄存金制度的高尔夫会员权，如果高尔夫球场经营公司或高尔夫俱乐部理事会允许转让会员权，且更改了姓名，应该就可以具备第三人对抗要件。

但是，在设定让与担保的过程中几乎都不更改姓名，实务中只是将寄存金证书交付给让与担保权人。如果没有寄存金证书，高尔夫球场经营公司或高尔夫俱乐部理事会一般会拒绝更改姓名，而且也不便于买卖，事实上是让与担保权人掌握着高尔夫会员权的担保价值。

更改姓名被视为实现让与担保。大多采用处分清算方式，由接受处分的第三人进行姓名更改，但此时该第三人可以要求设定人协助办理手续，设定人不得以未支付清算金为由拒绝协助办理手续（判例[184]）。在不动产让与担保的情况下，让与担保权人拥有所有权转移登记，所以即使没有设定人的协助，也能将登记转移给第三人。但是，高尔夫会员权中要更改姓名必须有设定人的协助，所以处理方法不同也是理所应当的。

---

〔182〕 参见须须藤正彦『ゴルフ会員権の譲渡に関する研究』（信山社，1992），上甲悌二「権利担保」林良平ほか編『注解判例民法・物権法』731頁以下（青林書院，1999）。
〔183〕 最判平成8・7・12民集50巻7号1918頁。
〔184〕 最判昭和50・7・25民集29巻6号1147頁。

第 7 章

所有权保留

第 1 节　序说

1. 何为所有权保留

（1）动产买卖中，卖方在买方付清价款之前已将买卖标的物交付给买方时，为了担保价款债权，卖方经常会保留标的物的所有权，直至买方付清价款为止，这就是所有权保留。若买方不履行价款债务，卖方可以基于保留的所有权取回买卖标的物，并从中优先收回价款债权。[1]

这种方法适用于动产，看上去也可以适用于不动产买卖契约。但是，法律禁止在住房用地建筑物交易业者为卖方的买卖契约中适用[译者注]，而且不动产还有其他方便适用的担保制度，所以所有权保留一般用于动产买卖（但是，最高裁判所判例中也出现过不动产所有权保留的判例[2]）。因此，下面仅就动产所有权保留进行说明。*

> *融资租赁（Finance Lease）　融资租赁是指，企业、个人等（使用人）需要机械、设备及其他物时，融资租赁人代替使用人从出售业者（供应商）处购入这些标的动产，然后再将其出租给使用人的交易方式。虽然类似于租赁契约，但由于设定的租赁期间大约相当于标的物的经济耐用年限，可以与使用人自己购入该物产生相同的经济效果，所以具有代替购入标的动产的功能。使用人不履行债务时，发生

---

〔1〕小山泰史「所有権留保」林良平ほか編『注解判例民法・物権法』712 頁以下（青林書院，1999），提供了包括下级审判决例在内的判例整理。
〔译者注〕宅地建筑物交易业法 43 条。
〔2〕最判昭和 58・7・5 判时 1089 号 41 頁。参见本田純一「不動産所有権留保売買の遡及的解除と第三者」判タ 514 号 169 頁以下（1984）。

交付相当于剩余租赁期间的租金金额（规定损失金）的义务，融资租赁业者基于自己的所有权可以取回该物，并以处分该物的价款来收回规定损失金，实质上可以说是与所有权保留买卖一样的附担保的买卖。

实际上，有判例[3]认为，请求上述规定损失金时必须扣除取回物的价值，还有判例[4]认为，每月支付租金不是使用租赁物的对价，在使用人开始公司更生程序时，未付租金全部成为更生债权，根据其担保的实质进行处理。同时，下级审判决例对利息限制法、分期付款买卖法等的适用并不积极，也不是在所有情况下都将融资租赁作为附担保买卖来处理。各种各样的融资租赁交易中，哪些交易、哪些情况才能作为担保处理，需要有一个确定的标准，这是将来要研究的课题。[5]

同样的交易形态，供应商将标的动产委托给信托银行，再由信托银行出租给使用人时，即被称为设备信托。[6]

(2) 那么，在动产买卖中，为什么要采用这种方法呢？卖方究竟对民法典中规定的收回价款债权的方法有何不满呢？首先，单纯提起价款支付请求诉讼，以取得的债权名义强制执行买方的一般财产时，显然不能优先地收回债权。但是，除此以外民法典上还有两种制度可供选择。

第一，以买方不履行债务为由解除买卖契约（民 541 条）。此时，卖方接受买方返还买卖标的物，甚至可以向买方请求不能返还买卖标的物的损害赔偿（民 545 条）。与单纯请求支付价款时相比，卖方此时能在返还的买卖标的物价值范围内优先于其他债权人收回债权。但是，如果解除契约之前出现了与该买卖标的物有权利关系的第三人，卖方与该第三人的顺位关系由民 545 条 1 项但书决定，未必能取回该买卖标的物，另外，如果在解除之后又出现先就该标的物具备对抗要件的第三人，卖方也不能取回（民 178 条）。

---

[3] 最判昭和 57・10・19 民集 36 卷 10 号 2130 頁。
[4] 最判平成 7・4・14 民集 49 卷 4 号 1063 頁。
[5] 道垣内・課題 244 頁以下。
[6] 四宮和夫『信託法〔新版〕』18—19 頁（有斐閣，1989）。

第二，动产买卖优先权（民311条5号，321条）。但是，如果标的物上出现第三取得人，该优先权即告消灭（民333条）。虽然可以在转卖价款债权上进行物上代位（民304条），但实际进行过程中，必须在一定时期之前通过文书明确"扣押"自己的权利，还是很有难度的（→70页）。另外，对原来的标的物实现优先权，方法上也存在问题（→78页＊）。

所以，卖方想要通过法定方式优先收回价款债权，并不容易。

2. 法律性质——与让与担保的关系

在动产买卖契约中，所有权保留是通过附加特别约定（买卖标的物的所有权转移时期推迟至买方付清价款为止）实现的。如果按字面意思理解该特别约定，买卖标的物的所有人仍为卖方，买方在付清价款这一停止条件成就之时才取得所有权。但是，鉴于其实质还是用于担保价款债权，应该将卖方的权利限于担保目的范围内，买方也应享有一些物权。这就产生了与让与担保一样的问题。

关于此点，很多学说将所有权保留与个别动产让与担保相提并论。换句话说，在债权人以担保债权为目的对个别动产享有所有权这一点上，二者是相同的，赋予其相同的法律后果即可。虽然所有权保留在所有权转移的起因上与让与担保不同，各种解释论都不能无视买卖契约的存在（所有权保留是买卖契约的付款），需要特殊考虑的情况也很多，但这种观点基本正确。虽然和让与担保一样，（→305—306页）标的物所有权归债权人（动产卖方）所有，但这仅限于担保目的。并且，债务人（动产买方）还享有物权性权利（在让与担保中称为设定人保留权，在所有权保留中称为**物权性期待权**，即可以期待通过付清价款取得标的物所有权的权利）。

第2节 成立、效力

1. 所有权保留的成立

（1）动产买卖契约

不同于让与担保，并没有特别的担保设定契约，而是在动产买卖契约中插入特别约定，约定买方付清价款时，标的物所有权转移至买方。另外，适用分期付款买卖法时，推定为所有权保留（分期付款 7 条）。

（2）被担保债权

被担保债权基本上是该标的物的买卖价款债权，但也有卖方可以保留所有权直至买方付清对卖方承担的修理费及其他债务为止的例子（"扩大的所有权保留""最高额所有权保留"）。虽然需要逐个判断，但总括最高额所有权保留及与之相近的情况（以与该动产买卖关联性不大的债权为被担保债权时）等，可能会因违反民 90 条而被认定为无效。[7]

（3）对抗要件

卖方的所有权保留无须具备对抗要件，因为物权没有变动。买方的物权性期待权需要具备对抗要件，但只要交付标的物即可具备对抗要件。不过，实际上都没有公示功能。

另外，判例[8]认为，在机动车的所有权保留买卖中，对于已向贩卖公司垫付买卖价款的案例，贩卖公司保留的所有权并未通过代位转移至信贩公司，信贩公司为了担保垫付款等债权，从贩卖公司接受转移的涉案机动车所有权并保留，但信贩公司不具备机动车登记名义，所以在买方的民事再生程序中，信贩公司不能行使别除权，因此所有权保留还是有必要具备对抗要件的。但是，在贩卖公司与信贩公司达成合意进行了物权变动的案例中，并不要求所有权保留具备对抗要件。实际上，之后的判例[9]认为，在贩卖公司将其所有权（保留所有权）通过法定代位［民 500 条（改正案 499 条）］转移给信贩公司的案例中，信贩公司在买方的破产程序中行使别除权时，并不需要接受登录名义的转移（还需参见→371—312 页）。

---

[7] 东京地判平成 16·4·13 金法 1727 号 108 页（认定无效的判例），东京地判昭和 46·6·25 判时 645 号 86 页（认定有效的判例）。
[8] 最判平成 22·6·4 民集 64 卷 4 号 1107 页。
[9] 最判平成 28·5·3 金法 2053 号 86 页。

2. 实现前的效力

（1）设定当事人的关系*

（A）标的物的使用关系。基于买卖契约的权利，一般是买方享有占有、使用权。但是，买方在通常的买卖契约中从契约规定的交付日期起享有占有、使用权的，至少是所有权在此时已转移至买方（参见民 206 条），不能与所有权仍归卖方的所有权保留买卖相提并论。本来就不该与让与担保等同视之，卖方行使保留所有权时也没有必要解除买卖契约（→ 372 页），应该认为，买方是基于自己的物权性期待权而享有占有、使用权。

另外，标的动产存在于第三人的土地之上，并妨害该土地所有权时，判例[10]认为清偿期到来之前，保留所有权人无权取回该标的物，因此不对该第三人承担责任。但剩余债务清偿期经过后，保留所有权人就能够占有、处分该动产了，其取回义务也就不能免除了，保留所有权人从知道该动产妨害第三人行使土地所有权时起负有侵权责任。即使清偿期到来，保留所有权人也不当然地取得完全所有权，虽然在理论上也存在问题，但这样更重视保护土地所有权人。

* 也有观点认为，应该肯定基于所有权保留的物上代位。[11] 但是，这个问题应该是所有人对所有物的代位物享有哪些权利的问题，和让与担保的情况一致（→314—316 页）。

（B）买方的标的物保管义务。卖方或买方侵害标的物的，作与让与担保相同的考虑即可（→317—318 页）。

（2）保留卖方与第三人的关系

（A）与买方转卖的相对方的关系。基本是民 192 条的问题，作与特定动产让与担保相同的考虑即可*（→318—319 页）。名称标牌的活用问

---

[10] 最判平成 21・3・10 民集 63 卷 3 号 385 頁。
[11] 松岡・382 頁。詳細的研究，小山泰史「所有権留保に基づく物上代位の可否」平井一雄喜寿『財産法の新動向』253 頁以下（信山社，2012）。

题[12]，也与让与担保相同。

但是，买方预先决定将标的物转卖他人时，不论转得人是不是知道或者应当知道所有权保留的存在，都不该允许保留所有权的卖方实现权利（允许转卖与所有权保留是矛盾行为）。**此时，应认为系保留卖方对转卖作出了默示的委任，在委任范围内信赖该转卖且无过失的第三人，可以根据民192条有效地取得标的物所有权。[13]

*但是，判例中大多不承认成立即时取得。这种情况中，由于产生问题的标的物价格较高，一般可以预测到是所有权保留买卖，而且转卖人在职业上也处于容易得知的地位。[14]

**判例中经常出现问题的案件有以下情形：在机动车买卖中，如预想的一样，标的物是按总经销商→分经销商→用户的顺序售卖，总经销商与分经销商之间设定了所有权保留，总经销商欲以分经销商不履行债务为由，从用户手中取回标的物的案件。

判例认为，如果满足以下四个要素：①总经销商协助分经销商的转卖工作；②用户向分经销商付清价款；③转卖契约发生在所有权保留买卖契约之前或同时；④总经销商与分经销商之间存在所有权保留特别约定，但用户并不知道分经销商不履行债务时总经销商有权请求返还标的物，多数情形下均可认定总经销商取回标的物构成权利滥用，不允许其取回。具体而言，最判昭和50年[15]、最判昭和52年[16]认定①、②、③的情况，最判昭和56年[17]认定②、④的情况，是权利滥用。与之相对，最判昭和56年[18]认为不存在④这种情况时，总经销商可以行使权利。

---

[12] 米倉明『所有権留保の実証的研究』1頁以下（商事法務研究会，1977）。

[13] 米倉明「流通過程における所有権留保再論」同『所有権留保の研究』301頁以下（新青出版，1997），道垣内・課題240—241頁。

[14] 参見安永正昭執筆・新版注民（9）920頁。

[15] 最判昭和50・2・28民集29巻2号193頁。

[16] 最判昭和52・3・31金法835号33頁。

[17] 最判昭和57・12・17判時1070号26頁。

[18] 最判昭和56・7・14判時1018号77頁。

但是，根据权利滥用的法理，所有权依然在总经销商处，对用户的保护不够充分（从用户的角度来看，不能要求将作为买卖标的物之机动车的登录名义登记为自己）。

（B）买方的一般债权人进行扣押。作与让与担保相同的理解即可（→320页）。判例[19]允许对保留卖方进行第三人异议之诉（民执38条）。

（C）第三人的侵害。作与让与担保作相同的理解即可（→320—321页）。

（3）买方与第三人的关系

（A）卖方处分标的物、卖方的一般债权人进行扣押。由于标的物由买方占有，所以一般不会发生这种情况（→322页）。

（B）第三人的侵害。作与让与担保相同的理解即可（→323页）。

3. 保留所有权的处分

可否将被担保债权与保留所有权一并转让给第三人？或者，可否将保留所有权转移给代位清偿被担保债权的第三人？实务中，信贩公司垫付价款给卖方时，受让卖方享有的保留所有权作为对买方所享有求偿权的担保的例子比比皆是[20]（准确地说，是为信贩公司而进行的所有权保留）。这种信贩公司，或者再扩大一点，被担保债权受让人、代位清偿人的地位，可作与让与担保权人相同的考虑。为担保债权而接受所有权的转移，在实现时也不能要求解除买卖契约。[21]

4. 实现

（1）关于清算义务、物权性期待权的丧失时间，作与让与担保相同的考虑即可（→323页以下）。实际上，标的物的价额与债权额从一开始就是均衡的，但由于标的物为动产，会因时间的经过而大幅降价，很少会产生清算义务。而且，卖方很难考虑到买方履行剩余债务会妨碍担保的实现

---

[19] 最判昭和49·7·18民集28卷5号743页。
[20] 増田晋ほか"所有権留保をめぐる実務上の諸問題"加藤一郎＝林良平編代『担保法大系（4）』408页以下（金融财政事情研究会，1985）。
[21] 修改了第3版之前的"可与保留卖方一样考虑"。

而拒绝其履行。

（2）问题是卖方取回标的物时，是否有必要解除买卖契约。多数说认为，买方针对标的物的占有、使用相关权利是基于买卖契约而来的，所以为了剥夺买方的这些权利，需要解除买卖契约。[22]但是，如前所述，买方占有、使用标的物的权利应该是基于买方享有的物权性期待权（→369页），因此不一定非得解除买卖契约。而且，如果将让与担保与所有权保留平行视之，也不必解除买卖契约。在以买方不履行债务为由取回买卖标的物的过程中，被取回标的物的问题不在于它是"买卖标的物"，而在于它是"担保标的物"。*

> *但是，这种观点也不是毫无问题。如果卖方取回标的物收回被担保债权，此时价款全部付清，卖方不对买方承担转移标的物所有权的义务。但是，在标的物交付阶段，没给卖方留下买卖契约内容中应当履行的债务（当然，瑕疵担保责任等另当别论），只是和让与担保一样，由卖方出于担保的目的享有所有权，所以被担保债权收回以后，卖方应该不再承担转移所有权的义务。

5. 在破产程序中的效力

（1）买方的破产[23]

（A）首先，如果将所有权保留买卖作为卖方应尽的转移所有权义务没有尽到的买卖契约（即未履行完毕的契约），那么可否将其作为双方未履行的双务契约，适用破53条、民再49条、公更61条呢？卖方未能积极履行自己应负的债务，只是与让与担保一样出于担保的目的由卖方享有所有权，所以不应适用上述法条（通说）。

但是，另一种认为以登记或登录为对抗要件的动产（例如机动车）未完成对抗要件的转移时（所有权保留中常会出现这种情况），可以适用上

---

〔22〕 特别是安永正昭「所有権留保の内容・効力」加藤一郎＝林良平編代『担保法大系（4）』389頁以下（金融財政事情研究会，1985）。

〔23〕 参见道垣内弘人『買主のz倒産における動産売主の保護』284頁以下（有斐閣，1997）。

述法条的学说也很有说服力。但是，从与让与担保相均衡角度考虑，否定更为妥当。理论上，卖方虽然保留有登记、登录，但这和所有权暂时转移至买方后又出于担保目的转移至卖方的行为是一样的，对抗要件（买卖契约的债务内容）都完成了转移。

（B）其次，从卖方作为所有权人的角度出发，可否赋予其取回权（破62条，民再52条，公更64条）呢？或者，从所有权保留作为担保手段的角度出发，可否在破产、民事再生中将卖方作为别除权人（破2条9项，民再53条），在公司更生中作为更生担保权人（公更2条10项）呢？后者是通说，但除了全部承认取回权，还应在民事再生、公司更生中根据不同情况通过中止命令（民再31条，公更24条1项）来控制该取回。[24]＊

＊**破产申请解除特别约定的效力**　也存在买方破产时不能自由地私力实现所有权保留的情况，实务上多是缔结买方申请破产时买卖契约当然解除的特别约定。多数说认为，有了这种特别约定，卖方就处于比其他债权人更为有利的地位，所以约定无效。判例[25]也认为"公司更生程序的趣旨、目的（参见公更1条）是为了调整债权人、股东及其他利害关系人之间的利害关系，维持一个身处窘境的股份公司的事业，使之得以再生。但该特别约定破坏了这一宗旨，因此不应肯定其效力"。但是，单纯作为担保进行特别约定的话，认为有效倒也无妨（从卖方的角度出发，该特别约定与认定无效不是同一意思）。

（2）卖方的破产

如果不是双方均未履行的双务契约，买方的地位不发生变化。如果买方支付了买卖价款，标的物的所有权当然可以转移给买方。

---

[24]　批判的观点，森田修『債権回収法講義〔第2版〕』193—194頁注（10）（有斐閣，2011）。

[25]　最判昭和57・3・30民集36卷3号484頁。

文献略语表

略语		全称	
日文	中文	日文	中文
【判例集等】	【判例集等】	【判例集等】	【判例集等】
民録	民录	大審院民事判決録	大审院民事判决录
民集	民集	大審院・最高裁判所民事判決集	大审院・最高法院民事判例集
裁判集民	裁判集民	最高裁判所裁判集民事	最高法院裁判集民事
新聞	新闻	法律新聞（戦前版）	法律新闻（战前版）
判決全集	判决全集	大審院判例全集	大审院判决全集
判時	判时	判例時報	判例时报
判夕	判T	判例タイムズ	判例Times
金法	金法	金融法務事情	金融法务事情
金判	金判	金融・商事判例	金融商事判例
先例集	先例集	登記関係先例集	登记关系先例集
【雑誌等】	【杂志等】	【雑誌等】	【杂志等】
青法	青法	青山法学論集	青山法学论集
香川	香川	香川法学	香川法学
学習院	学习院	学習院大学法学会雑誌	学习院大学法学会杂志
金沢	金泽	金沢法学	金泽法学
金判	金判	金融・商事判例	金融・商事判例

（续表）

略语		全称	
近法	近法	近畿大学法学	近畿大学法学
金法	金法	金融法務事情	金融法务事情
銀法	银法	銀行法務21	银行法务21
熊法	熊法	熊本法学	熊本法学
神戸	神户	神戸法学雑誌	神户法学杂志
司研	司研	司法研修所論集	司法研修所论集
自正	自正	自由と正義	自由与正义
ジュリ	Juri	ジュリスト	Jurist
曹時	曹时	法曹時報	法曹时报
早法	早法	早稲田法学	早稲田法学
千葉	千叶	千葉大学法学論集	千叶大学法学论集
中央学院	中央学院	中央学院大学法学論叢	中央学院大学法学论丛
手研	票研	手形研究	票据研究
東北学院	东北学院	東北学院大学論集	东北学院大学论集
独協	独协	独協法学	独协法学
都法	都法	東京都立大学法学会雑誌	东京都立大学法学会杂志
判解民	判解民	最高裁判所判例解説民事篇	最高法院判例解说民事篇
判評	判评	判例評論	判例评论
法協	法协	法学協会雑誌	法学协会杂志
法教	法教	法学教室	法学教室
法研	法研	法学研究（慶應義塾大学）	法学研究（庆应义塾大学）
法時	法时	法律時報	法律时报
法セ	法S	法学セミナー	法学Seminar

(续表)

略语		全称	
北法	北法	北大法学論集	北大法学论集
民研	民研	民事研修（みんけん）	民事研修（民研）
民商	民商	民商法雑誌	民商法杂志
明学	明学	明治学院論叢法学研究	明治学院论丛法学研究
名法	名法	名古屋大学法政論叢	名古屋大学法政论集
洋法	洋法	東洋法学	东洋法学
リマークす	Remarks	私法判例リマークス	私法判例 Remarks
論叢	论丛	法学論叢（京都大学）	法学论丛（京都大学）
【書籍】	【书籍】	【書籍】	【书籍】
アルマ	ARMA	平野裕之ほか『民法3 担保物権（有斐閣アルマ）〔第2版〕』（有斐閣，2005）	平野裕之等《民法3 担保物权（有斐阁 ARMA）［第2版］》（有斐阁，2005）
生熊	生熊	生熊長幸『担保物権法』（三省堂，2013）	生熊长幸《担保物权法》（三省堂，2013）
石田（文）	石田（文）	石田文次郎『全訂担保物権法論（上）（下）』（有斐閣，1947）	石田文次郎《全订担保物权法论（上）（下）》（有斐阁，1947）
石田（穣）	石田（穣）	石田穣『担保物権法』（信山社，2010）	石田穣《担保物权法》（信山社，2010）
内田	内田	内田貴『民法Ⅲ債権総論・担保物権〔第3版〕』（東京大学出版会，2005）	内田贵《民法Ⅲ债权总论・担保物权［第3版］》（东京大学出版会，2005）

(续表)

略语		全称	
梅	梅	梅謙次郎『民法要義卷之二〔訂正增補31版〕』（有斐閣，1911，復刊1984）	梅谦次郎《民法要义卷之二［订正增补31版］》（有斐阁，1911，复刊1984）
近江	近江	近江幸治『民法講義Ⅲ担保物権〔第2版補訂〕』（成文堂，2007）	近江幸治《民法讲义Ⅲ担保物权［第2版补订］》（成文堂，2007）
大村	大村	大村敦志『新基本民法3 担保編』（有斐閣，2016）	大村敦志《新基本民法3担保编》（有斐阁，2016）
香川	香川	香川保一『担保〔新版〕（基本金融法務講座3）』（金融財政事情研究会，1961）	香川保一《担保［新版］（基本金融法务讲座3）》（金融财政事情研究会，1961）
加賀山	加贺山	加賀山茂『現代民法·担保法』（信山社，2009）	加贺山茂《现代民法·担保法》（信山社，2009）
角	角	角紀代惠『はじめての担保物権法』（有斐閣，2013）	角纪代惠《初始担保物权法》（有斐阁，2013）
川井	川井	川井健『民法概論2 物権〔第2版〕』（有斐閣，2005）	川井健《民法概论2物权［第2版］》（有斐阁，2005）
河上	河上	河上正二『担保物権法講義』（日本評論社，2015）	河上正二《担保物权法讲义》（日本评论社，2015）
北川	北川	北川善太郎『民法講要Ⅱ物権〔第3版〕』（有斐閣，2004）	北川善太郎《民法讲要Ⅱ物权［第3版］》（有斐阁，2004）

(续表)

略语		全称
新版注民（9）	新版注民（9）	柚木馨＝高木多喜男編『新版注釈民法（9）物権（4）〔改訂版〕』（有斐閣，2015）	柚木馨＝高木多喜男編《新版注释民法（9）物权（4）［改订版］》（有斐阁，2015）
清水	清水	清水元『プログレッシブ民法〔担保物権法〕〔第2版〕』（成文堂，2013）	清水元《进步民法［担保物权法］［第2版］》（成文堂，2013）
鈴木	铃木	鈴木禄弥『物権法講義〔5訂版〕』（創文社，2007）	铃木禄弥《物权法讲义［5订版］》（创文社，2007）
大学双書	大学双书	高木多喜男ほか『民法講義3〔改訂版〕（有斐閣大学双書）』（有斐閣，1980）	高木多喜男等《民法讲义3［改订版］（有斐阁大学双书）》（有斐阁，1980）
高木	高木	高木多喜男『担保物権法〔第4版〕』（有斐閣，2005）	高木多喜男《担保物权法［第4版］》（有斐阁，2005）
高島	高岛	高島平藏『物的担保法論Ⅰ総論・法定担保権』（成文堂，1977）	高岛平藏《物的担保法论Ⅰ总论・法定担保权》（成文堂，1977）
高橋	高桥	高橋真『担保物権法〔第2版〕』（成文堂，2010）	高桥真《担保物权法［第2版］》（成文堂，2010）
注民（8）	注民（8）	林良平編『注釈民法（8）物権（3）』（有斐閣，1965）	林良平编《注释民法（8）物权（3）》（有斐阁，1965）
道垣内・課題	道垣内・课题	道垣内弘人『非典型担保法の課題』（有斐閣，2015）	道垣内弘人《非典型担保法的课题》（有斐阁，2015）

(续表)

略语		全称	
道垣内·諸相	道垣内·诸相	道垣内弘人『典型担保法の諸相』（有斐閣，2013）	道垣内弘人《典型担保法的诸相》（有斐阁，2013）
道垣内（旧）	道垣内（旧）	道垣内弘人『担保物権法（クリスタライズド）』（三省堂，1990）	道垣内弘人《担保物权法（Crystallized）》（三省堂，1990）
道垣内ほか	道垣内等	道垣内弘人ほか『新しい担保·執行制度〔補訂版〕』（有斐閣，2004）	道垣内弘人等《新担保·执行制度［补订版］》（有斐阁，2004）
富井	富井	富井政章『民法原論第2巻物権〔17版〕』（有斐閣，1923，復刊1985）	富井政章《民法原论第2卷物权［17版］》（有斐阁，1923，复刊1985）
中野＝下村	中野＝下村	中野貞一郎＝下村正明『民事執行法』（青林書院，2016）	中野贞一郎＝下村正明《民事执行法》（青林书院，2016）
判コン	判K	我妻·編著『担保物権法（判例コンメンタールⅢ）』（コンメンタール刊行会，1968）	我妻荣编著《担保物权法（判例Kommentar Ⅲ）》（Kommentar刊行会，1968）
平野	平野	平野裕之『民法·合3担保物権法〔第2版〕』（信山社，2009）	平野裕之《民法总合3担保物权法［第2版］》（信山社，2009）
平野·担保物権	平野·担保物权	平野裕之『担保物権法』（日本評論社，2017）	平野裕之《担保物权法》（日本评论社，2017）

(续表)

略语		全称	
船越	船越	船越隆司『担保物権法（理論と実際の体系3）』（尚学社，2004）	船越隆司《担保物权法（理论与实际的体系3）》（尚学社，2004）
星野	星野	星野英一『民法概論Ⅱ物権・担保物権〔合本新訂〕』（良書普及会，1976）	星野英一《民法概论Ⅱ物权·担保物权［合本新订］》（良书普及会，1976）
槇	槇	槇悌次『担保物権法』（有斐閣，1981）	槇悌次《担保物权法》（有斐阁，1981）
松岡	松冈	松岡久和『担保物権法』（日本評論社，2017）	松冈久和《担保物权法》（日本评论社，2017）
丸山	丸山	丸山英気『物権法入門』（有斐閣，1997）	丸山英气《物权法入门》（有斐阁，1997）
松井	松井	松井宏興『担保物権法〔補訂第2版〕』（成文堂，2011）	松井宏兴《担保物权法［补订第2版］》（成文堂，2011）
安永	安永	安永正昭『講義 物権・担保物権法〔第2版〕』（有斐閣，2014）	安永正昭《讲义 物权·担保物权法［第2版］》（有斐阁，2014）
山川	山川	山川一陽『担保物権法〔第3版〕（基本法学叢書）』（弘文堂，2011）	山川一阳《担保物权法［第3版］（基本法学丛书）》（弘文堂，2011）
山野目	山野目	山野目章夫『物権法〔第5版〕』（日本評論社，2012）	山野目章夫《物权法［第5版］》（日本评论社，2012）

(续表)

略语		全称
柚木=高木	柚木=高木	柚木馨＝高木多喜男『担保物権法〔第3版〕(法律学全集19)』(有斐閣,1982)	柚木馨＝高木多喜男《担保物权法［第3版］(法律学全集19)》(有斐阁,1982)
我妻	我妻	我妻・『新訂担保物権法〔第3刷〕』(民法講義Ⅲ)』(岩波書店,1971)	我妻荣《新订担保物权法［第3刷］(民法讲义Ⅲ)》(岩波书店,1971)
吉田	吉田	吉田邦彦『所有法(物権法)・担保物権法講義録』(信山社,2010)	吉田邦彦《所有法(物权法)・担保物权法讲义录》(信山社,2010)

条文索引[译者注]

【恩给法】
11 条 1 项　110
11 条 1 项但书　110

【公司更生法】
1 条　374
2 条 10 项　45，81，105，231，332，373
24 条 1 项　373
29 条　45
61 条　373
64 条　331，373
64 条 2 项　332
86 条　336
88 条　358
104 条 1 项　45，81，105，232，332
104 条 7 项　256
127 条 1 号　50
130 条　52
168 条 1 项 2 号　81
168 条 3 项　81

205 条 1 项　232

【公司法】
20 条　17
20 条但书　18
128 条 1 项　363
130 条 1 项　363
146 条 2 项　107
147 条 1 项　107
147 条 2 项　107
151 条　363
475 条　50
692 条　107
693 条 1 项　108

【分期付款贩卖法】
7 条　368

【假登记担保契约相关法律】
1 条　281
2 条　329
2 条 1 项　277，281，283，287

〔译者注〕本索引右侧标记的数字为原书页码，即本书页边码。

2 条 2 项　281

2 条 2 项括号内容　282

3 条 1 项　286

3 条 2 项　286

3 条 3 项　286

4 条 1 项　278

4 条 2 项　290

4 条 3 项　290

5 条 1 项　282，283，292

5 条 2 项　283

5 条 3 项　282

6 条 1 项　291

6 条 2 项　291

7 条 1 项　291

7 条 2 项　291

8 条 1 项　285，286

8 条 2 项　290

9 条　285，286

10 条　215，297，331

11 条本文　287

11 条但书　284，288，289

12 条　292

13 条 1 项前段　294

13 条 1 项后段　294

13 条 2 项　290，294

13 条 3 项　290，294

14 条　296

15 条 1 项　295

15 条 2 项　295，296

16 条　299

16 条 1 项　294

17 条 1 项　294

17 条 2 项　294

17 条 4 项　294

18 条　292

19 条 1 项　298

19 条 3 项　298

19 条 4 项　298

19 条 5 项　298

20 条　277

20 条括号内容　277

【韩国约款规制相关法律】

11 条 1 项　18

【企业担保法】

1 条 1 项　269

3 条　296

4 条 1 项　269

【健康保险法】

182 条　49

【建设机械抵押法】

15 条　265

25 条　21

3 条　88

【矿业法】

44 条 5 项　127

【航空器抵押法】
11条　21
23条　88

【工场抵押法】
1条1项　267
1条2项　267
2条　267
2条1项但书　267
3条1项　267
5条1项　267
6条1项　267
7条2项　267
11条　268
14条1项　89

【厚生年金保险法】
88条　49

【小型船舶登记等相关法律】
26条　89

【国际海上物品运送法】
19条　49

【国税征收法】
8条　49
20条1项4号　49
55条　256
127条　215，298

【国民健康保险法】
80条　49
80条4项　49

【国立大学法人法】
33条3项　49

【资产流动化相关法律】
107条　51

【当铺营业法】
1条　105
2条1项　84
19条　105

【机动车抵押法】
2条　265
3条　265
5条　265
11条　21
20条　88，265

【借地借家法】
3条　226
10条　219，221，222
10条1项　226
11条　183
12条　59
13条　23
14条　23，330

15 条　222
32 条　183
33 条　18, 23

【关于公司债券、股份等转账的法律】
74 条　108
99 条　107
140 条　363
141 条　107
151 条 2 项 1 号　363

【酒税法】
6 条　241
22 条　241

【消费者契约法】
10 条　18

【商法】
31 条　17
31 条但书　18
295 条　52
295 条（平成 15 年修改前）　51, 53
515 条　105
521 条　17, 20, 28
521 条本文　19
521 条但书　18
557 条　17, 18

558 条　17, 18
562 条　17
573 条　89
575 条　89
584 条　89
589 条　17
604 条　89
627 条　89
686 条 2 项　263
753 条 2 项　17
842 条　49
845 条　263
848 条 1 项　263
850 条　88, 263
851 条　88, 263

【信托法】
3 条 1 号　11, 129
3 条 2 号　11, 129
75 条 9 项　18

【生活保护法】
18 条 1 项　54
18 条 2 项 1 号　54
18 条 2 项 2 号　54
76 条 2 项　54

【关于船舶所有人等的责任限制的法律】
95 条　49

【船舶油浊损害赔偿保障法】
40条　49

【宅地建筑物交易业法】
43条　365

【建筑物区分所有等相关法律】
7条　51
7条2项　51
15条2项　127
22条1项　127

【地方税法】
14条　49
14条之14第1项4号　49

【中间法人法】
71条2项　51

【票据法】
19条　107

【铁道营业法】
13条之3第4项　18

【电气事业法】
37条　49

【电子记录债权法】
2条6项　109，351

7条2项　110
9条2项　109，351
17条　351
36条1项　109
36条2项　109
36条3项　109

【德国民法】
309条2号（b）　18

【关于动产及债权让与对抗要件的民法特例等相关法律】
3条1项　71，312，341
4条1项　360
4条2项　360
4条3项　362
5条1项6号　360
7条2项5号　338
8条2项4号　360
8条3项2号　361
10条1项2号　352
14条　112

【动产、债权让与登记规则】
8条1项2号　338，341
9条1项2号　361

【土地改良法】
123条　151

【土地征收法】
104 条　151

【专利法】
33 条　362
33 条 1 项　108
33 条 2 项　108，349
95 条　108
96 条　108
98 条 1 项 3 号　108

【日本道路公团等民营化关系法施行法】
16 条 2 项　49

【农业动产信用法】
1 条　264
2 条　264
4 条　62
12 条 1 项　264
13 条 1 项　264
13 条 2 项　264
13 条 3 项　264
14 条　264
19 条　264

【破产法】
2 条 9 项　81，105，231，331，373
53 条　373
62 条　331，373

66 条 1 项　45
66 条 2 项　45
66 条 3 项　44
88 条　332
98 条 1 项　81
103 条 3 项　192
148 条 1 项 1 号　50
149 条　52
162 条　336，339
164 条　359
164 条 1 项　358
186 条　45，105，231
192 条　45

【非讼案件程序法】
93 条　103

【不动产登记法】
19 条 3 项后段　133
40 条（平成 16 年修改前）　312
54 条 1 项 1 号　126
54 条 2 项　126
59 条 3 号　134
59 条 4 号　134
61 条　312
67 条　138
82 条　180
83 条 1 项 1 号　134，163
83 条 1 项 1 号括号内容　128
83 条 1 项 2 号　134

条文索引　351

83条1项4号　136

83条2项　136

84条　238

86条　64

87条　64

88条1项3号　131

88条1项4号　144，145

88条2项　244

88条2项4号　260

89条2项　260

91条　208

95条1项2号　93

95条1项3号　93

105条2号　271，278，307

106条　272，278

109条　291

【不动产登记规则】

3条5号　106，107，114，238，250

120条4项　233

161条　64

162条　64

【放送法】

42条6项　49

80条6项　49

【保险业法】

59条1项　51

117条之2　53

【民事再生法】

2条2号　46

31条　373

49条　373

52条　331，373

52条2项　332

53条　46，81，105，231，331，373

119条1号　50

122条1项　81

122条2项　81

129条1项　358

148条　46

148条6项　256

【民事执行法】

11条　75，201

38条　96，189，273，320，322，371

42条　92

42条2项　50

43条　1

45条1项　201

46条2项　201

47条　74，204

49条1项　201

49条2项　203

49条2项2号　256

50 条　203
51 条　74, 203
53 条　231
55 条　188
55 条之 2　188
59 条 1 项　201, 203
59 条 2 项　97, 104, 202, 203, 294
59 条 4 项　40, 97, 104, 203
61 条　211
63 条　5, 171, 175, 189, 196, 199, 201
64 条　201
69 条　201
73 条　201
77 条　201
79 条　201, 226
80 条　201
81 条　215, 221, 298
82 条 1 项　201
84 条 2 项　295
86 条 2 项　207
87 条　140
87 条 1 项　75, 202
87 条 1 项 4 号　74, 79, 104, 203
88 条　75, 77, 79
88 条 1 项　204
91 条 1 项 1 号　204
92 条 1 项　205
93 条　1, 74, 79, 104, 227

93 条 1 项　229
93 条 2 项　153
93 条之 2　230
93 条之 4 第 1 项　230
93 条之 4 第 3 项　230
94 条　229
95 条 1 项　229
96 条 1 项　229
99 条　229
100 条　229
102 条　229
105 条　230
105 条 1 项　74
106 条 1 项　229
106 条 2 项　97
107 条　229
107 条 4 项　75, 230
107 条 4 项 1 号　74
107 条 4 项 1 号　79, 104
107 条 4 项 3 号　74
111 条　231
123 条 2 项　77
124 条　39, 323
125 条 2 项　77
125 条 3 项　77
129 条 2 项　320
131 条　88
133 条　77, 99, 103, 320
140 条　75
143 条　70

145 条 1 项　116
145 条 2 项　352
154 条　74
154 条 1 项　120，160
159 条　284
160 条　284
161 条　120
163 条 1 项　39
165 条　75
165 条 1 号　159
165 条 2 号　159
167 条之 9　74
167 条之 9 第 1 项　120
174 条　44
180 条　74，79，104
180 条 1 号　228
180 条 2 号　227，228
181 条 1 项　74，200，228
181 条 1 项 1 号　132
181 条 1 项 2 号　132
181 条 1 项 3 号　74，79，104，201，228
181 条 1 项 4 号　74
182 条　75
184 条　146，201
186 条（平成 15 年修改前）　171
187 条　188
188 条　40，74，188，196，199，201，202，203，204，207，294
190 条　39

190 条 1 项　77
190 条 1 项 1 号　102
190 条 1 项 2 号　99
190 条 2 项　77
190 条 2 项但书　77
192 条　77
193 条　120
193 条 1 项　74
193 条 1 项后段　70
193 条 2 项　70，160
194 条　50，92
195 条　39，40

【民事执行规则】
23 条 1 号　320
60 条　164
173 条 1 项　164

【民事保全法】
22 条　151

【民法】
1 条 3 项　44
34 条　130
85 条　19，83
86 条 3 项　107，113
87 条　30，141
87 条 1 项　143
87 条 2 项　90，114，141，284，306，313

88条　57

88条1项1号　135

88条1项2号　135

88条1项3号　135

88条1项4号　135

90条　271，273，311，356，368

94条1项　306

94条2项　34，89，125，143，280，320，322，329，333，352

137条1号　192

137条2号　73，94，191，196，279，319，338

137条3号　191

147条1号　35

153条　116

162条　237，326，333

162条2项　237

166条1项　236，299

167条1项　299

167条2项　236

175条　307

177条　19，76，90，131，132，166，202，244，288，289，311

178条　71，86，311，340，341，367

179条　233

179条1项　210

179条1项但书　127，211，219，233

180条　26

181条　26

182条2项　86

183条　86，311

184条　86

192条　58，89，93，185，264，315，318，319，322，346，370

193条　27，58

194条　58

195条　58

196条　20，24，27，28，175

196条2项　29，30

200条　94

203条但书　44，94

206条　165，278，369

207条1项　39

242条　30，90，140，284

242条但书　143

243条　30，90，313

248条　61，63，81

264条　129

265条　226

266条　167

270条　167

278条1项　88

281条　121

286条　95

295条　13，14，16，28，61

295条1项　30，34

295条1项本文　19

295条2项　27，28，29，30

296 条　9，42，81，95，105，117，185，234
297 条　36，102，103，118
297 条 1 项　38
297 条 2 项　39
298 条　95，106，120，179
298 条 1 项　35
298 条 2 项　100
298 条 2 项本文　36
298 条 2 项但书　35
298 条 3 项　37，43，44，106
299 条　95，175
299 条 1 项　35
299 条 2 项　35
299 条 2 项但书　36
300 条　35，97
301 条　43，98
302 条　37
302 条本文　44
302 条但书　44
303 条　30，47，73
304 条　10，90，148，149，150，151，156，188，189，279，290，306，314，367
304 条 1 项　65，152，153
304 条 1 项本文　212
304 条 1 项但书　67，69，70，156，346
304 条 2 项　67
305 条　9，81
306 条　49
306 条 1 号　50
306 条 2 号　47，51，62
306 条 2 号（平成 15 年修改前）　51，53
306 条 3 号　54
306 条 4 号　55
307 条　50
307 条 1 项　50
307 条 2 项　50
308 条　47，51，52，53，62
308 条（平成 15 年修改前）　51，53
309 条　54
309 条 1 项　54
309 条 2 项　54
310 条　55
311 条　55
311 条 1 号　56，82
311 条 2 号　59，82
311 条 3 号　60，82
311 条 4 号　51，60
311 条 5 号　47，61，367
311 条 6 号　61
311 条 7 号　62
311 条 8 号　62
312 条　56，82
313 条　56，82
313 条 1 项　56，142
313 条 2 项　57
314 条　56，57，58，59，82

315 条　56，82

316 条　56，82

317 条　59，82

318 条　60，82

319 条　58，60，71

320 条　51，60

312 条　47，61，367

322 条　61，62

323 条　62

324 条　62

325 条　62

325 条 1 号　51，63

325 条 2 号　63

325 条 3 号　64

326 条　51，63

326 条 2 项　51

327 条　63

327 条 1 项　64

327 条 2 项　64

328 条　64

329 条 1 项　76

329 条 2 项本文　76

329 条 2 项但书　76，96

330 条　342，343

330 条 1 项　77

330 条 1 项后段　77，80

330 条 2 项　78，96

330 条 2 项前段　78

330 条 2 项后段　78

330 条 3 项　78

331 条 1 项　80

331 条 1 项后段　80

331 条 2 项　79

332 条　75，77，80

333 条　67，70，72，150，342，367

334 条　76，78，96，342，343

335 条 1 项　75

335 条 2 项　75

335 条 3 项　75

335 条 4 项　75

336 条本文　76

337 条　63，79

338 条　79

338 条 1 项前段　64

338 条 1 项后段　63，64

338 条 2 项　64

339 条　63，80

340 条　65，79

341 条　65，81，208

342 条　30，83，102，363

343 条　88，110

344 条　85，106，312

345 条　86，87，90，312

346 条　92，115

346 条本文　92

346 条但书　92

347 条　95，97

347 条本文　97

347 条但书　96，97

348 条　98，100，363

348 条后段　100

349 条　103，104，120

350 条　9，10，90，95，97，99，102，103，105，106，117，118，120

351 条　85，125，213，258，276

352 条　90

353 条　94

354 条　92

354 条后段　103

355 条　87，96

356 条　91，95，103，107，116，119

357 条　95，116

358 条　95，103，116

359 条　91，95，96，97，103，116

360 条　102，106

360 条 1 项　88

360 条 2 项　88

361 条　80，87，90，93，98，104，106，208，209

362 条　83，106，120，197

362 条 2 项　76，109，363

363 条　109

364 条　108，111，350

365 条　113

366 条 1 项　119，197，350，352

366 条 2 项　119，352

366 条 3 项　118，119，196，352，363

366 条 4 项　119

369 条　11，121，126，129，240

369 条 1 项　30，125，129

369 条 2 项　125

370 条　65，90，140，142，143，144，147，160，184，284，306，313

370 条但书　135，144，145，336

371 条　65，147，148，150，152，153，227

371 条（平成 15 年修改前）　147，152

372 条　9，10，125，147，150，151，153，156，185，188，212，213，234，258

373 条　87，133

374 条　133，273，311

374 条 1 项本文　133

374 条 1 项但书　134，180

374 条 2 项　98，134

375 条　65，92，93，135，162，244，257，259，273，281，290，294，316

375 条 1 项　162

375 条 1 项但书　164

375 条 2 项　162

375 条 2 项但书　164

376 条　193

376 条 1 项　192，197

376 条 2 项　98，194

377 条　99，193，253

377 条 1 项　194，195，196

377 条 2 项　194，195，196

378 条　81，93，106，150，167，168，169，332

378 条（平成 15 年修改前）　273

379 条　93，106，171，332

380 条　172，259

381 条　172，259

381 条（平成 15 年修改前）　171

382 条　173

383 条 1 号　173

383 条 2 号　173

383 条 3 号　173

384 条 1 号　173，174

384 条 2 号　173，174

384 条 3 号　174

384 条 4 号　174

384 条 4 号括号内容　174

384 条 1 项（平成 15 年修改前）　171

384 条 2 项（平成 15 年修改前）　170

385 条　173，174

386 条　173

387 条　179

387 条（平成 15 年修改前）　171

387 条 2 项　180

388 条　145，215，273，297，298，331

388 条后段　222，226

389 条　160，216

389 条 1 项但书　160

391 条　144，175，202

392 条　206，209，211，213，259，282

392 条 1 项　207，208，211，214

392 条 2 项　208，209，212

393 条　134，208，259，282

394 条　104，204

394 条 1 项　204

394 条 2 项　204

395 条　231，297，331

395 条（平成 15 年修改前）　176，273

395 条 1 项　177

395 条 1 项 1 号　177

395 条 1 项 2 号　177

395 条 2 项　178

396 条　236，333

397 条　236，237，333

398 条　219，232，311

398 条之 2　90，104，239

398 条之 2 第 1 项　240，243

398 条之 2 第 2 项　241

398 条之 2 第 3 项　241

398 条之 3　239

398 条之 3 第 1 项　244

398 条之 4　239

条文索引　359

398 条之 4 第 1 项前段　252
398 条之 4 第 1 项后段　252
398 条之 4 第 2 项　252
398 条之 4 第 3 项　250, 252
398 条之 5　239, 252, 254, 257
398 条之 6　239
398 条之 6 第 1 项　244
398 条之 6 第 2 项　244
398 条之 6 第 3 项　244
398 条之 6 第 4 项　244
398 条之 7　239
398 条之 7 第 1 项　246
398 条之 7 第 2 项　247
398 条之 7 第 3 项　246, 247
398 条之 8　239
398 条之 8 第 1 项　248
398 条之 8 第 2 项　251
398 条之 8 第 3 项　248, 251
398 条之 8 第 4 项　248, 251
398 条之 9　239
398 条之 9 第 1 项　249
398 条之 9 第 2 项　251
398 条之 9 第 3 项　249, 251
398 条之 9 第 4 项　249
398 条之 9 第 5 项　249, 251
398 条之 10　239
398 条之 10 第 1 项　249
398 条之 10 第 2 项　251
398 条之 11　239
398 条之 11 第 1 项　249, 257

398 条之 11 第 1 项但书　253
398 条之 11 第 2 项　99, 253, 257
398 条之 12　239, 257
398 条之 12 第 1 项　250
398 条之 12 第 2 项　250
398 条之 12 第 2 项后段　250
398 条之 12 第 3 项　250, 254
398 条之 13　239, 250, 257
398 条之 14　239
398 条之 14 第 1 项　250
398 条之 14 第 1 项本文　260
398 条之 14 第 1 项但书　260
398 条之 14 第 2 项　260
398 条之 15　239, 249
398 条之 16　239, 259
398 条之 17　239
398 条之 17 第 1 项　260
398 条之 17 第 2 项　260
398 条之 18　239, 259
398 条之 19　239
398 条之 19 第 1 项前段　254
398 条之 19 第 1 项后段　254
398 条之 19 第 2 项　255
398 条之 19 第 3 项　244, 254
398 条之 20　239
398 条之 20 第 1 项 1 号　154, 255
398 条之 20 第 1 项 2 号　255
398 条之 20 第 1 项 3 号　244, 256
398 条之 20 第 1 项 4 号　256
398 条之 20 第 2 项本文　256

398 条之 20 第 2 项但书　256

398 条之 21　239

398 条之 21 第 1 项　258

398 条之 21 第 2 项　260

398 条之 22　239

398 条之 22 第 1 项　258

398 条之 22 第 1 项后段　258

398 条之 22 第 3 项　259

400 条　179

404 条　135

414 条 1 项　1

414 条 2 项但书　44

415 条　32

419 条 1 项　135

420 条　163

422 条　38，94，191

423 条　2，50，94

424 条　2，50，145，336，344，358

424 条 1 项　336

446 条　2，43

459 条　85，276

460 条　85

461 条　85

462 条　85

463 条　85

464 条　85

466 条 1 项　110

466 条 2 项　110，350

466 条 2 项但书　110，361

467 条　99，111，195，350，351，358，359

467 条 1 项　111

467 条 2 项　111，113，195，357

468 条　112

468 条 1 项　112，238

468 条 2 项　112

471 条　113

474 条　168，258

475 条　14

476 条　14

481 条　117，156

482 条　103，104，271，285

488 条 1 项　235

489 条　202

489 条 2 号　56，234

489 条 3 号　59

490 条　202

491 条　39，202

494 条　291

494 条前段　117

494 条后段　119

500 条　85，212，213，214，235，245，258，369

501 条　85，212，214

501 条本文　212，213

501 条 4 号　213，214

502 条　85，209

503 条　85

504 条　85，192

条文索引　361

505条　8，285
511条　118
518条　246
520条　299
533条　15，34，61
541条　366
545条　366
545条1项但书　367
556条　302
567条2项　168，258
575条　95
579条　151，302
580条1项　88
580条3项　288
587条　131
595条2项　175
602条　176
605条　218，277
608条　24，175
608条1项　29
612条　109
612条1项　145
612条2项　314
650条　258
651条1项　117
676条1项　127
702条　258
703条　20，38，39
709条　27，188，279
752条　54

877条　54
881条　110
922条　56
933条　56

【民法改正案】

147条　116
147条1项1号　35
150条　35，116
166条1项　299
166条2项　236
364条　110
398条之3第2项　242
398条之7第4项前段　246
398条之7第4项后段　247
414条1项　44
424条1项　146，336
424条3项　145
466条2项　110
466条3项　110
466条之6第1项　356
466条之6第2项　356
466条之6第3项　361
488条1项　235
488条4项2号　56，234
488条4项3号　59
489条　202
489条1项　39
491条　202
491条1项2号　117

494 条 2 项　119
499 条　212，213，214，235，246，258，369
501 条　214
501 条 1 项　212，213
501 条 2 项　212，213
501 条 3 项 3 号　213，214
502 条 1 项　209
504 条 2 项　192
511 条 1 项　291
520 条之 2　109，113
520 条之 7　109，113
520 条之 13　109，113
520 条之 17　109，113
520 条之 20　107，113
570 条　168，258
587 条之 2 第 1 项　131
605 条之 4　116

【有限公司法】
46 条 2 项　51

【林木相关法律】
1 条　262

2 条 1 项　89，262
2 条 2 项　262
3 条　262
4 条 1 项　262
4 条 2 项　263
5 条　263
6 条　263
7 条　263
14 条 3 项　89
15 条　262
16 条　262

【老人福祉法】
27 条　54

【劳动基准法】
107 条　76
108 条　76

【劳动保险保险费征收等相关法律】
28 条　49
29 条　49

判例索引

【大审院】

大判明治 34、10、25 民录 7 辑 9 卷 137 页	239
大判明治 35、1、27 民录 8 辑 1 卷 72 页	239
大判明治 41、5、11 民录 14 辑 677 页	226
大判明治 41、6、4 民录 14 辑 658 页	90
大判明治 45、7、8 民录 18 辑 691 页	307
大判大正 2、6、28 民录 19 辑 573 页	127
大判大正 3、7、4 民录 20 辑 587 页	57
大判大正 3、11、2 民录 20 辑 865 页	312
大判大正 4、7、1 民录 21 辑 1313 页	216
大判大正 4、9、15 民录 21 辑 1469 页	164,235
大决大正 4、10、23 民录 21 辑 1755 页	126
大判大正 5、5、16 民录 22 辑 961 页	319,342
大判大正 5、6、28 民录 22 辑 1281 页	232
大判大正 5、7、12 民录 22 辑 1507 页	312
大判大正 5、9、5 民录 22 辑 1670 页	112,118
大判大正 5、12、25 民录 22 辑 2509 页	87
大判大正 6、2、9 民录 23 辑 244 页	64
大判大正 6、4、12 民录 23 辑 695 页	143
大判大正 6、7、26 民录 23 辑 1203 页	71
大判大正 6、9、19 民录 23 辑 1483 页	88
大决大正 7、1、18 民录 24 辑 1 页	88
大判大正 7、12、6 民录 24 辑 2302 页	226
大判大正 8、7、9 民录 25 辑 1373 页	324

大决大正 8、8、28 民录 25 辑 1524 页	208
大判大正 9、3、29 民录 26 辑 411 页	90, 96
大判大正 9、4、12 民录 26 辑 527 页	113
大判大正 9、5、5 民录 26 辑 1005 页	226
大判大正 9、10、16 民录 26 辑 1530 页	25
大判大正 9、12、18 民录 26 辑 1951 页	164
大判大正 11、2、13 新闻 1969 号 20 页	209
大判大正 11、6、3 民集 1 卷 280 页	55
大判大正 11、11、24 民集 1 卷 738 页	219
大判大正 12、4、7 民集 2 卷 209 页	69, 153
大连判大正 12、12、14 民集 2 卷 676 页	219
大判大正 13、6、12 民集 3 卷 272 页	110
大连判大正 13、12、24 民集 3 卷 555 页	307
大判大正 14、7、3 民集 4 卷 613 页	120
大判大正 14、7、18 新闻 2463 号 14 页	219
大判大正 14、12、21 民集 4 卷 723 页	136
大判大正 15、2、5 民集 5 卷 82 页	161, 223
大判大正 15、3、18 民集 5 卷 185 页	116
大判大正 15、4、8 民集 5 卷 575 页	209
大判昭和 3、8、1 民集 7 卷 671 页	190
大判昭和 4、1、30 新闻 2945 号 12 页	212
大决昭和 4、8、31 新闻 3042 号 16 页	172
大判昭和 5、6、27 民集 9 卷 619 页	116
大判昭和 5、11、19 大审院裁判例 4 卷民法 111 页	131
大判昭和 6、1、17 民集 10 卷 6 页	23
大判昭和 6、2、27 新闻 3246 号 13 页	131
大判昭和 6、4、7 民集 10 卷 535 页	209
大判昭和 6、5、14 新闻 3276 号 7 页	220
大判昭和 6、8、7 民集 10 卷 875 页	137
大判昭和 7、5、27 民集 11 卷 1289 页	188, 190

大判昭和 7、6、29 大审院裁判例 6 卷民法 200 页	316
大决昭和 7、8、29 民集 11 卷 1729 页	196
大判昭和 7、10、10 法学 2 卷 613 页	90
大判昭和 7、10、21 民集 11 卷 2177 页	18
大判昭和 7、11、15 民集 11 卷 2105 页	56
大决昭和 8、3、3 大审院裁判例 7 卷民法 37 页	172
大判昭和 8、3、27 新闻 3543 号 11 页	219
大判昭和 8、4、26 民集 12 卷 767 页	303
大判昭和 8、10、27 民集 12 卷 2656 页	219
大判昭和 9、3、31 新闻 3685 号 7 页	109
大判昭和 9、5、21 新闻 3703 号 10 页	64
大判昭和 9、5、22 民集 13 卷 799 页	191
大判昭和 9、6、2 民集 13 卷 931 页	86, 95
大判昭和 9、6、15 民集 13 卷 1164 页	185
大判昭和 9、6、27 民集 13 卷 1186 页	25
大判昭和 9、6、30 民集 13 卷 1247 页	31
大判昭和 10、4、23 民集 14 卷 601 页	209
大判昭和 10、5、13 民集 14 卷 876 页	37
大判昭和 11、1、14 民集 15 卷 89 页	138
大判昭和 11、7、14 民集 15 卷 1409 页	210
大判昭和 11、12、9 民集 15 卷 2172 页	213
大判昭和 11、12、15 民集 15 卷 2212 页	223
大判昭和 13、2、12 判决全集 5 辑 6 号 8 页	237
大判昭和 13、2、12 判决全集 5 辑 7 号 3 页	24
大判昭和 14、4、28 民集 18 卷 484 页	24
大判昭和 14、5、5 新闻 4437 号 9 页	131, 136
大判昭和 14、7、26 民集 18 卷 772 页	225
大判昭和 14、8、24 民集 18 卷 877 页	23
大判昭和 14、12、19 民集 18 卷 1583 页	218
大判昭和 14、12、21 民集 18 卷 1596 页	173

大判昭和15、5、14民集19卷840页	189
大判昭和15、8、12民集19卷1338页	236
大判昭和15、11、26民集19卷2100页	236
大判昭和16、6、18新闻4711号256页	71
大判昭和18、2、18民集22卷91页	23，39
大判昭和18、3、6民集22卷147页	57，71
大判昭和18、3、31新闻4844号4页	112

【最高法院】

最判昭和29、1914、民集8卷1号16页	23
最判昭和29、12、23民集8卷12号2235页	221
最判昭和30、3、4民集9卷3号229页	36
最判昭和30、6、2民集9卷7号855页	312
最判昭和32、12、27民集11卷14号2485页	319，342
最判昭和33、3、13民集12卷3号524页	34
最判昭和33、5、9民集12卷7号989页	128，131，136
最判昭和34、9、3民集13卷11号2257页	25
最判昭和35、9、20民集14卷11号2227页	39
最判昭和36、2、10民集15卷2号219页	216
最判昭和37、3、15裁判集民59号243页	137
最判昭和37、6、22民集16卷7号1389页	127
最判昭和38、5、31民集17卷4号570页	43
最判昭和38、10、30民集17卷9号1252页	35
最判昭和39、12、25民集18卷10号2260页	137
最判昭和40、5、4民集19卷4号811页	145
最判昭和40、7、15民集19卷5号1275页	43
最判昭和40、12、17民集19卷9号2159页	110，114
最判昭和41、1、21民集20卷1号42页	220
最判昭和41、3、3民集20卷3号386页	28
最判昭和41、4、26民集20卷4号849页	130

最判昭和 43、3、7 民集 22 卷 3 号 509 页	308,332
最判昭和 43、3、7 民集 22 卷 3 号 509 页	325
最判昭和 43、11、21 民集 22 卷 12 号 2765 页	24
最判昭和 43、12、24 民集 22 卷 13 号 3366 页	237
最判昭和 44、2、14 民集 23 卷 2 号 357 页	225
最判昭和 44、3、4 民集 23 卷 3 号 561 页	350
最判昭和 44、3、28 民集 23 卷 3 号 699 页	144,189
最判昭和 44、4、18 判时 556 号 43 页	218
最判昭和 44、7、3 民集 23 卷 8 号 1297 页	210,212
最判昭和 44、7、4 民集 23 卷 8 号 1347 页	130
最判昭和 44、7、25 民集 23 卷 8 号 1627 页	145
最判昭和 44、10、16 民集 23 卷 10 号 1759 页	196
最判昭和 44、11、4 民集 23 卷 11 号 1968 页	221
最判昭和 44、11、6 判时 579 号 52 页	31
最判昭和 45、7、16 民集 24 卷 7 号 965 页	151
最判昭和 46、3、25 民集 25 卷 2 号 208 页	325,326,328
最判昭和 46、5、20 判时 628 号 24 页	289
最判昭和 46、10、14 民集 25 卷 7 号 933 页	219
最判昭和 46、10、21 民集 25 卷 7 号 969 页	55
最判昭和 46、12、21 民集 25 卷 9 号 1610 页	221
最判昭和 47、4、7 金法 649 号 23 页	136
最判昭和 47、9、7 民集 26 卷 7 号 1314 页	52
最判昭和 47、9、7 民集 26 卷 7 号 1327 页	27
最判昭和 47、10、26 民集 26 卷 8 号 1465 页	275
最判昭和 47、11、2 判时 690 号 42 页	223
最判昭和 47、11、16 民集 26 卷 9 号 1619 页	23
最判昭和 48、7、11 民集 27 卷 7 号 763 页	175
最判昭和 48、9、18 民集 27 卷 8 号 1066 页	219
最判昭和 48、10、4 判时 723 号 42 页	243
最判昭和 49、7、18 民集 28 卷 5 号 743 页	371

最判昭和 49、10、23 民集 28 卷 7 号 1473 页	274
最判昭和 49、12、17 金法 745 号 33 页	325
最判昭和 49、12、24 民集 28 卷 10 号 2117 页	139
最判昭和 50、2、28 民集 29 卷 2 号 193 页	371
最判昭和 50、7、11 金法 766 号 27 页	219
最判昭和 50、7、25 民集 29 卷 6 号 1147 页	364
最判昭和 51、6、4 金法 798 号 33 页	330
最判昭和 51、6、17 民集 30 卷 6 号 616 页	24,28,33
最判昭和 51、9、21 判时 832 号 47 页	329
最判昭和 51、9、21 判时 833 号 69 页	313,314,330
最判昭和 51、12、9 金法 818 号 38 页	288
最判昭和 52、3、31 金法 835 号 33 页	371
最判昭和 53、7、4 民集 32 卷 5 号 785 页	212
最判昭和 53、9、29 民集 32 卷 6 号 1210 页	220
最判昭和 53、12、15 判时 916 号 25 页	357
最判昭和 54、2、15 民集 33 卷 1 号 51 页	335,340
最判昭和 56、2、24 判时 1018 号 77 页	136
最判昭和 56、7、14 判时 1018 号 77 页	371
最判昭和 56、12、17 民集 35 卷 9 号 1328 页	320
最判昭和 57、1、19 判时 1032 号 55 页	233
最判昭和 57、4、23 民集 36 卷 3 号 349 页	267
最判昭和 57、3、30 民集 36 卷 3 号 484 页	374
最判昭和 57、4、23 金法 1007 号 43 页	328
最判昭和 57、9、28 判时 1062 号 81 页	308,323
最判昭和 57、10、14 判时 1060 号 78 页	335,339
最判昭和 57、10、19 民集 36 卷 10 号 2130 页	366
最判昭和 57、12、17 判时 1070 号 26 页	371
最判昭和 58、2、24 判时 1078 号 76 页	320
最判昭和 58、3、18 判时 1095 号 104 页	342
最判昭和 59、3、31 民集 37 卷 2 号 152 页	25,288

最判昭和 58、6、30 民集 37 卷 5 号 835 页	112
最判昭和 58、7、5 判时 1089 号 41 页	365
最判昭和 59、2、2 民集 38 卷 3 号 431 页	68, 69
最判昭和 60、5、23 民集 39 卷 4 号 940 页	209, 212
最判昭和 60、7、19 民集 39 卷 5 号 1326 页	68
最判昭和 61、4、11 民集 40 卷 3 号 584 页	292
最判昭和 61、4、11 金法 1134 号 42 页	299
最判昭和 61、7、15 判时 1209 号 23 页	311, 316, 331
最判昭和 61、11、20 判时 1219 号 63 页	350
最判昭和 62、2、12 民集 41 卷 1 号 67 页	327, 328, 329, 330
最判昭和 62、4、2 判时 1248 号 61 页	70
最判昭和 62、7、9 判时 1256 号 15 页	232
最判昭和 62、11、10 民集 41 卷 8 号 1559 页	335, 340, 341, 342
最判昭和 63、4、8 判时 1277 号 119 页	299
最判平成元、10、27 民集 43 卷 9 号 1070 页	151
最判平成 2、1、22 民集 44 卷 1 号 314 页	224
最判平成 2、12、18 民集 44 卷 9 号 1686 页	85
最判平成 3、3、22 民集 45 卷 3 号 268 页	185
最判平成 3、4、19 民集 45 卷 4 号 456 页	283
最判平成 3、7、16 民集 45 卷 6 号 1101 页	42
最判平成 4、4、7 金法 1339 号 36 页	223
最判平成 4、11、6 民集 46 卷 8 号 2625 页	210, 211
最判平成 5、1、19 民集 47 卷 1 号 41 页	243
最判平成 5、2、26 民集 47 卷 2 号 1653 页	308, 316
最判平成 6、1、25 民集 48 卷 1 号 18 页	233
最判平成 6、2、22 民集 48 卷 2 号 414 页	327, 328
最判平成 6、4、7 民集 48 卷 3 号 889 页	221
最判平成 6、7、14 民集 48 卷 5 号 1126 页	267
最判平成 6、9、8 判时 1511 号 71 页	333
最判平成 6、12、20 民集 48 卷 8 号 1470 页	221

最判平成 7、4、14 民集 49 卷 4 号 1063 页	366
最判平成 7、6、23 民集 49 卷 6 号 1737 页	192
最判平成 7、11、10 民集 49 卷 9 号 2953 页	172，308
最判平成 8、7、12 民集 50 卷 7 号 1918 页	364
最判平成 8、11、22 民集 50 卷 10 号 2702 页	328
最判平成 9、1、20 民集 51 卷 1 号 1 页	202
最判平成 9、2、14 民集 51 卷 2 号 375 页	218
最判平成 9、4、11 裁判集民 183 号 241 页	25，328
最判平成 9、6、5 民集 51 卷 5 号 2096 页	172
最判平成 9、6、5 民集 51 卷 5 号 2116 页	218
最判平成 9、7、3 民集 51 卷 6 号 2500 页	37
最判平成 9、7、17 民集 51 卷 6 号 2882 页	314
最判平成 10、1、30 民集 52 卷 1 号 1 页	69，154，158
最判平成 10、6、12 民集 52 卷 4 号 1121 页	358
最判平成 10、7、14 民集 52 卷 5 号 1261 页	45
最决平成 10、12、18 民集 52 卷 9 号 2024 页	66
最判平成 11、1、29 民集 53 卷 1 号 151 页	356，357
最判平成 11、4、16 民集 53 卷 4 号 740 页	116
最判平成 11、5、17 民集 53 卷 5 号 863 页	315
最大判平成 11、11、24 民集 53 卷 8 号 1899 页	186
最判平成 11、11、30 民集 53 卷 8 号 1965 页	151，304
最判平成 12、4、7 民集 54 卷 4 号 1355 页	120
最决平成 12、4、14 民集 54 卷 4 号 1552 页	152
最判平成 12、4、21 民集 54 卷 4 号 1562 页	356
最判平成 13、3、13 民集 55 卷 2 号 363 页	156
最判平成 13、10、25 民集 55 卷 6 号 975 页	70，160
最判平成 13、11、22 民集 55 卷 6 号 1056 页	356，357，358
最判平成 14、3、12 民集 56 卷 3 号 555 页	159
最判平成 14、3、28 民集 56 卷 3 号 689 页	152
最判平成 14、10、22 判时 1804 号 34 页	207

最判平成 16、7、16 民集 58 卷 5 号 1744 页	359
最判平成 17、1、27 民集 59 卷 1 号 200 页	129
最判平成 17、2、22 民集 59 卷 2 号 314 页	69
最判平成 17、3、10 民集 59 卷 2 号 356 页	186,187,188
最判平成 18、2、7 民集 60 卷 2 号 480 页	303,310
最判平成 18、7、20 民集 60 卷 6 号 2499 页	319,343,344
最判平成 18、10、20 民集 60 卷 8 号 3098 页	308,322,328
最判平成 19、2、15 民集 61 卷 1 号 243 页	356
最判平成 19、7、5 判时 1985 号 58 页	243
最判平成 19、7、6 民集 61 卷 5 号 1940 页	221,224
最判平成 21、3、10 民集 63 卷 3 号 385 页	369
最判平成 21、7、3 民集 63 卷 6 号 1047 页	231
最判平成 22、6、4 民集 64 卷 4 号 1107 页	369
最判平成 22、12、2 民集 64 卷 8 号 1990 页	337,346
最判平成 23、12、15 民集 65 卷 9 号 3511 页	40
最判平成 24、3、16 民集 66 卷 5 号 2321 页	236
最判平成 29、12、7 金法 2080 号 6 页	369
最判平成 29、12、14 金判 1533 号 8 页	21

【高等法院】

东京高决昭和 62、10、5 判 T660 号 231 页	29
大阪高决平成元、3、10 判 T709 号 265 页	29
仙台高决平成 3、12、2 判时 1408 号 85 页	29
东京高决平成 14、6、6 金判 1149 号 28 页	26

【地方法院】

东京地判昭和 46、6、25 判时 645 号 86 页	368
东京地判昭和 63、8、29 判时 1308 号 128 页	29
山口地下关支判平成元、12、27 判时 1347 号 109 页	29
东京地判平成 5、11、15 金法 1395 号 61 页	29

名古屋地判平成 15、4、9 金法 1687 号 47 页	**345**
东京地判平成 16、4、13 金法 1727 号 108 页	**368**
大阪地界支决平成 18、3、31 金法 1786 号 108 页	**161**

事项索引

A 行

交付犹豫期间 176, 297
异时分配 207
一并拍卖权 160
一般优先权 49
　——共益费用的优先权 50
　——雇佣关系的优先权 51
　——实现 73, 76
　——丧葬费用的优先权 54
　——相比于其他担保权的顺位 75
　——登记 49
　——日用品供给的优先权 55
一般担保权 269
取回权
　——假登记担保 287
　——让与担保 325
卖与担保 303
运输的优先权 60

K 行

买回 302
扩大的所有权保留 368
确定最高额抵押权 254
孳息

　——假登记担保 279
　——权利质权 113, 117
　——优先权 65
　——让与担保（不动产、个别动产） 314
　——抵押权 147
　——动产质权 102
　——不动产质权 103
　——留置权 38
价值框说 335
股权的让与担保 363
对股权设定质权 107
假登记担保 275
　——共同假登记担保 281
　——债务人、第三人对标的物的侵害 279
　——消灭 298
　——对第三人顺位保全 277
　——其他债权人扣押标的物 280
　——担保假登记权利人向第三人处分标的物 280
　——在破产程序中效力 298
　——判例法理的展开 272
　——法定承租权 297

——法的性质　277
　　——标的物的使用、处分　278
假登记担保的私力实现　280
　　——取回权　287
　　——假登记担保关系的终结　291
　　——后顺位担保权人的地位　289
　　——后顺位担保权人的标的物拍卖权　292
　　——所有权转移　283
　　——清算金支付义务　285，286
　　——清算金请求权人　286
　　——对清算金的物上代位　289
　　——清算金预计额等的通知　282
　　——被担保债权的消灭　283
假登记担保的优先受偿效力（拍卖程序）　293
假登记担保法　275
　　——适用的契约　275
提供代担保（留置权）　43
简易的清偿充抵　103
企业担保权　269
归属清算方式　326
共益费用的优先权　50
共同假登记担保　282
共同出质说　100
共同抵押权　205
　　——部分清偿与代位　209
　　——混同与代位　210
　　——存在第三取得人时　213
　　——抵押权放弃与代位　209

　　——标的　128
　　——标的物一部分归物上保证人所有，其他归债务人所有时　211
　　——标的物双方都归债务人所有时　207
　　——标的物双方归同一物上保证人所有时　211
　　——标的物分别归不同物上保证人所有时　212
共同最高额抵押权　259
共有最高额抵押权　260
极度额　243
极度额减额请求权　258
金钱债权的让与担保　349
近代抵押权论　123
仓储提单　89
形式拍卖（留置权）　40
建设机械抵押权　265
权利转移型担保　301
权利转移预约型担保　271
权利质权　106
　　——生效要件　108
　　——债权额变动的债权　110
　　——指名债权　109
　　——实现　117
　　——消灭　120
　　——电子记录债权　109
　　——转质　118
　　——不动产租赁权　109
　　——知识产权　107，108

——标的债权　110
　　——有价证券　107
　　——优先受偿权的范围　115
权利质权的效力
　　——从孳息中优先受偿　118
　　——对侵害的效力　115
　　——设定人受到的制约　116
　　——第三债务人受到的制约　117
　　——在破产程序中的效力　120
　　——根据民事执行法实现　120
　　——标的债权的直接代收　118
　　——标的债权的范围　114
权利质权的对抗要件　111
　　——记名式持有人负债权　113
　　——指示债权　113
　　——指名债权　111
　　——无记名债权　113
牵连关系（留置权）　22
工业劳务者工资的优先权　62
航空器抵押权　265
工场抵押权　266
对国债设定质权　107
雇佣关系的优先权　51
高尔夫会员权的让与担保　363

S行

债权人平等原则　1
关于债权转让对抗要件的民法特例
　　等相关法律　359
债权转让预约型担保　359

债权及其他权利的让与担保　349
债权、抵押权共同出质说　193
债权效果说　335
最高价买受申请人或买受人的保全
　　处分　188
财产开示制度　2
财团抵押权　268
保全债务人的一般财产　2
优先权　47
　　——消灭　81
　　——制度的问题点　47
优先权的效力　65
　　——效力所及范围　65
　　——伴随性　82
　　——追及效力　70
　　——破产程序中的效力　81
　　——不可分性　81
　　——从属性　81
　　——物上代位　65
　　——基于不法行为的损害赔偿请
　　　　求　73
　　——优先受偿的效力　73
优先权的侵害　72
对指名债权设定质权　109
一般担保权　269
押金　178
质权→动产、不动产质权，权利质
　　权质物出质说　100
机动车抵押权　264
根据借地借家法的优先权　59

对公司债券设定质权 107
集合金钱债权的让与担保 353
　——将来债权的转让可能性 355
　——对抗要件 357
集合债权让与担保
　→集合金钱债权的让与担保
集合动产让与担保，集合物让与担保
　→流动动产的让与担保
集合物论 334
从权利 145，313
从物 140，284，313
种苗肥料供给的优先权 61
使用种类物的让与担保 349
纯粹共同最高额抵押权 259
以证券质押动产（商品） 89
商事留置权
　——趣旨 14
　——成立要件 17
　——不动产 20
　——标的物所有人破产 44
承诺转质 102
让与担保 303
　——虚假表示的可能性 306
　——所有权性构成 304
　——设定人保留权 305
　——担保性构成 305
　——二段物权变动说 306
　——与物权法定主义的关系 307
　——物上代位 314，341
让与担保（不动产、个别动产） 309

——孳息 314
——效力所及范围 312
——消灭 332
——对抗要件 311
——脱法行为的疑点 312
——电子记录债权 351
——登记原因 311
——名称标牌 313，319
——最高额让与担保 311
——附加一体物 313
——附合物、从物 313
——物上代位 314
——优先受偿权的范围 316
让与担保（不动产、个别动产）的效力
　——让与担保权人的债权人进行扣押 322
　——让与担保权人处分的相对方与设定人 321
　——让与担保权人的侵害 317
　——设定人的债权人进行扣押 320
　——设定人处分的相对方与让与担保权人 318
　——第三人侵害标的物与让与担保权人 320
　——第三人侵害标的物与设定人 323
　——破产程序中的效力 331
　——标的物的使用关系 355

让与担保（不动产、个别动产）的
　　实现　323
　　——归属清算方式　326
　　——处分清算方式　326
　　——清算义务　324
　　——清算金数额的算定　330
　　——不产生清算金的情况　329
　　——与用益权的关系　331
将来债权让与担保的有效性　355
处分清算方式　326
所有权性构成　304
所有权保留　365
　　——实现　372
伴随性　11
　　——假登记担保　280
　　——优先权　82
　　——抵押权　238
　　——动产、不动产质权　106
　　——最高额抵押权　238
　　——留置权　42
根据生活保护法的优先权　54
清算金
　　——假登记担保　286
　　——让与担保　324
扩大其责任财产　2
责任转质　102
金融证券化　124
抵押信托　11，129
设定人保留权　305
设备信托　366

船舶抵押权　263
丧葬费用的优先权　54

T行

代价清偿　167
第三人清偿　168
代替性物上代位　148
代理受领　350
根据建筑物区分所有等相关法律7条
　　的优先权　51
短期租赁　176
证明担保权存在的文书　76
附担保的公司债券信托法　11
担保性构成　305
担保的机能　4
担保物权以外的担保手段　8
担保物权共通性质　9
担保不动产拍卖　200
担保不动产拍卖开始决定前的保全
　　处分　188
担保不动产收益执行　227
　　——担保假登记权利人的地位　293
抵押权　121
　　——设定契约　125
　　——抵押制度的扩大　122
抵押权再次设定说　193
抵押权人的权利、义务
　　——一并拍卖权　160
　　——一般债权人的拍卖权　203
　　——期限利益的丧失　191

——第三人异议之诉 189
——其他债权人开始的拍卖程序中优先受偿权的实现 203
——其他债权人进行扣押 189
——担保保存义务 192
——破产程序中优先受偿权 231
——物权性请求权 184
——物上代位 147
——基于不法行为的损害赔偿请求 188，189
——增担保请求 191
——无效登记的注销 189
——优先受偿权 200
抵押权消灭请求 167
抵押权顺位的转让、放弃 197
抵押权人对抵押权登记后的承租权的同意 179
抵押权效力所及范围 139
——买回价款债权 151
——火灾保险金请求权 153
——孳息 147
——假扣押解除金 151
——效力不及于附加一体物 145
——从权利 145，218
——从物 140
——设定物权的对价 150
——代偿物 147
——迟延损害赔偿金 162
——租金 150
——抵押不动产出卖价款债权 149
——因抵押不动产灭失、损坏应得的金钱 150
——转租租金 152
——土地征收等情况下获得的补偿金、清算金 151
——附加一体物 140
——附合物 140
——标的物的范围 139
——优先受偿权的范围 162
——利息、其他定期金 162
抵押权的实现
——交付犹豫期间 176
——拍卖担保不动产 200
——担保不动产收益执行 227
抵押权的顺位 133
——变更 133
抵押权的消灭 232
——时效 236
——建筑物合体 232
——必要清偿额 234
抵押权的处分 192
抵押权的对抗要件 131
——登记事项 134
——登记与实际不一致 134
——附加一体物 134
——无效登记的沿用 137
抵押权的被担保债权 128
——金钱债权以外的债权 128
——债权的无效、溯及性消灭 130
——将来的债权、附条件的债权

事项索引 379

131
——数个债权 128
——一个债权的一部分 128
抵押权的标的物 126
——一座建筑物空间的一部分 126
——一块土地空间的一部分 126
——共有人的份额 127
——区分所有建筑物中共用部分的份额或建设用地所有权的份额 127
——构成组合财产的各个不动产的份额 127
——所有人的使用、收益、处分权限 165,167
——损坏或部分分离、搬出 184
——土地或建筑物的量的一部分 127
——范围 139
——不法占用 186
——未完成的建筑物 127
——能成为标的的财产 121
对抵押不动产第三取得人的保护 167
——代价清偿 167
——第三人清偿 168
——地上权、永佃权取得人 167
——抵押权消灭请求 170
——费用偿还请求权 175
票据的让与担保 362
对票据设定质权 107

涤除权 170
典型担保 6
电子记录债权 109,351
转质 98,100,118
转抵押 192
转抵押（最高额抵押权） 253
关于动产及债权转让对抗要件的民法特例等相关法律 71,86,112,312,338,340,360
动产优先权 55
——运输的优先权 60
——种苗肥料供给的优先权 61
——即时取得的意思 60
——与其他担保权的顺位 77
——动产买卖的优先权 61
——动产保存的优先权 60
——农业劳务者工资的优先权 62
——不动产租赁的优先权 56
——旅馆住宿的优先权 59
动产抵押权 263
动产买卖的优先权 61
动产、不动产质权 85,91,92
——效力存续要件 87
——生效要件 85
——实现 102
——制度的欠缺 84
——对抗要件 90
——转质 98,100,118
——"交付"的含义 86
——物上代位 91

——标的物　88

　——标的物的范围　90

　——优先受偿权的范围　92

动产、不动产质权人的权利、义务

　——妥善管理的注意义务　95

　——收回占有之诉　94

　——费用偿还请求权　95

　——物权性请求权　94

　——基于不法行为的损害赔偿请求权　94

　——增加担保请求　95

　——标的物的使用和收益权　95

动产、不动产质权的效力　93

　——质权人处分标的物　93

　——伴随性　106

　——其他债权人扣押标的物　96

　——破产程序中的效力　105

　——不可分性　105

　——从属性　105

　——标的物所有人的处分　93

　——留置性效力　95

动产、不动产质权的消灭　105

　——设定人的消灭请求权　95

对动产、不动产质权的侵害　94

动产保存的优先权　60

破产申请解除特别约定　374

同时分配　207

同时履行抗辩权　15

涉及特定债权等事业规制的相关法律　359

对专利权设定质权　108

N行

押汇　89

二段物权变动说　306

日用品供给的优先权　55

名称标牌　313, 319, 340, 370

最高额假登记担保　296

最高额质权　90

最高额让与担保　311, 340, 355

最高额所有权保留　368

最高额抵押权　238

　——部分转让　250

　——确定日期　244

　——确定最高额抵押权　254

　——本金的确定　254

　——本金的确定事由　254

　——共同最高额抵押权　259

　——共有最高额抵押权　260

　——极度额　243

　——极度额减额请求权　257

　——极度额的变更　252

　——各债权债权人、债务人的变更　245

　——债权人的公司分立　249

　——债权人的合并　248

　——债权人的继承　247

　——债权范围基准的变更　252

　——债务人基准的变更　252

　——债务人的公司分立　251

——债务人的合并 251
——债务人的继承 251
——消灭 260
——全部转让 250
——最高额抵押权消灭请求权 257
——被担保债权的范围 240
——从属性 240
——分割转让 250
最高额抵押权消灭请求权 257
根据农业动产信用法的优先权 62
农业动产抵押权 264
农业劳务者工资的优先权 62

H 行

对出卖的保全处分 188
买卖一方的预约 302
非典型担保 6
费用偿还请求权 175
融资租赁 365
附加一体物 140
附加性物上代位 148
不可分性 9
　　——优先权 81
　　——抵押权 234
　　——动产、不动产质权 105
　　——留置权 42
附合物 140，284，313
从属性 10
　　——优先权 81
　　——抵押权 233

——动产、不动产质权 105
——最高额抵押权 240
对普通存款债权设定质权 110
物权性期待权 369
物权性请求权
　　——假登记担保 279
　　——权利质权 115
　　——让与担保（不动产、个别动产） 320，323
　　——抵押权 184
　　——动产、不动产质权 94
　　——留置权 39
物上代位
　　——假登记担保 279
　　——权利质权 115
　　——优先权 65
　　——"扣押"的意义 70，153
　　——让与担保（不动产、个别动产） 314
　　——代替性物上代位 148
　　——抵押权 148
　　——动产、不动产质权 91
　　——"交付或支付"的意义 67，153
　　——附加性物上代位 148
物上代位性 9
物上保证人 85
不动产施工的优先权 63
不动产优先权 62，79
　　——实现 79

——与其他担保权的顺位 79
——不动产施工的优先权 63
——不动产买卖的优先权 64
——不动产保存的优先权 63
关于不动产质权的立法争论 86
对不动产租赁设定质权 109
不动产租赁的优先权 56
不动产买卖的优先权 64
不动产保存的优先权 63
仓储提单 89
存入指定 350
分析论 334
法定担保物权 3
法定地上权 215
——一方存在假登记时 220
——一方或双方共有时 221
——空地上设定抵押权时 216
——关于成立与否的特别约定 226
——建筑物灭失时 217
——只在登记簿上归属同一所有人时 220
——登记簿上归属不同所有人时 219
——内容 226
法定承租权 297
根据保险业法 117 条之 2 的优先权 53

M 行

增担保请求 191

无效登记的沿用 137
监控 5

Y 行

约定担保物权 4
对有价证券设定质权 107

R 行

滥用租赁 177
流质契约禁止 104，120
留置权 13，39，40
——趣旨 13
——与同时履行抗辩权的关系 15
留置权人的权利、义务
——从孳息中优先受偿 38
——形式拍卖 40
——禁止使用、租赁、提供担保 36
——善良管理的注意义务 35
——费用偿还请求权 35
——物权性请求权 37
——基于不法行为的损害赔偿请求权 38
关于留置权的特别约定 18
留置权的效力 30
——人的范围 31
——物的范围 30
——在民事执行程序中的效力 39
——标的物所有人破产 44
——优先受偿效力 38
——留置性效力 34

留置权的消灭 42
　——提供代担保 43
　——债务人、所有人的消灭请求 43
　——丧失占有 44
　——放弃 45
对留置权的侵害 37
留置权的成立要件 16
　——"他人之物" 19
　——"因不法行为而开始" 27
　——标的物与被担保债权的牵连关系 22
与留置权类似的制度 14
流动动产让与担保 334
　——价值框说 335
　——债权性效果说 335
　——实现 347
　——集合物的固定 347
　——集合物范围的特定性 337
　——集合物论 334
　——让与担保权人的债权人进行扣押 346
　——设定人与让与担保权人处分的相对方 346
　——让与担保权人的侵害 343
　——消灭 349
　——清算 348
　——设定人的债权人进行扣押 345
　——设定人的侵害 343
　——让与担保权人与设定人不当处分的相对方 344
　——对抗要件 341
　——第三人的侵害 345
　——通常营业或生活范围内的处分 343
　——与动产优先权的顺位 342
　——在破产程序中的效力 348
　——名称标牌 340
　——分析论 334
　——标的物的利用关系 343

林木抵押权 261
关于林木优先权的法律 59
旅馆住宿的优先权 59
累积共同最高额抵押权 259
根据老人福祉法的优先权 54

日本年号与公历年对照表

明治 29 年	1896 年
明治 30 年	1897 年
明治 31 年	1898 年
明治 32 年	1899 年
明治 33 年	1900 年
明治 34 年	1901 年
明治 35 年	1902 年
明治 36 年	1903 年
明治 37 年	1904 年
明治 38 年	1905 年
明治 39 年	1906 年
明治 40 年	1907 年
明治 41 年	1908 年
明治 42 年	1909 年
明治 43 年	1910 年
明治 44 年	1911 年
明治 45 年 大正元年	1912 年
大正 2 年	1913 年

(续表)

大正 3 年	1914 年
大正 4 年	1915 年
大正 5 年	1916 年
大正 6 年	1917 年
大正 7 年	1918 年
大正 8 年	1919 年
大正 9 年	1920 年
大正 10 年	1921 年
大正 11 年	1922 年
大正 12 年	1923 年
大正 13 年	1924 年
大正 14 年	1925 年
大正 15 年 昭和元年	1926 年
昭和 2 年	1927 年
昭和 3 年	1928 年
昭和 4 年	1929 年
昭和 5 年	1930 年
昭和 6 年	1931 年
昭和 7 年	1932 年
昭和 8 年	1933 年
昭和 9 年	1934 年
昭和 10 年	1935 年
昭和 11 年	1936 年
昭和 12 年	1937 年

(续表)

昭和 13 年	1938 年
昭和 14 年	1939 年
昭和 15 年	1940 年
昭和 16 年	1941 年
昭和 17 年	1942 年
昭和 18 年	1943 年
昭和 19 年	1944 年
昭和 20 年	1945 年
昭和 21 年	1946 年
昭和 22 年	1947 年
昭和 23 年	1948 年
昭和 24 年	1949 年
昭和 25 年	1950 年
昭和 26 年	1951 年
昭和 27 年	1952 年
昭和 28 年	1953 年
昭和 29 年	1954 年
昭和 30 年	1955 年
昭和 31 年	1956 年
昭和 32 年	1957 年
昭和 33 年	1958 年
昭和 34 年	1959 年
昭和 35 年	1960 年
昭和 36 年	1961 年
昭和 37 年	1962 年

（续表）

昭和 38 年	1963 年
昭和 39 年	1964 年
昭和 40 年	1965 年
昭和 41 年	1966 年
昭和 42 年	1967 年
昭和 43 年	1968 年
昭和 44 年	1969 年
昭和 45 年	1970 年
昭和 46 年	1971 年
昭和 47 年	1972 年
昭和 48 年	1973 年
昭和 49 年	1974 年
昭和 50 年	1975 年
昭和 51 年	1976 年
昭和 52 年	1977 年
昭和 53 年	1978 年
昭和 54 年	1979 年
昭和 55 年	1980 年
昭和 56 年	1981 年
昭和 57 年	1982 年
昭和 58 年	1983 年
昭和 59 年	1984 年
昭和 60 年	1985 年
昭和 61 年	1986 年
昭和 62 年	1987 年

(续表)

昭和 63 年	1988 年
昭和 64 年 平成元年	1989 年
平成 2 年	1990 年
平成 3 年	1991 年
平成 4 年	1992 年
平成 5 年	1993 年
平成 6 年	1994 年
平成 7 年	1995 年
平成 8 年	1996 年
平成 9 年	1997 年
平成 10 年	1998 年
平成 11 年	1999 年
平成 12 年	2000 年
平成 13 年	2001 年
平成 14 年	2002 年
平成 15 年	2003 年
平成 16 年	2004 年
平成 17 年	2005 年
平成 18 年	2006 年
平成 19 年	2007 年
平成 20 年	2008 年
平成 21 年	2009 年
平成 22 年	2010 年
平成 23 年	2011 年

（续表）

平成 24 年	2012 年
平成 25 年	2013 年
平成 26 年	2014 年
平成 27 年	2015 年
平成 28 年	2016 年
平成 29 年	2017 年
平成 30 年	2018 年
平成 31 年 令和元年	2019 年

译后记

时光荏苒，从我第一次接触本书以来，不知不觉已经过去了12年。这是一段漫长而充实的旅程，其中蕴含着艰辛与满足。

当初提议翻译本书的是我的研究生导师申政武教授。当时正值论文选题期间，我有些茫然，申教授推荐我研读道垣内弘人教授的《担保物权法》。担保物权法与金融经济命脉密切相关，在民商法中具有极其重要的地位，这一点在中国经济高速发展的时代背景下尤为凸显。道垣内弘人教授是日本担保物权法的领军人物，本书以浅显易懂的语言为我们讲解了复杂疑难的担保物权法，从制度、条文的立法旨趣到最新的实务、判例，都进行了系统详尽的讲解，对于法学学习、研究及法律实务来说，都是一本值得信赖的基础性著作。研读之后，申教授提议我试译，作为研究资料。试译得到了申教授的认可，翻译期间申教授也给予我很多指导与莫大鼓励，最终我用两个学期的课余时间完成了本书的翻译初稿。后来，我们也希望能够将这本《担保物权法》介绍给更多的读者，为国内的法学教育做出一点贡献。

从山东大学毕业后，我进入山东省淄博市中级人民法院从事民商事审判工作。其间，日本民法进行了修改，本书第4版中也有诸多修改，我又在工作之余完成了两次较大的翻译和修改工作。这期间，我有幸在学术研讨会上见到了道垣内弘人教授本人，因为翻译本书的机缘，交流起来也是倍感亲切。

在这段旅程中，我获得了很多帮助和支持，大家的鼓励是我坚持下去的动力。感谢恩师申政武教授在学术上对我的倾力指导，以及对本书翻译工作的大力支持。感谢我的领导、同事、家人、朋友在翻译过程中对我的理解和包容。另外，本书能够最终顺利出版还得益于李昊教授、陆建华编辑与张文桢编辑的精心策划、耐心指导和细心校对。

从法学院到法院,我始终秉承着一名法律人的初心,纵使经历过失败、挫折,但我从未后悔过。无论以后的道路如何,我都会将这段经历铭记在心,并继续热爱着法律事业。

最后,感谢翻开本书的你,希望你学有所获。

宋戈

2023 年 10 月 18 日

法律人进阶译丛

⊙ 法学启蒙

《法律研习的方法：作业、考试和论文写作（第9版）》，〔德〕托马斯·M.J.默勒斯 著，2019年出版
《如何高效学习法律（第8版）》，〔德〕芭芭拉·朗格 著，2020年出版
《如何解答法律题：解题三段论、正确的表达和格式（第11版增补本）》，〔德〕罗兰德·史梅尔 著，2019年出版
《法律职业成长：训练机构、机遇与申请（第2版增补本）》，〔德〕托尔斯滕·维斯拉格 等著，2021年出版
《法学之门：学会思考与说理（第4版）》，〔日〕道垣内正人 著，2021年出版

⊙ 法学基础

《法律解释（第6版）》，〔德〕罗尔夫·旺克 著，2020年出版
《法理学：主题与概念（第3版）》，〔英〕斯科特·维奇 等著，2023年出版
《基本权利（第8版）》，〔德〕福尔克尔·埃平 等著，2023年出版
《德国刑法基础课（第7版）》，〔德〕乌韦·穆尔曼 著，2023年出版
《刑法分则I：针对财产的犯罪（第21版）》，〔德〕伦吉尔 著
《刑法分则II：针对人身与国家的犯罪（第20版）》，〔德〕伦吉尔 著
《民法学入门：民法总则讲义·序论（第2版增订本）》，〔日〕河上正二 著，2019年出版
《民法的基本概念（第2版）》，〔德〕汉斯·哈腾豪尔 著
《民法总论》，〔意〕弗朗切斯科·桑多罗·帕萨雷里 著
《德国民法总论（第44版）》，〔德〕赫尔穆特·科勒 著，2022年出版
《德国物权法（第32版）》，〔德〕曼弗雷德·沃尔夫 等著
《德国债法各论（第17版）》，〔德〕迪尔克·罗歇尔德斯 著，2023年出版

⊙ 法学拓展

《奥地利民法概论：与德国法相比较》，〔奥〕伽布里拉·库齐奥 等著，2019年出版
《所有权的终结：数字时代的财产保护》，〔美〕亚伦·普赞诺斯基 等著，2022年出版
《合同设计方法与实务（第3版）》，〔德〕阿德霍尔德 等著，2022年出版
《合同的完美设计（第5版）》，〔德〕苏达贝·卡玛纳布罗 著，2022年出版

《民事诉讼法（第4版）》，〔德〕彼得拉·波尔曼 著
《消费者保护法》，〔德〕克里斯蒂安·亚历山大 著
《日本典型担保法》，〔日〕道垣内弘人 著，2022年出版
《日本非典型担保法》，〔日〕道垣内弘人 著，2022年出版
《担保物权法（第4版）》，〔日〕道垣内弘人 著
《日本信托法（第2版）》，〔日〕道垣内弘人 著
《公司法的精神：欧陆公司法的核心原则》，〔德〕根特·H. 罗斯 等著

○ 案例研习

《德国大学刑法案例辅导（新生卷·第三版）》，〔德〕埃里克·希尔根多夫著，2019年出版
《德国大学刑法案例辅导（进阶卷·第二版）》，〔德〕埃里克·希尔根多夫著，2019年出版
《德国大学刑法案例辅导（司法考试备考卷·第二版）》，〔德〕埃里克·希尔根多夫著，2019年出版
《德国民法总则案例研习（第5版）》，〔德〕尤科·弗里茨舍 著，2022年出版
《德国债法案例研习Ⅰ：合同之债（第6版）》，〔德〕尤科·弗里茨舍 著，2023年出版
《德国债法案例研习Ⅱ：法定之债（第3版）》，〔德〕尤科·弗里茨舍 著
《德国物权法案例研习（第4版）》，〔德〕延斯·科赫、马丁·洛尼希 著，2020年出版
《德国家庭法案例研习（第13版）》，〔德〕施瓦布 著
《德国劳动法案例研习（第4版）》，〔德〕阿博·容克尔 著
《德国商法案例研习（第3版）》，〔德〕托比亚斯·勒特 著，2021年出版

○ 经典阅读

《法学方法论（第4版）》，〔德〕托马斯·M. J. 默勒斯 著，2022年出版
《法学中的体系思维和体系概念（第2版）》，〔德〕克劳斯-威廉·卡纳里斯 著，2023年出版
《法律漏洞的确定（第2版）》，〔德〕克劳斯-威廉·卡纳里斯 著，2023年出版
《欧洲民法的一般原则》，〔德〕诺伯特·赖希 著
《欧洲合同法（第2版）》，〔德〕海因·克茨 著
《德国民法总论（第4版）》，〔德〕莱因哈德·博克 著
《合同法基础原理》，〔美〕梅尔文·A. 艾森伯格 著，2023年出版
《日本新债法总论（上下卷）》，〔日〕潮见佳男 著
《法政策学（第2版）》，〔日〕平井宜雄 著